U0620751

ཇོ་མོ་གླང་མ།

珠穆朗瑪峰

ཕོ་བྲང་པོ་ཏ་ལ།
拉薩布達拉宮

ལྷ་སའི་ཇོ་ཁང་གི་གསེར་གྱི་རྒྱ་ཕིབས།
拉薩大昭寺金頂

法國國家圖書館藏
敦煌藏文文獻

⑬

Fonds Pelliot tibétain

1303—1307

主 編

金雅聲 郭 恩

編 纂

西 北 民 族 大 學

上 海 古 籍 出 版 社

法 國 國 家 圖 書 館

上海古籍出版社

上海 2012

監　製

謝玉傑　王興康

學術顧問

王　堯　多　識　陳　踐　華　侃

主　編

金雅聲　（中國）

郭　　恩　（法國）

副主編

束錫紅　才　讓　府憲展　（中國）

蒙　曦　（法國）

編　委

謝玉傑　金雅聲　王興康　趙德安　閔文義

束錫紅　才　讓　府憲展　沈衛榮

嘎藏陀美　塔哇扎西當知

責任編輯

曾曉紅

裝幀設計

嚴克勤

ཕྲ་རན་སིའི་རྒྱལ་གཉེར་དཔེ་མཛོད་ཁང་དུ་ཉར་བའི་
དུན་ཧོང་བོད་ཡིག་ཡིག་ཚགས།

⑬

Fonds Pelliot tibétain

1303—1307

གཙོ་སྒྲིག་པ།

ཅེན་ཡུ་ཏིན། ལོ་ཨིན།

སྒྲིག་སྒྱུར་བྱེད་ཁག

ཞུབ་བྱུང་མི་རིགས་སློབ་གྲྭ་ཆེན་མོ།

ཧྲང་ཧེ་དཔེ་རྙིང་དཔེ་སྐྲུན་ཁང་།

ཕྲ་རན་སིའི་རྒྱལ་གཉེར་དཔེ་མཛོད་ཁང་བཅས་ཀྱིས་བསྒྲིགས།

ཧྲང་ཧེ་དཔེ་རྙིང་དཔེ་སྐྲུན་ཁང་།

2012 ཤོར་ཧྲང་ཉེ་ནས།

ལྟ་ཞིབ་པ།

ཁའི་ཡུས་ཚེ། ཁྱང་ཞིན་ཁང་།

བློ་འདྲི་ས།

དབང་རྒྱལ། དོར་ཞི་གདོང་དྲུག་སྟེམས་སོ། བསོད་ནམས་སྐྱིད། དུ་ཁན།

གཙོ་སྒྲིག་པ།

ཅིན་ཡུ་ཧྲིན། (ཀྲུང་གོ)

ཁོ་ཨིན། (ལྷ་རན་སི)

གཙོ་སྒྲིག་པ་གཞོན་པ།

ཧྲུའི་ཞི་ཧུང་། ཚེ་རིང་། སྒྲུའི་ཞན་ཀྲག། (ཀྲུང་གོ)

མུན་ཞི། (ལྷ་རན་སི)

རྩོམ་སྒྲིག་ཨུ་ཡོན།

ཁའི་ཡུས་ཚེ། ཅིན་ཡུ་ཧྲིན། ཁྱང་ཞིན་ཁང་།

ཀུའོ་དེ་ཞྭན། ཨེན་བུན་ཡུས།

ཧྲུའི་ཞི་ཧུང་། ཚེ་རིང་། སྒྲུའི་ཞན་ཀྲག།

ཧྲིན་ཕེ་རོན། སྐལ་བཟང་ཐོགས་མེད།

མཐའ་བ་བཀྲ་ཤིས་དོན་འགྲུབ།

དཔེ་སྒྲིག་འགན་འཁུར་བ།

ཚུན་ཞའོ་ཧུང་།

མཇེས་རིས་ཧྲས་འགོད་པ།

ཡན་ཁུ་ཚིན།

DOCUMENTS TIBÉTAINS DE DUNHUANG
CONSERVÉS À LA
BIBLIOTHÈQUE NATIONALE DE FRANCE

Fonds Pelliot tibétain

1303—1307

RÉDACTEURS EN CHEF
Jin Yasheng   Monique Cohen

ÉDITÉS PAR
Bibliothèque nationale de France
Université des Nationalités du Nord-ouest
Les Éditions des Classiques chinois, Shanghai

LES ÉDITIONS DES CLASSIQUES CHINOIS, SHANGHAI
Shanghai 2012

DIRECTION

Xie Yujie   Wang Xingkang

CONSEILLERS

Wang Yao   Dorzhigdongdrugsnyemsblo   Chen Jian   Hua Kan

RÉDACTEURS EN CHEF

Jin Yasheng (Chine)

Monique Cohen (France)

RÉDACTEURS EN CHEF ADJOINTS

Shu Xihong   Tshering   Fu Xianzhan (Chine)

Nathalie Monnet (France)

COMITÉ DE RÉDACTION

Xie Yujie   Jin Yasheng   Wang Xingkang

Zhao De'an   Min Wenyi

Shu Xihong   Tshering   Fu Xianzhan

Shen weirong   Skalbzangthogsmed

Mthababkrashisdonvgrub

RÉDACTEURS

Zeng Xiaohong

COUVERTURE

Yan Keqin

TIBETAN DOCUMENTS FROM DUNHUANG
IN THE
BIBLIOTHÈQUE NATIONALE DE FRANCE

Fonds Pelliot tibétain
1303—1307

EDITORS IN CHIEF
Jin Yasheng   Monique Cohen

PARTICIPATING INSTITUTION
Bibliothèque nationale de France
Northwest University for Nationalities
Shanghai Chinese Classics Publishing House

SHANGHAI CHINESE CLASSICS PUBLISHING HOUSE
Shanghai 2012

SUPERVISORS
Xie Yujie   Wang Xingkang
CONSULTANTS
Wang Yao   Dorzhigdongdrugsnyemsblo   Chen Jian   Hua Kan

EDITORS IN CHIEF
Jin Yasheng (China)
Monique Cohen (France)
VICE EDITORS IN CHIEF
Shu Xihong   Tshering   Fu Xianzhan (China)
Nathalie Monnet (France)

EDITOR COMMISSION
Xie Yujie   Jin Yasheng   Wang Xingkang
Zhao De'an   Min Wenyi
Shu Xihong   Tshering   Fu Xianzhan
Shen weirong   Skalbzangthogsmed
Mthababkrashisdonvgrub

EDITORS IN CHARGE
Zeng Xiaohong
COVER DESIGNERS
Yan Keqin

法藏敦煌藏文文獻第十三册目錄

Fonds Pelliot tibétain 1303—1307

དཀར་ཆག

Fonds Pelliot tibétain 1303—1307

法 Pel.tib.1307

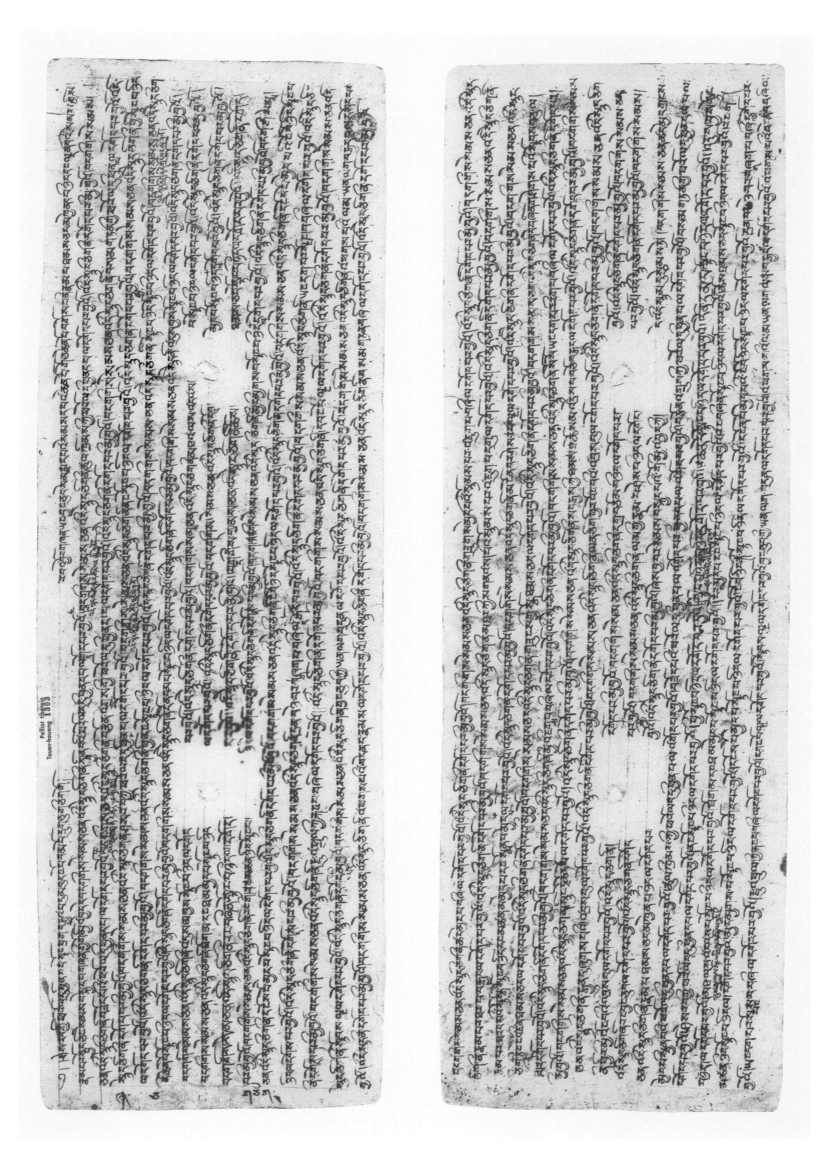

法 Pel.tib.1303　　1.ཤེས་རབ་ཀྱི་ཕ་རོལ་དུ་ཕྱིན་པ་སྟོང་ཕྲག་བརྒྱ་བའང་དུམ་བུ་དང་པོ་བམ་པོ་དྲུག་ཅུ་གཅིག་གོ །

1.十萬頌般若波羅蜜多經第一函第六十一卷　　(87—1)

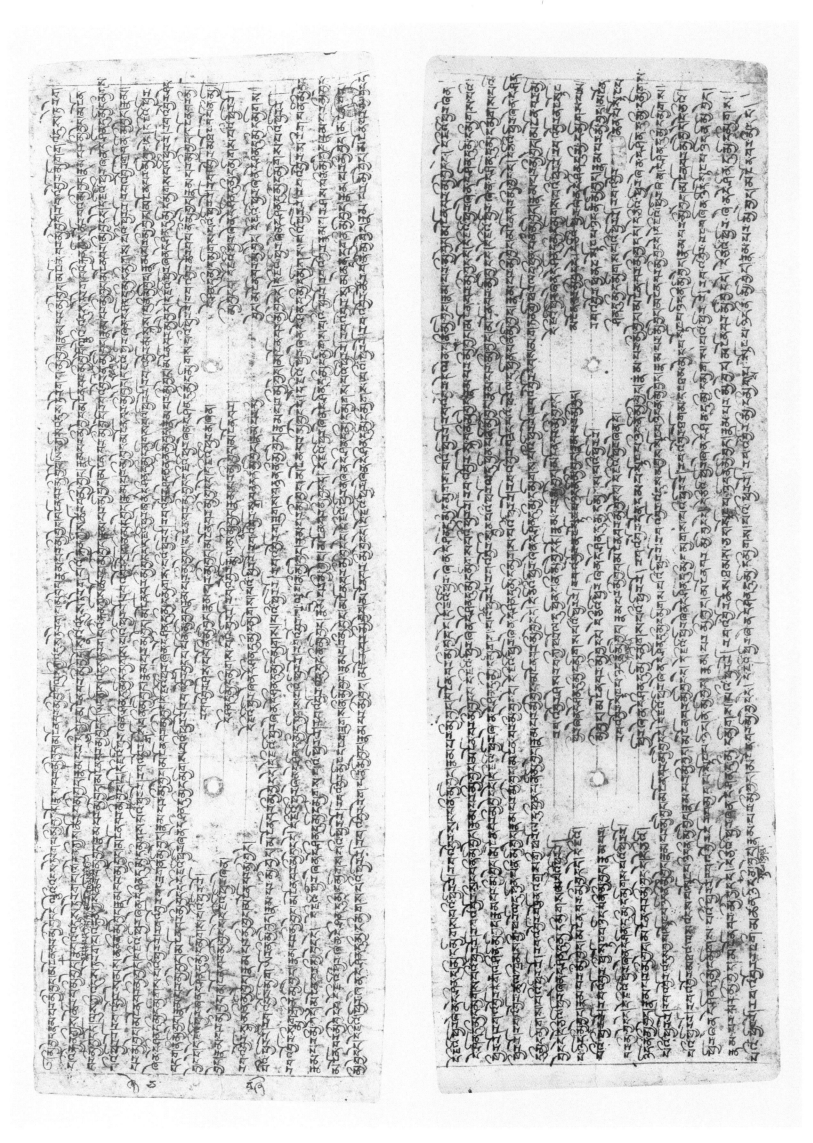

法 Pel.tib.1303　　1.ཤེས་རབ་ཀྱི་ཕ་རོལ་དུ་ཕྱིན་པ་སྟོང་ཕྲག་བརྒྱ་པ་དུམ་བུ་དང་པོ་བམ་པོ་དྲུག་ཅུ་གཅིག་གོ།

1.十萬頌般若波羅蜜多經第一函第六十一卷　　(87—2)

2

法 Pel.tib.1303　　1.ཤེས་རབ་ཀྱི་ཕ་རོལ་ཏུ་ཕྱིན་པ་སྟོང་ཕྲག་བརྒྱ་བའ་དུམ་བུ་དང་པོ་བམ་པོ་དྲུག་ཅུ་གཅིག་གོ

1.十萬頌般若波羅蜜多經第一函第六十一卷　　(87—3)

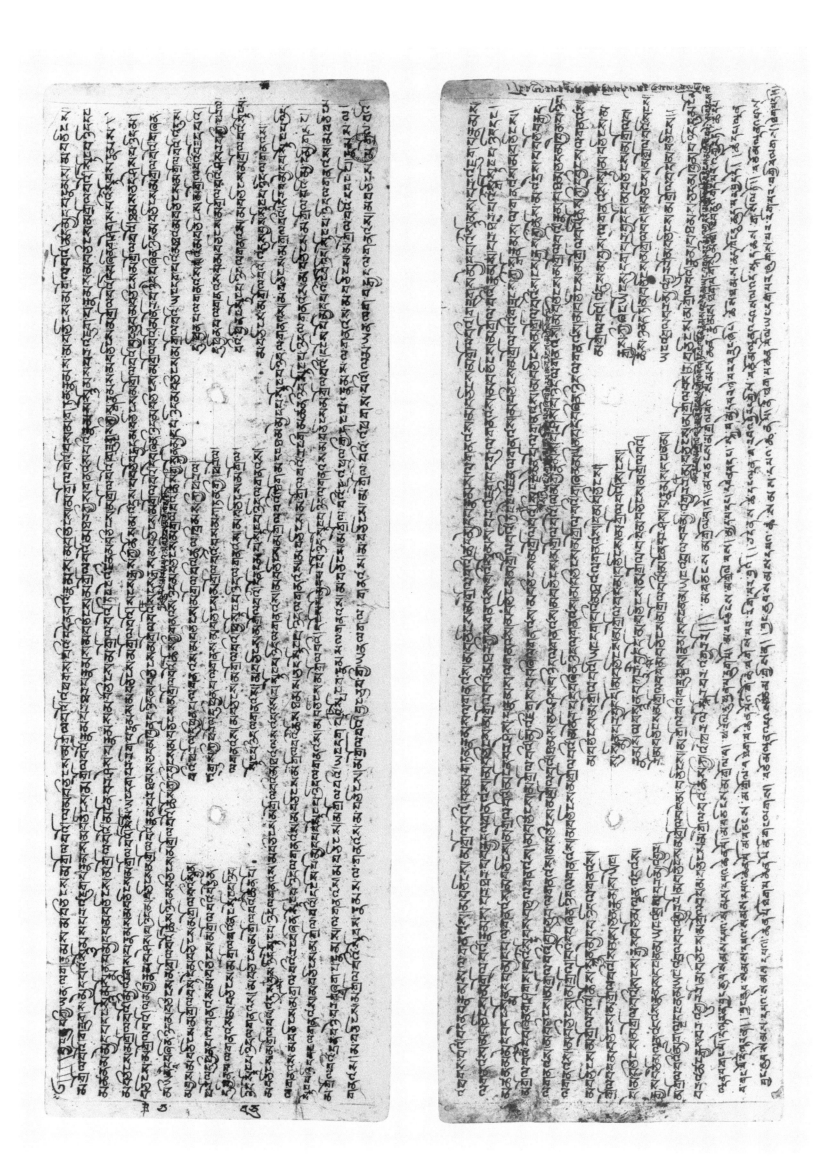

法 Pel.tib.1303　　1.ཤེས་རབ་ཀྱི་ཕ་རོལ་དུ་ཕྱིན་པ་སྟོང་ཕྲག་བརྒྱ་བའི་དུམ་བུ་དང་པོ་བམ་པོ་དྲུག་ཅུ་རྩ་གཅིག་གོ །

1.十萬頌般若波羅蜜多經第一函第六十一卷　　(87—4)

4

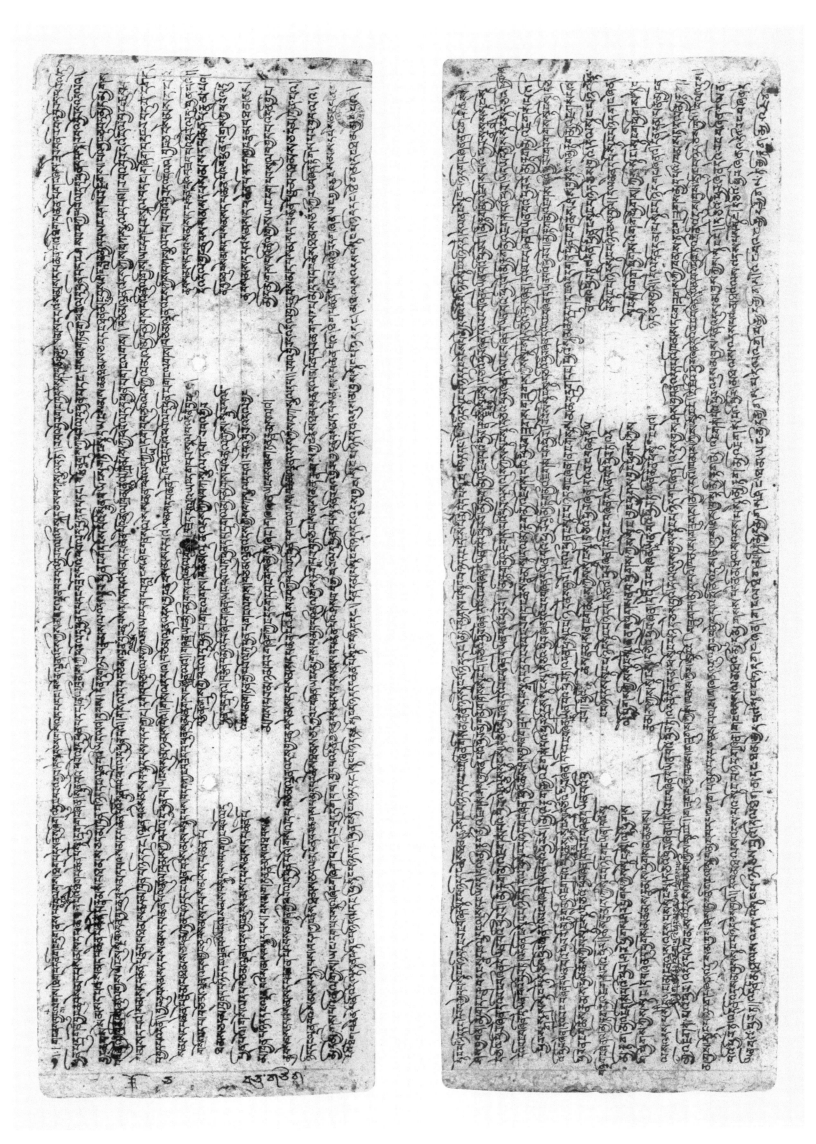

法 Pel.tib.1303　　1.ཤེས་རབ་ཀྱི་པ་རོལ་ཏུ་ཕྱིན་པ་སྟོང་ཕྲག་བརྒྱ་པའ་དུམ་བུ་དང་པོ་བམ་པོ་དྲུག་ཅུ་གཅིག་གོ

1.十萬頌般若波羅蜜多經第一函第六十一卷　　(87—5)

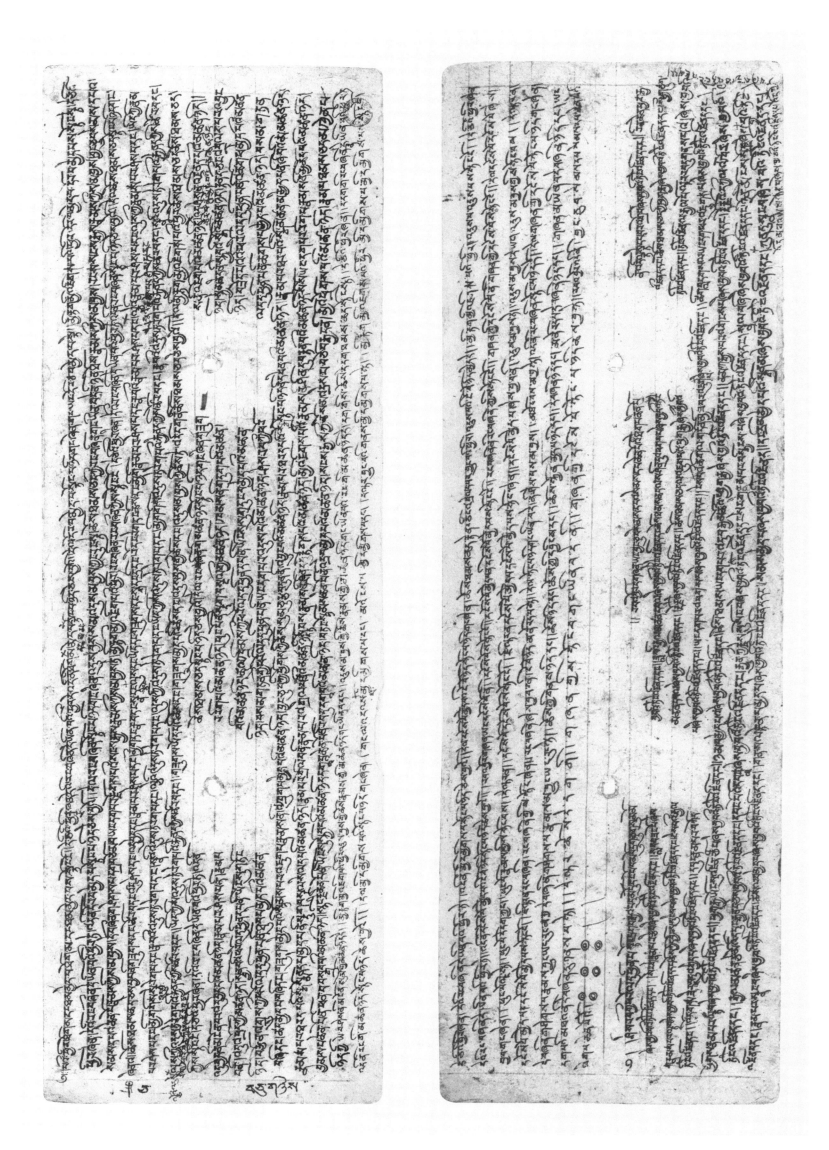

法 Pel.tib.1303　　1.ཤེས་རབ་ཀྱི་ཕ་རོལ་ཏུ་ཕྱིན་པ་སྟོང་ཕྲག་བརྒྱ་པའ་དུམ་བུ་དང་པོ་བམ་པོ་དྲུག་ཅུ་གཅིག་གོ

　　　　　　　　1.十萬頌般若波羅蜜多經第一函第六十一卷　　(87—6)

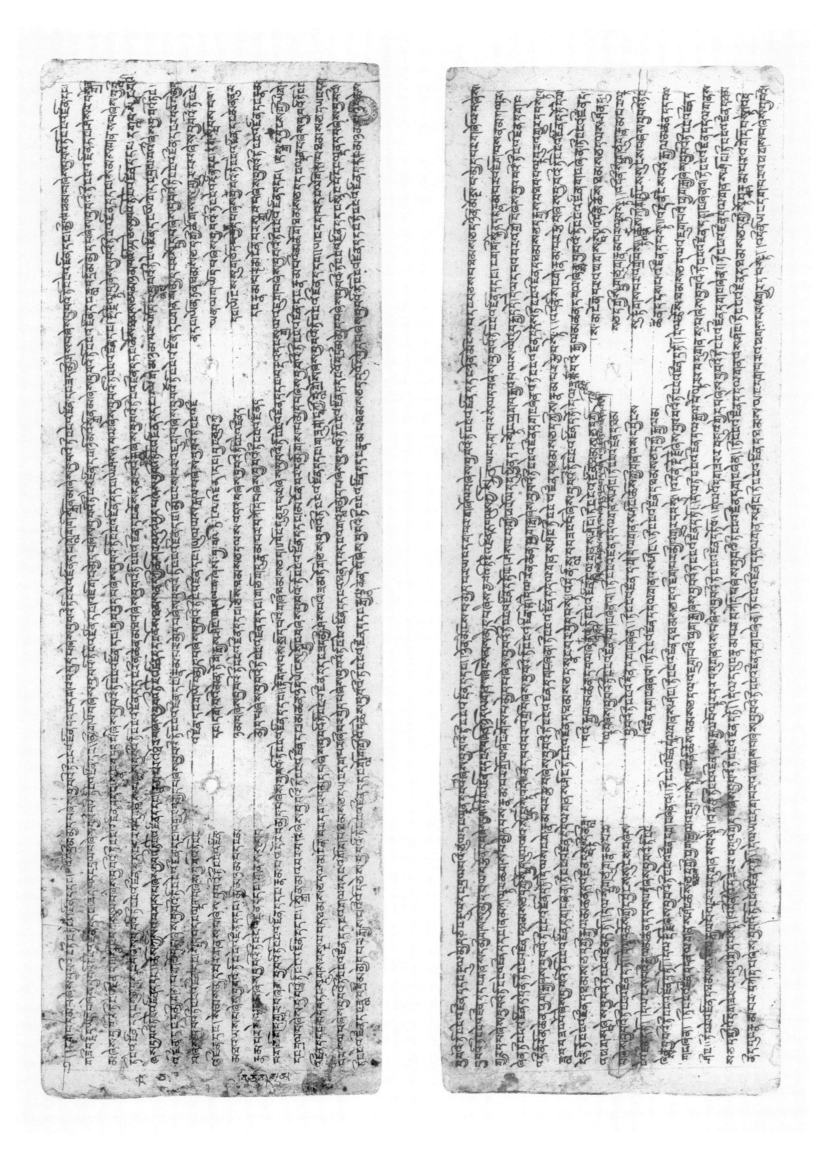

法 Pel.tib.1303　　2.ཤེས་རབ་ཀྱི་ཕ་རོལ་ཏུ་ཕྱིན་པ་སྟོང་ཕྲག་བརྒྱ་བ་དུམ་བུ་དང་པོ་བམ་པོ་དྲུག་ཅུ་གསུམ་མོ།།

2.十萬頌般若波羅蜜多經第一函第六十三卷　　(87—7)

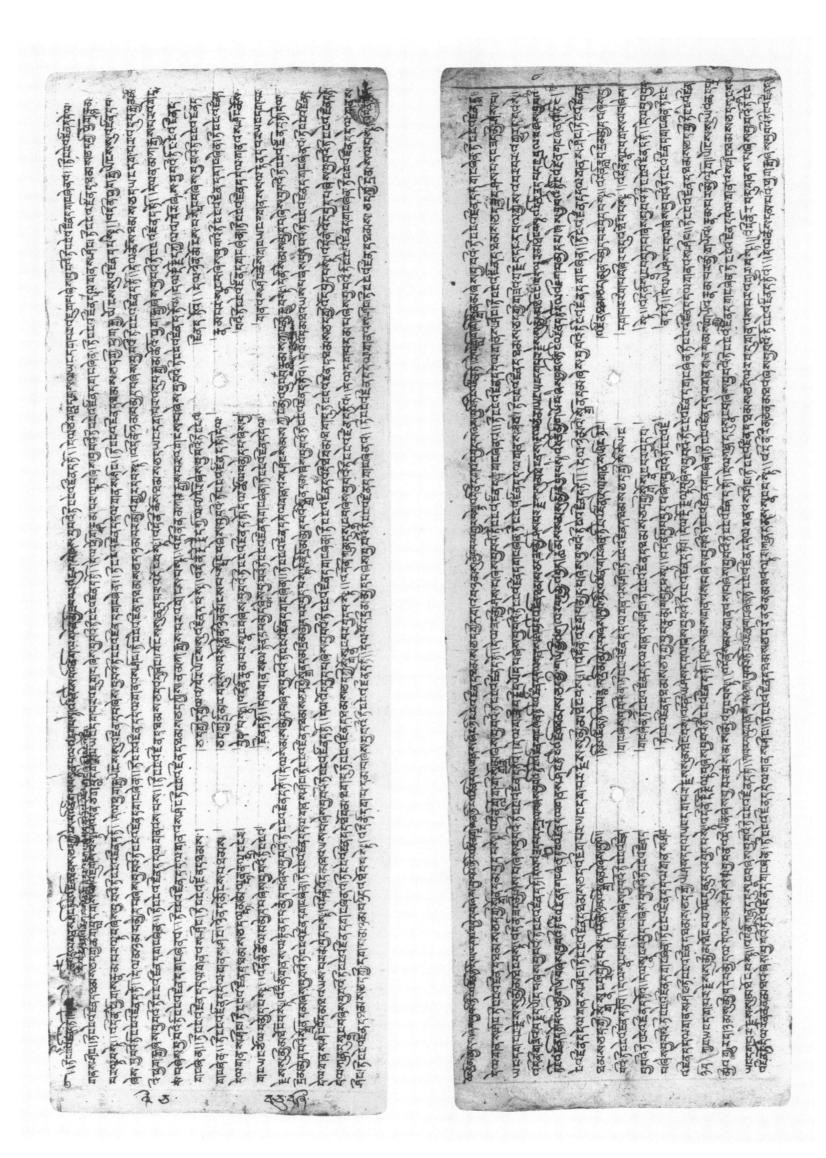

法 Pel.tib.1303 ཤེས་རབ་ཀྱི་ཕ་རོལ་ཏུ་ཕྱིན་པ་སྟོང་ཕྲག་བརྒྱ་པའ་དུམ་བུ་དང་པོ་བམ་པོ་དྲུག་ཅུ་གསུམ་མོ།།

2.十萬頌般若波羅蜜多經第一函第六十三卷　　(87—8)

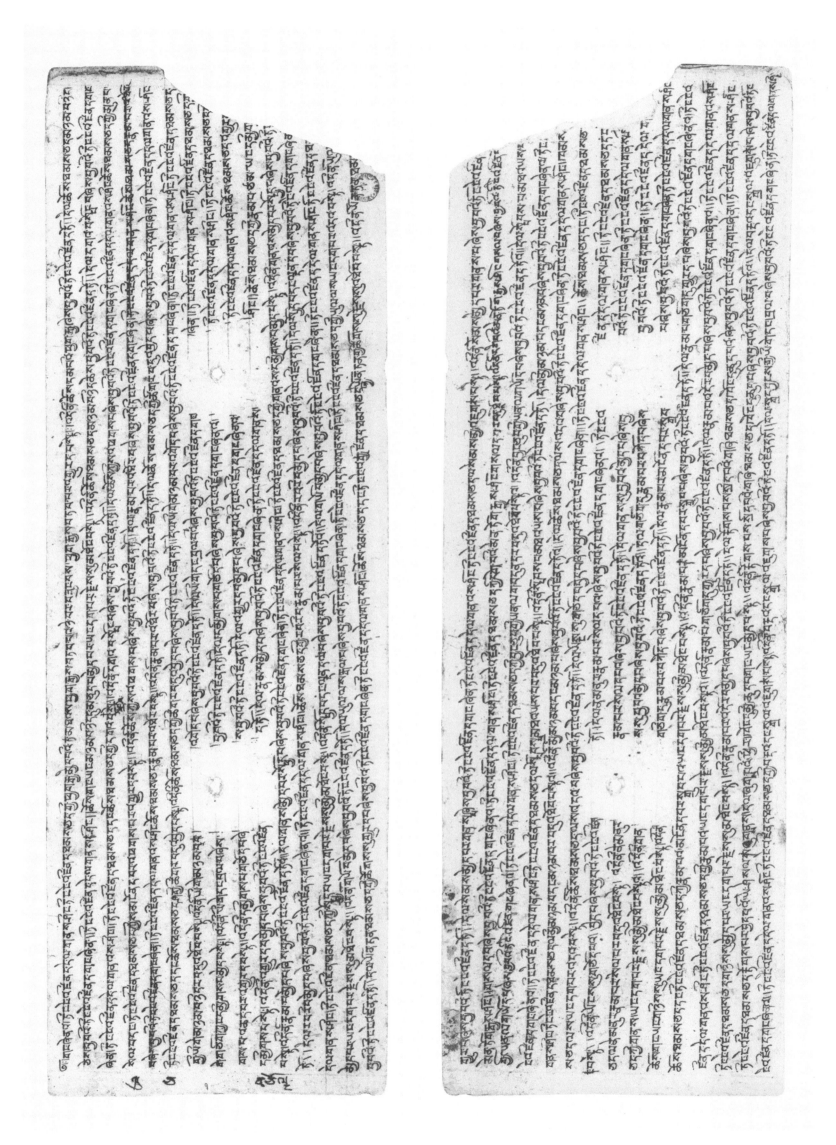

法 Pel.tib.1303　　2.ཤེས་རབ་ཀྱི་ཕ་རོལ་ཏུ་ཕྱིན་པ་སྟོང་ཕྲག་བརྒྱ་པ་དུམ་བུ་དང་པོ་བམ་པོ་དྲུག་ཅུ་གསུམ་མོ།།

2.十萬頌般若波羅蜜多經第一函第六十三卷　　(87—9)

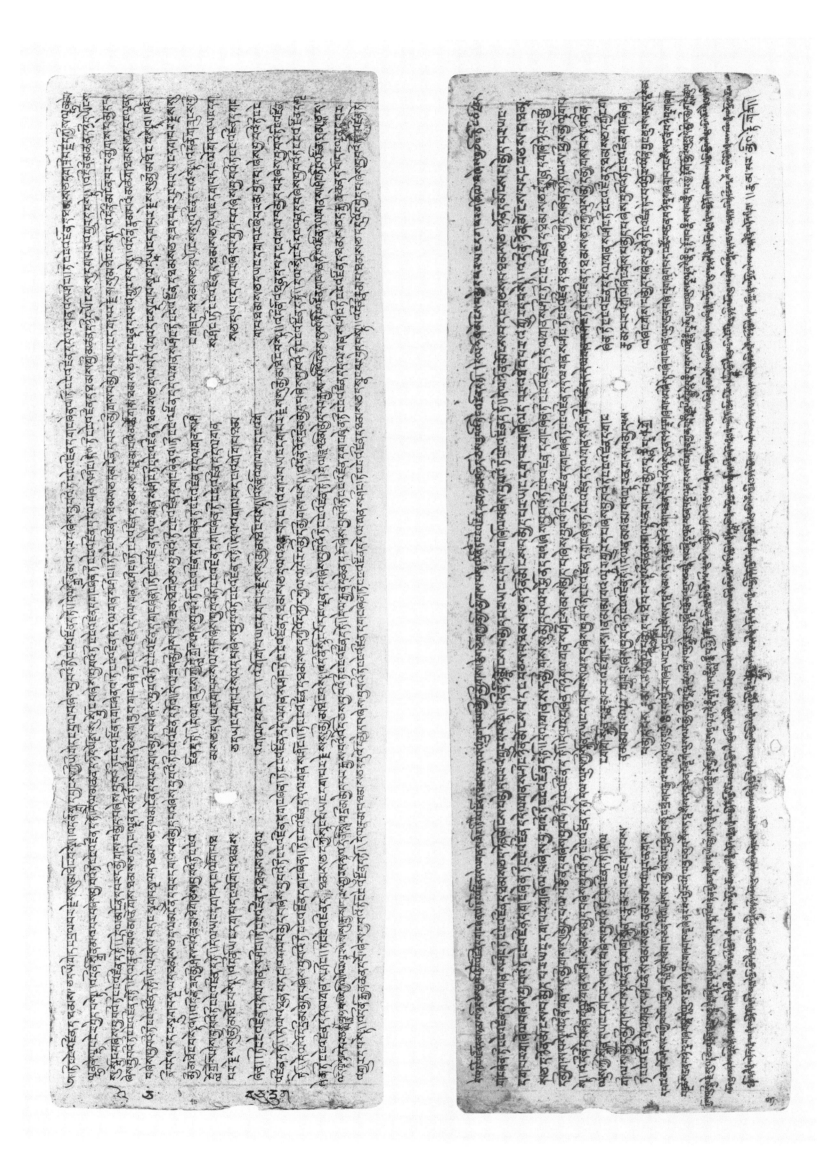

法 Pel.tib.1303　　2.ཤེས་རབ་ཀྱི་ཕ་རོལ་ཏུ་ཕྱིན་པ་སྟོང་ཕྲག་བརྒྱ་བའི་དུམ་བུ་དང་པོ་བམ་པོ་དྲུག་ཅུ་གསུམ་མོ།།

2.十萬頌般若波羅蜜多經第一函第六十三卷　　(87—10)

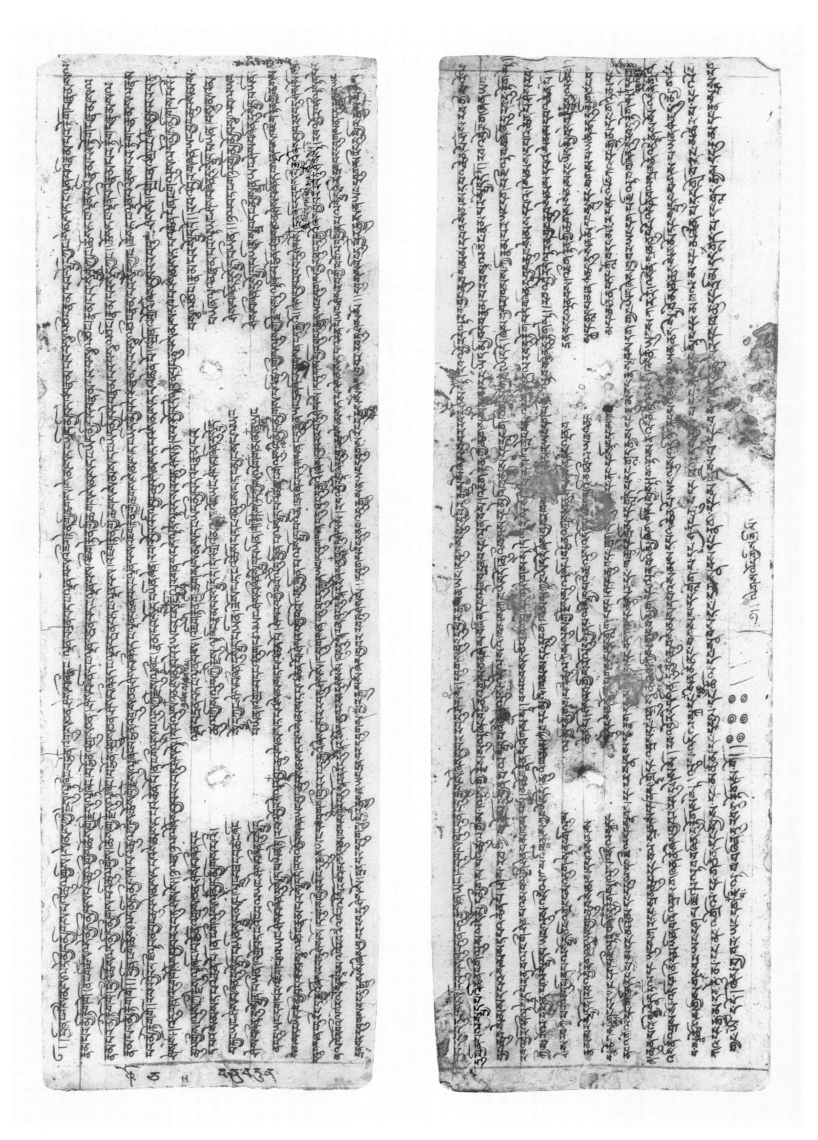

法 Pel.tib.1303　2.ཤེས་རབ་ཀྱི་ཕ་རོལ་ཏུ་ཕྱིན་པ་སྟོང་ཕྲག་བརྒྱ་བའི་དུམ་བུ་དང་པོ་བམ་པོ་དྲུག་ཅུ་གསུམ་མོ།།

2.十萬頌般若波羅蜜多經第一函第六十三卷　　(87—11)

11

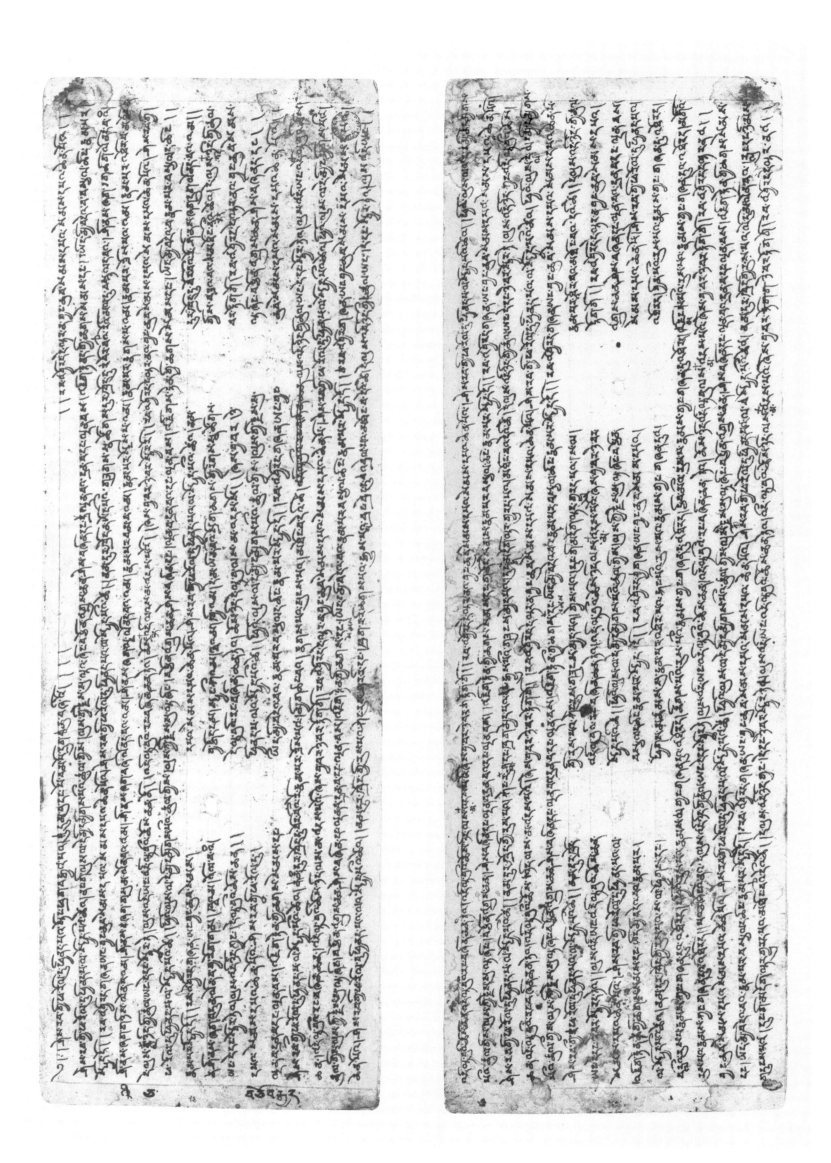

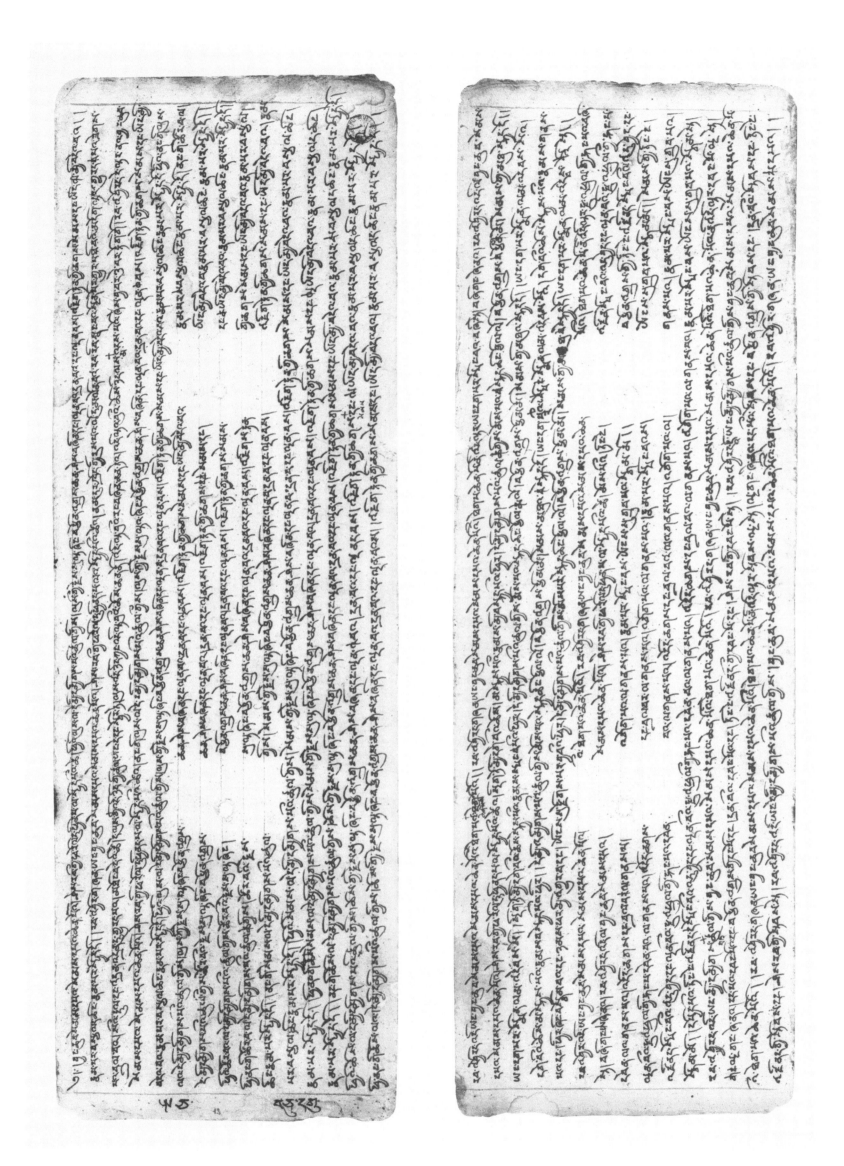

法 Pel.tib.1303　　3.ཤེས་རབ་ཀྱི་ཕ་རོལ་ཏུ་ཕྱིན་པ་སྟོང་ཕྲག་བརྒྱ་པའི་དུམ་བུ་དང་པོ་བམ་པོ་དྲུག་ཅུ་རྩ་བཞི་བའོ།།

3.十萬頌般若波羅蜜多經第一函第六十四卷　　(87—13)

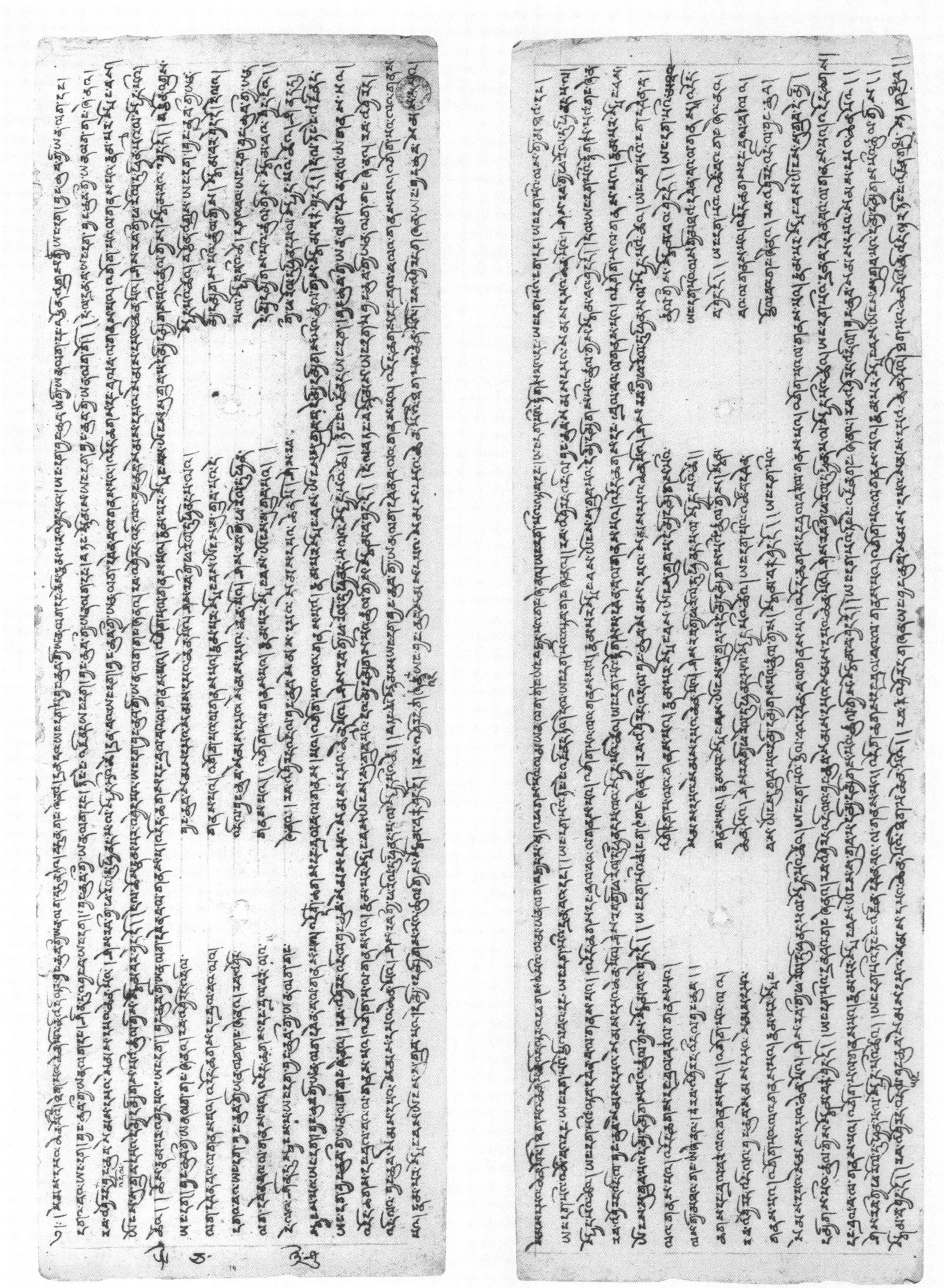

法 Pel.tib.1303　　3.ཤེས་རབ་ཀྱི་ཕ་རོལ་ཏུ་ཕྱིན་པ་སྟོང་ཕྲག་བརྒྱ་པ་དུམ་བུ་དང་པོ་བམ་པོ་དྲུག་ཅུ་བཞི་པའོ།།

3.十萬頌般若波羅蜜多經第一函第六十四卷　　(87—14)

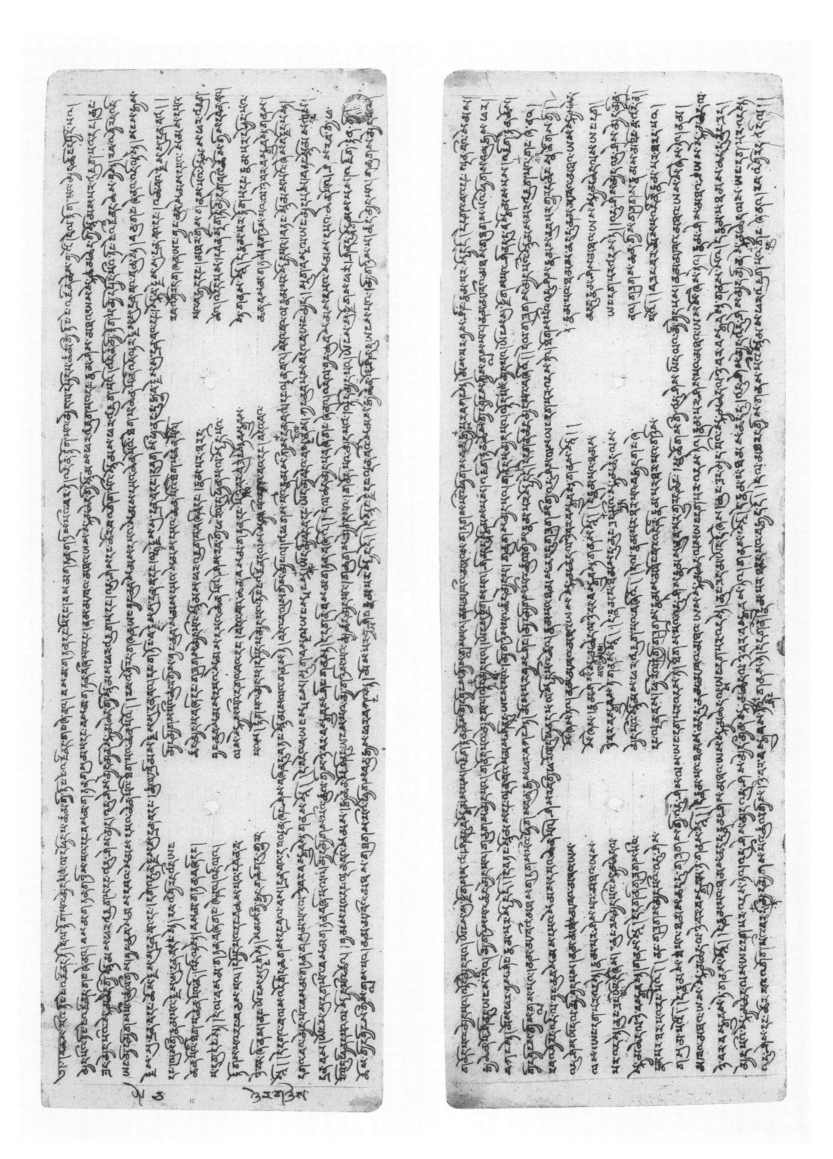

法 Pel.tib.1303　　3.ཤེས་རབ་ཀྱི་ཕ་རོལ་དུ་ཕྱིན་པ་སྟོང་ཕྲག་བརྒྱ་པའི་དུམ་བུ་དང་པོ་བམ་པོ་དྲུག་ཅུ་རྩ་བཞི་བ༔

3.十萬頌般若波羅蜜多經第一函第六十四卷　　　(87—15)

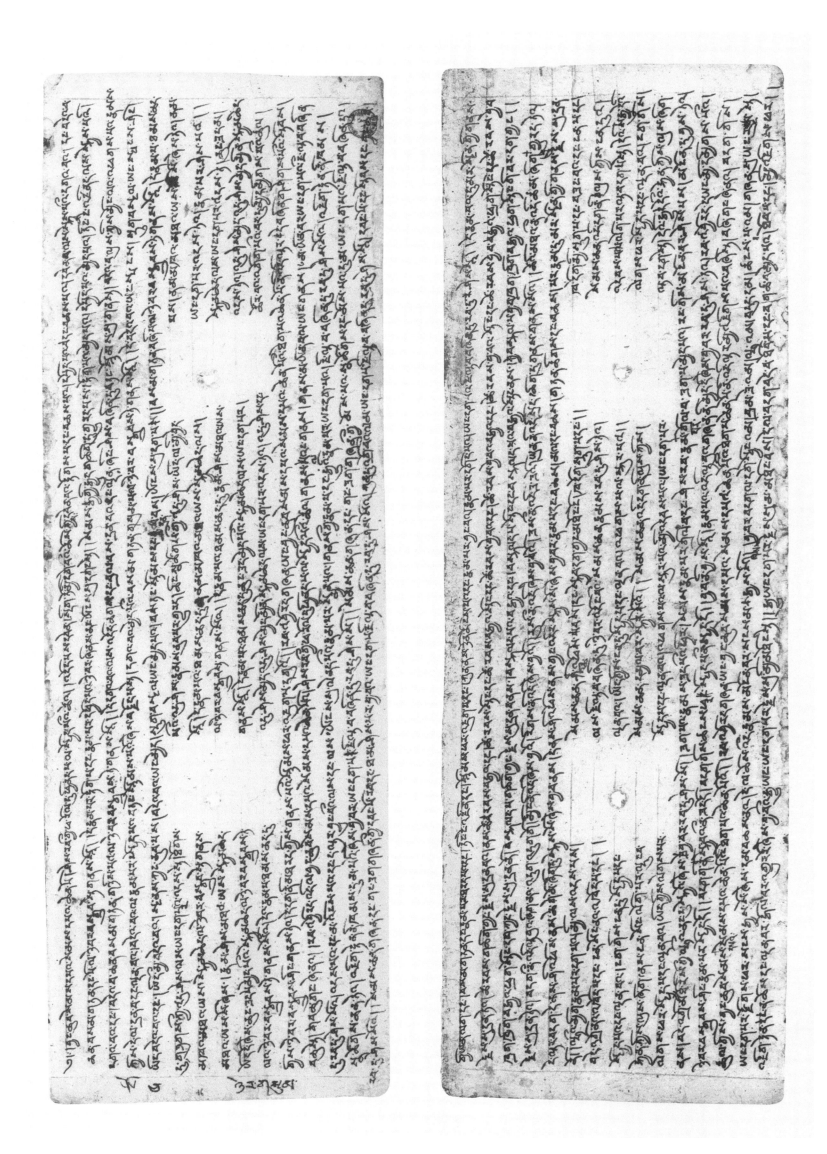

法 Pel.tib.1303　3.ཤེས་རབ་ཀྱི་ཕ་རོལ་ཏུ་ཕྱིན་པ་སྟོང་ཕྲག་བརྒྱ་པ་དུམ་བུ་དང་པོ་བམ་པོ་དྲུག་ཅུ་རྩ་བཞི་བཞོ།།

3.十萬頌般若波羅蜜多經第一函第六十四卷　　(87—16)

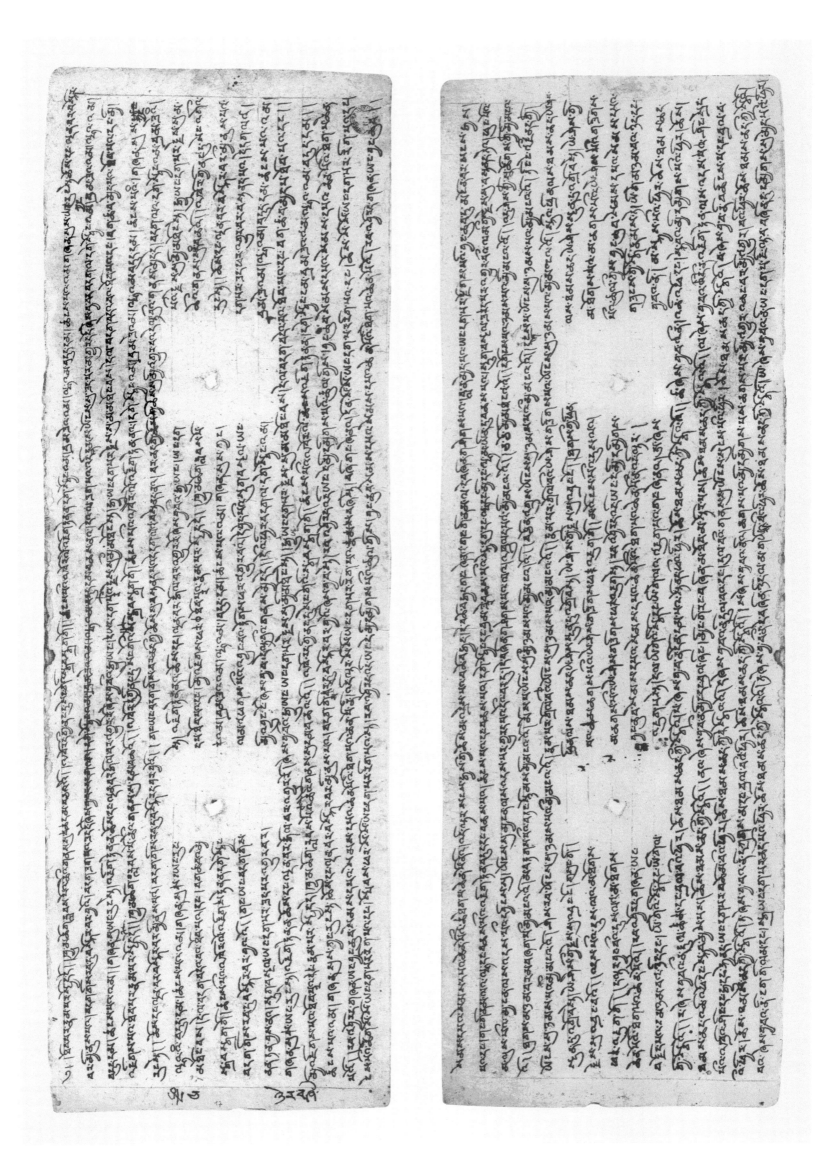

法 Pel.tib.1303　3.ཤེས་རབ་ཀྱི་ཕ་རོལ་ཏུ་ཕྱིན་པ་སྟོང་ཕྲག་བརྒྱ་པ་དུམ་བུ་དང་པོ་བམ་པོ་དྲུག་ཅུ་རྩ་བཞི་བ་རྫོགས།།

3.十萬頌般若波羅蜜多經第一函第六十四卷　　(87—17)

17

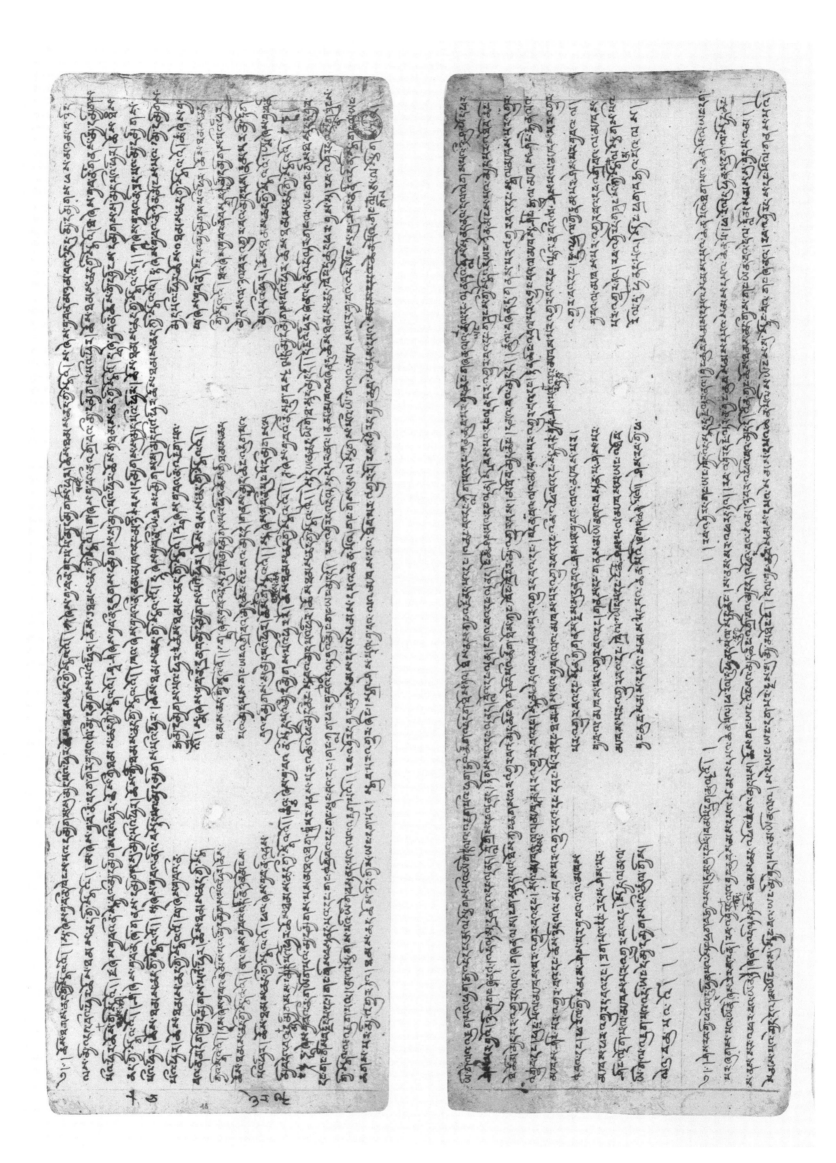

法 Pel.tib.1303

3.ཤེས་རབ་ཀྱི་ཕ་རོལ་ཏུ་ཕྱིན་པ་སྟོང་ཕྲག་བརྒྱ་པའ་དུམ་བུ་དང་པོ་བམ་པོ་དྲུག་ཅུ་བཞི་བའོ༎

3.十萬頌般若波羅蜜多經第一函第六十四卷　　(87—18)

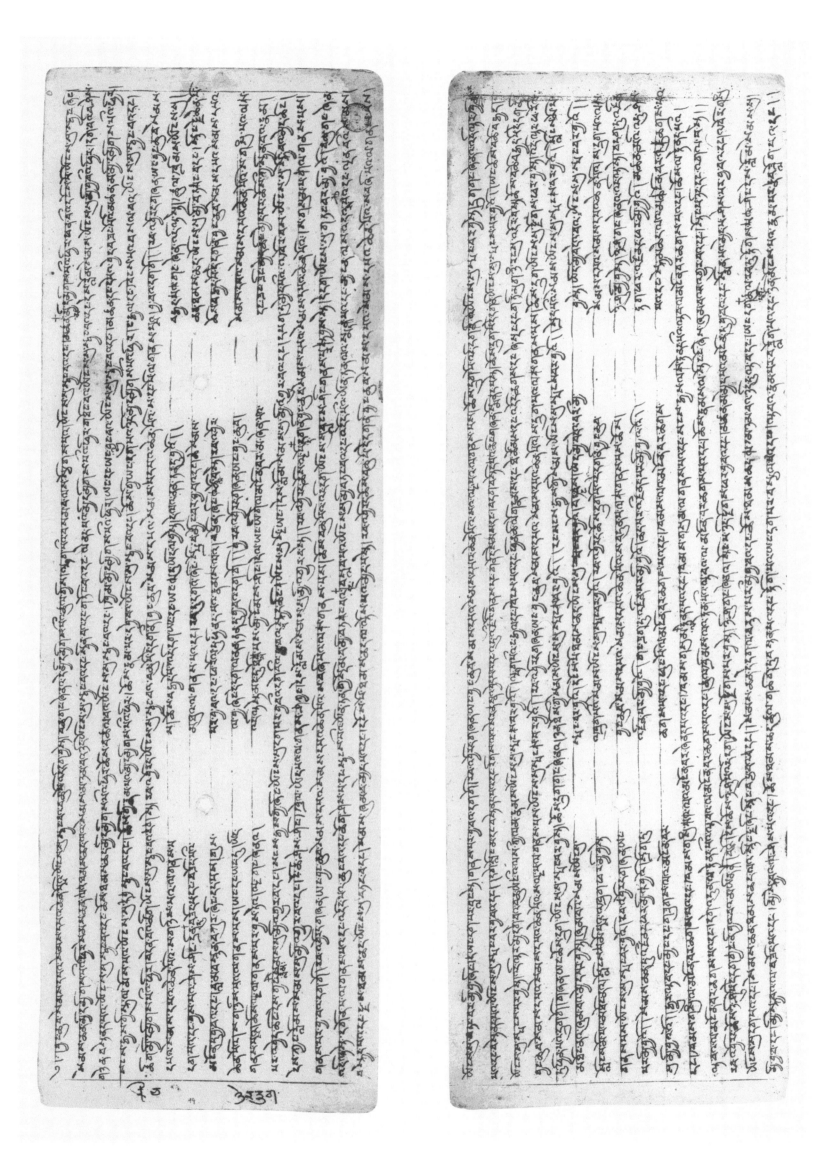

法 Pel.tib.1303　　4.ཤེས་རབ་ཀྱི་ཕ་རོལ་ཏུ་ཕྱིན་པའི་སྟོང་ཕྲག་བརྒྱ་པ་བདུན་བུ་དང་པོ་ཁམས་པོ་དུག་ཅུ་ལྔ་པའོ།།

　　　　　　　　4.十萬頌般若波羅蜜多經第一函第六十五卷　　(87—19)

19

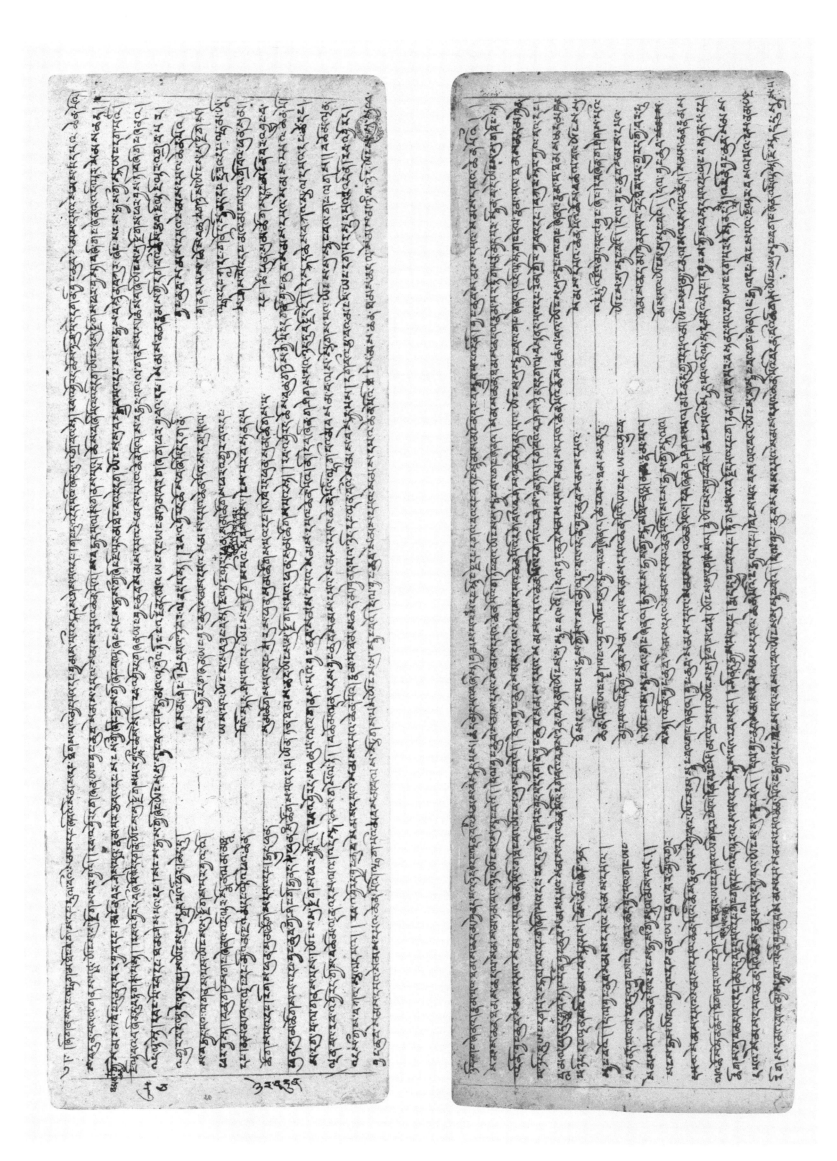

法 Pel.tib.1303 4.ཤེས་རབ་ཀྱི་ཕ་རོལ་དུ་ཕྱིན་པའི་སྟོང་ཕྲག་བརྒྱ་པའི་དུམ་བུ་དང་པོ་བམ་པོ་དྲུག་ཅུ་ལྔ་པའོ།།
4.十萬頌般若波羅蜜多經第一函第六十五卷　　(87—20)

法 Pel.tib.1303　4.ཤེས་རབ་ཀྱི་ཕ་རོལ་ཏུ་ཕྱིན་པའི་སྟོང་ཕྲག་བརྒྱ་པའི་དུམ་བུ་དང་པོ།བམ་པོ་དྲུག་ཅུ་ལྔ་པའོ།།

4.十萬頌般若波羅蜜多經第一函第六十五卷　　(87—21)

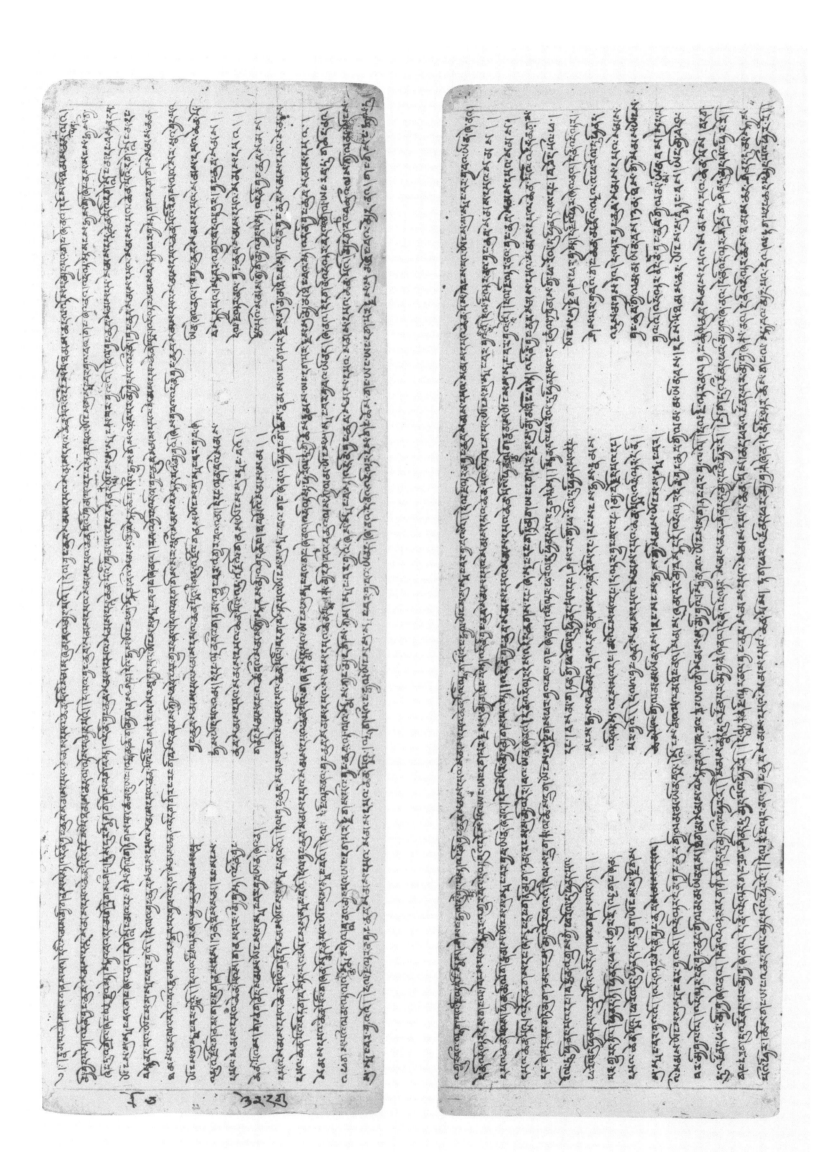

法 Pel.tib.1303　　4.ཤེས་རབ་ཀྱི་ཕ་རོལ་ཏུ་ཕྱིན་པའི་སྟོང་ཕྲག་བརྒྱ་པའི་དུམ་བུ་དང་པོ་བམ་པོ་དྲུག་ཅུ་ལྔ་པའོ།།

4.十萬頌般若波羅蜜多經第一函第六十五卷　　(87—22)

22

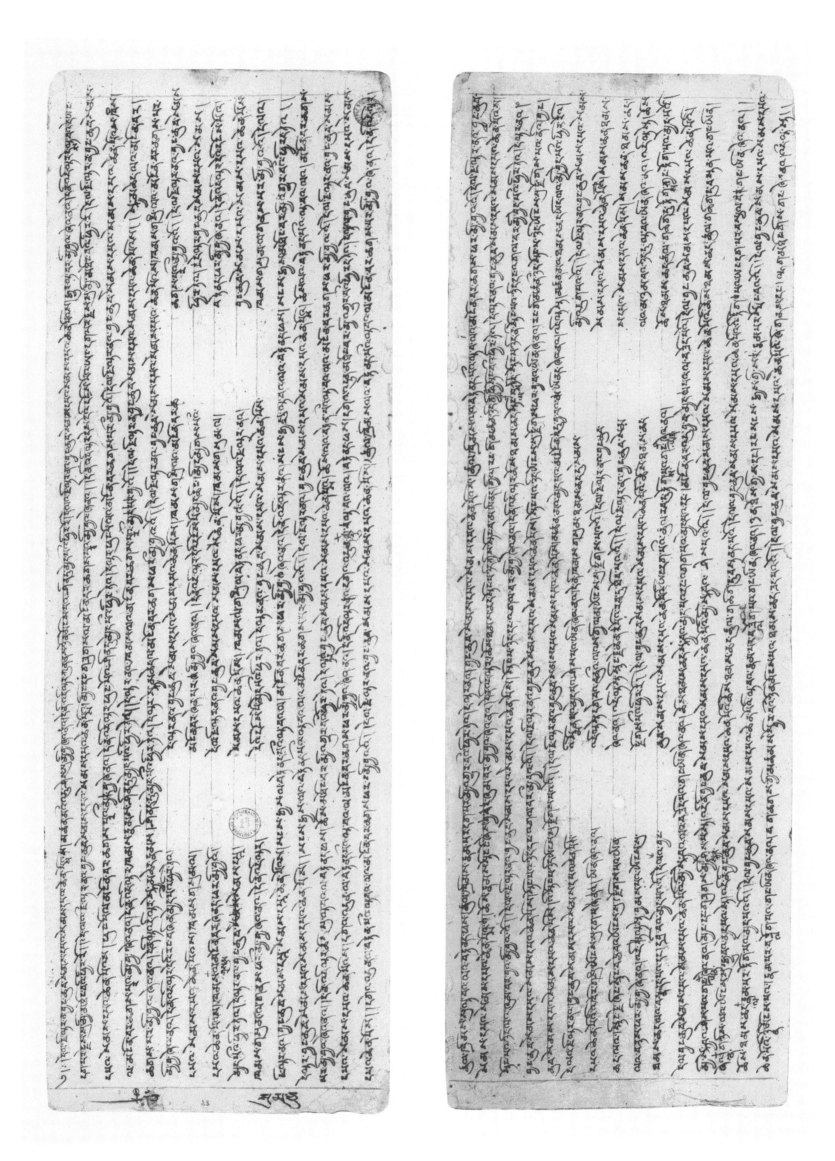

法 Pel.tib.1303　　4.ཤེས་རབ་ཀྱི་ཕ་རོལ་ཏུ་ཕྱིན་པའི་སྟོང་ཕྲག་བརྒྱ་པ་དུམ་བུ་དང་པོ་བཾ་པོ་དྲུག་ཅུ་ལྔ་པའོ།།

4.十萬頌般若波羅蜜多經第一函第六十五卷　　(87—23)

23

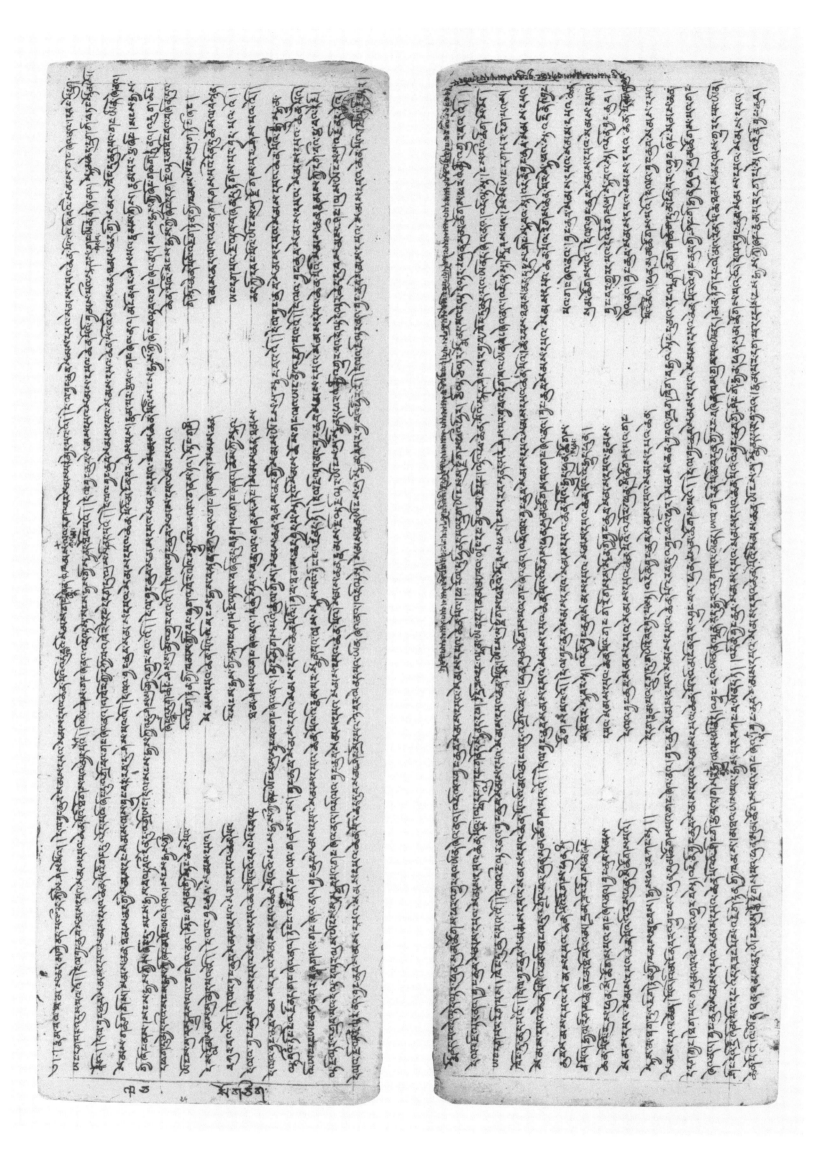

法 Pel.tib.1303　　4.ཤེས་རབ་ཀྱི་ཕ་རོལ་ཏུ་ཕྱིན་པའི་སྟོང་ཕྲག་བརྒྱ་པའི་དུམ་བུ་དང་པོ་བཝ་པོ་དྲུག་ཅུ་རྩ་ལྔ།།

4.十萬頌般若波羅蜜多經第一函第六十五卷　　(87—24)

24

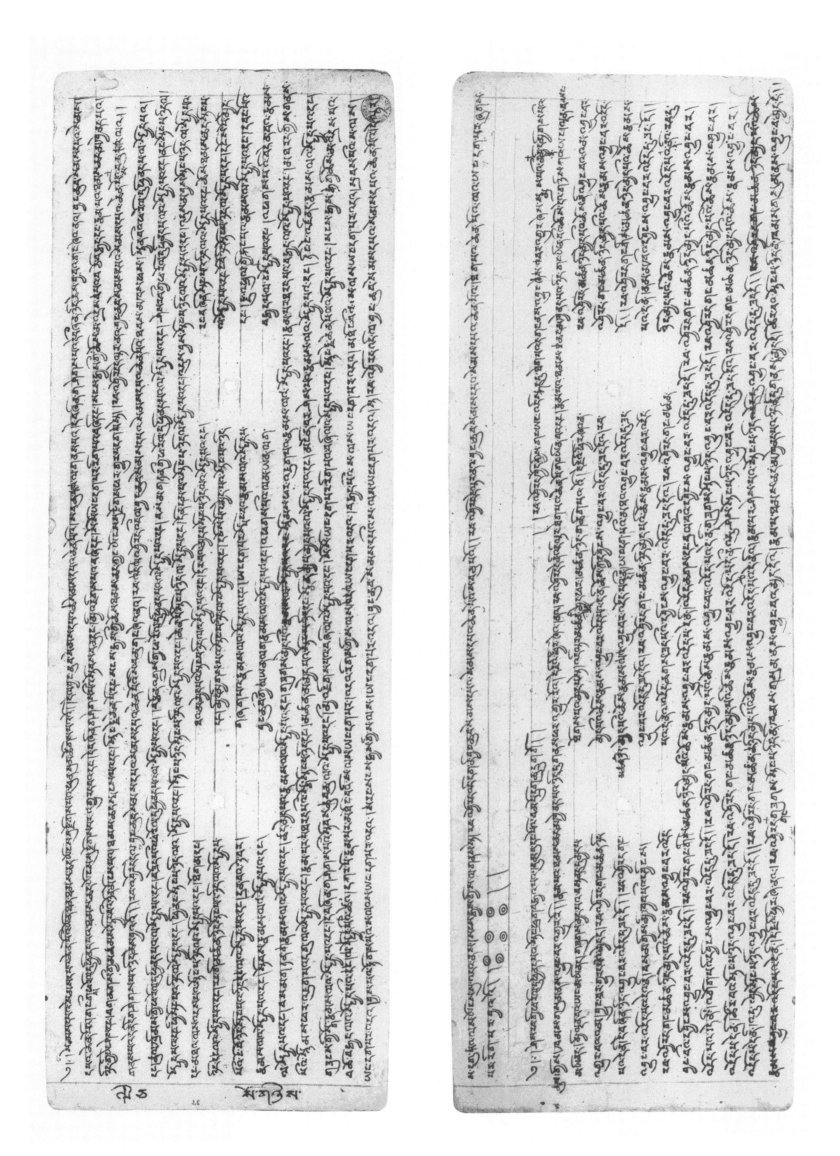

法 Pel.tib.1303　　4.ཤེས་རབ་ཀྱི་ཕ་རོལ་ཏུ་ཕྱིན་པའི་སྟོང་ཕྲག་བརྒྱའ་པ་དུམ་བུ་དང་པོ་བམ་པོ་དྲུག་ཅུ་རྩ་ལྔའོ།།

4.十萬頌般若波羅蜜多經第一函第六十五卷　　(87—25)

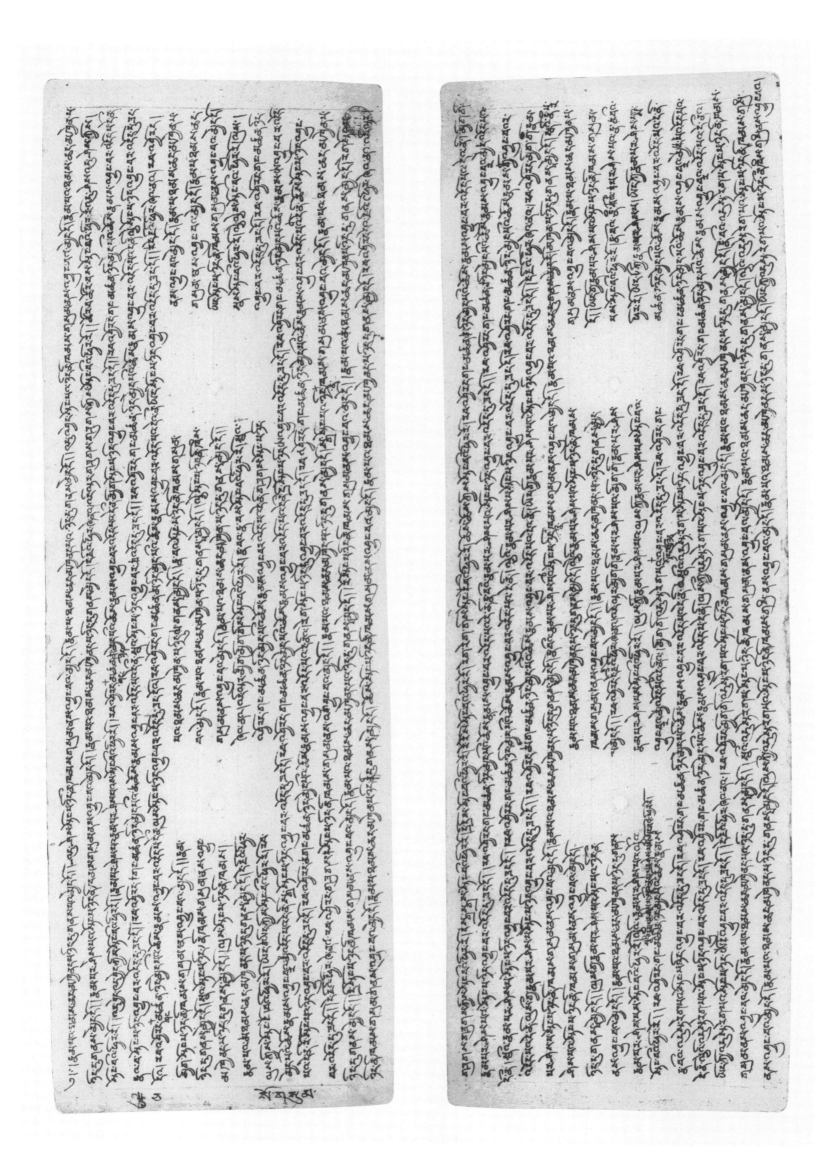

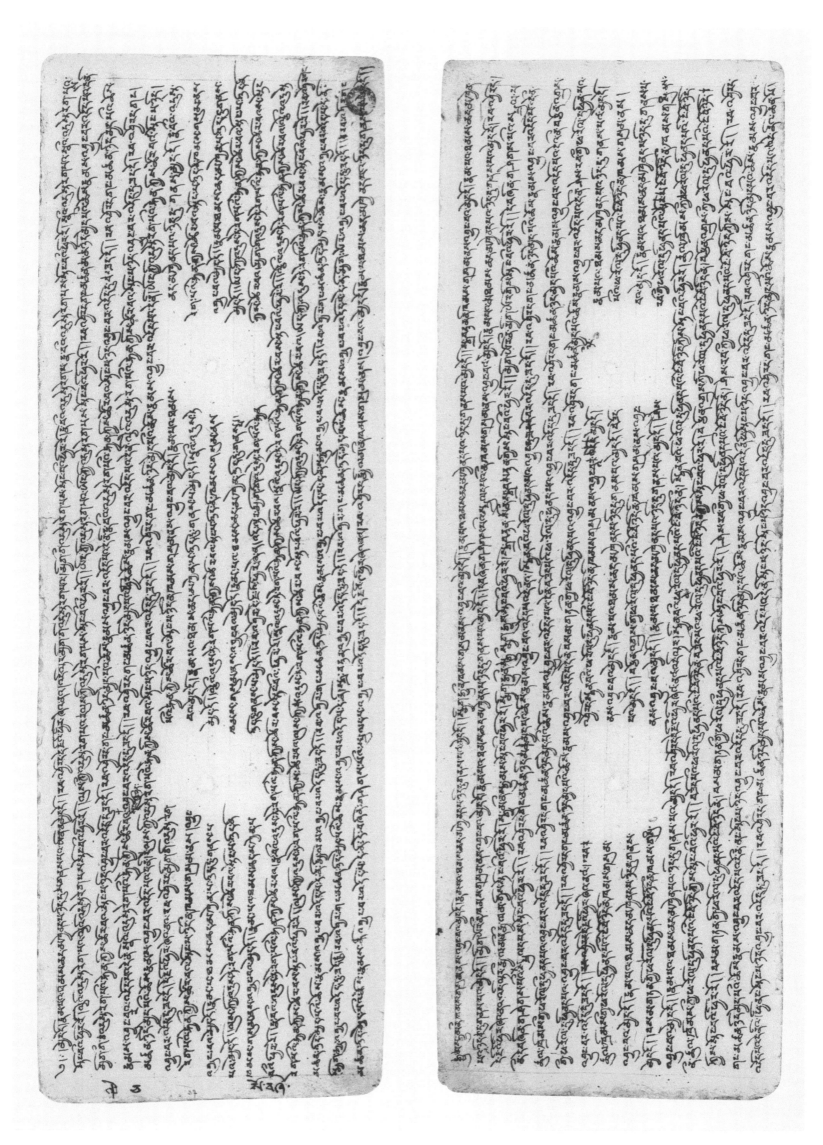

法 Pel.tib.1303　5.ཤེས་རབ་ཀྱི་ཕ་རོལ་དུ་ཕྱིན་པ་སྟོང་ཕྲག་བརྒྱ་པ་དུམ་བུ་དང་པོའི་བམ་པོ་དྲུག་ཅུ་རྩ་དྲུག་གོ །།
　　　　　5.十萬頌般若波羅蜜多經第一函第六十六卷　　(87—27)

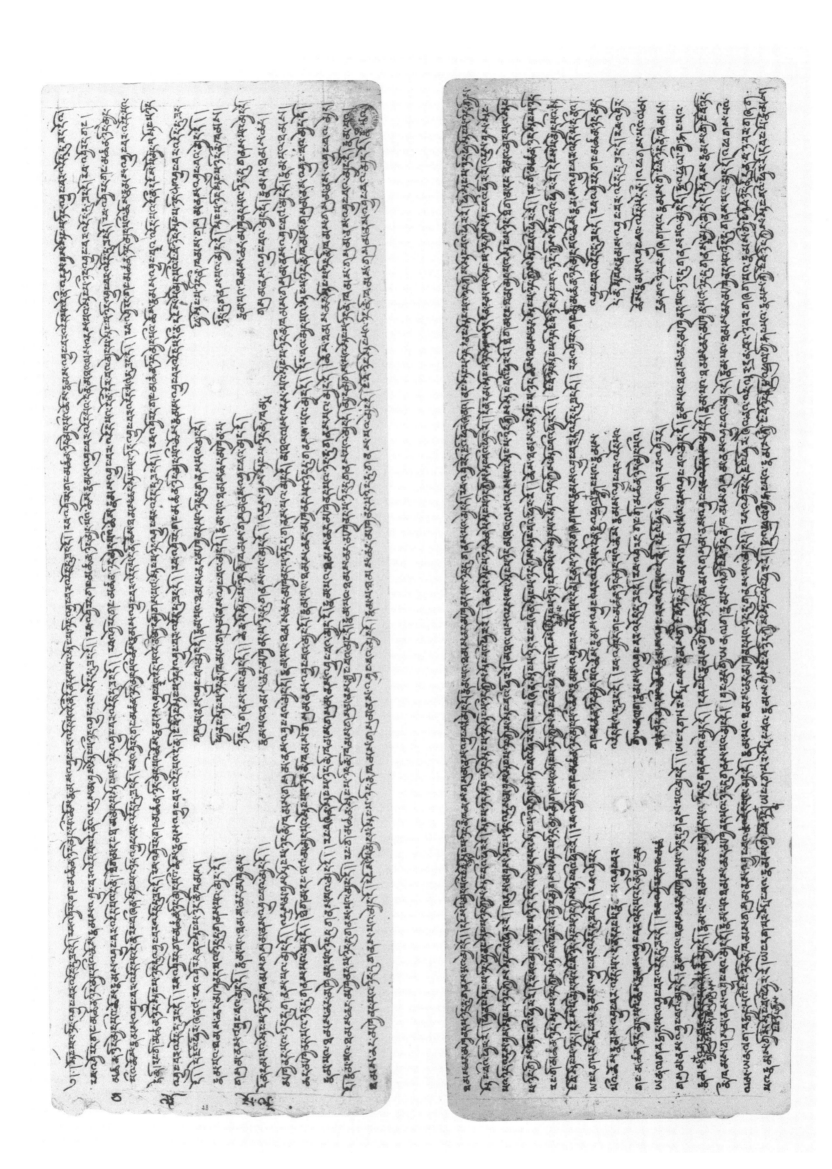

法 Pel.tib.1303　　5.ཤེས་རབ་ཀྱི་ཕ་རོལ་ཏུ་ཕྱིན་པའི་སྟོང་ཕྲག་བརྒྱ་པ་དུམ་བུ་དང་པོ་བམ་པོ་དྲུག་ཅུ་རྩ་དྲུག་གོ

5.十萬頌般若波羅蜜多經第一函第六十六卷　　(87—28)

28

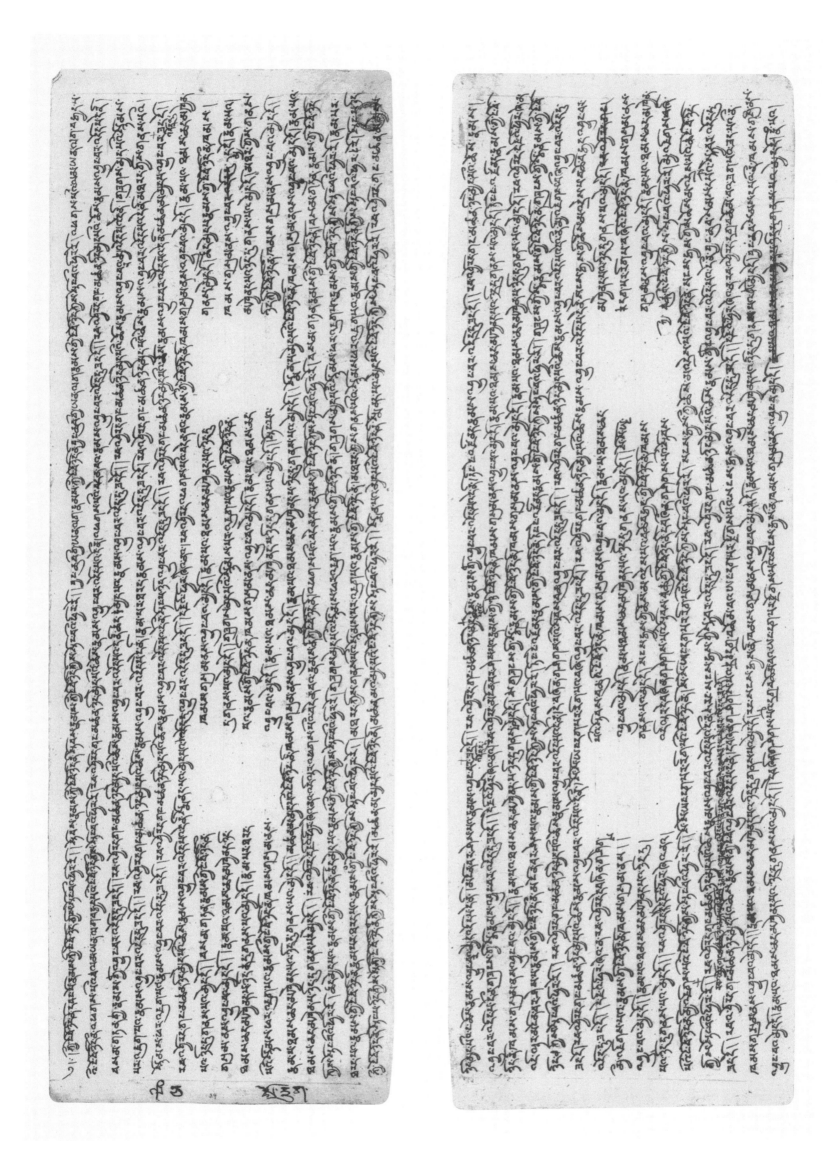

法 Pel.tib.1303　　5.ཤེས་རབ་ཀྱི་ཕ་རོལ་ཏུ་ཕྱིན་པའི་སྟོང་ཕྲག་བརྒྱ་པ་དུམ་བུ་དང་པོ་བམ་པོ་དྲུག་ཅུ་རྩ་དྲུག་གོ།།།

5.十萬頌般若波羅蜜多經第一函第六十六卷　　(87—29)

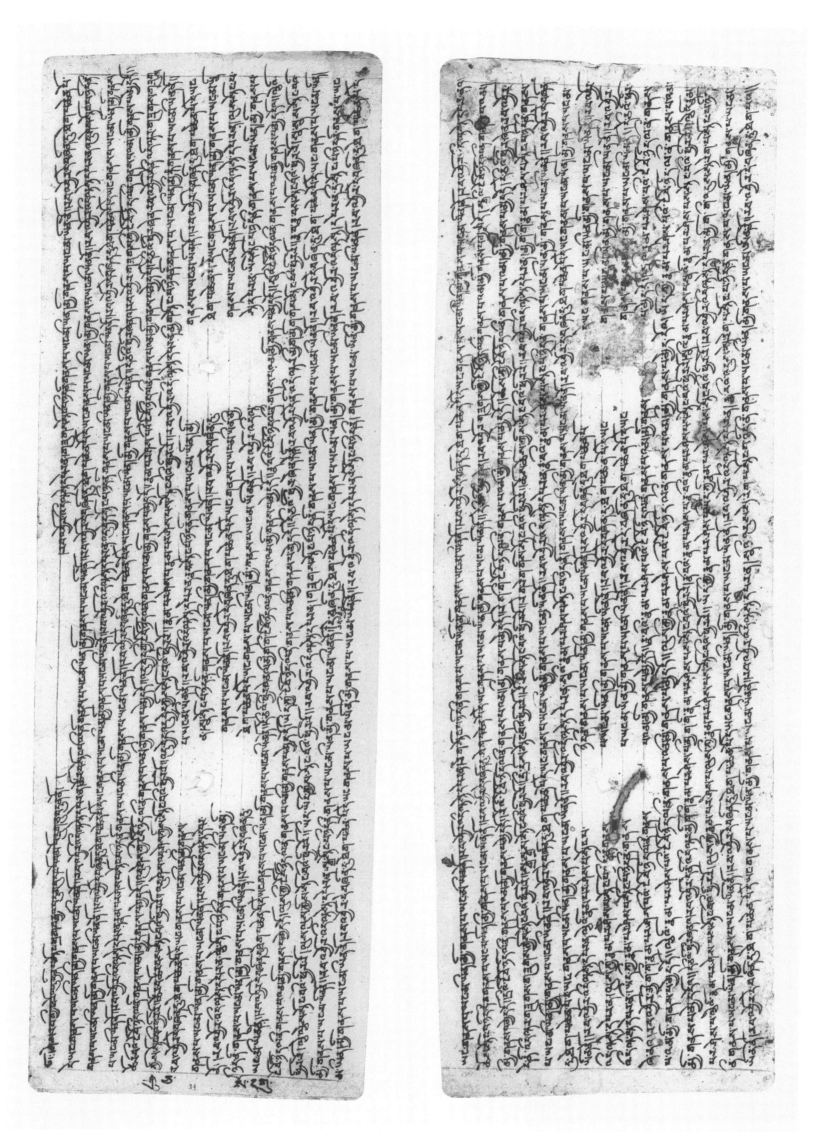

法 Pel.tib.1303　　6.ཤེས་རབ་ཀྱི་ཕ་རོལ་དུ་ཕྱིན་པར་སྟོང་ཕྲག་བརྒྱལ་པ་དུལ་བུ་དང་པོ་བམ་པོ་དུག་ཅུ་པདུན་ནོ༎
　　　　　　　6.十萬頌般若波羅蜜多經第一函第六十七卷　　(87—31)

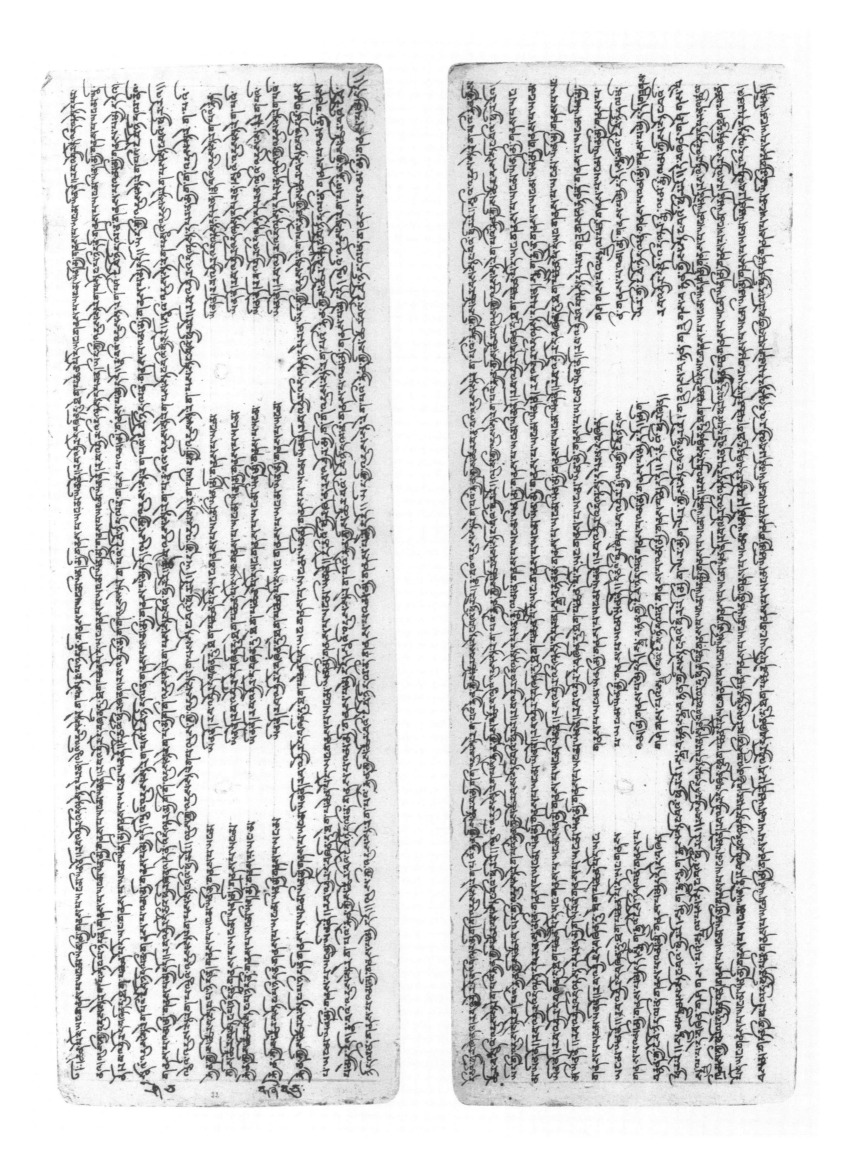

法 Pel.tib.1303　　6.ཤེས་རབ་ཀྱི་ཕ་རོལ་ཏུ་ཕྱིན་པ་སྟོང་ཕྲག་བརྒྱ་པ་དུམ་བུ་དང་པོ་བམ་པོ་དྲུག་ཅུ་བདུན་ནོ།།

6.十萬頌般若波羅蜜多經第一函第六十七卷　　(87—32)

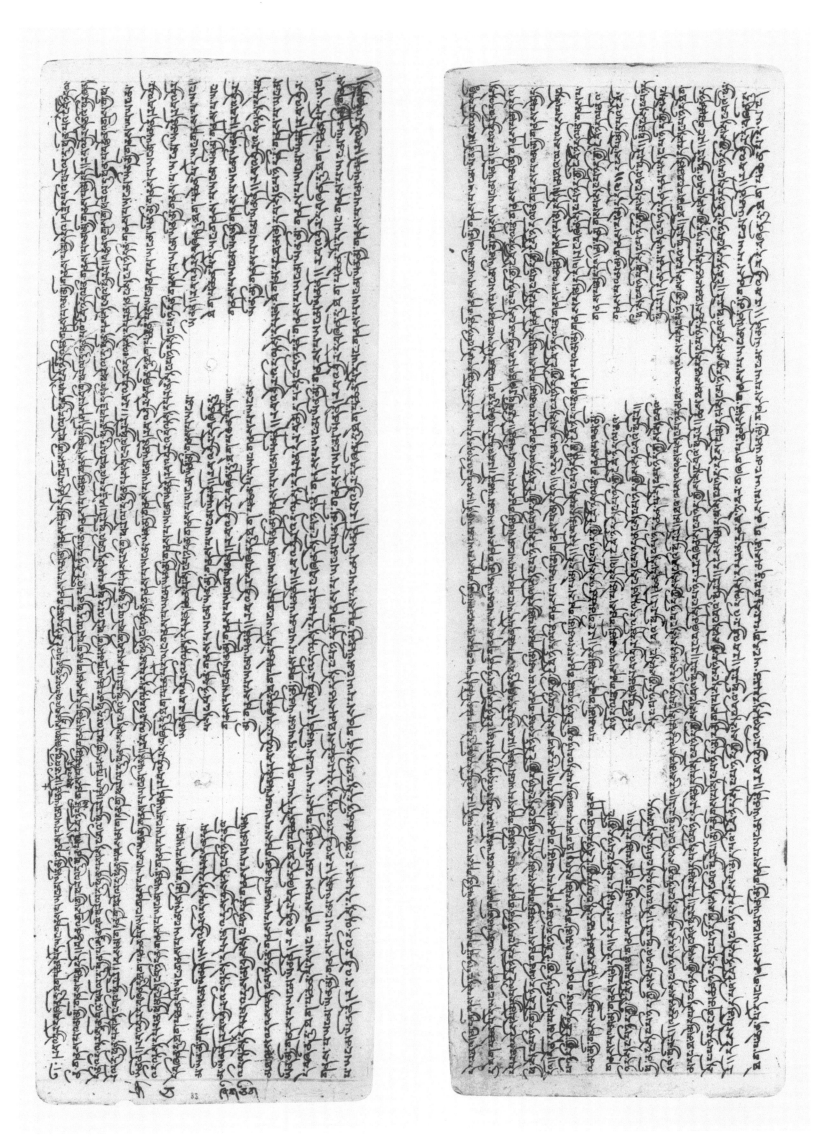

法 Pel.tib.1303　　6.ཤེས་རབ་ཀྱི་ཕ་རོལ་ཏུ་ཕྱིན་པའི་སྟོང་ཕྲག་བརྒྱ་པ་དུམ་བུ་དང་པོ་བམ་པོ་དྲུག་ཅུ་བདུན་ནོ།།

6.十萬頌般若波羅蜜多經第一函第六十七卷　　(87—33)

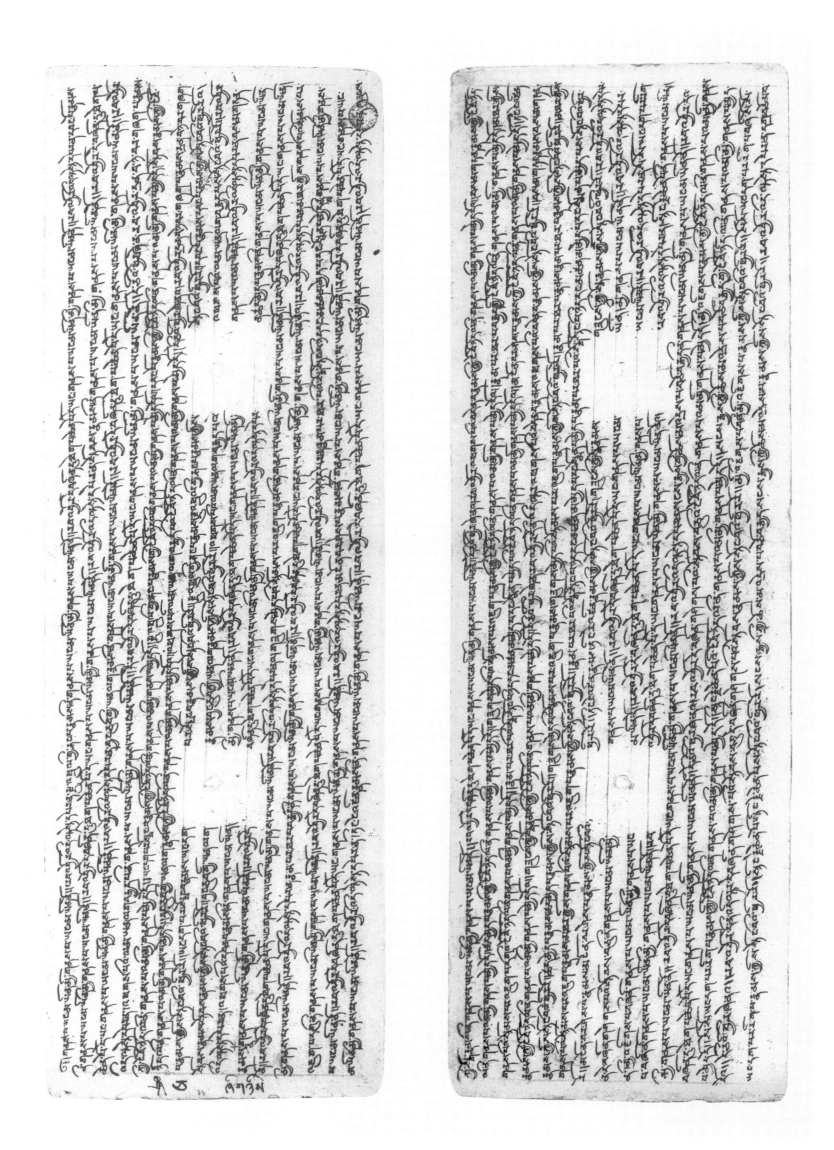

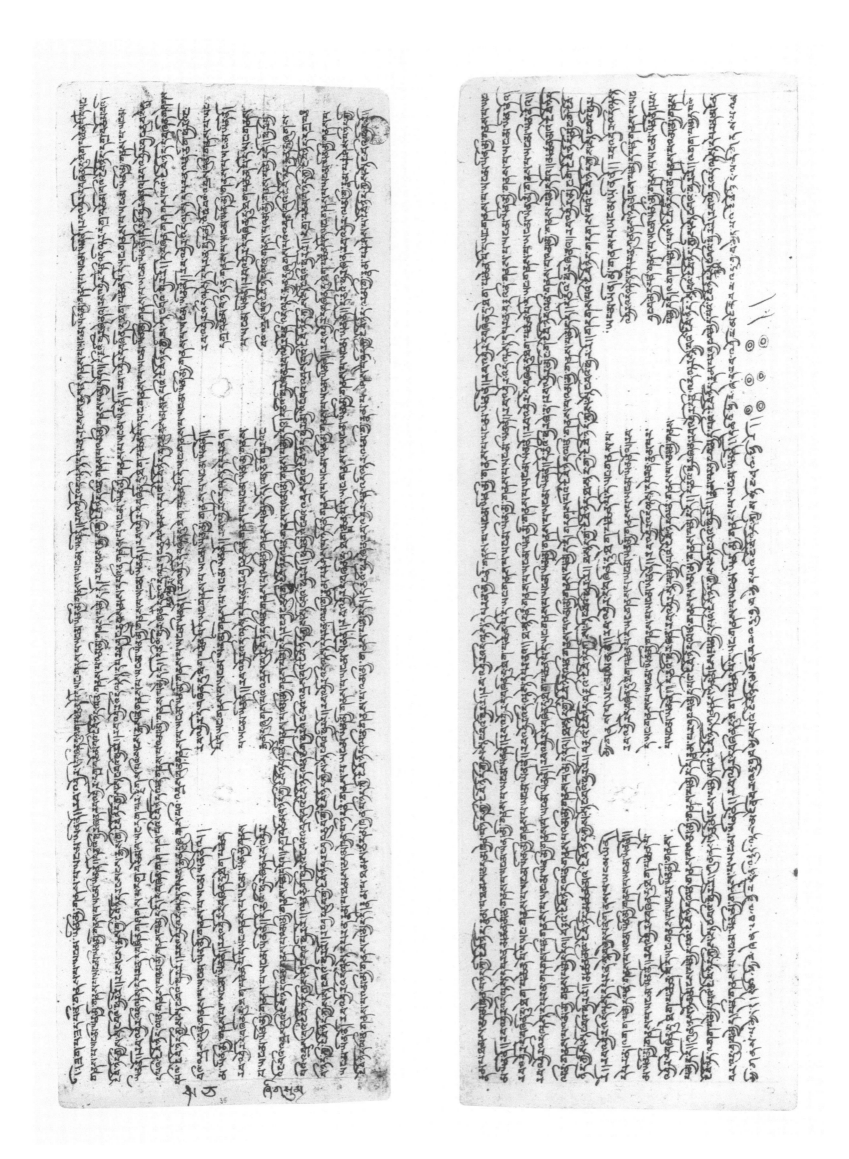

法 Pel.tib.1303　　6.ཤེས་རབ་ཀྱི་ཕ་རོལ་ཏུ་ཕྱིན་པའི་སྟོག་ཕྲག་བརྒྱ་པ་དུམ་བུ་དང་པོ་བམ་པོ་དྲུག་ཅུ་བདུན་གྩོ།།

6.十萬頌般若波羅蜜多經第一函第六十七卷　　(87—35)

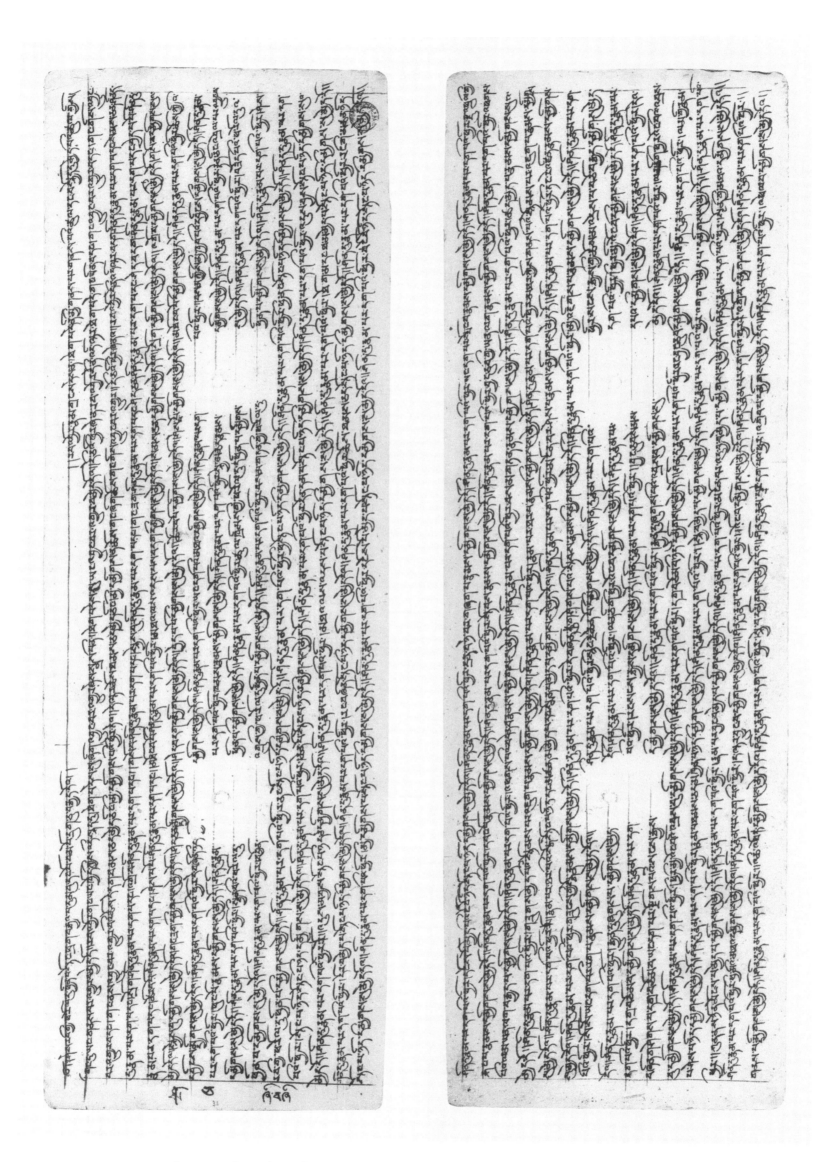

法 Pel.tib.1303　6.ཤེས་རབ་ཀྱི་ཕ་རོལ་ཏུ་ཕྱིན་པའི་སྟོང་ཕྲག་བརྒྱ་པ་དུམ་བུ་དང་པོ་བམ་པོ་དྲུག་ཅུ་བདུན་ནོ།།

6.十萬頌般若波羅蜜多經第一函第六十七卷　　(87—36)

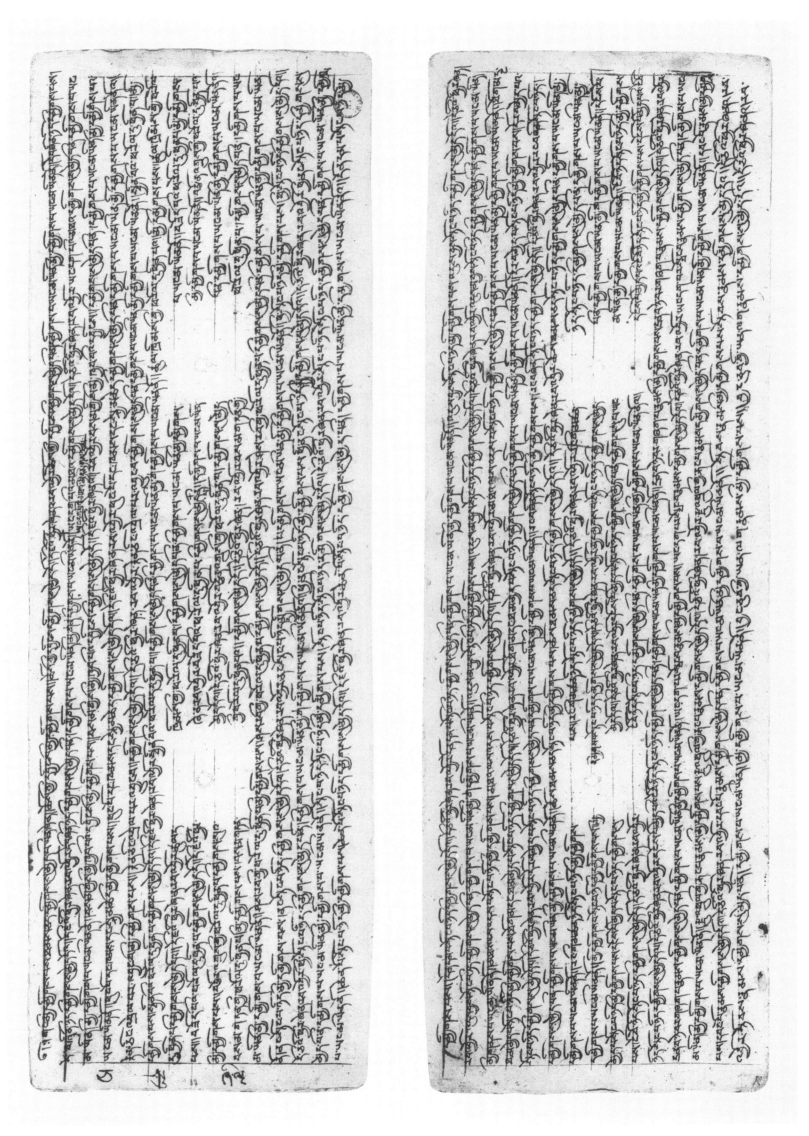

法 Pel.tib.1303　6.ཤེས་རབ་ཀྱི་ཕ་རོལ་ཏུ་ཕྱིན་པའི་སྟོང་ཕྲག་བརྒྱ་པ་དུམ་བུ་དང་པོ་བམ་པོ་དྲུག་ཅུ་བདུན་ནོ།།

6.十萬頌般若波羅蜜多經第一函第六十七卷　　(87—37)

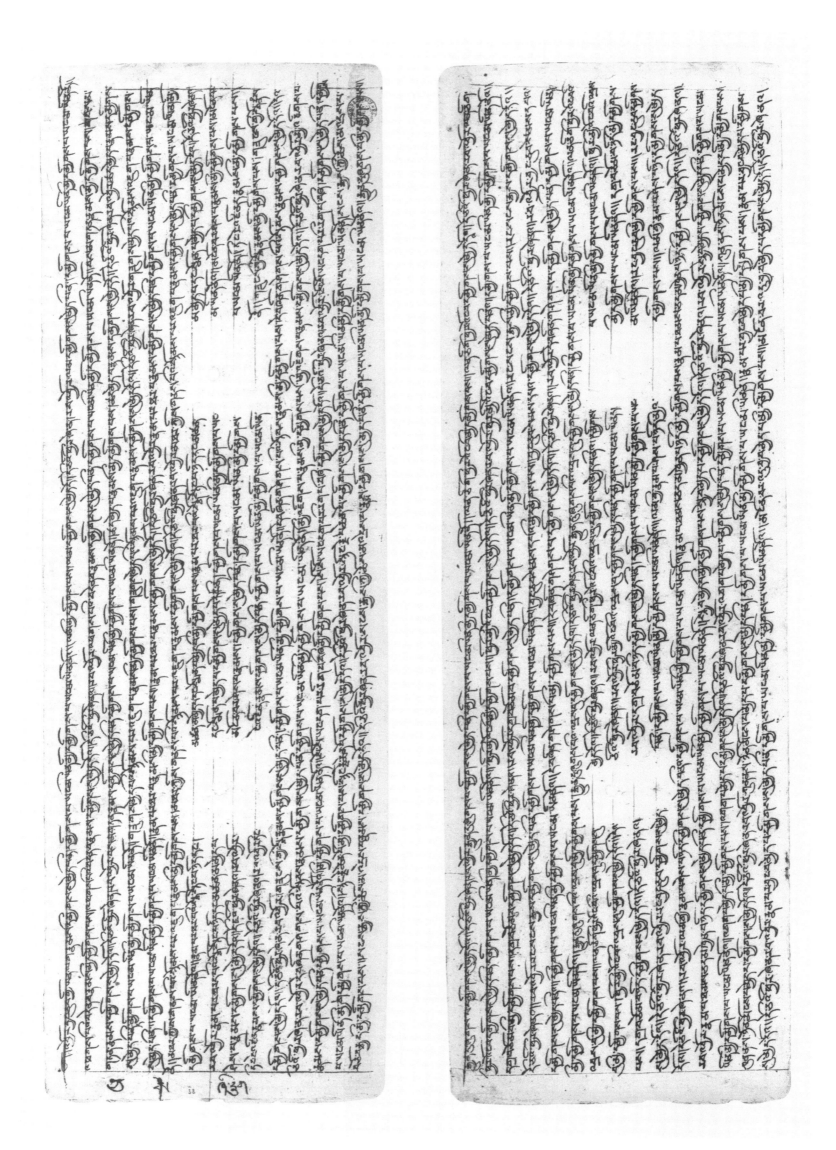

法 Pel.tib.1303

6.ཤེས་རབ་ཀྱི་ཕ་རོལ་ཏུ་ཕྱིན་པའི་སྟོང་ཕྲག་བརྒྱ་པ་དུམ་བུ་དང་པོ་བམ་པོ་དྲུག་ཅུ་བདུན་ནོ།།

6.十萬頌般若波羅蜜多經第一函第六十七卷 　　(87—38)

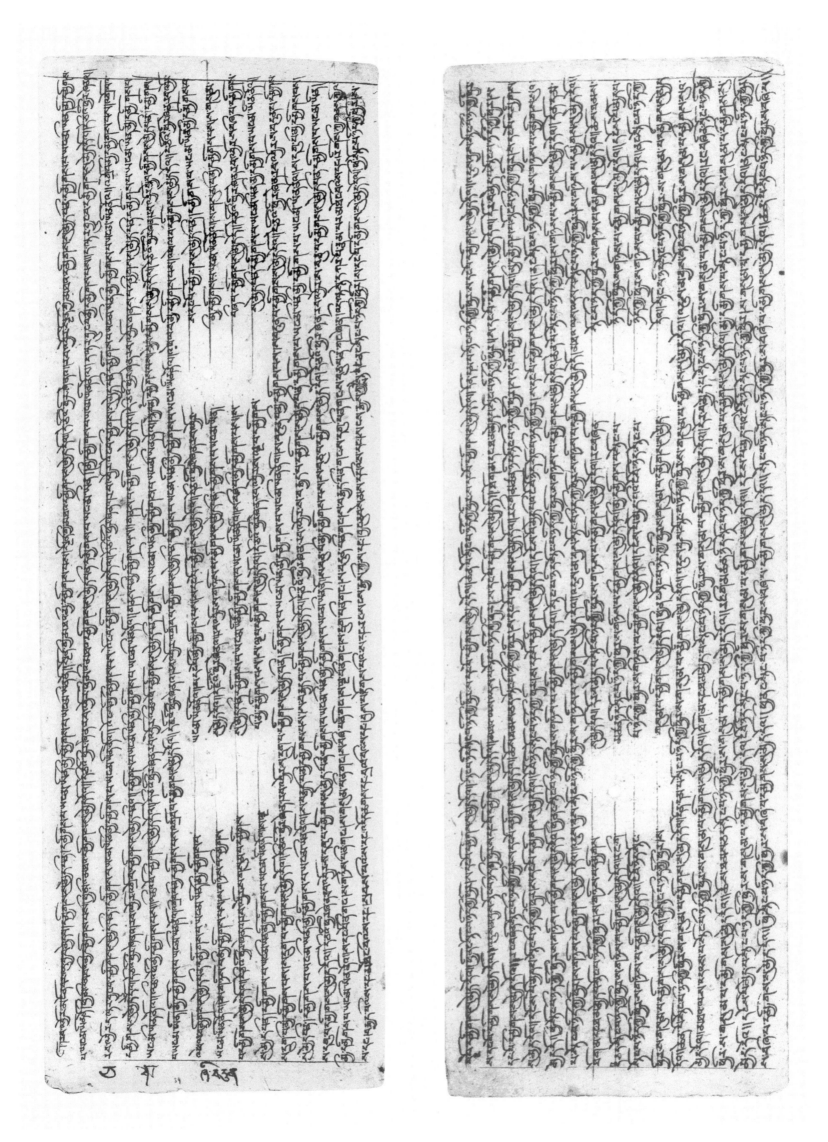

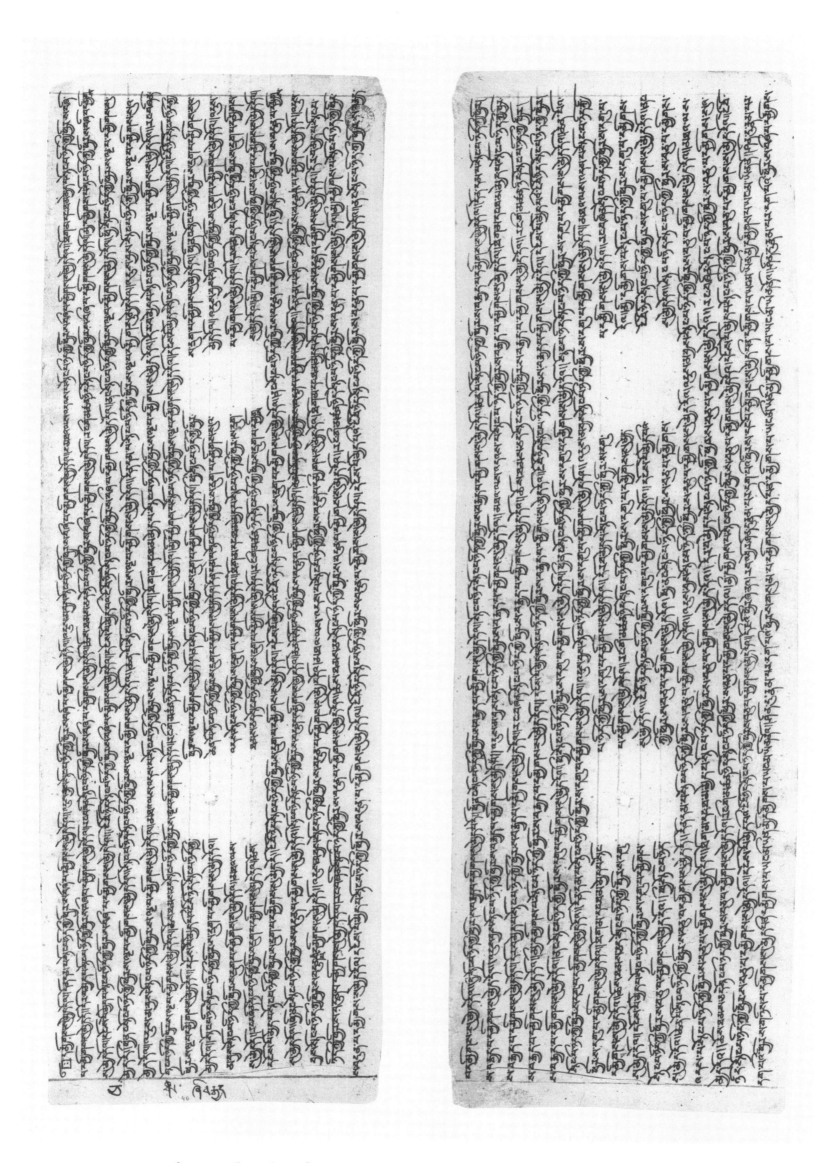

法 Pel.tib.1303　6.ཤེས་རབ་ཀྱི་ཕ་རོལ་ཏུ་ཕྱིན་པར་སྟོང་ཕྲག་བརྒྱལ་པ་དུམ་བུ་དང་པོ་བམ་པོ་དྲུག་ཅུ་བདུན་ནོ།།

6.十萬頌般若波羅蜜多經第一函第六十七卷　　(87—40)

40

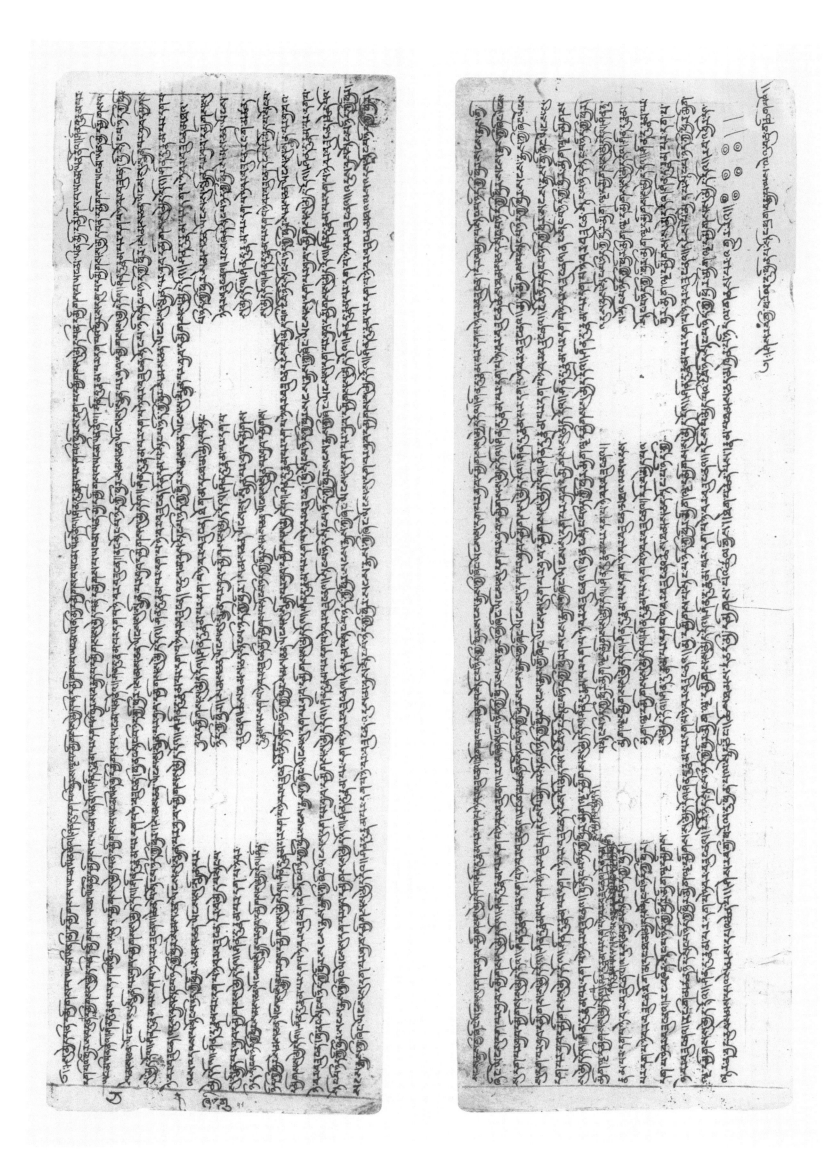

法 Pel.tib.1303

6.ཤེས་རབ་ཀྱི་ཕ་རོལ་ཏུ་ཕྱིན་པའི་སྟོང་ཕྲག་བརྒྱ་པ་དུམ་བུ་དང་པོ་བམ་པོ་དྲུག་ཅུ་རྩ་བདུན་ནོ།།

6.十萬頌般若波羅蜜多經第一函第六十七卷　　(87—41)

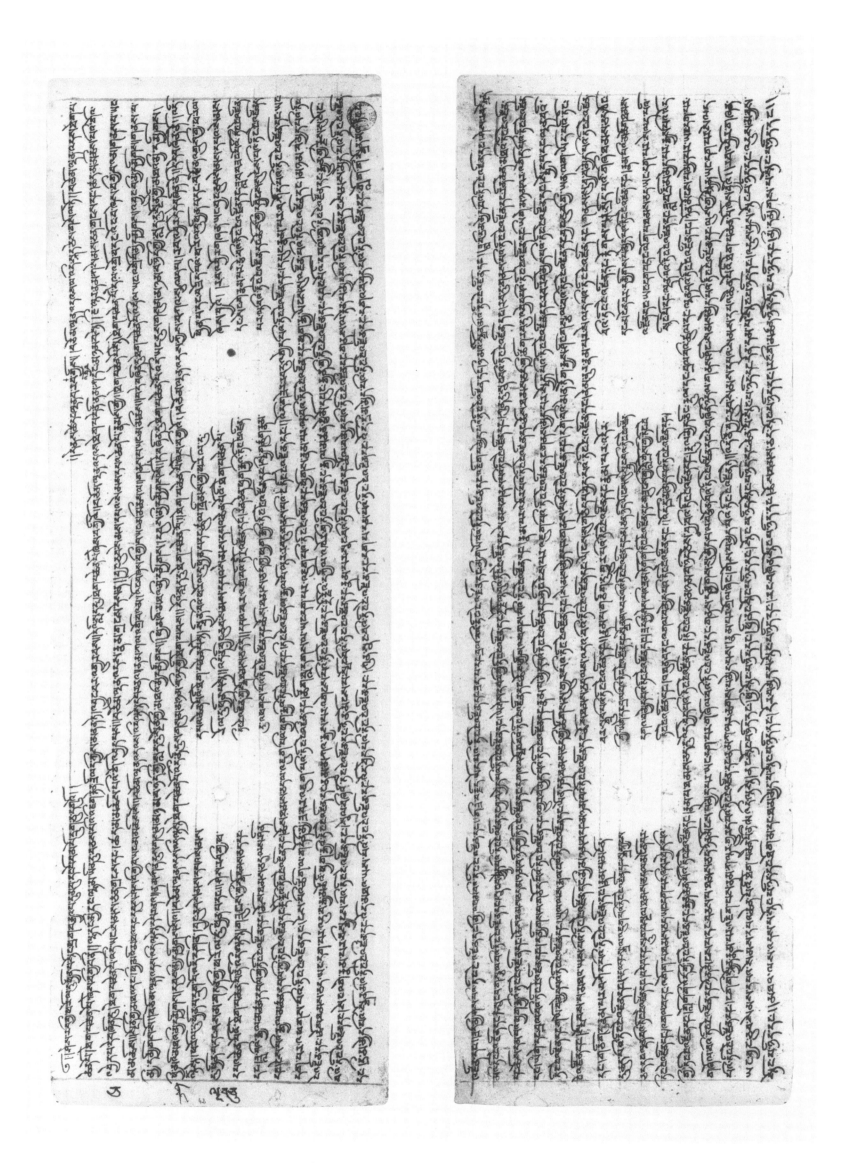

法 Pel.tib.1303　6.ཤེས་རབ་ཀྱི་ཕ་རོལ་དུ་ཕྱིན་པའི་སྟོང་ཕྲག་བརྒྱ་པ་དུམ་བུ་དང་པོ་བམ་པོ་དྲུག་ཅུ་རྩ་བདུན་ནོ།།

6.十萬頌般若波羅蜜多經第一函第六十七卷　　(87—42)

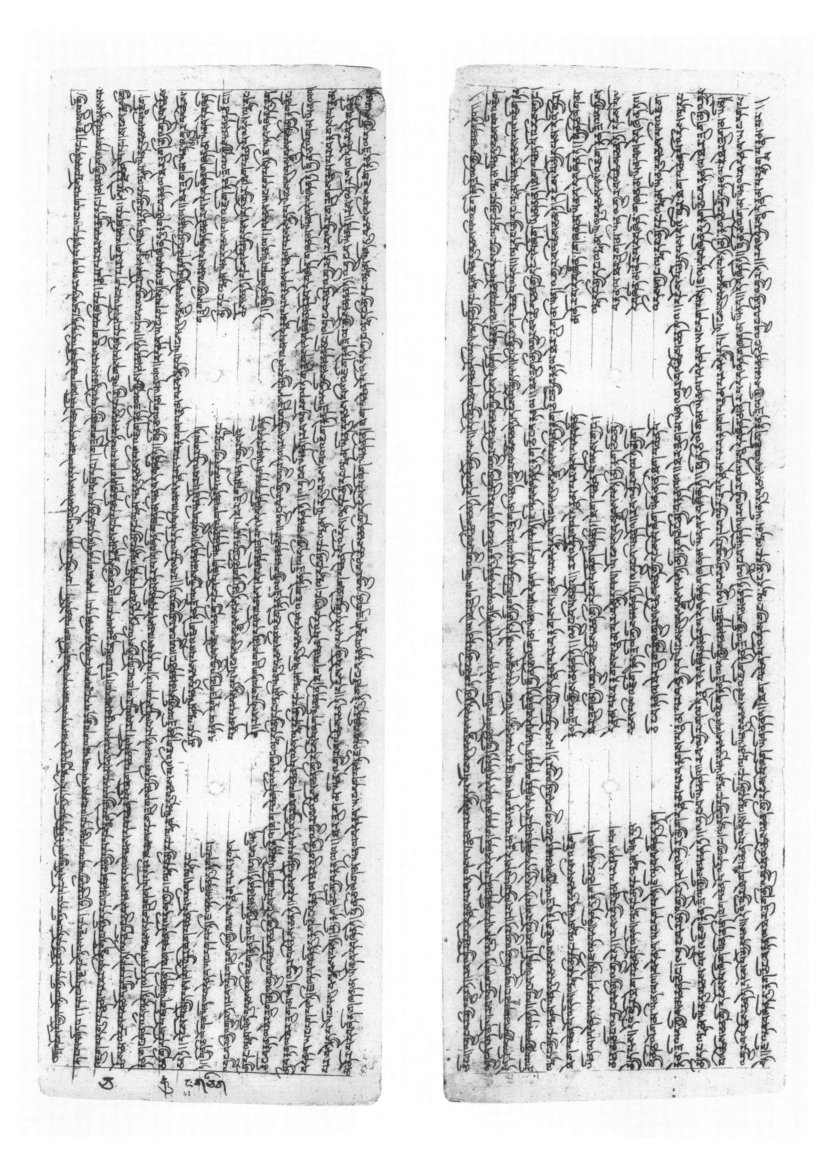

法 Pel.tib.1303　6.ཤེས་རབ་ཀྱི་ཕ་རོལ་ཏུ་ཕྱིན་པ་འབུམ་ཕྲག་བརྒྱ་པ་དུམ་བུ་དང་པོ་བམ་པོ་དྲུག་ཅུ་བདུན་ནོ།།

6.十萬頌般若波羅蜜多經第一函第六十七卷　　(87—43)

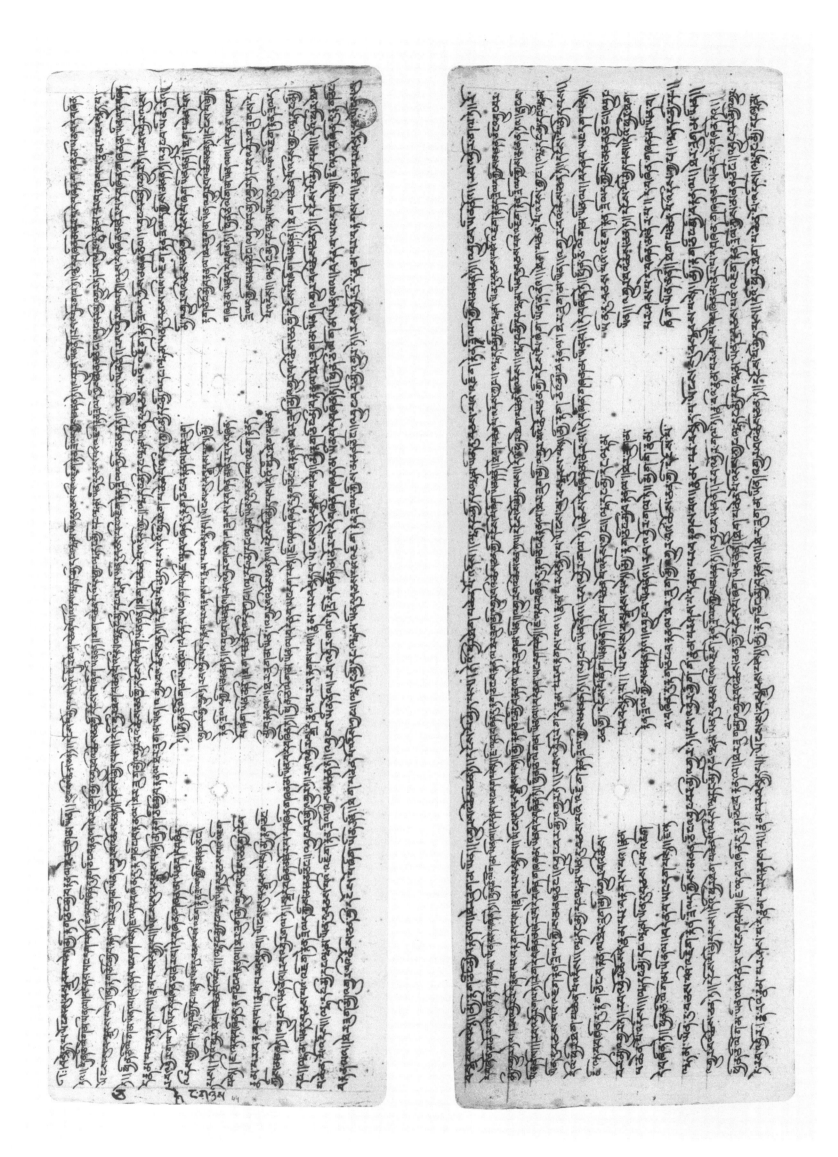

法 Pel.tib.1303　6.ཤེས་རབ་ཀྱི་ཕ་རོལ་ཏུ་ཕྱིན་པའི་སྟོང་ཕྲག་བརྒྱལ་པ་དུམ་བུ་དང་པོ་བམ་པོ་དྲུག་ཅུ་བདུན་ནོ།།

6.十萬頌般若波羅蜜多經第一函第六十七卷　　(87—44)

44

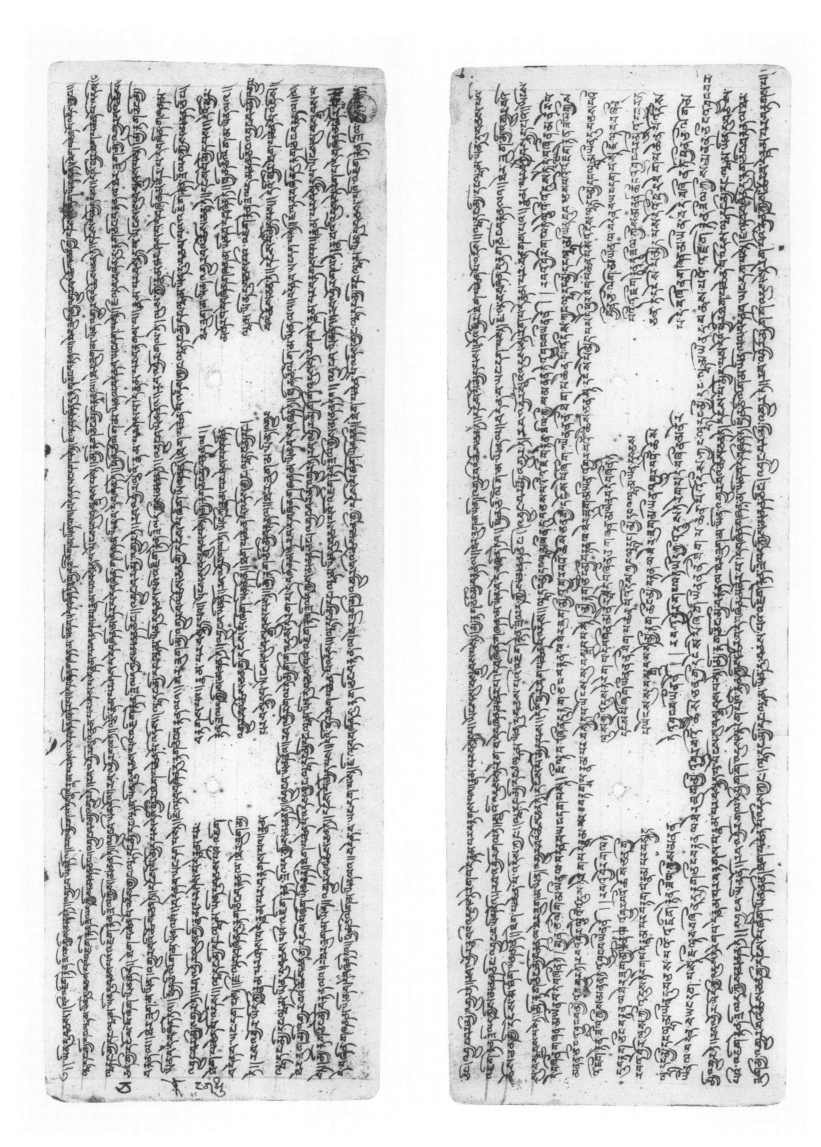

法 Pel.tib.1303　6.ཤེས་རབ་ཀྱི་ཕ་རོལ་ཏུ་ཕྱིན་པའ་སྟོང་ཕྲག་བརྒྱལ་པ་དུམ་བུ་དང་པོ་བམ་པོ་དྲུག་ཅུ་བདུན་ནོ།།
6.十萬頌般若波羅蜜多經第一函第六十七卷　　(87—45)

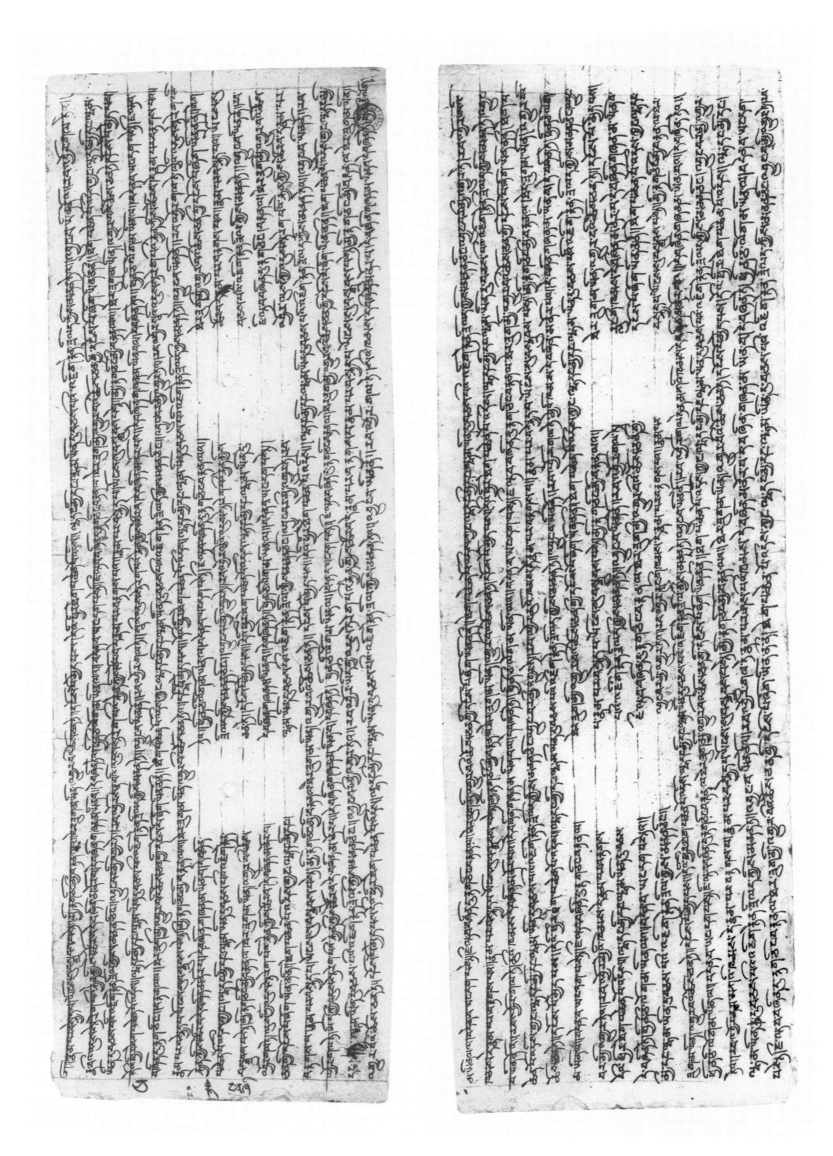

法 Pel.tib.1303　6.ཤེས་རབ་ཀྱི་ཕ་རོལ་དུ་ཕྱིན་པའི་སྟོང་ཕྲག་བརྒྱ་པ་དུམ་བུ་དང་པོ་བམ་པོ་དྲུག་ཅུ་བདུན་ནོ།།

6.十萬頌般若波羅蜜多經第一函第六十七卷　(87—46)

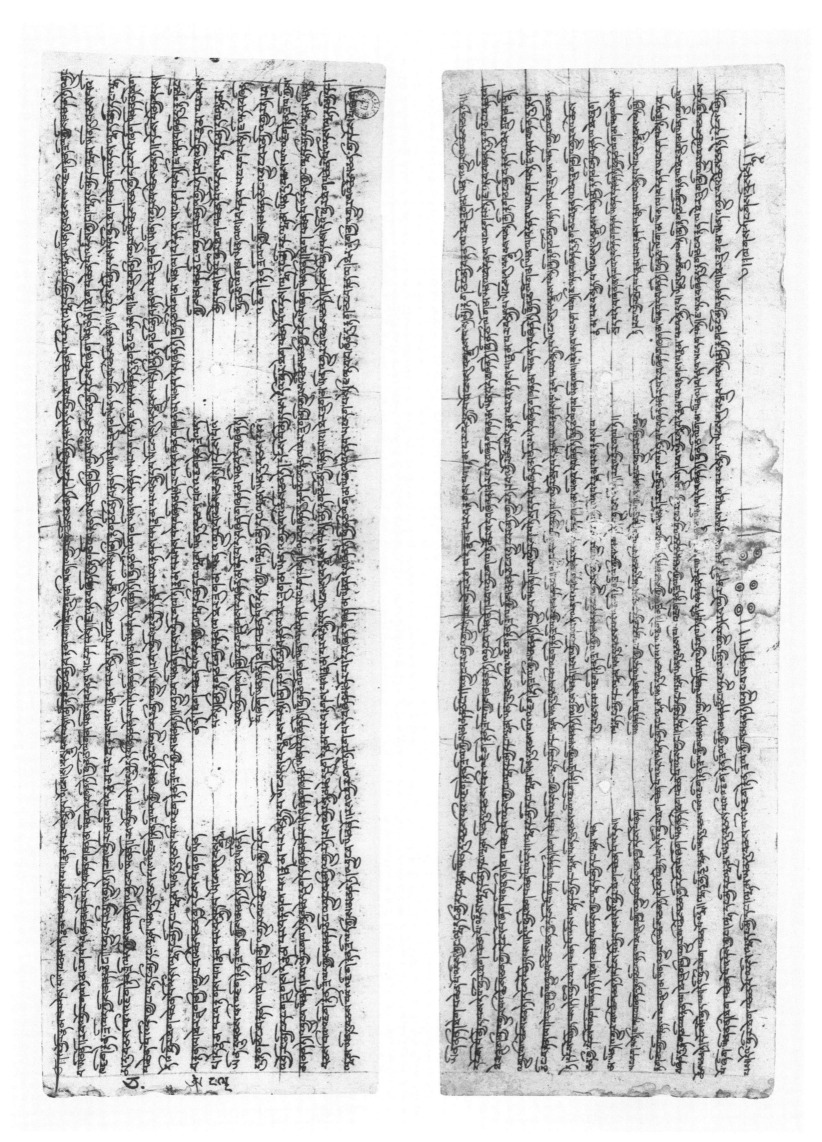

法 Pel.tib.1303　6.ཤེས་རབ་ཀྱི་ཕ་རོལ་ཏུ་ཕྱིན་པའི་སྟོང་ཕྲག་བརྒྱ་པ་དུམ་བུ་དང་པོ་བམ་པོ་དྲུག་ཅུ་བདུན་ནོ།།

6.十萬頌般若波羅蜜多經第一函第六十七卷　　(87—47)

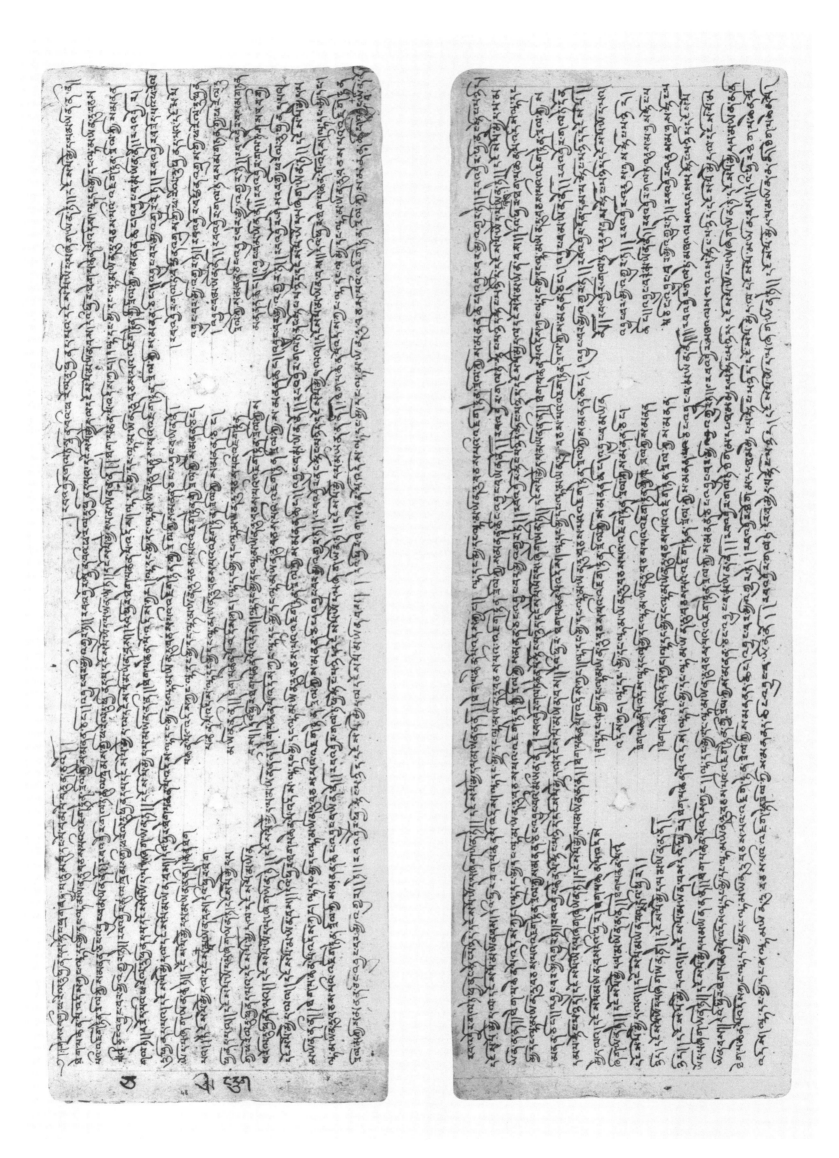

法 Pel.tib.1303　6.ཤེས་རབ་ཀྱི་ཕ་རོལ་ཏུ་ཕྱིན་པ་སྟོང་ཕྲག་བརྒྱ་པ་དུམ་བུ་དང་པོ་བམ་པོ་དྲུག་ཅུ་རྩ་བདུན་ནོ།།

6.十萬頌般若波羅蜜多經第一函第六十七卷　　(87—48)

48

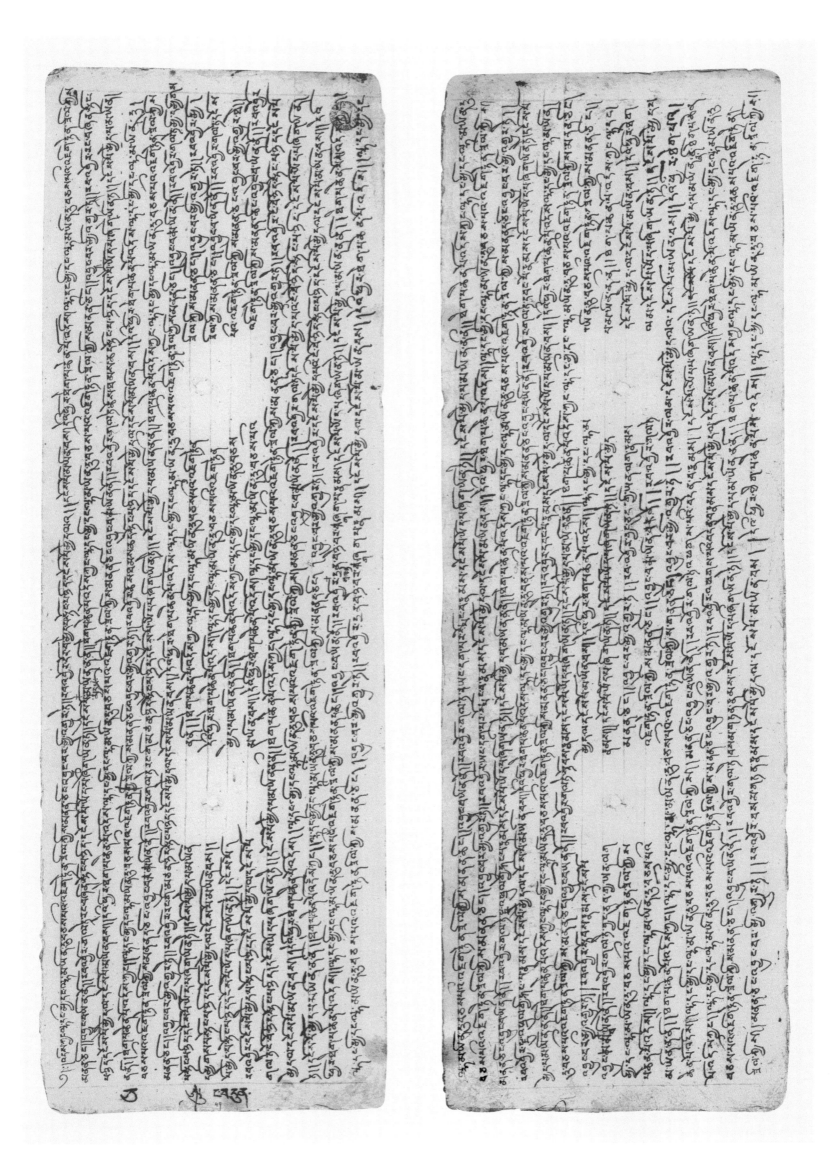

法 Pel.tib.1303　6.ཤེས་རབ་ཀྱི་ཕ་རོལ་ཏུ་ཕྱིན་པ་སྟོང་ཕྲག་བརྒྱ་པ་དུམ་བུ་དང་པོ་བམ་པོ་དྲུག་ཅུ་བདུན་ནོ།།

6.十萬頌般若波羅蜜多經第一函第六十七卷　　(87—49)

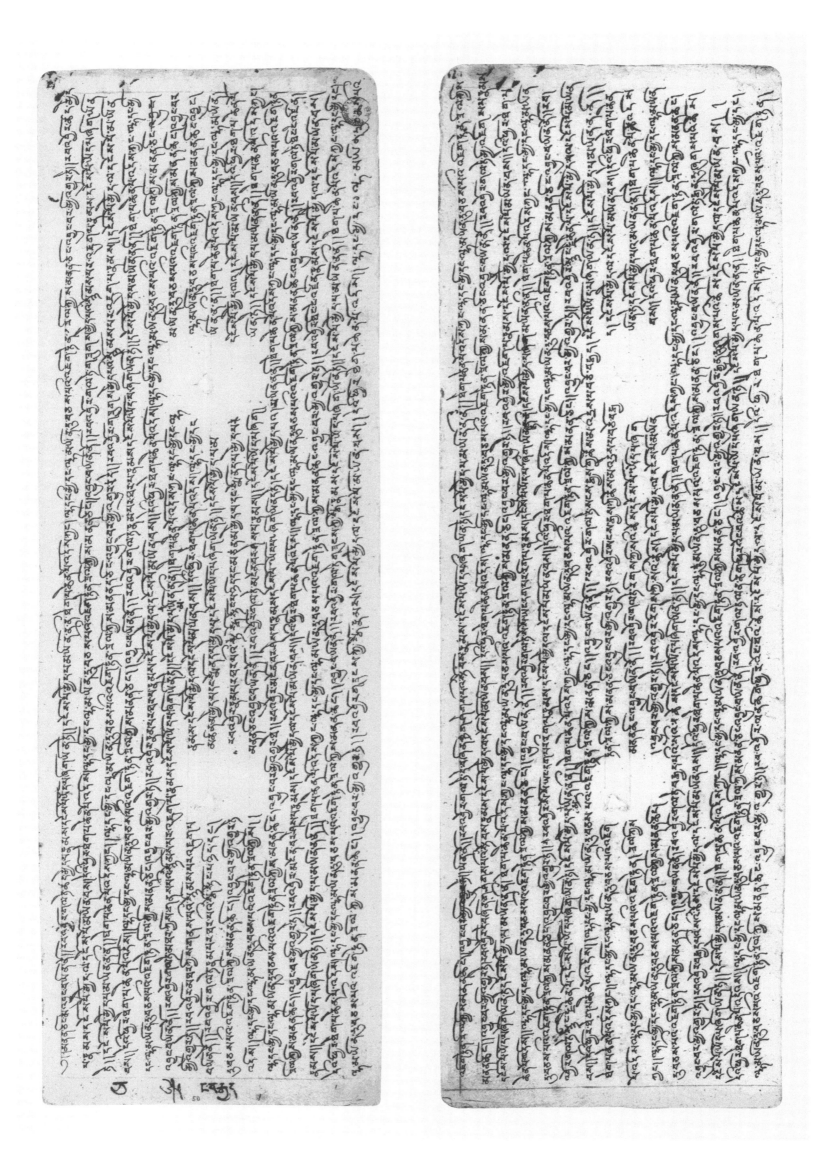

法 Pel.tib.1303　6.ཤེས་རབ་ཀྱི་ཕ་རོལ་དུ་ཕྱིན་པའི་སྟོང་ཕྲག་བརྒྱ་པ་དུམ་བུ་དང་པོ་བམ་པོ་དྲུག་ཅུ་བདུན་ནོ།།

6.十萬頌般若波羅蜜多經第一函第六十七卷　　(87—50)

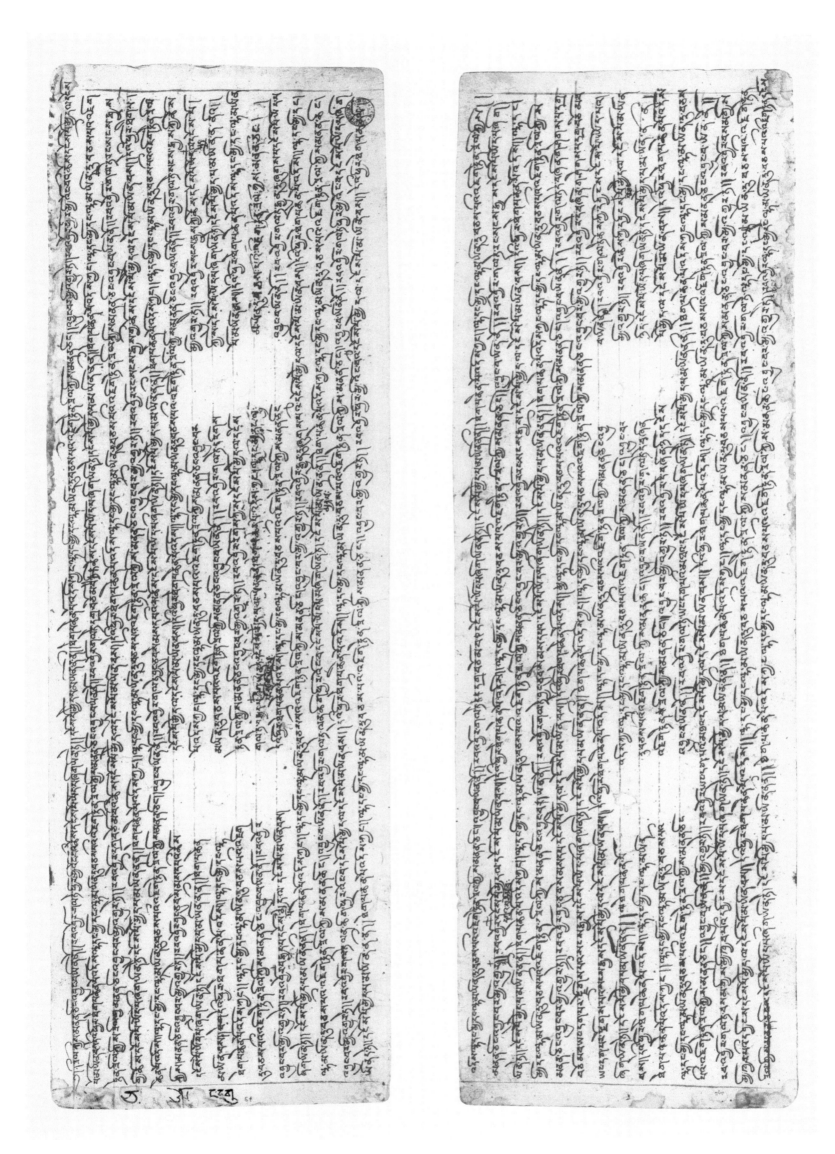

法 Pel.tib.1303　6.ཤེས་རབ་ཀྱི་ཕ་རོལ་དུ་ཕྱིན་པའི་སྟོང་ཕྲག་བརྒྱ་པ་དུམ་བུ་དང་པོ་བམ་པོ་དྲུག་ཅུ་བདུན་ནོ།།

6.十萬頌般若波羅蜜多經第一函第六十七卷　（87—51）

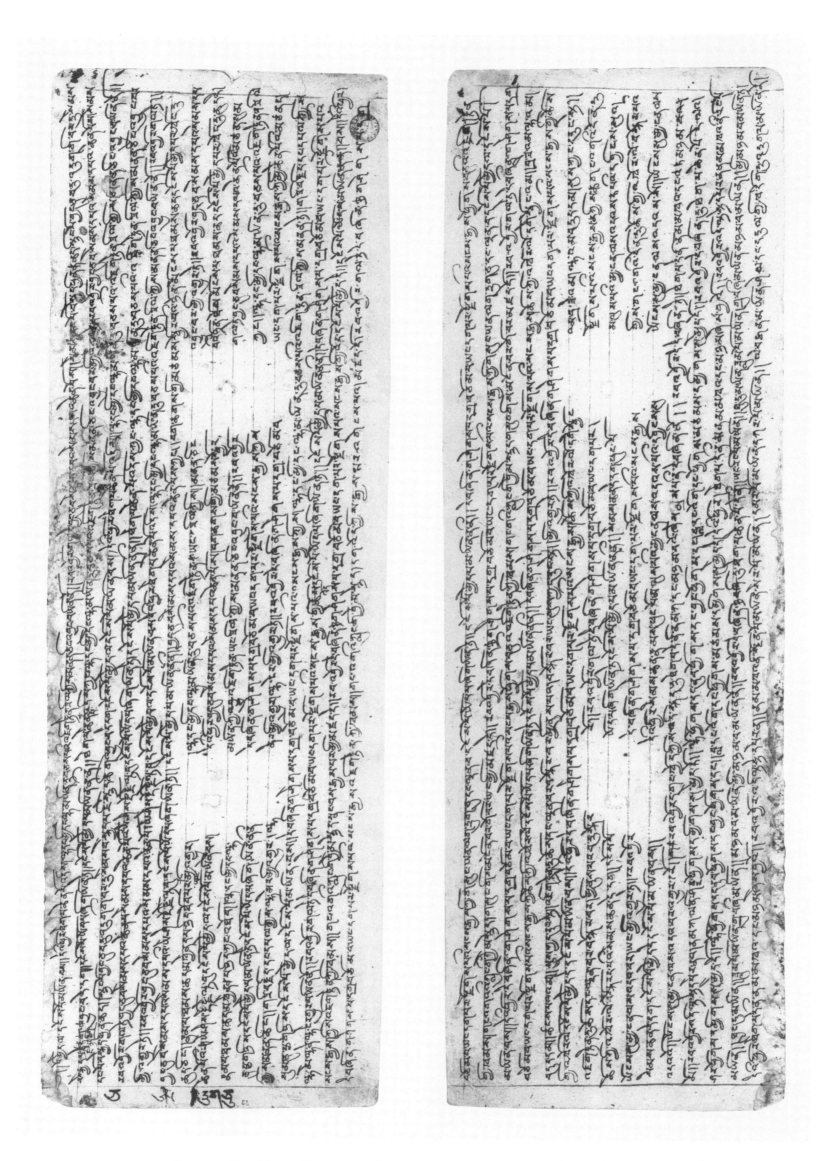

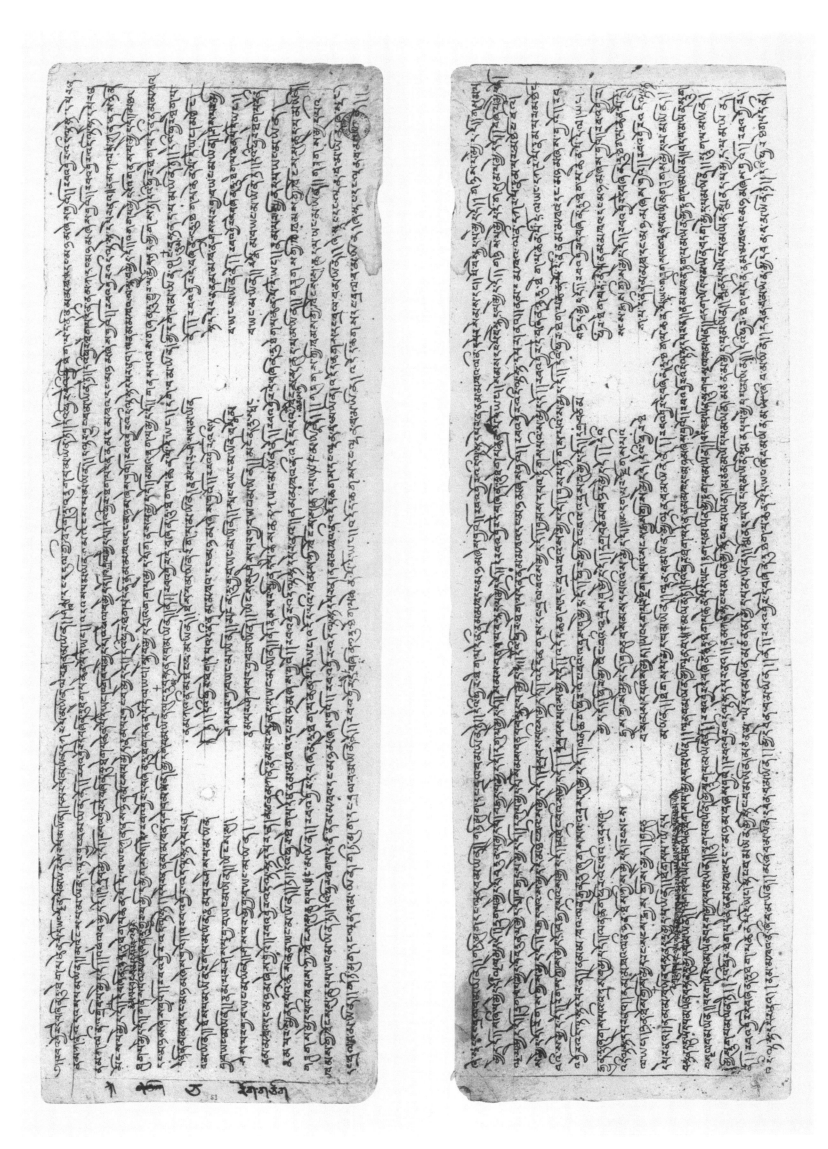

法 Pel.tib.1303　　6.ཤེས་རབ་ཀྱི་ཕ་རོལ་ཏུ་ཕྱིན་པ་བ་སྟོང་ཕྲག་བརྒྱ་པ་དུམ་བུ་དང་པོ་བམ་པོ་དྲུག་ཅུ་བདུན་ནོ།།

6.十萬頌般若波羅蜜多經第一函第六十七卷　　(87—53)

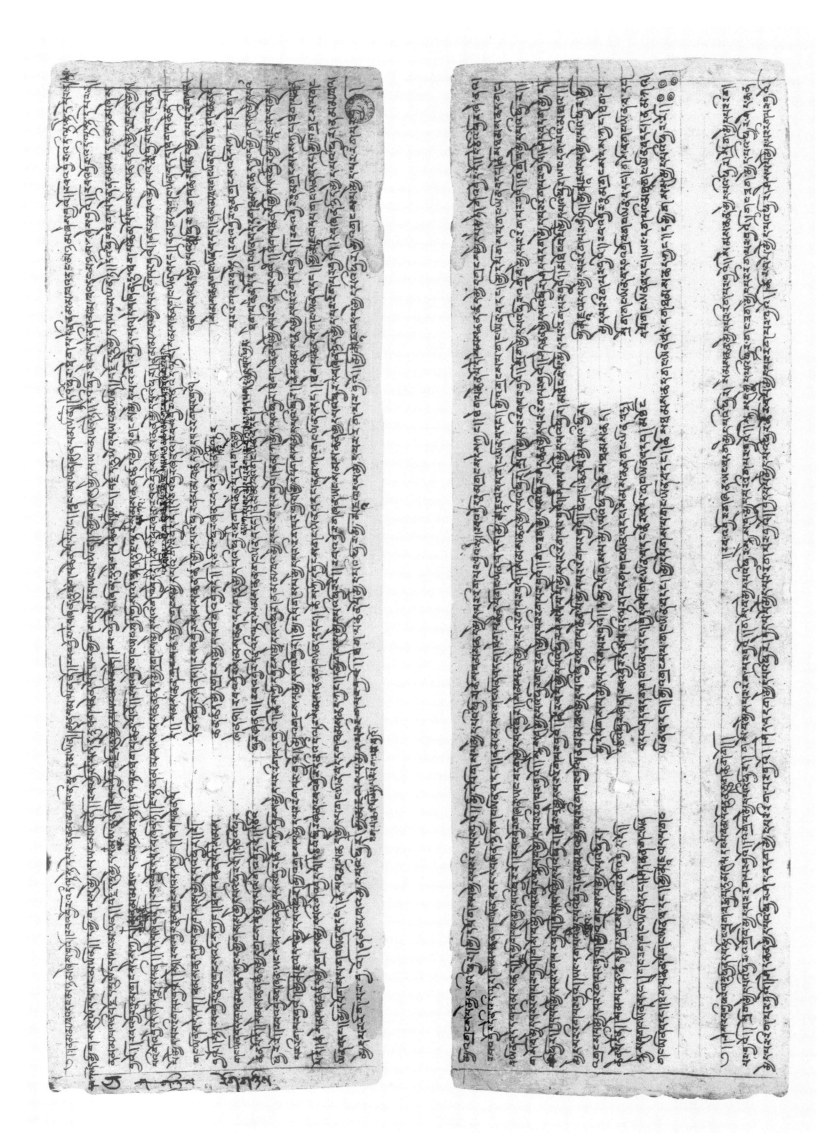

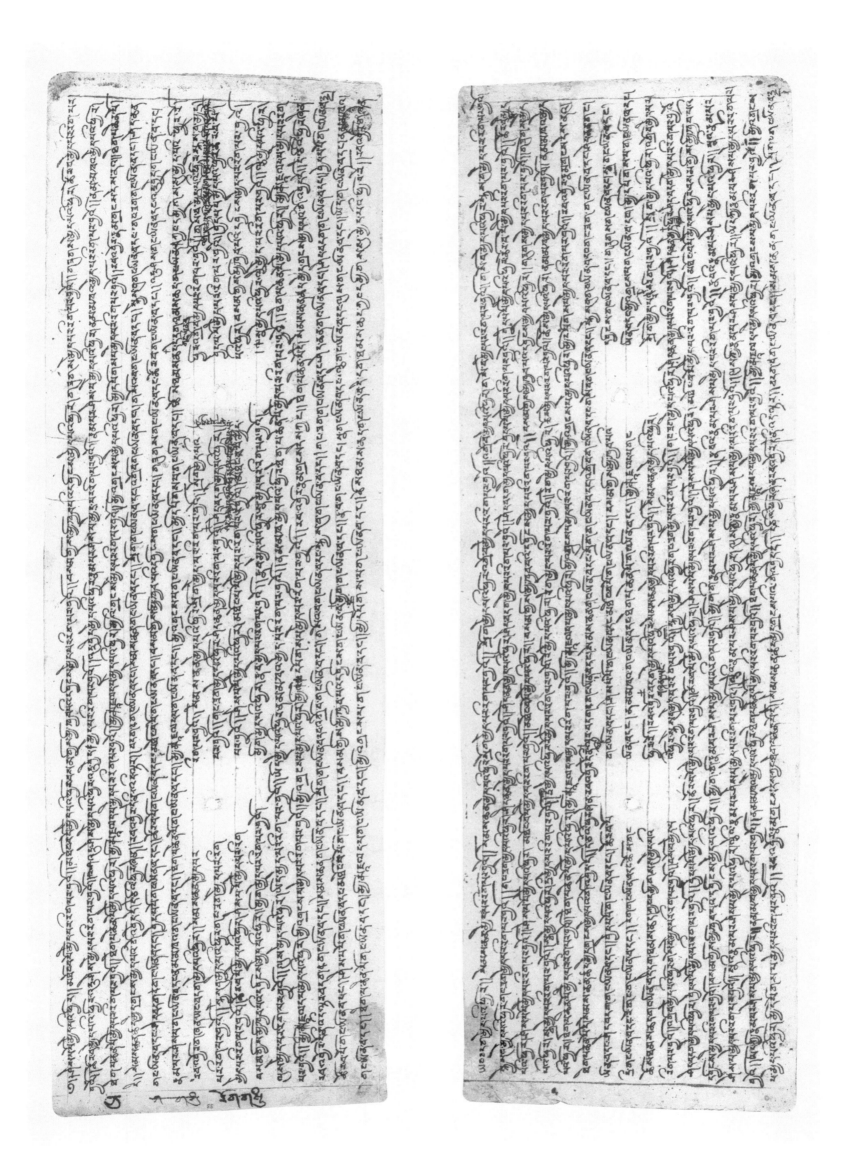

法 Pel.tib.1303　　7.ཤེས་རབ་ཀྱི་ཕ་རོལ་ཏུ་ཕྱིན་པ་སྟོང་ཕྲག་བརྒྱ་པ་དུམ་བུ་དང་པོ་བམ་པོ་བདུན་ཅུ་གཅིག་གོ།།

7.十萬頌般若波羅蜜多經第一函第七十一卷　　(87—55)

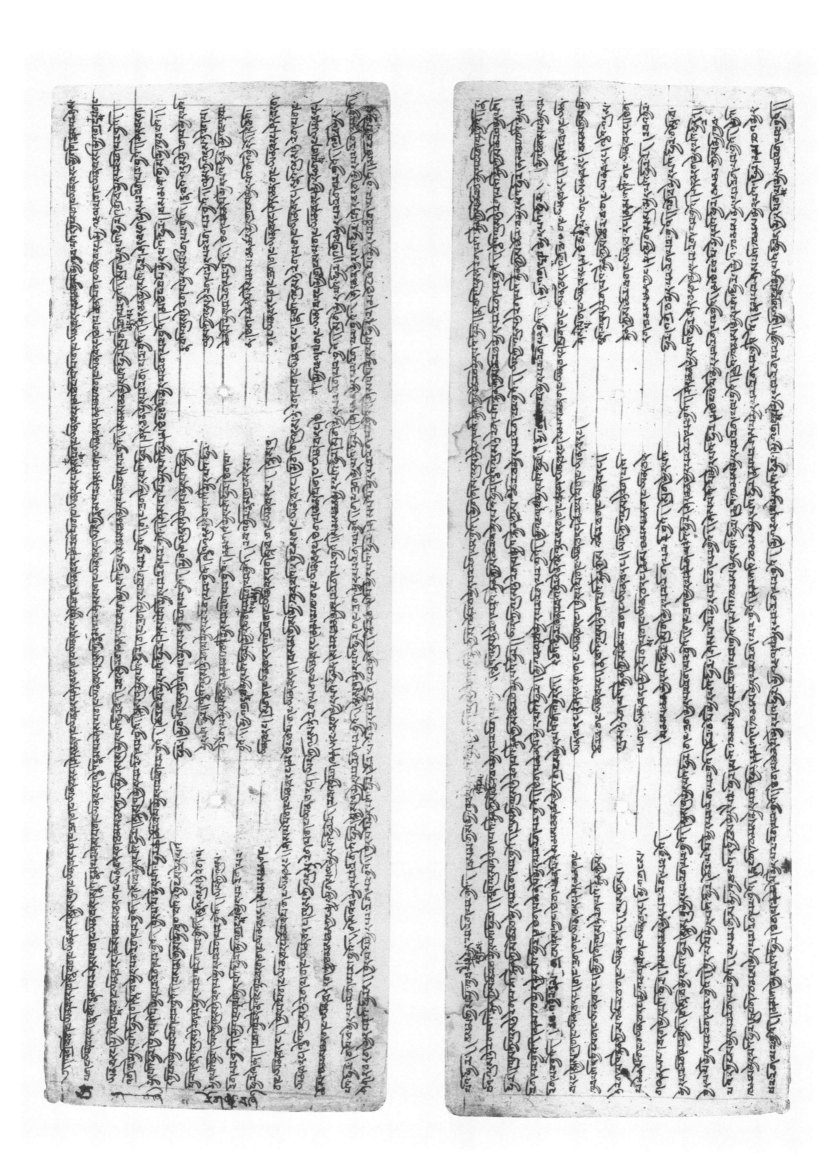

法 Pel.tib.1303

7. ཤེས་རབ་ཀྱི་ཕ་རོལ་དུ་ཕྱིན་པ་སྟོང་ཕྲག་བརྒྱ་པ་དུམ་བུ་དང་པོ་བམ་པོ་བདུན་ཅུ་གཅིག་གོ།།

7.十萬頌般若波羅蜜多經第一函第七十一卷　　(87—56)

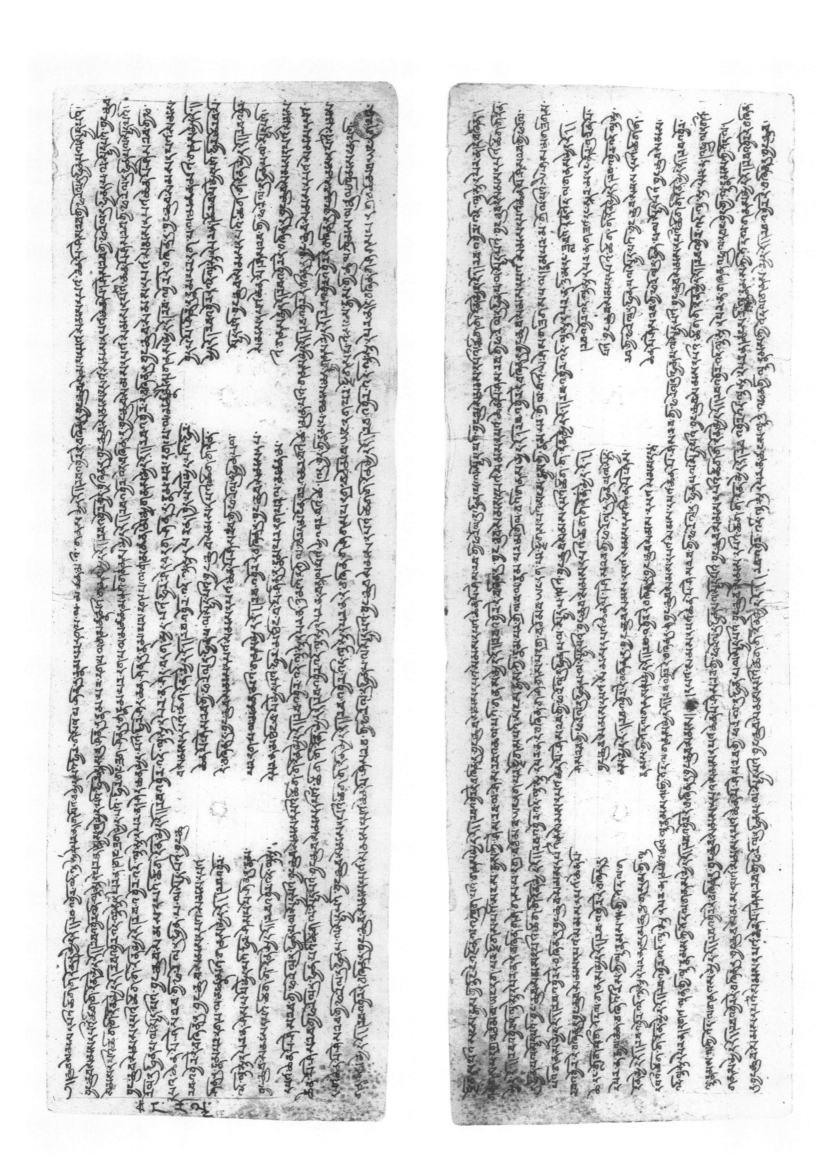

法 Pel.tib.1303　　7.ཤེས་རབ་ཀྱི་ཕ་རོལ་དུ་ཕྱིན་པ་སྟོང་ཕྲག་བརྒྱ་པ་དུམ་བུ་དང་པོ་བམ་པོ་བདུན་ཅུ་གཅིག་གོ།།

7.十萬頌般若波羅蜜多經第一函第七十一卷　　(87—57)

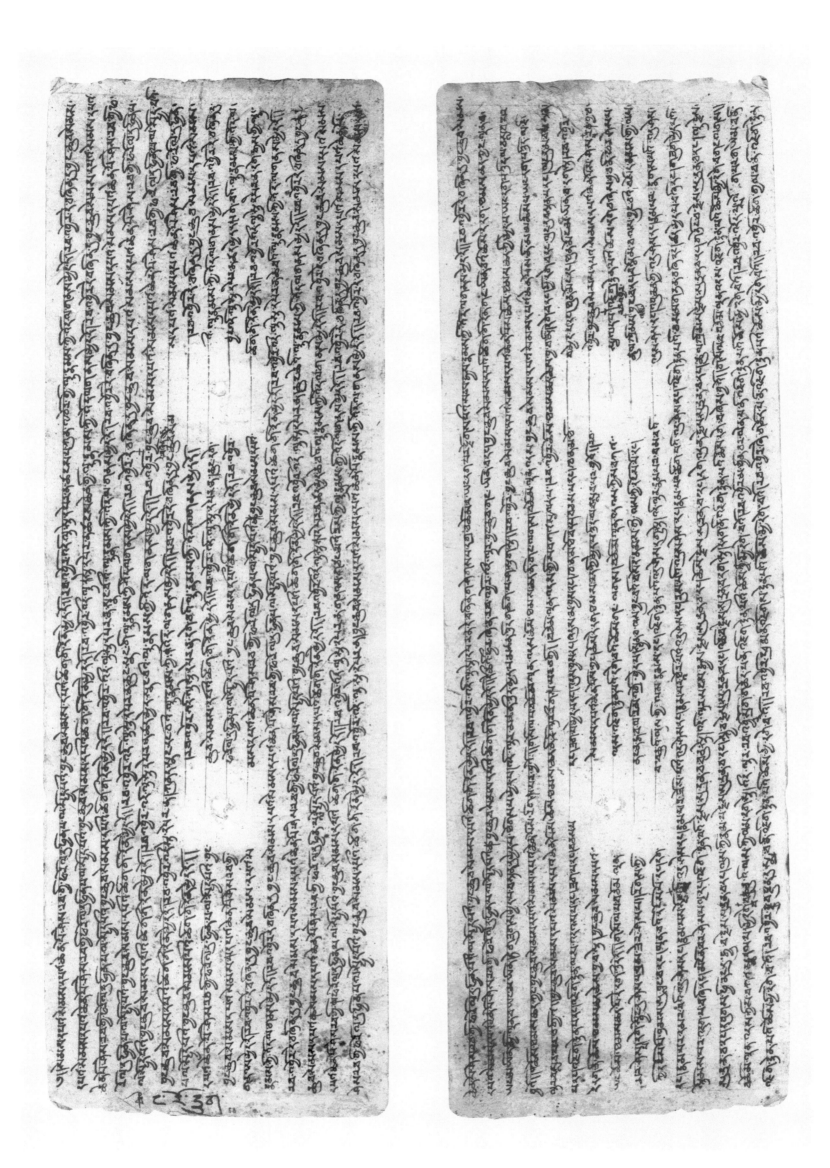

法 Pel.tib.1303

7.ཤེས་རབ་ཀྱི་ཕ་རོལ་ཏུ་ཕྱིན་པ་སྟོང་ཕྲག་བརྒྱ་པ་དུམ་བུ་དང་པོ་བམ་པོ་བདུན་ཅུ་གཅིག་གོ།།

7.十萬頌般若波羅蜜多經第一函第七十一卷　　(87—58)

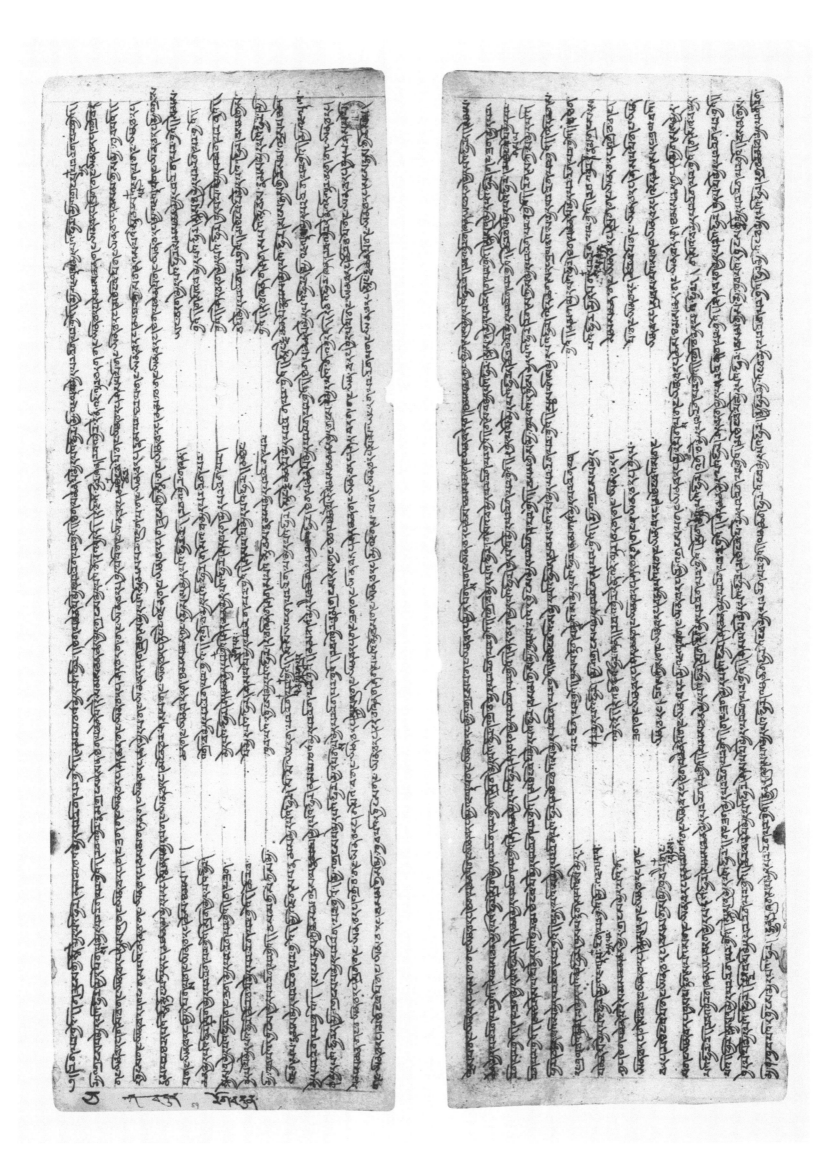

法 Pel.tib.1303　　7.ཤེས་རབ་ཀྱི་ཕ་རོལ་ཏུ་ཕྱིན་པ་སྟོང་ཕྲག་བརྒྱ་པ་དུམ་བུ་དང་པོ་བམ་པོ་བདུན་ཅུ་གཅིག་གོ །།

7.十萬頌般若波羅蜜多經第一函第七十一卷　　(87—59)

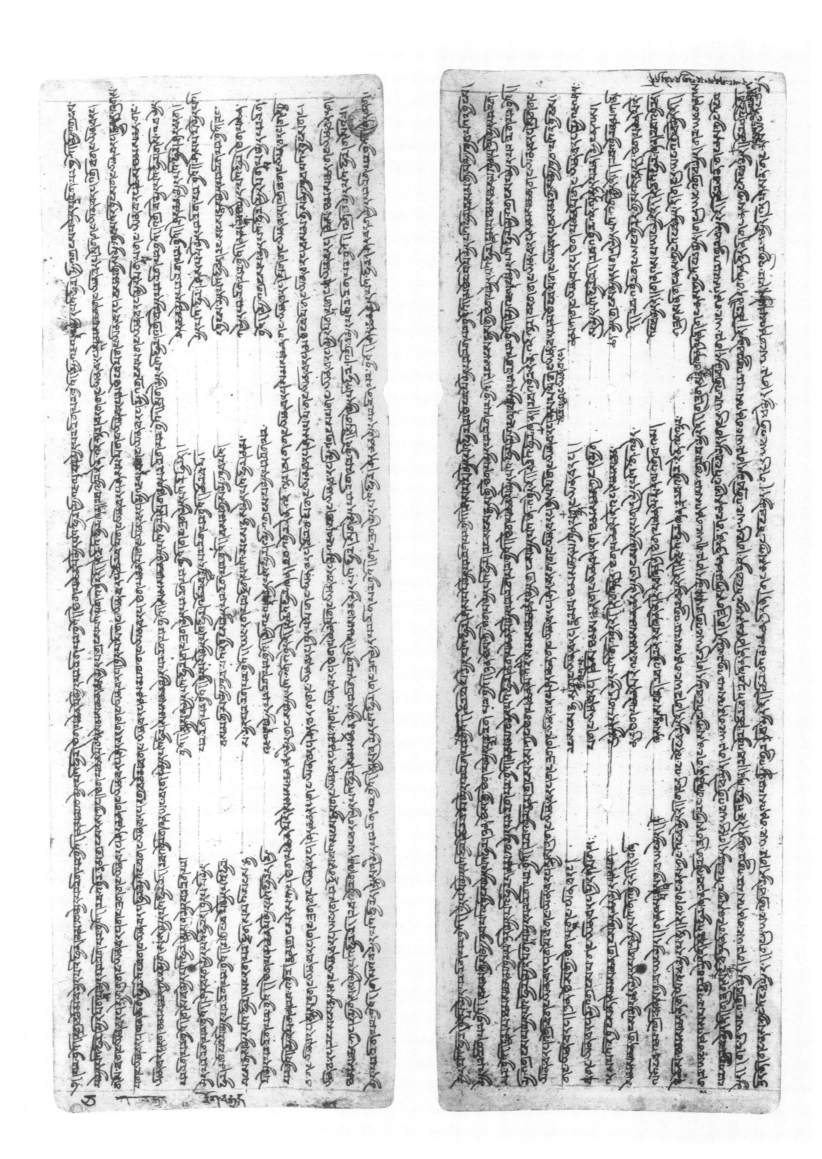

法 Pel.tib.1303　　7.ཤེས་རབ་ཀྱི་ཕ་རོལ་ཏུ་ཕྱིན་པ་སྟོང་ཕྲག་བརྒྱ་པ་དུམ་བུ་དང་པོ་བམ་པོ་བདུན་ཅུ་གཅིག་གོ།།

7.十萬頌般若波羅蜜多經第一函第七十一卷　　(87—60)

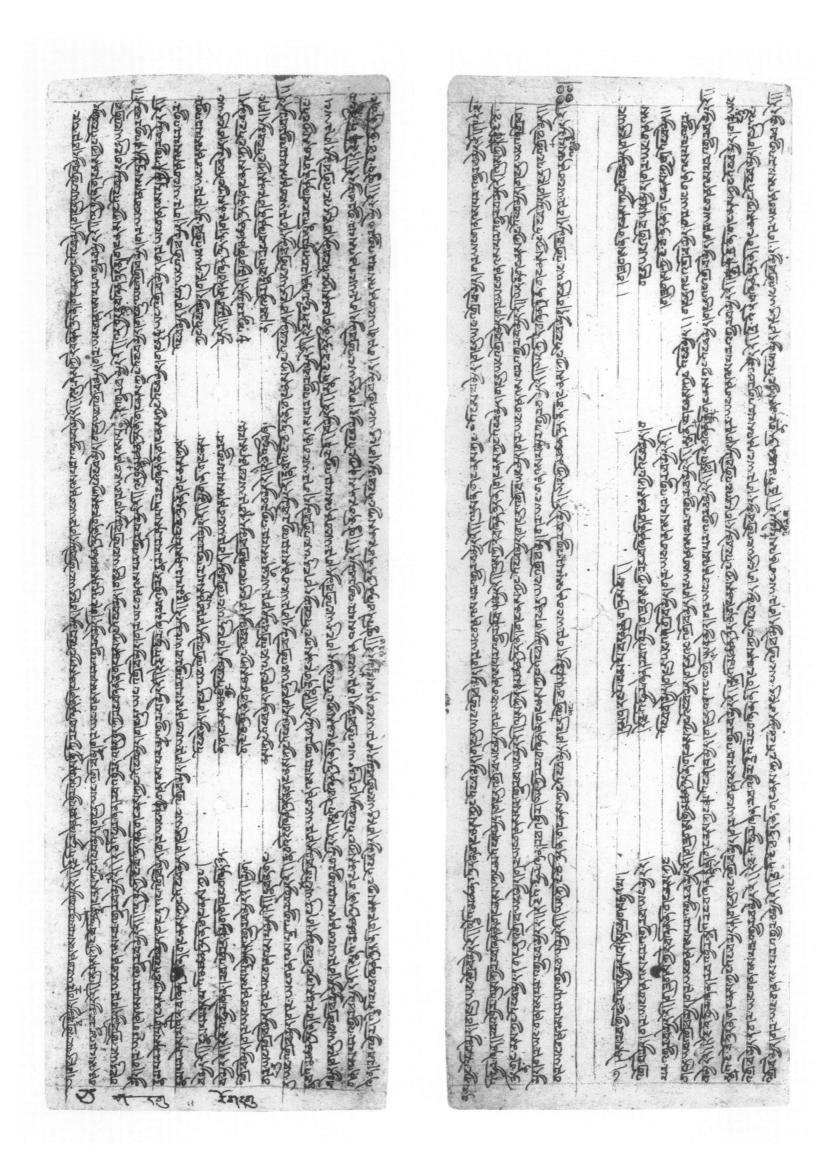

法 Pel.tib.1303　　7.ཤེས་རབ་ཀྱི་ཕ་རོལ་ཏུ་ཕྱིན་པ་སྟོང་ཕྲག་བརྒྱ་པ་དུམ་བུ་དང་པོ་བམ་པོ་བདུན་ཅུ་གཅིག་གོ།།
　　　　　　　7.十萬頌般若波羅蜜多經第一函第七十一卷　　(87—61)

61

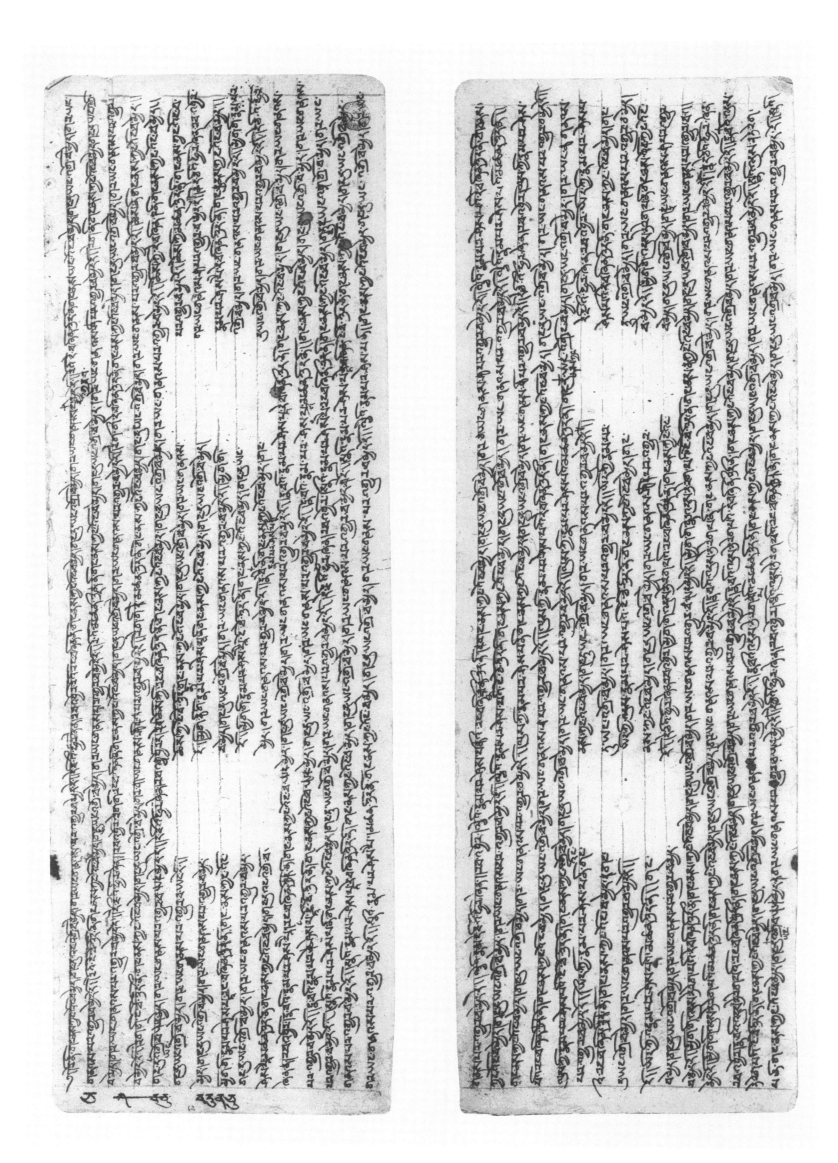

法 Pel.tib.1303　　8.ཤེས་རབ་ཀྱི་ཕ་རོལ་ཏུ་ཕྱིན་པའི་སྟོང་ཕྲག་བརྒྱ་པ་ཧུམ་བུ་དང་པོ་བམ་པོ་བདུན་ཅུ་གཉིས་སོ།།

8.十萬頌般若波羅蜜多經第一函第七十二卷　　(87—62)

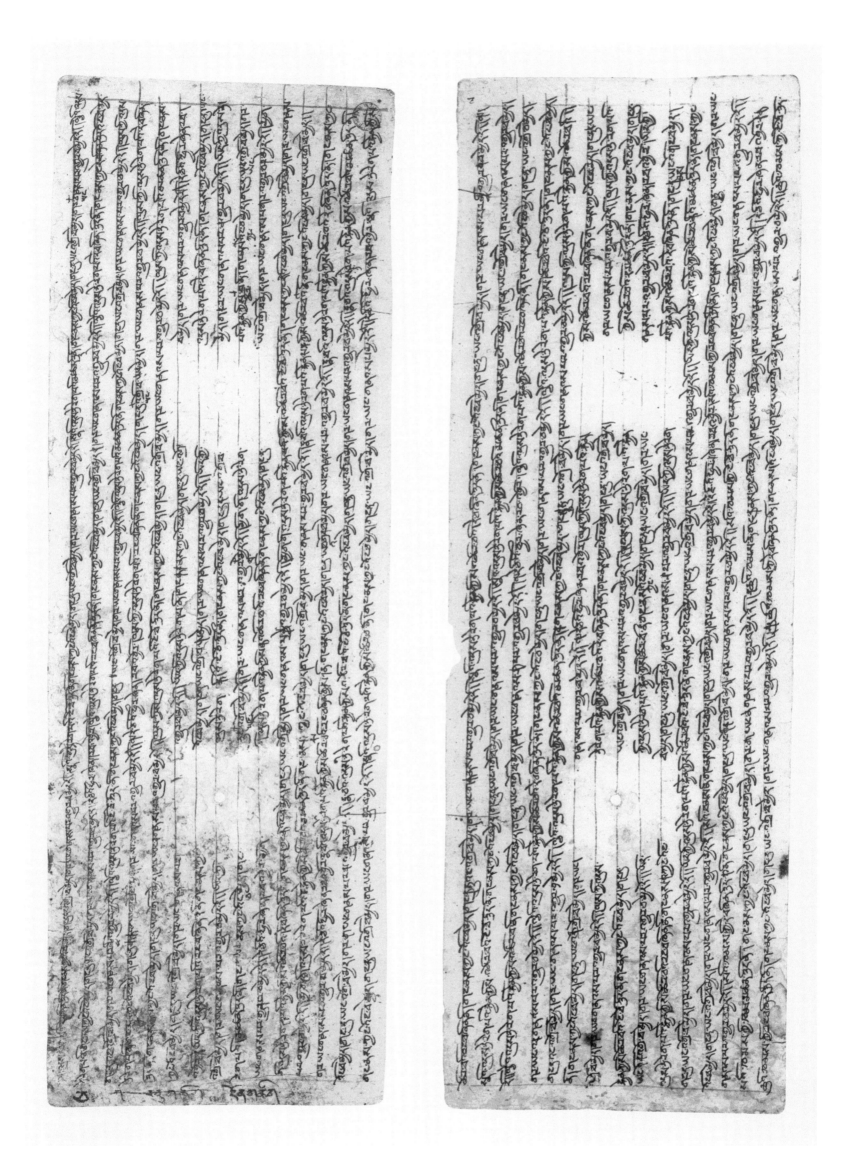

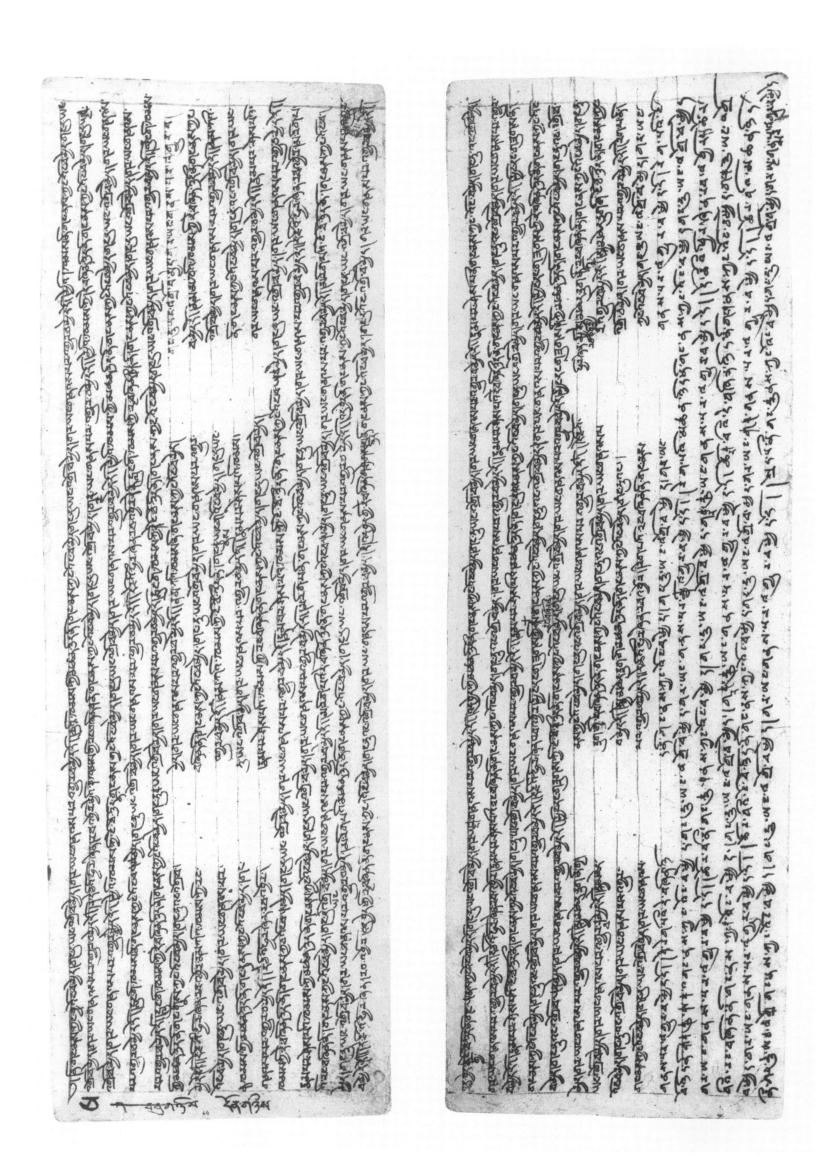

法 Pel.tib.1303　8.ཤེས་རབ་ཀྱི་ཕ་རོལ་ཏུ་ཕྱིན་པ་སྟོང་ཕྲག་བརྒྱ་པ་དུམ་བུ་དང་པོ་བམ་པོ་བདུན་ཅུ་གཉིས་སོ།།

8.十萬頌般若波羅蜜多經第一函第七十二卷　　(87—64)

64

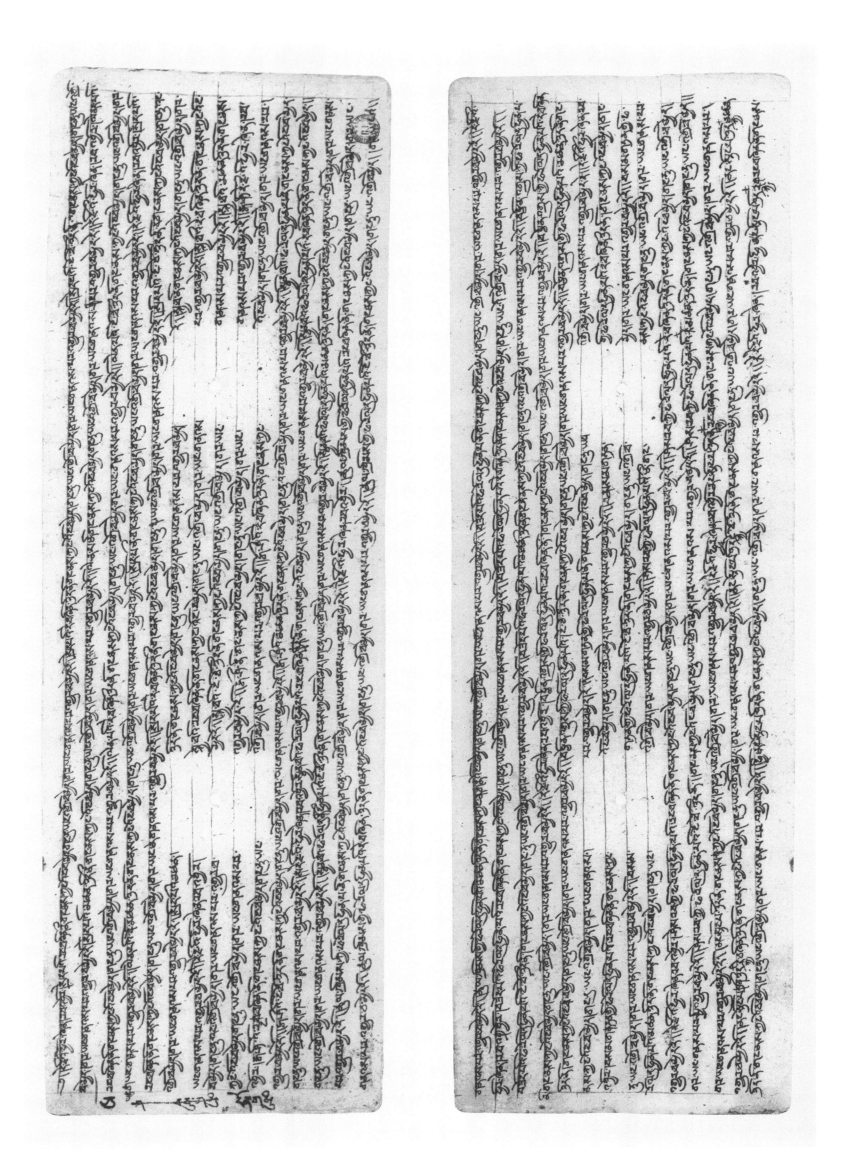

法 Pel.tib.1303　　8.ཤེས་རབ་ཀྱི་ཕ་རོལ་དུ་ཕྱིན་པའི་མདོང་ཕྱག་བརྒྱལ་པ་དུམ་བུ་དང་པོ་བམ་པོ་བདུན་ཅུ་གཉིས་སོ།།

8.十萬頌般若波羅蜜多經第一函第七十二卷　　(87—65)

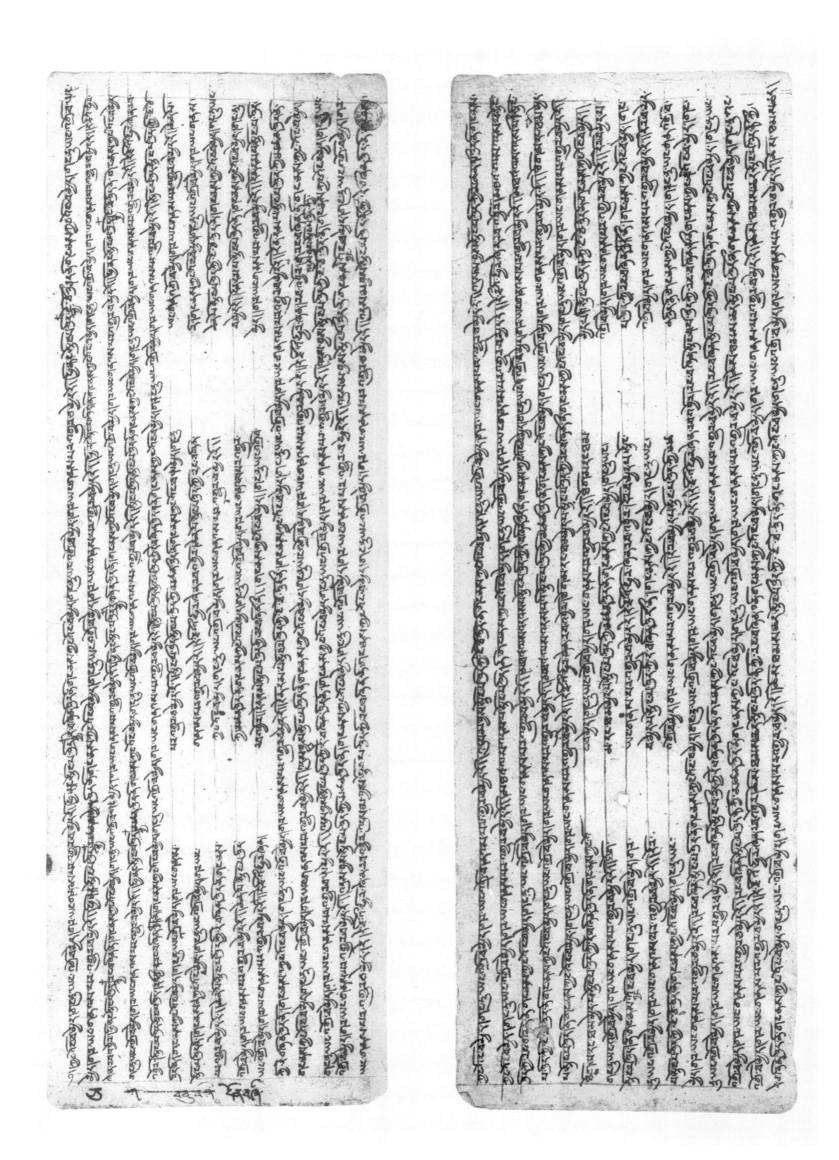

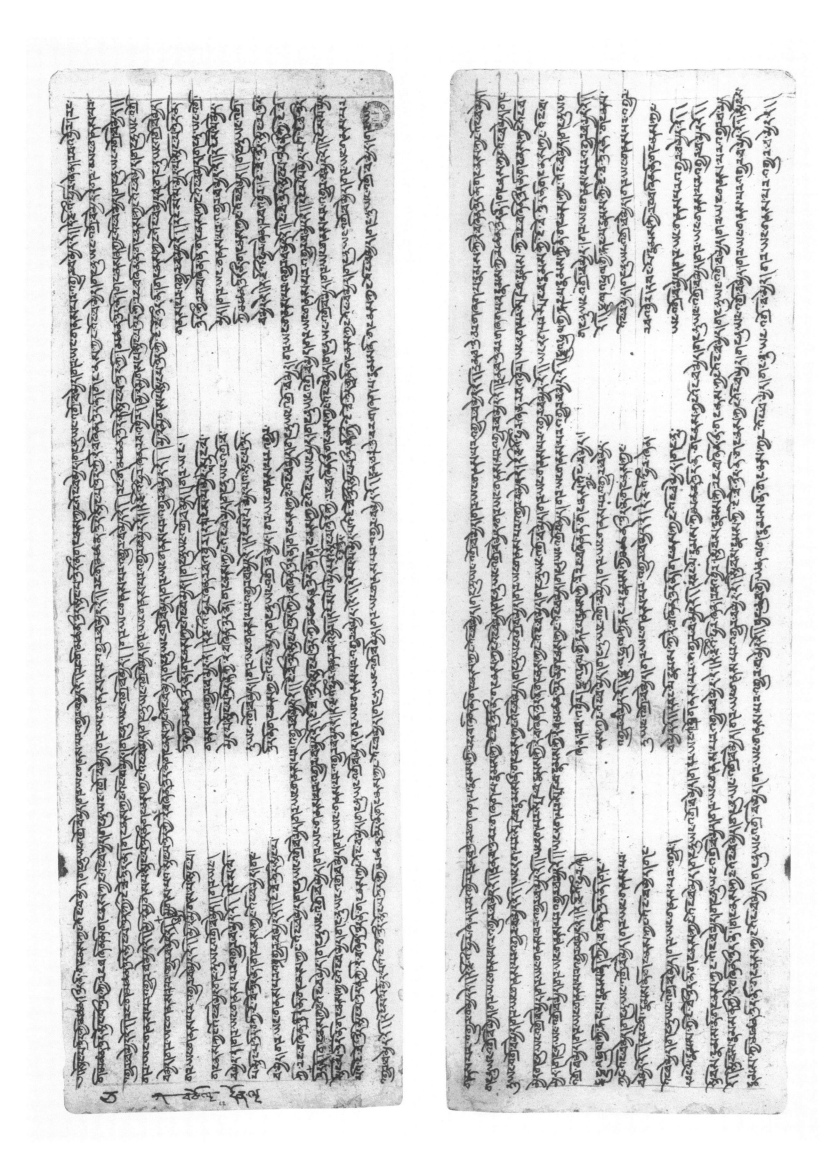

法 Pel.tib.1303　8.ཤེས་རབ་ཀྱི་ཕ་རོལ་ཏུ་ཕྱིན་པའི་སྟོང་ཕྲག་བརྒྱ་པ་ཏུམ་ག་དང་པོ་བམ་པོ་བདུན་ཅུ་གཉིས་སོ།།

8.十萬頌般若波羅蜜多經第一函第七十二卷　(87—67)

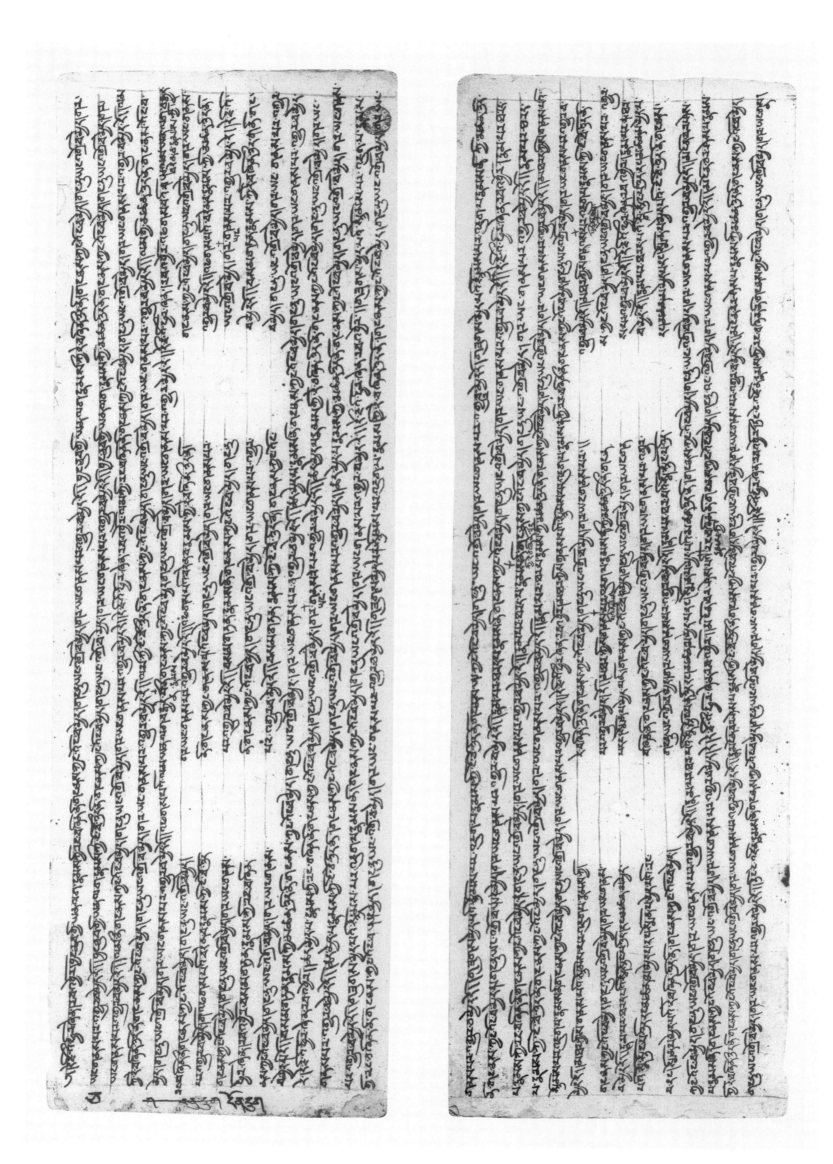

法 Pel.tib.1303　8.ཤེས་རབ་ཀྱི་ཕ་རོལ་ཏུ་ཕྱིན་པའི་སྟོང་ཕྲག་བརྒྱ་པ་དུམ་བུ་དང་པོ་བམ་པོ་བདུན་ཅུ་གཉིས་སོ།།

8.十萬頌般若波羅蜜多經第一函第七十二卷　　(87—68)

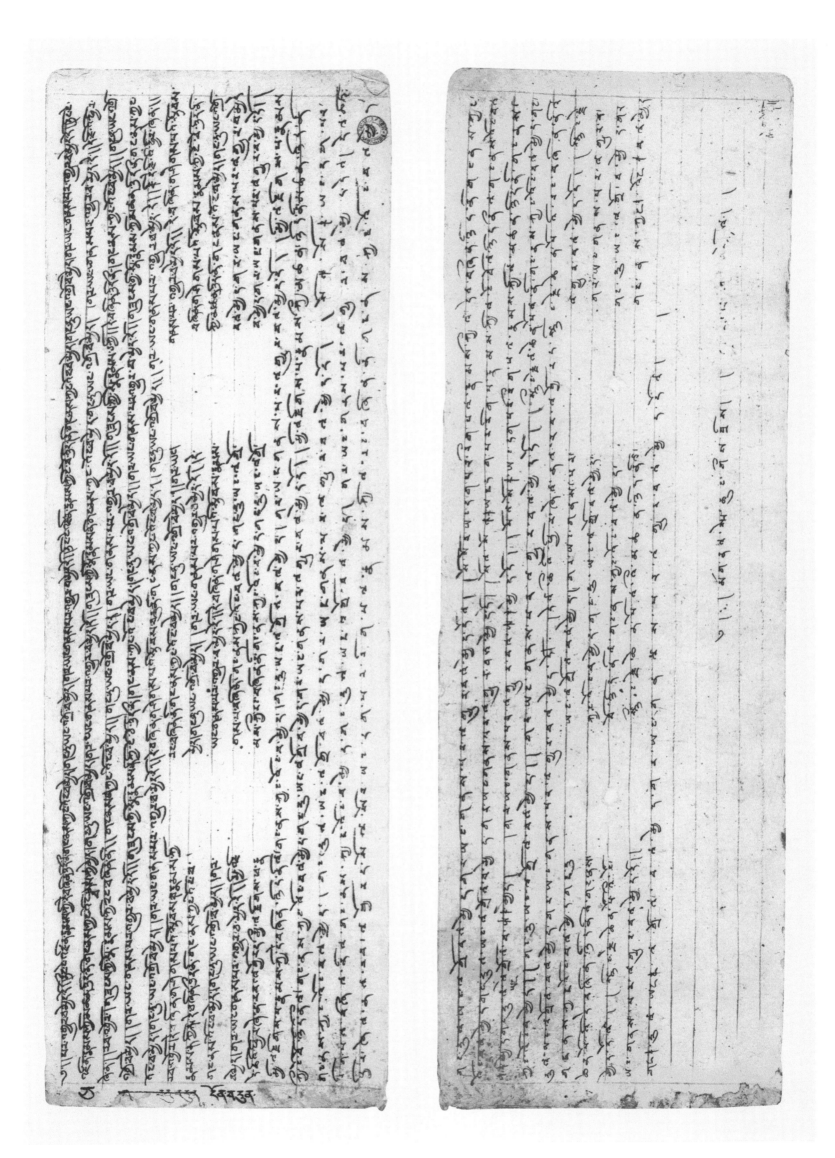

法 Pel.tib.1303　　8.ཤེས་རབ་ཀྱི་ཕ་རོལ་དུ་ཕྱིན་པའི་སྟོང་ཕྲག་བརྒྱ་པ་དུམ་བུ་དང་པོ་བམ་པོ་བདུན་ཅུ་གཉིས་སོ།།

8.十萬頌般若波羅蜜多經第一函第七十二卷　　(87—69)

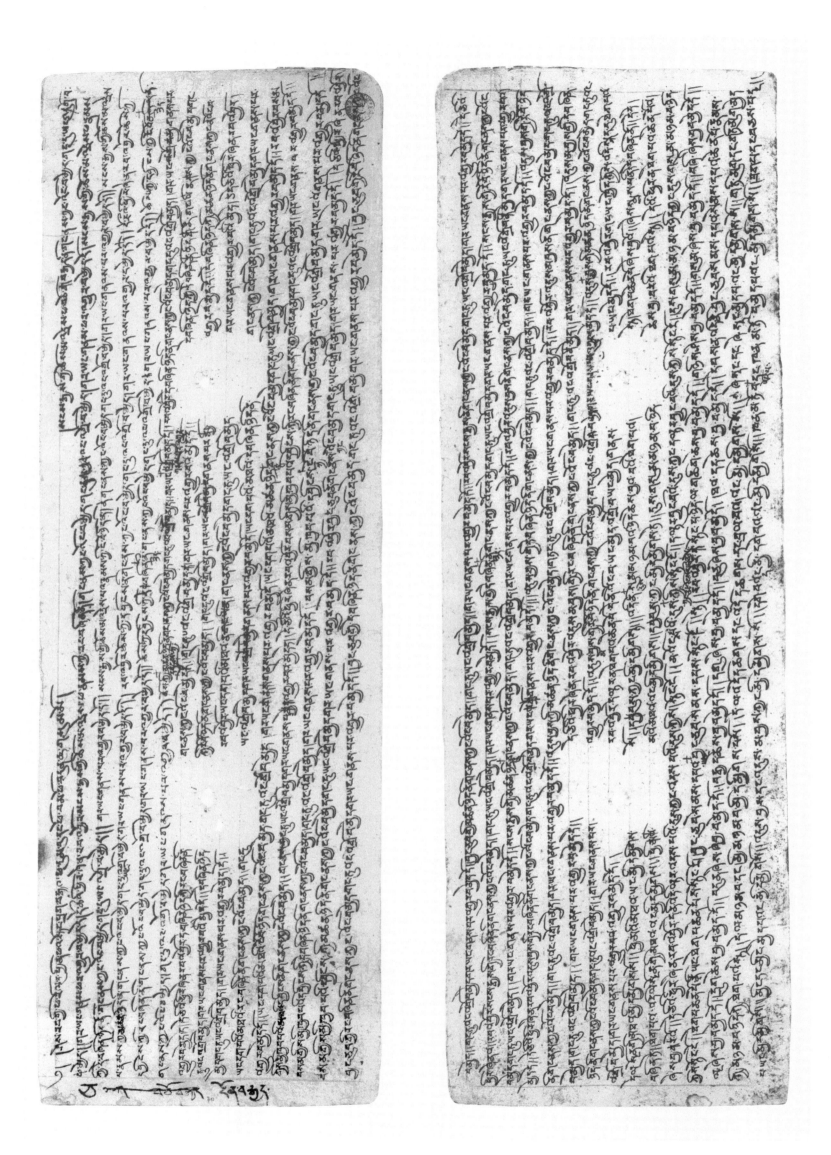

法 Pel.tib.1303　　　9.ཤེས་རབ་ཀྱི་ཕ་རོལ་ཏུ་ཕྱིན་པའི་སྟོང་ཕྲག་བརྒྱ་པ་དུམ་བུ་དང་པོ་བམ་པོ་བདུན་ཅུ་གསུམ་སོ།།

9.十萬頌般若波羅蜜多經第一函第七十三卷　　(87—70)

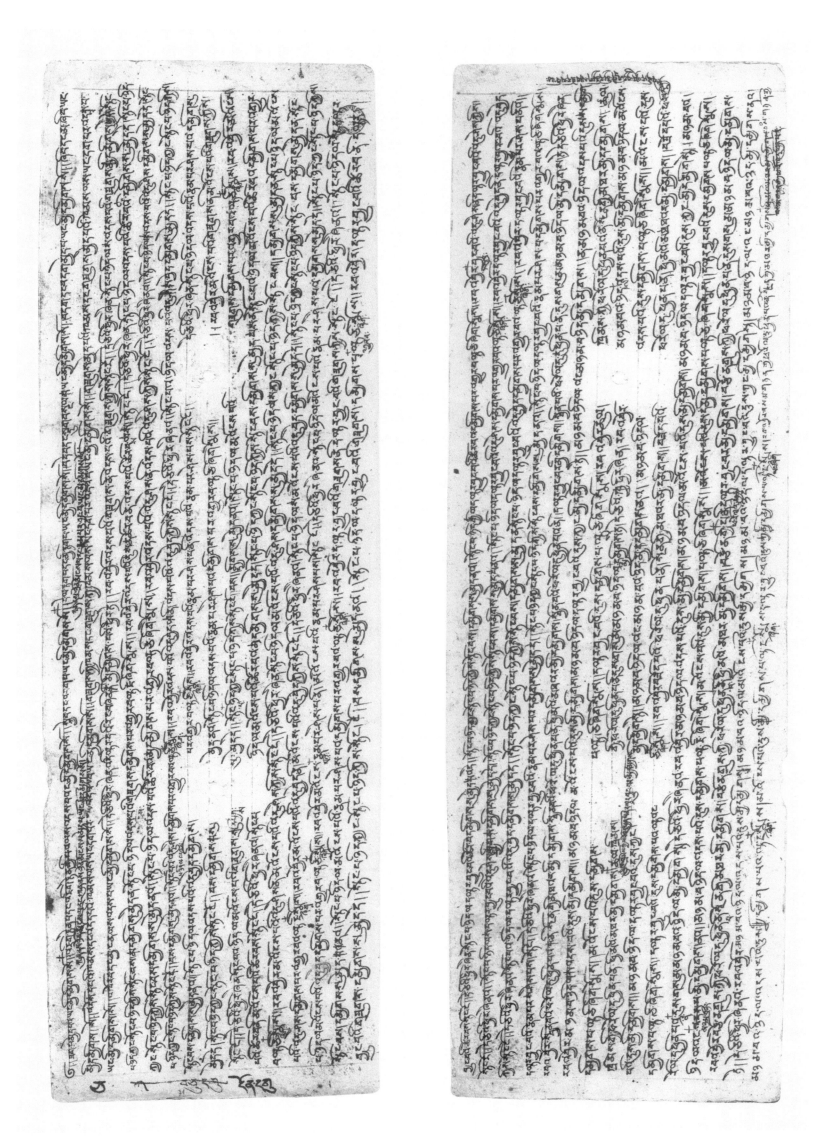

法 Pel.tib.1303　　9.ཤེས་རབ་ཀྱི་ཕ་རོལ་ཏུ་ཕྱིན་པའི་སྟོང་ཕྲག་བརྒྱ་པ་དུམ་བུ་དང་པོ་བམ་པོ་བདུན་ཅུ་རྩ་གསུམ་མོ།།

9.十萬頌般若波羅蜜多經第一函第七十三卷　　(87—71)

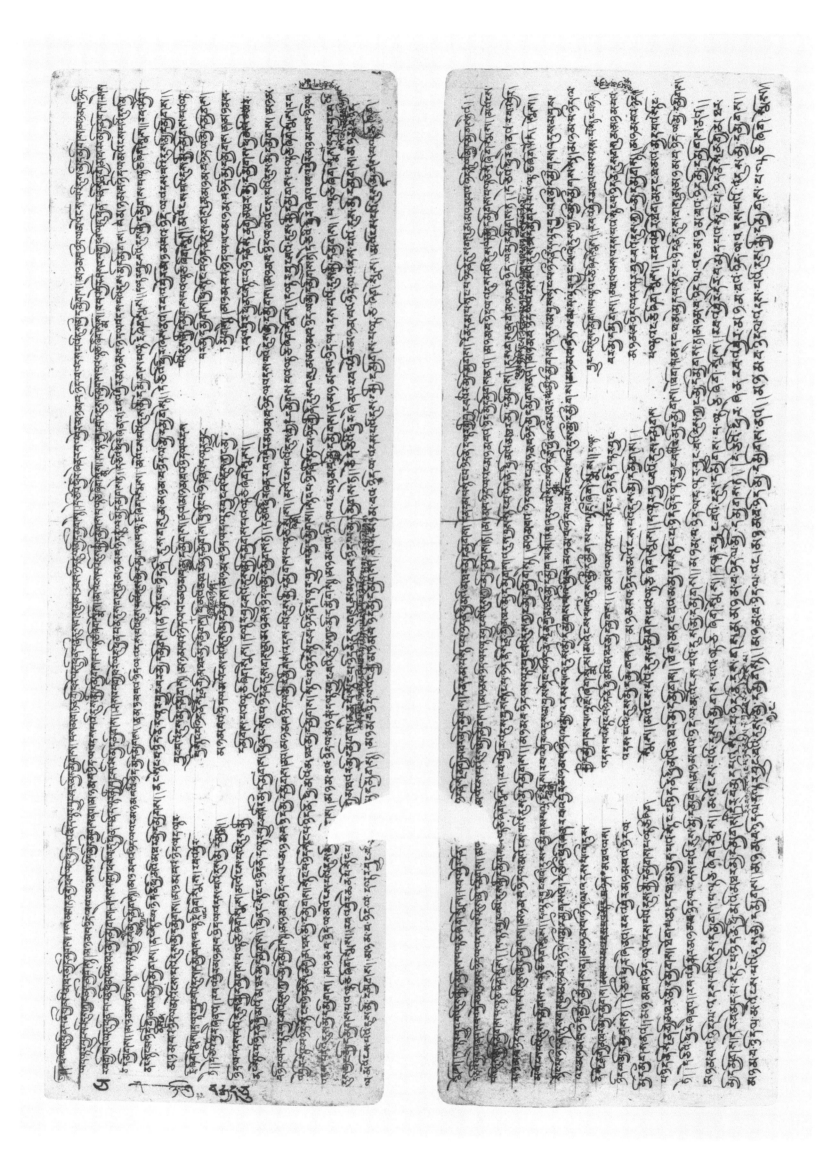

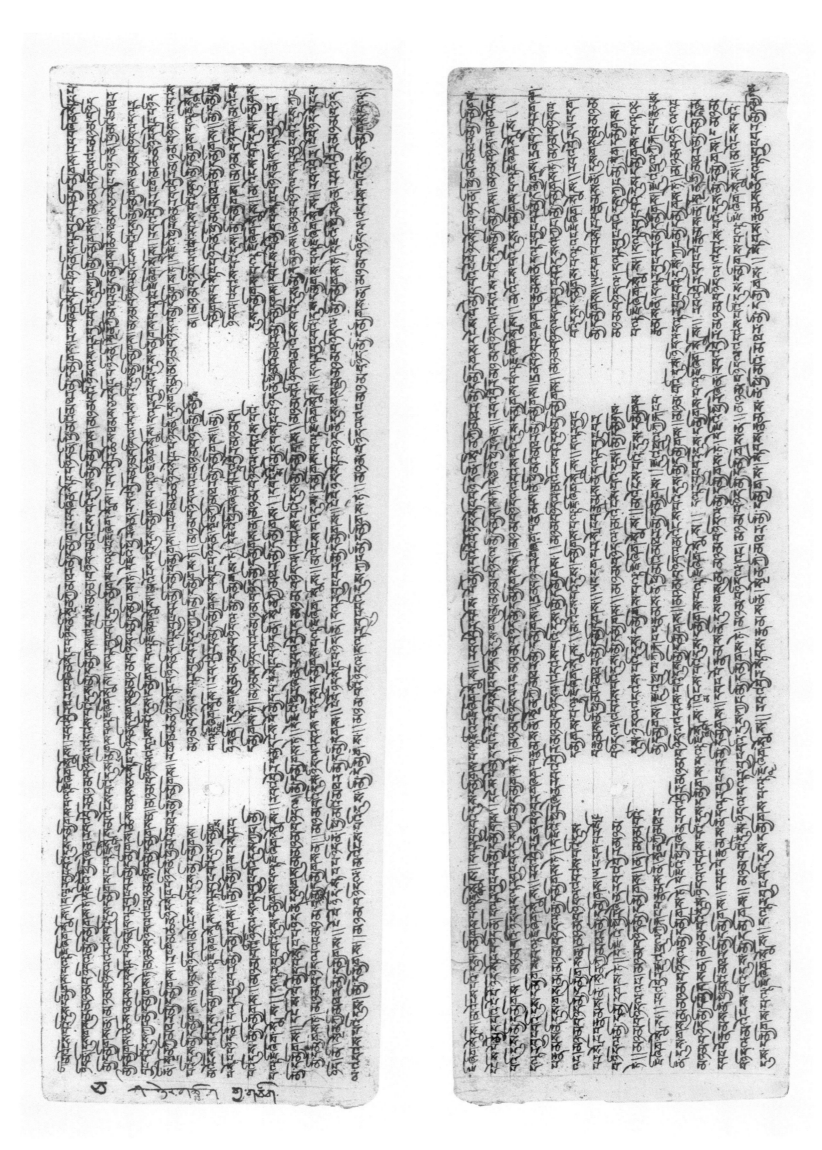

法 Pel.tib.1303　　9.ཤེས་རབ་ཀྱི་ཕ་རོལ་ཏུ་ཕྱིན་པ་སྟོང་ཕྲག་བརྒྱ་པ་དུམ་བུ་དང་པོ་བམ་པོ་བདུན་ཅུ་གསུམ་མོ།།

9.十萬頌般若波羅蜜多經第一函第七十三卷　　(87—73)

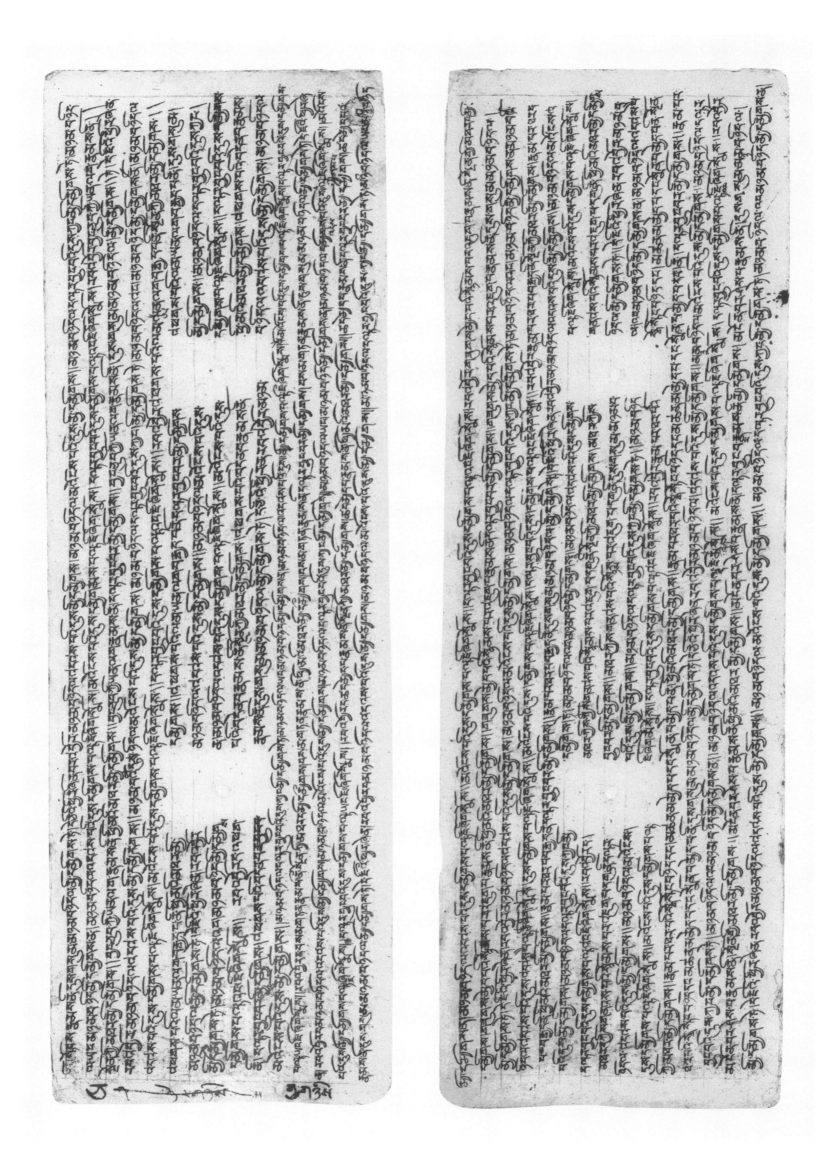

法 Pel.tib.1303　　9.ཤེས་རབ་ཀྱི་ཕ་རོལ་ཏུ་ཕྱིན་པའི་སྟོང་ཕྲག་བརྒྱའི་པ་དུམ་བུ་དང་པོ་བམ་པོ་བདུན་ཅུ་གསུམ་པའོ།།

9.十萬頌般若波羅蜜多經第一函第七十三卷　　(87—74)

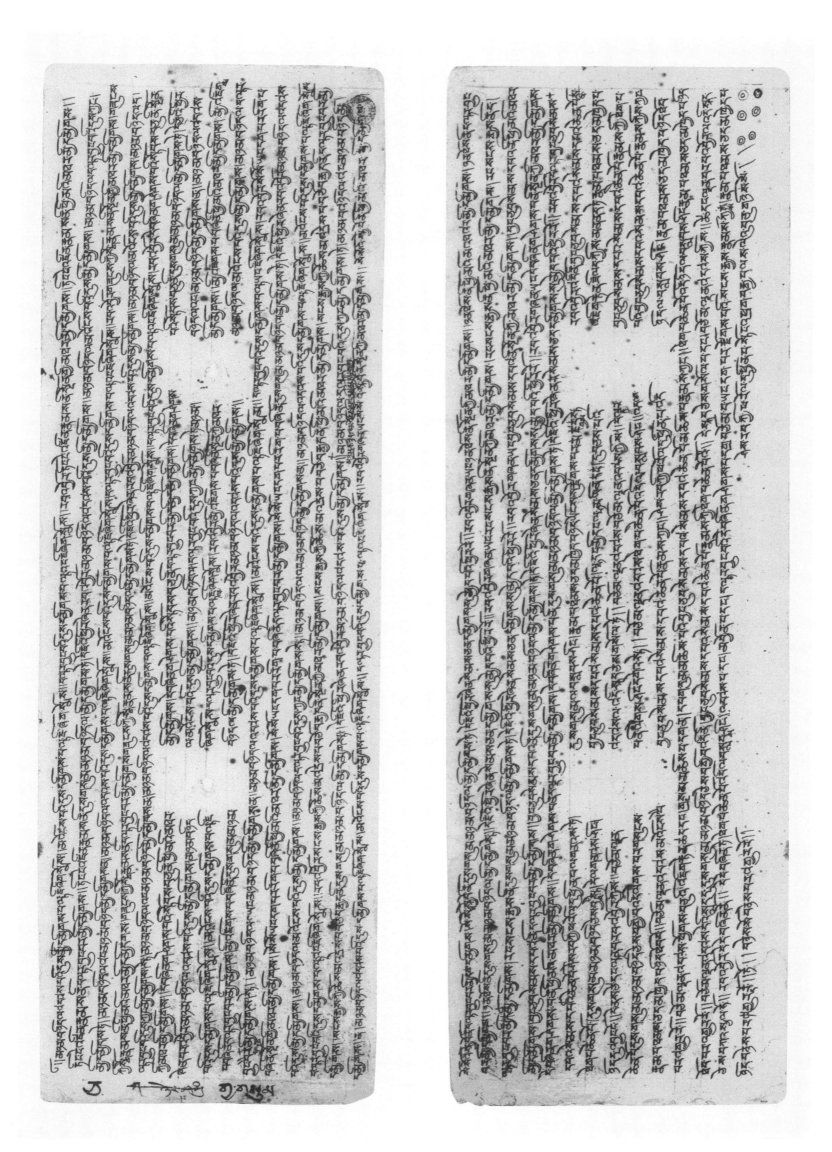

法 Pel.tib.1303　　9.ཤེས་རབ་ཀྱི་ཕ་རོལ་ཏུ་ཕྱིན་པའི་སྟོང་ཕྲག་བརྒྱ་པ་དུམ་བུ་དང་པོ་བམ་པོ་བདུན་ཅུ་གསུམ་མོ།།

9.十萬頌般若波羅蜜多經第一函第七十三卷　　(87—75)

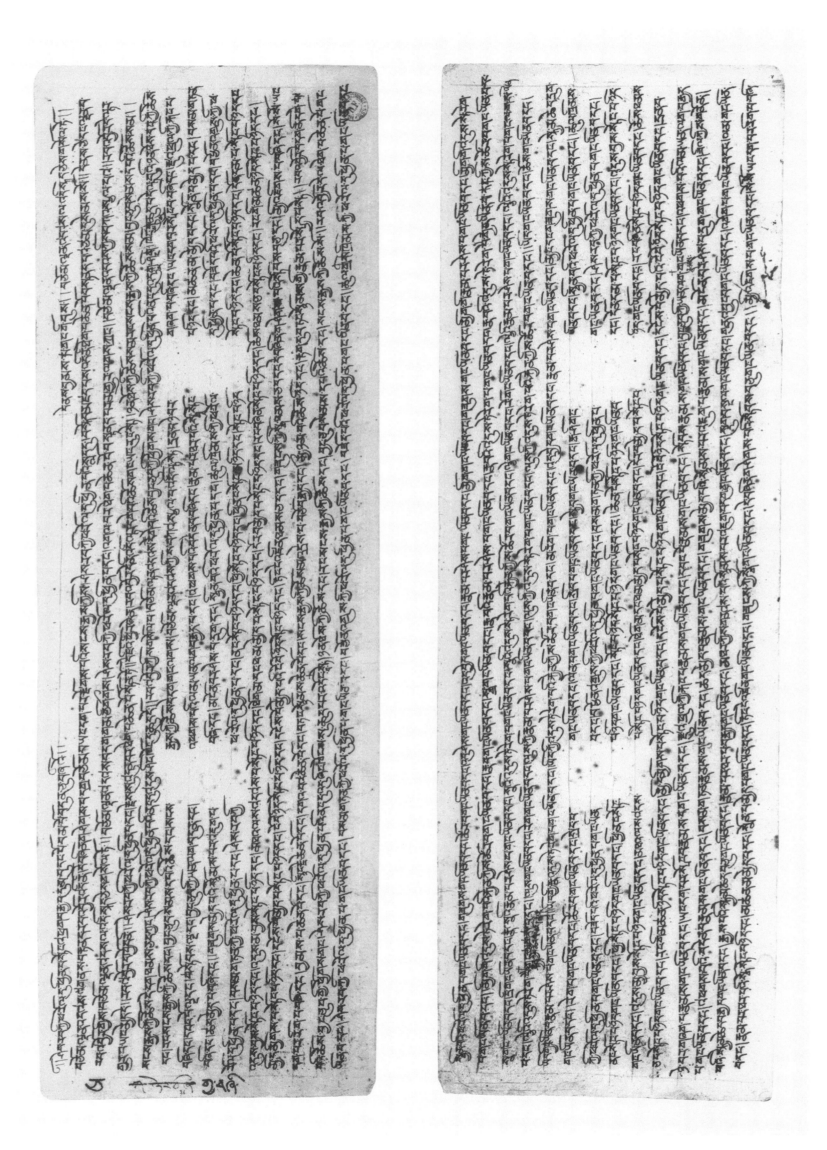

法 Pel.tib.1303　　　10.ཤེས་རབ་ཀྱི་ཕ་རོལ་ཏུ་ཕྱིན་པའི་སྟོང་འཕྲག་བརྒྱ་པ་དུམ་བུ་དང་པོ་བམ་པོ་བདུན་ཅུ་བཞིའོ།།

10.十萬頌般若波羅蜜多經第一函第七十四卷　　(87—76)

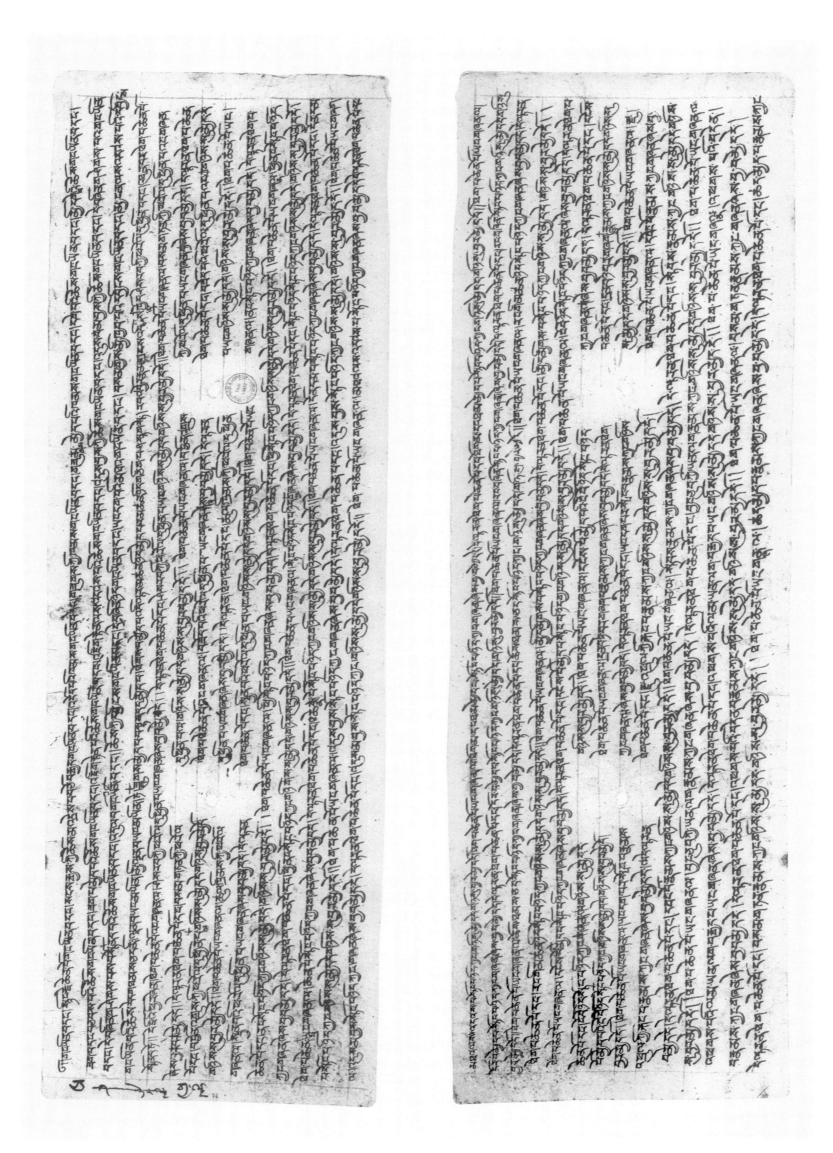

法 Pel.tib.1303　10.ཤེས་རབ་ཀྱི་ཕ་རོལ་ཏུ་ཕྱིན་པའི་སྟོང་འཕྲག་བརྒྱ་པ་དུམ་བུ་དང་པོ་བམ་པོ་བདུན་ཅུ་བཞི་པའོ།།

10.十萬頌般若波羅蜜多經第一函第七十四卷　　(87—77)

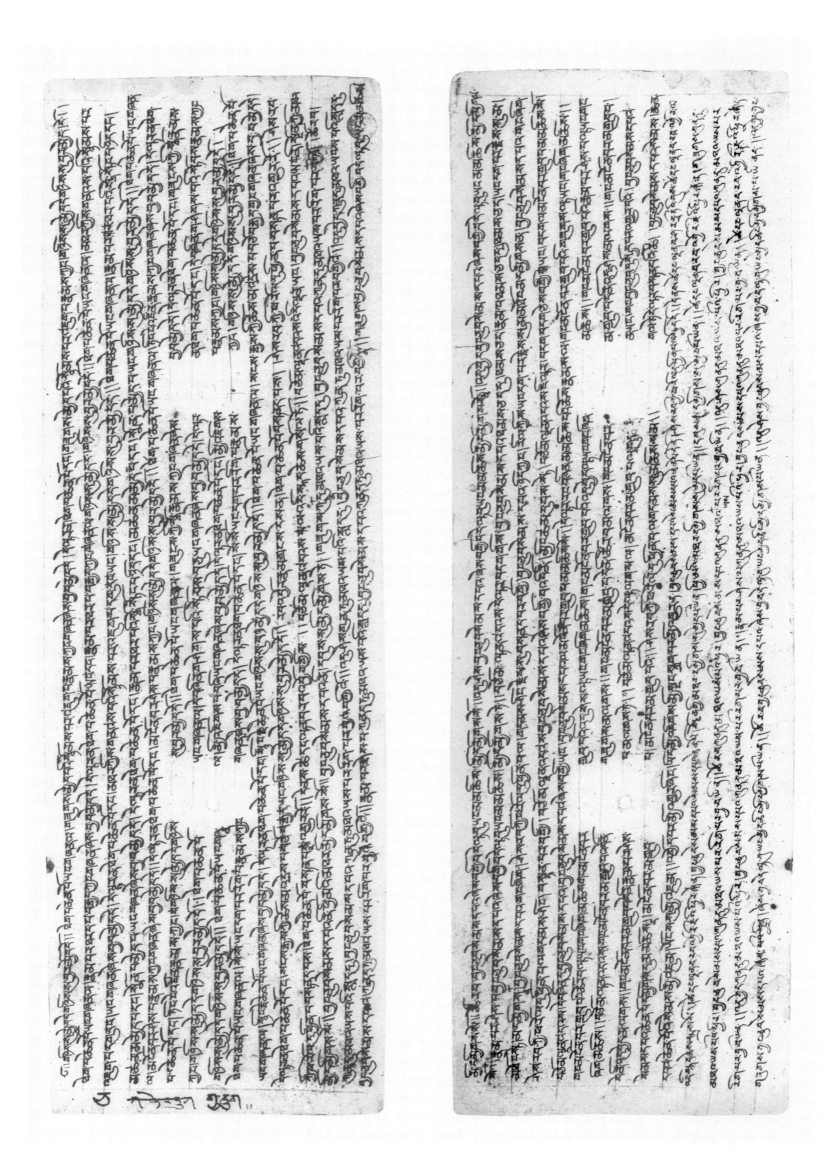

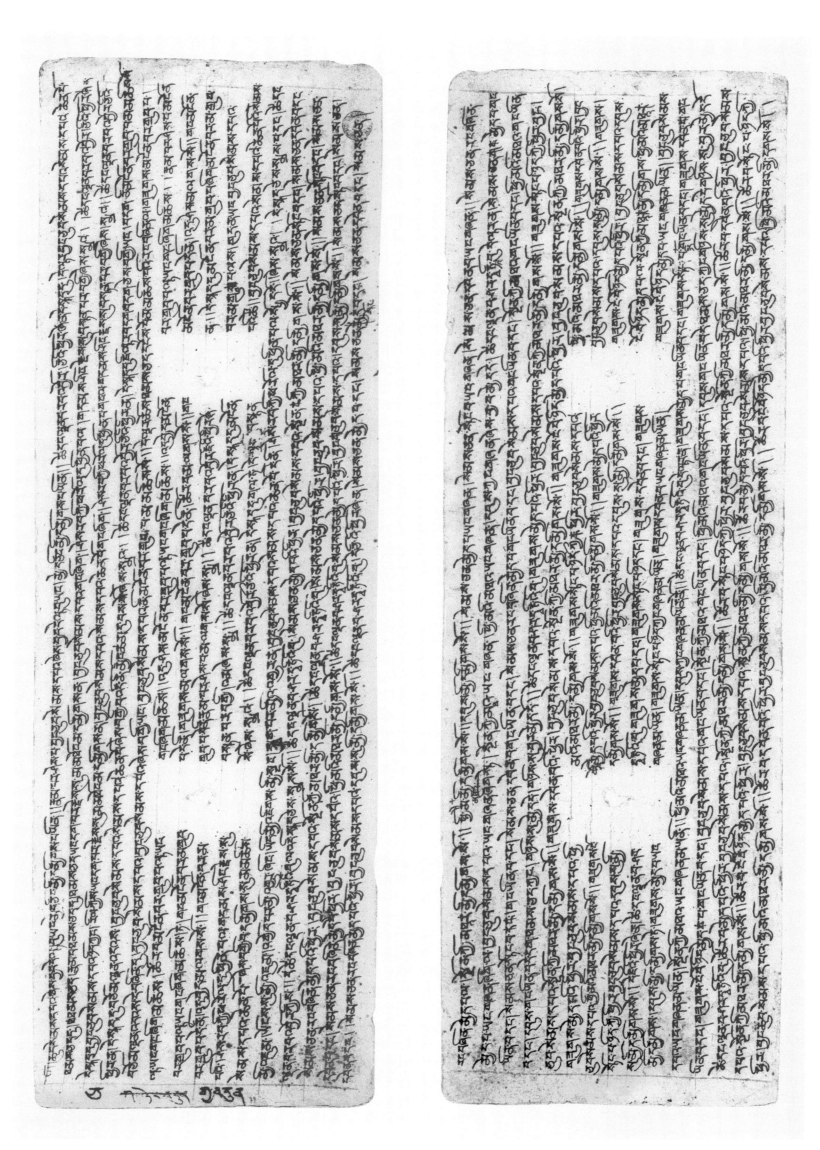

法 Pel.tib.1303　10.ཤེས་རབ་ཀྱི་ཕ་རོལ་ཏུ་ཕྱིན་པའི་སྟོང་འཕྲག་བརྒྱ་པ་དུམ་བུ་དང་པོ་བམ་པོ་བདུན་ཅུ་བཞི་པོ།།

10.十萬頌般若波羅蜜多經第一函第七十四卷　　(87—79)

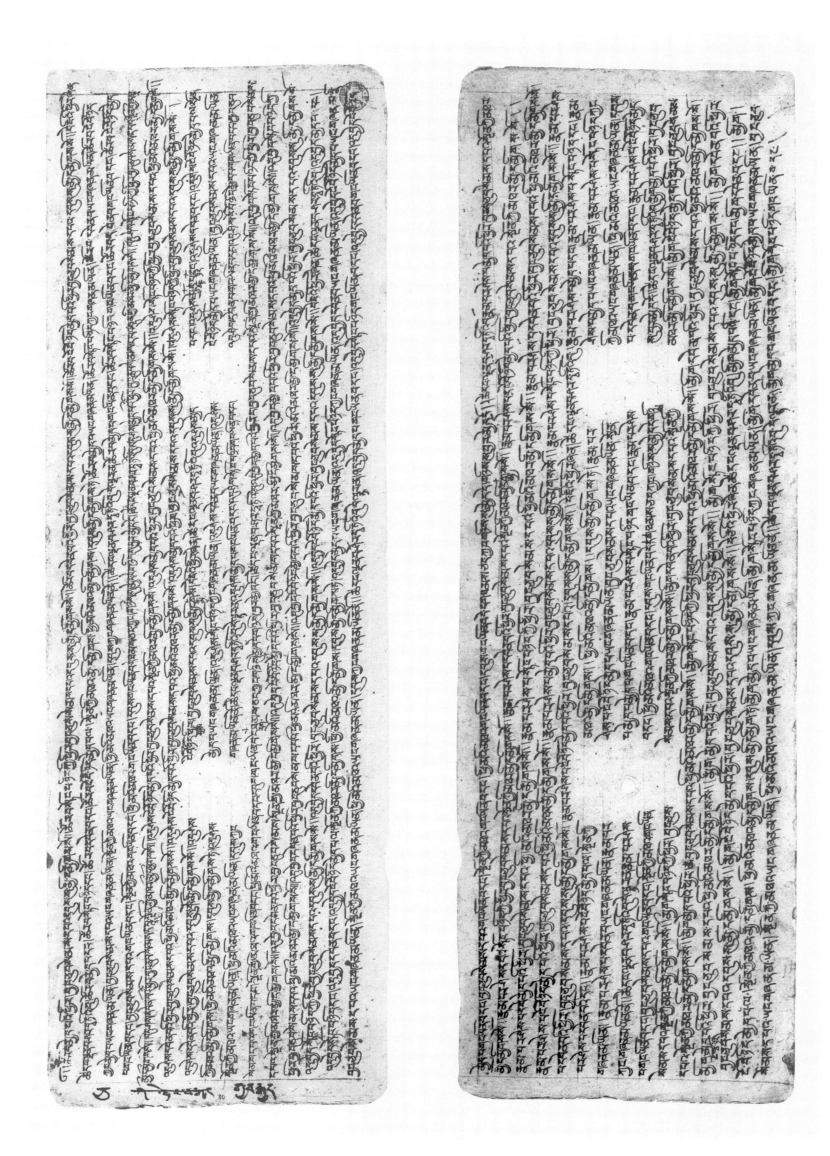

法 Pel.tib.1303　　10.ཤེས་རབ་ཀྱི་ཕ་རོལ་ཏུ་ཕྱིན་པའི་སྟོང་འཕྲག་བརྒྱ་པ་དུམ་བུ་དང་པོ་བམ་པོ་བདུན་ཅུ་བཞི་པའོ།།

10.十萬頌般若波羅蜜多經第一函第七十四卷　　(87—80)

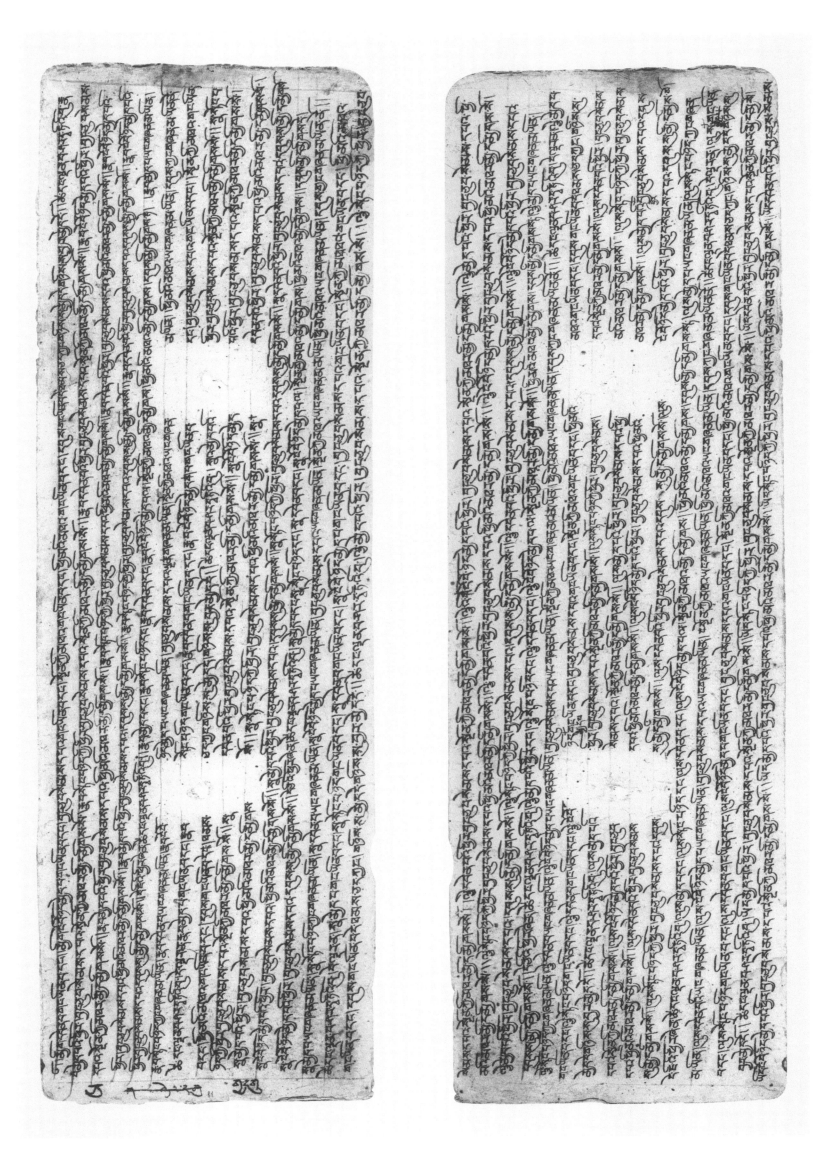

法 Pel.tib.1303　10.ཤེས་རབ་ཀྱི་ཕ་རོལ་ཏུ་ཕྱིན་པའི་སྟོང་འཕྲག་བརྒྱ་པ་དུམ་བུ་དང་པོ་བམ་པོ་བདུན་ཅུ་བཞི་པོ།།

10.十萬頌般若波羅蜜多經第一函第七十四卷　　(87—81)

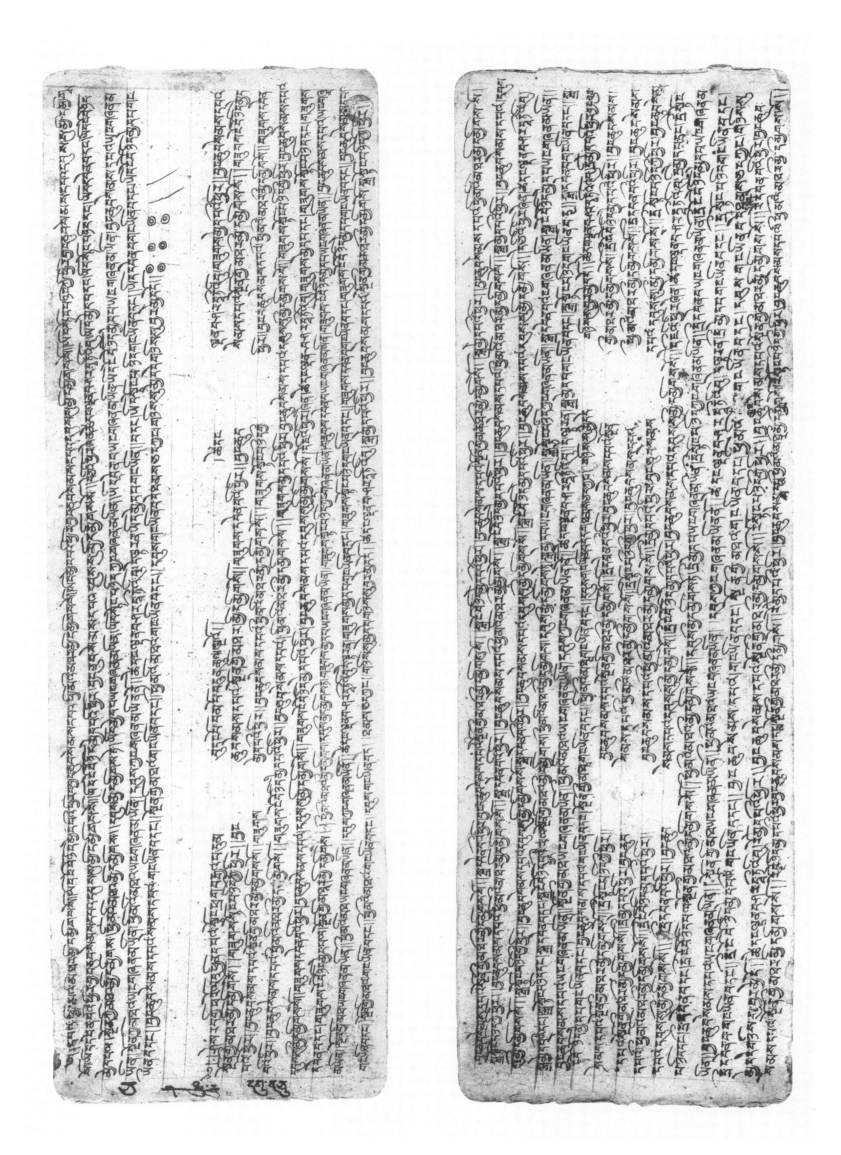

法 Pel.tib.1303　11.ཤེས་རབ་ཀྱི་ཕ་རོལ་ཏུ་ཕྱིན་པའི་སྟོང་ཕྲག་བརྒྱ་པ་དུམ་བུ་དང་པོ་བམ་པོ་བདུན་ཅུ་ལྔ་པའོ།།

11.十萬頌般若波羅蜜多經第一函第七十五卷　　(87—82)

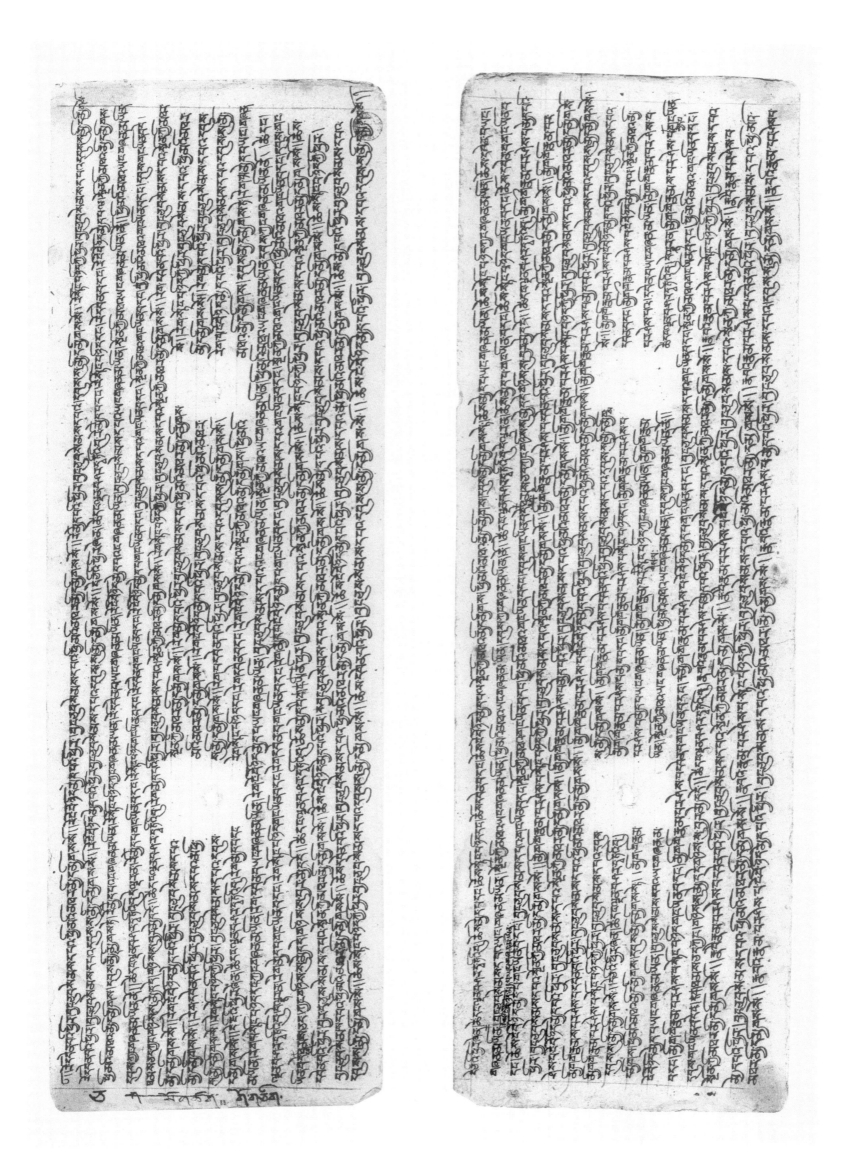

法 Pel.tib.1303　11.ཤེས་རབ་ཀྱི་ཕ་རོལ་ཏུ་ཕྱིན་པའི་སྟོང་ཕྲག་བརྒྱ་པ་དུམ་བུ་དང་པོ་བམ་པོ་བདུན་ཅུ་ལྔ་པའོ།།

11.十萬頌般若波羅蜜多經第一函第七十五卷　　(87—83)

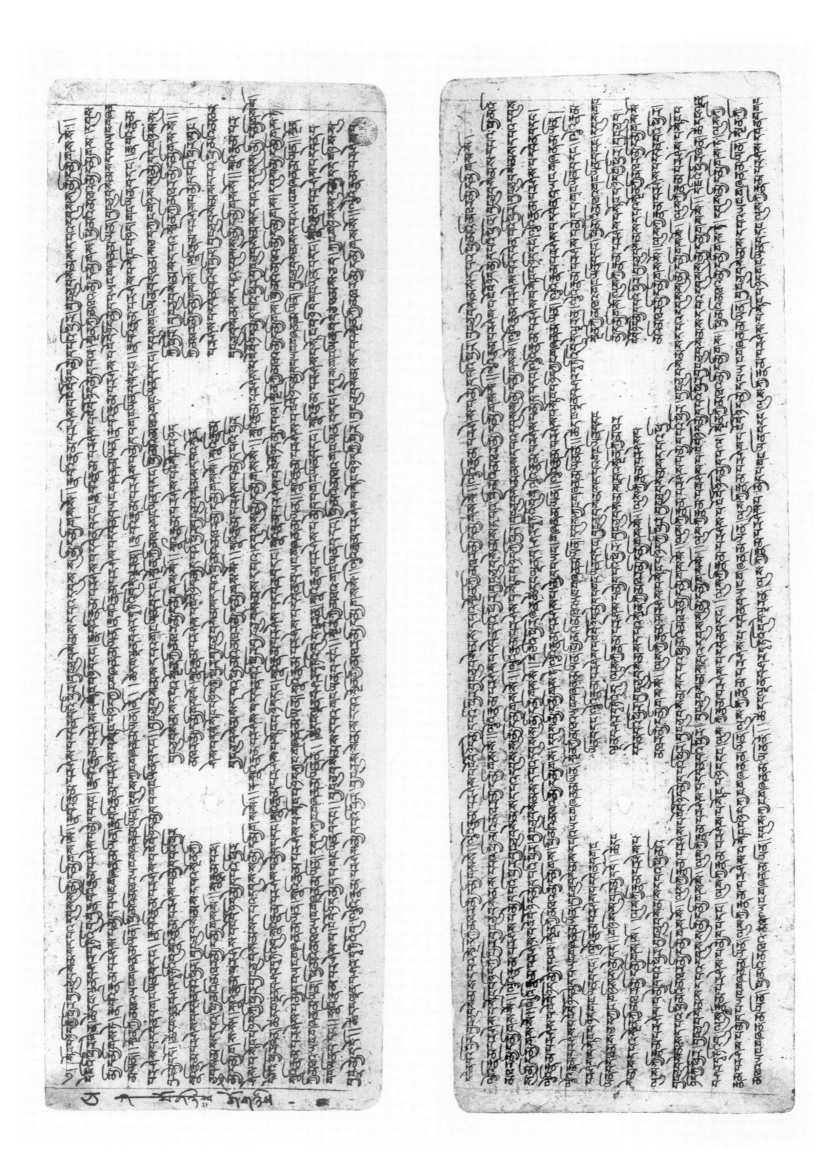

法 Pel.tib.1303　　11.ཤེས་རབ་ཀྱི་ཕ་རོལ་དུ་ཕྱིན་པའི་སྟོང་ཕྲག་བརྒྱ་པ་དུམ་བུ་དང་པོ་བམ་པོ་བདུན་ཅུ་ལྔ་པའོ།།

11.十萬頌般若波羅蜜多經第一函第七十五卷　　(87—84)

84

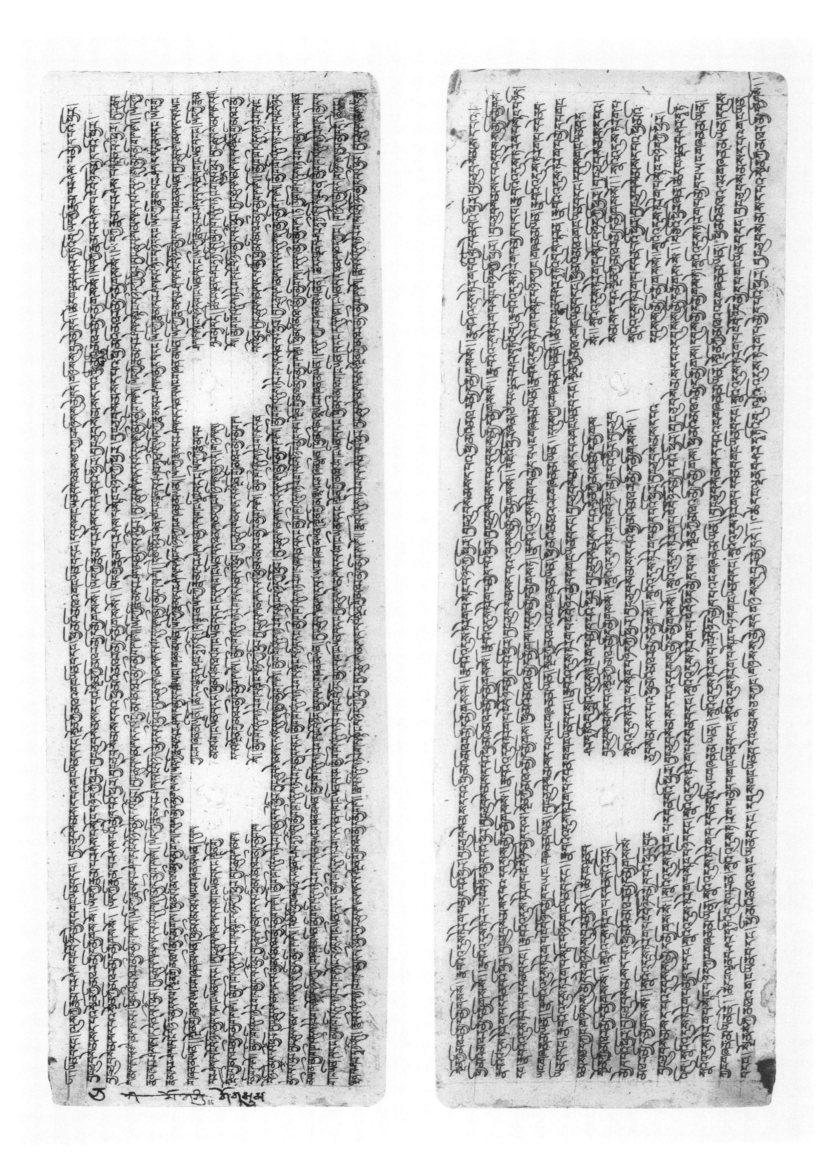

法 Pel.tib.1303　　11.ཤེས་རབ་ཀྱི་ཕ་རོལ་ཏུ་ཕྱིན་པའི་སྟོང་ཕྲག་བརྒྱ་པ་དུམ་བུ་དང་པོ་བམ་པོ་བདུན་ཅུ་ལྔ་པའོ།།

11.十萬頌般若波羅蜜多經第一函第七十五卷　　(87—85)

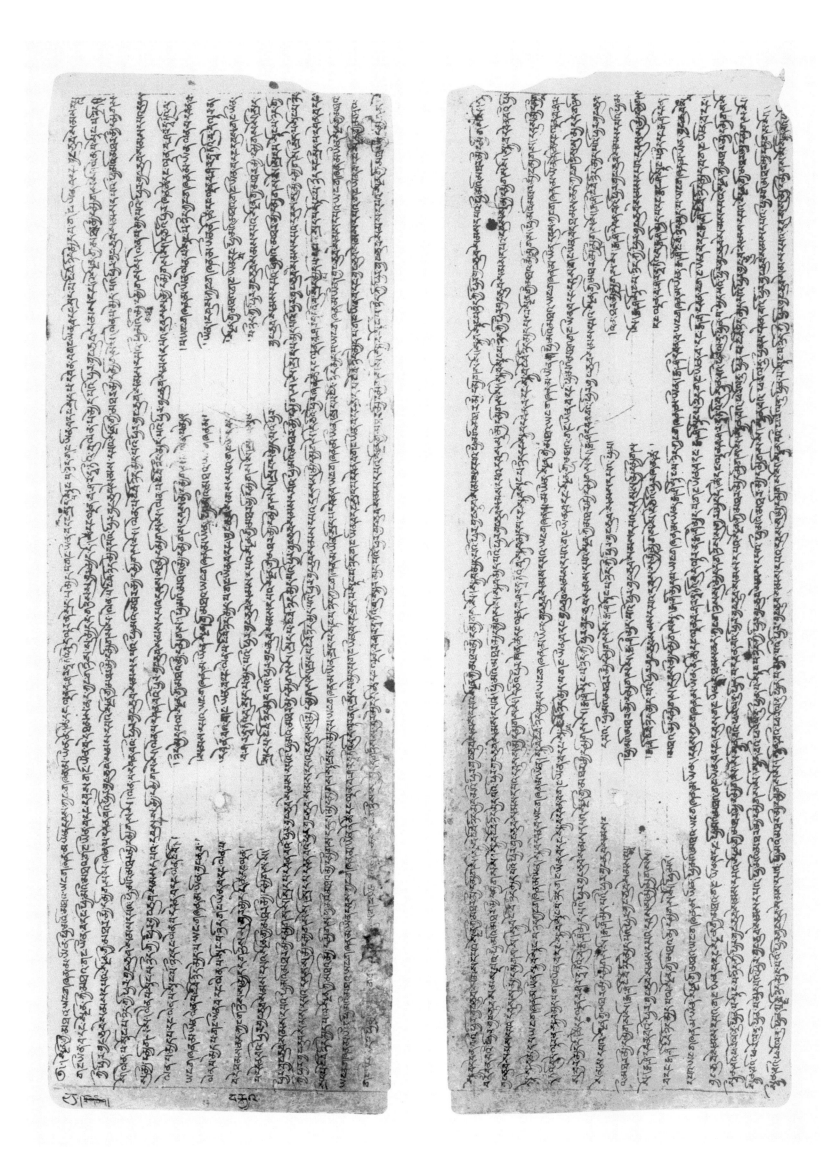

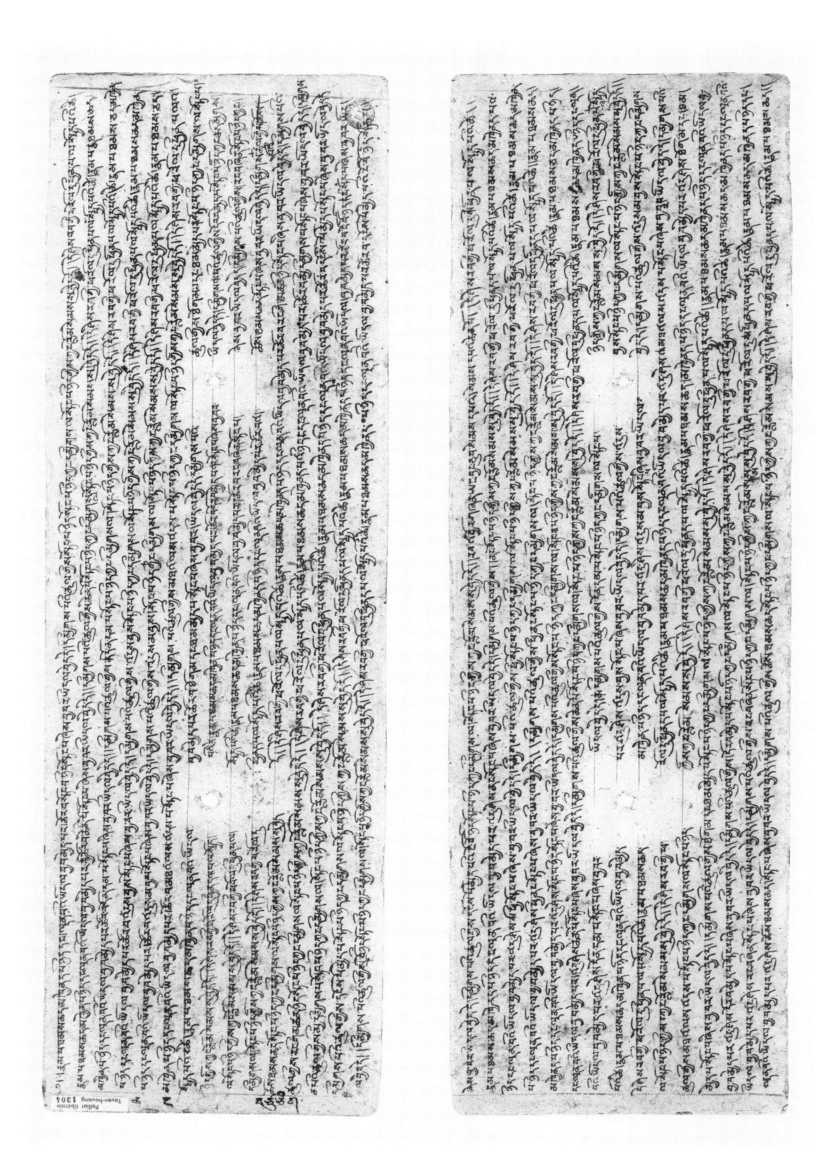

法 Pel.tib.1304　　1.ཤེས་རབ་ཀྱི་ཕ་རོལ་ཏུ་ཕྱིན་པའི་སྟོང་ཕྲག་བརྒྱ་པ།

1.十萬頌般若波羅蜜多經　　（14—1）

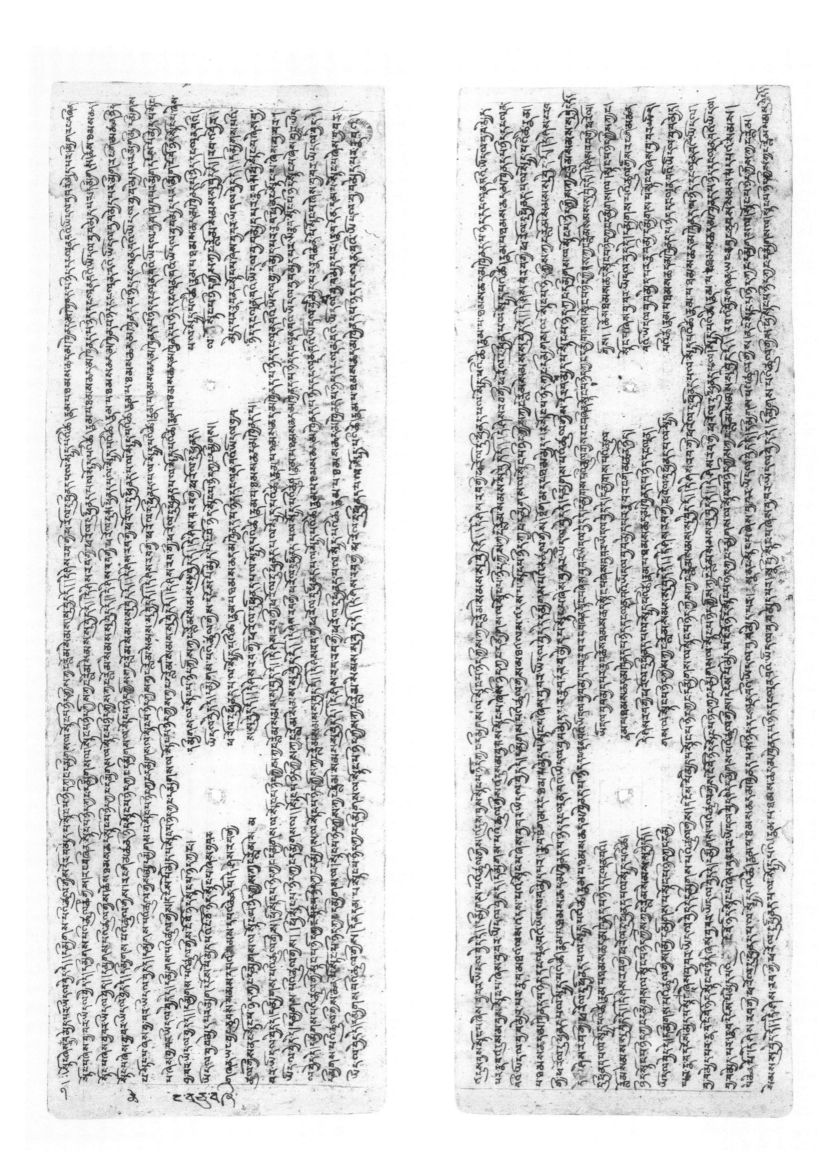

法 Pel.tib.1304　　1.ཤེས་རབ་ཀྱི་ཕ་རོལ་ཏུ་ཕྱིན་པའ་སྟོང་ཕྲག་བརྒྱ་པ།

1.十萬頌般若波羅蜜多經　　(14—2)

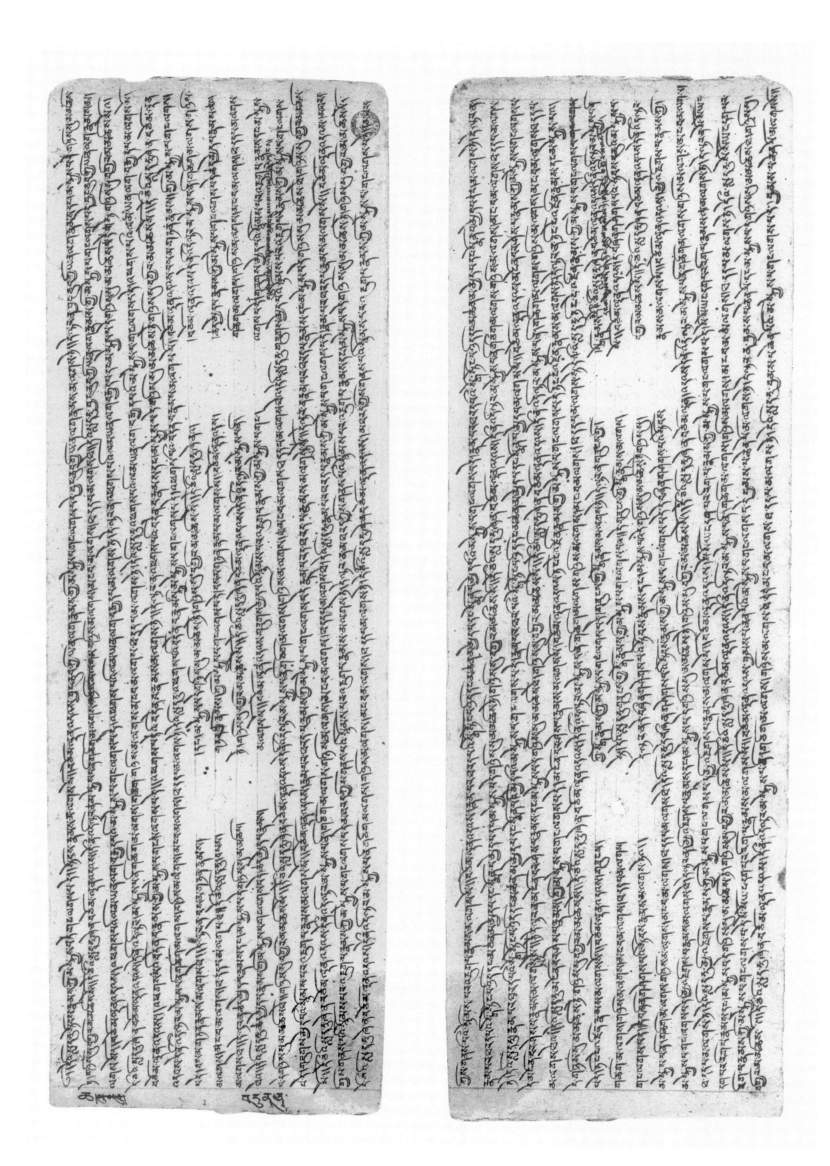

法 Pel.tib.1304　　2.ཤེས་རབ་ཀྱི་ཕ་རོལ་ཏུ་ཕྱིན་པ་སྟོང་ཕྲག་བརྒྱ་པའ་དུམ་བུ་གཉིས་པ་བམ་པོ་བཅུ་གཅིག་གོ།།

2.十萬頌般若波羅蜜多經第二函第十一卷　　　(14—3)

法 Pel.tib.1304　2.ཤེས་རབ་ཀྱི་ཕ་རོལ་ཏུ་ཕྱིན་པ་སྟོང་ཕྲག་བརྒྱ་པའི་དུམ་བུ་གཉིས་པ་བམ་པོ་བཅུ་གཅིག་གོ།།།

2.十萬頌般若波羅蜜多經第二函第十一卷　　(14—4)

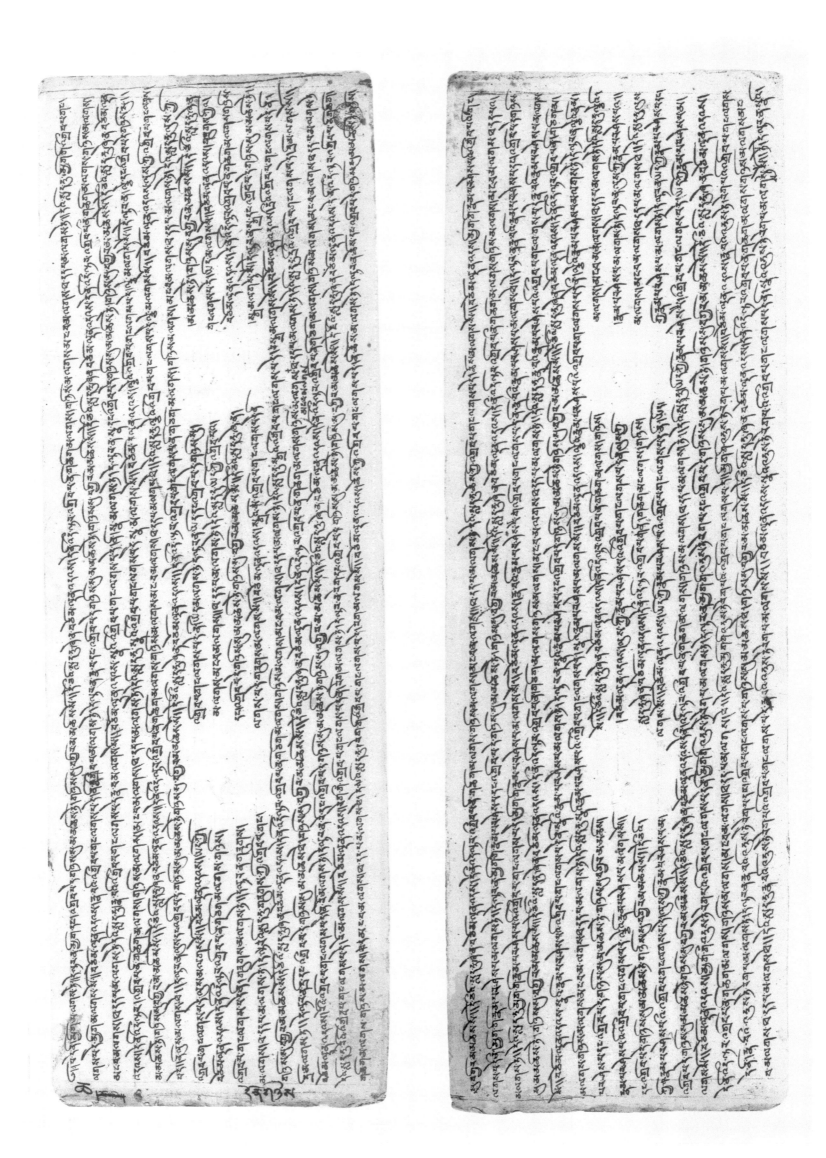

法 Pel.tib.1304　3.ཤེས་རབ་ཀྱི་ཕ་རོལ་དུ་ཕྱིན་པ་སྟོང་ཕྲག་བརྒྱ་པའི་དུམ་བུ་གཉིས་པ་བཀལ་པོ་བཅུ་གཉིས་སོ།།

3.十萬頌般若波羅蜜多經第二函第十二卷　　(14—5)

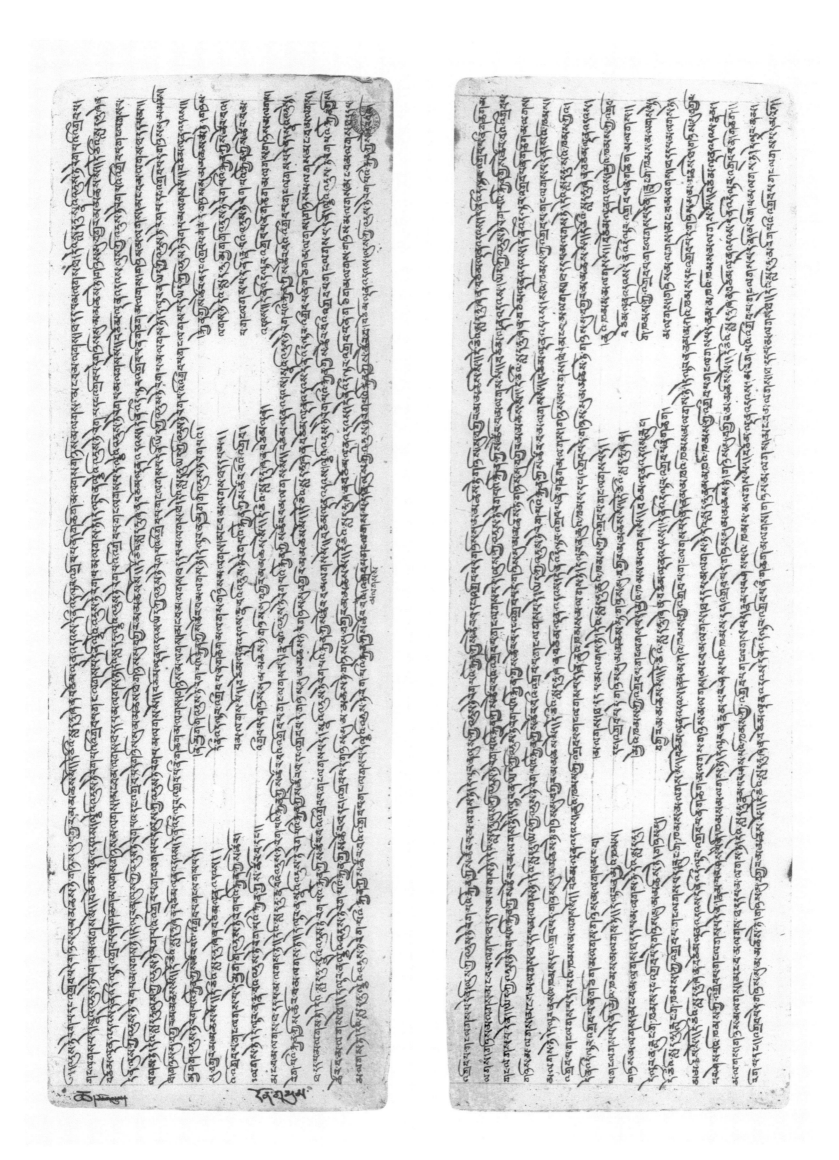

法 Pel.tib.1304　3.ཤེས་རབ་ཀྱི་ཕ་རོལ་དུ་ཕྱིན་པ་སྟོང་ཕྲག་བརྒྱ་པའི་དུམ་བུ་གཉིས་པ་བམ་པོ་བཅུ་གཉིས་སོ།།

3.十萬頌般若波羅蜜多經第二函第十二卷　　(14—6)

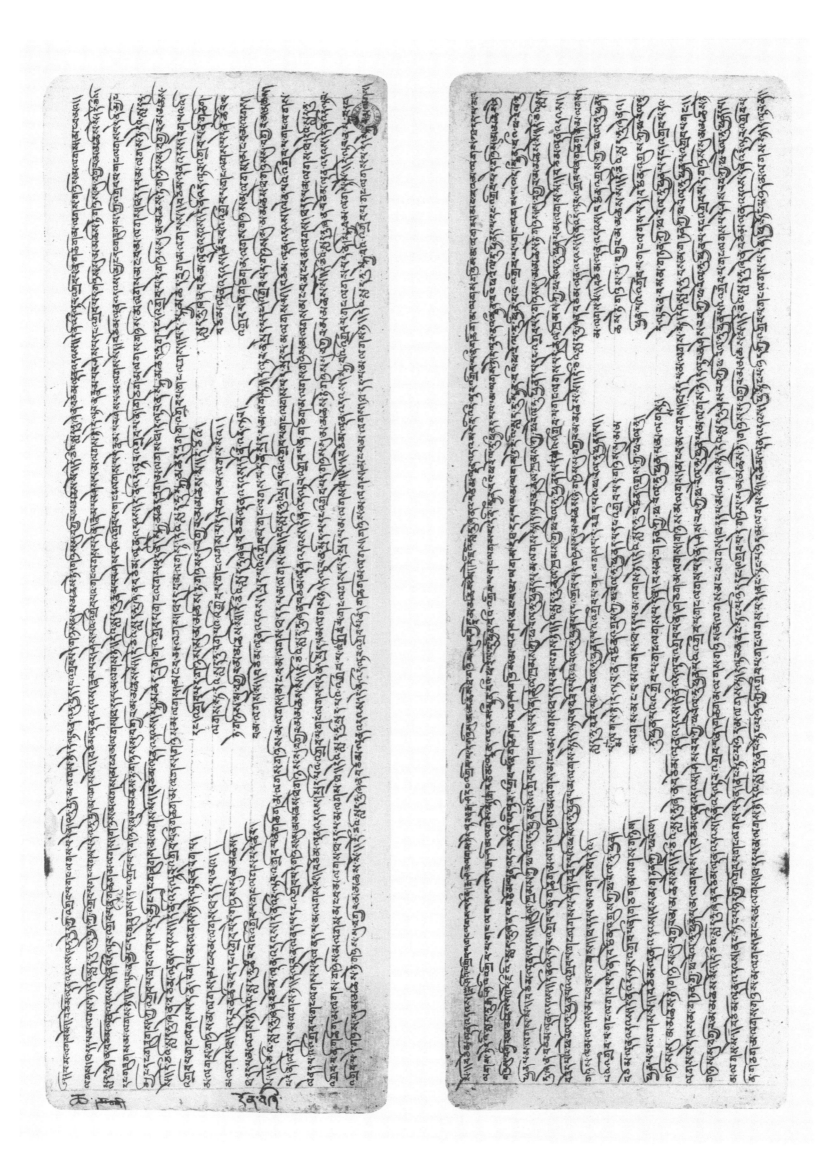

3.ཤེས་རབ་ཀྱི་ཕ་རོལ་དུ་ཕྱིན་པ་སྟོང་ཕྲག་བརྒྱ་པའ་དུམ་བུ་གཉིས་པ་བམ་པོ་བཅུ་གཉིས་སོ།།

3.十萬頌般若波羅蜜多經第二函第十二卷　　(14—7)

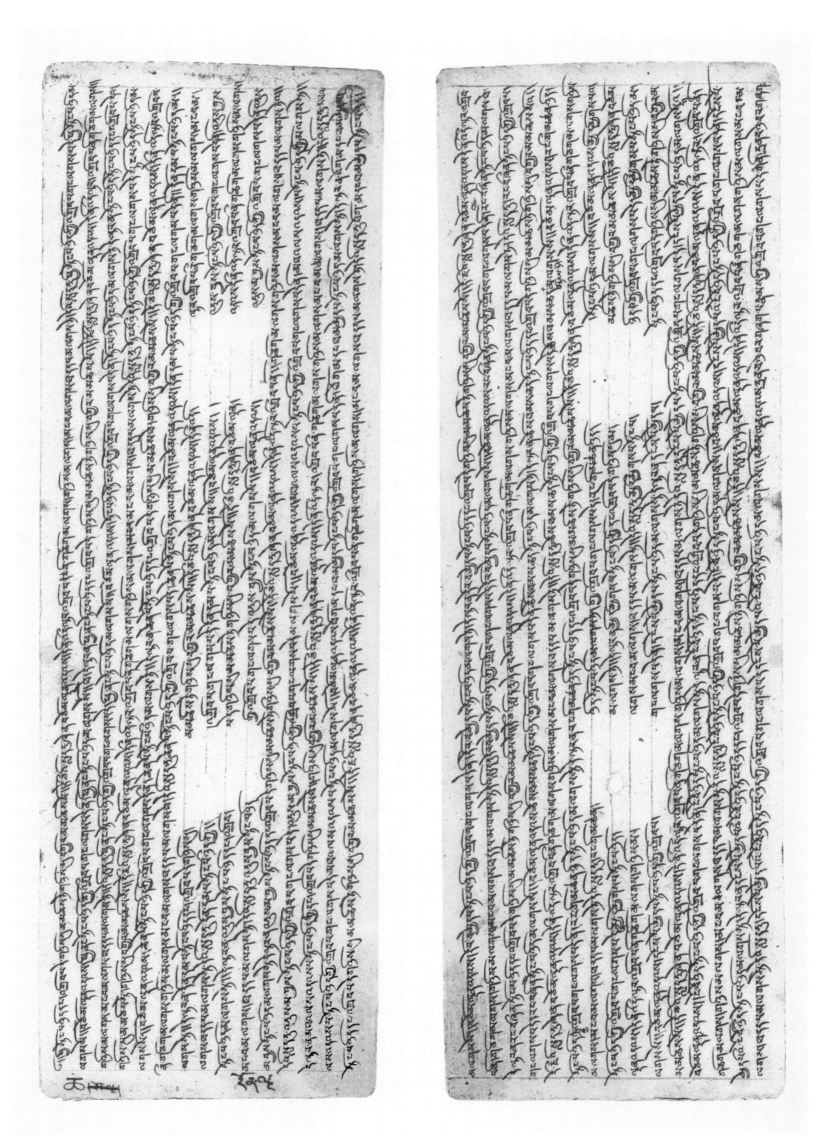

法 Pel.tib.1304　3.ཤེས་རབ་ཀྱི་ཕ་རོལ་ཏུ་ཕྱིན་པ་སྟོང་ཕྲག་བརྒྱ་པ་དུམ་བུ་གཉིས་པ་བམ་པོ་བཅུ་གཉིས་སོ།།

3.十萬頌般若波羅蜜多經第二函第十二卷　　(14—8)

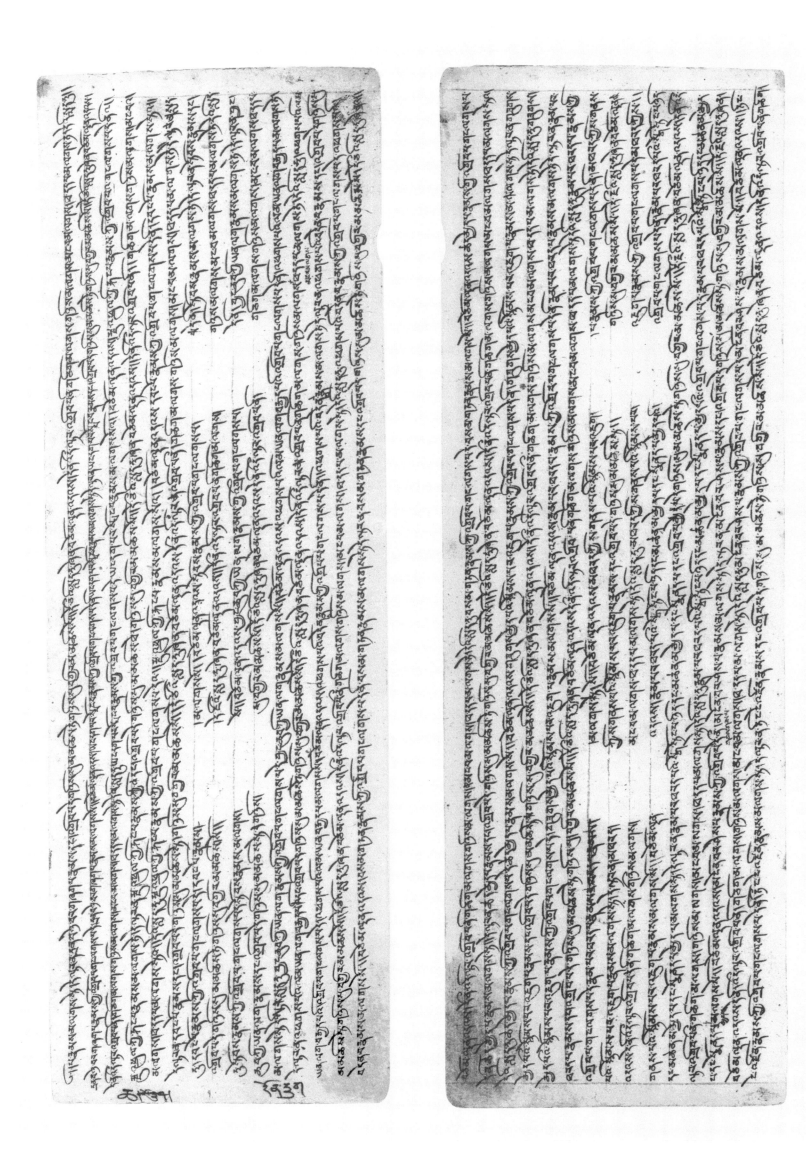

法 Pel.tib.1304　　3.ཤེས་རབ་ཀྱི་ཕ་རོལ་དུ་ཕྱིན་པ་སྟོང་ཕྲག་བརྒྱད་པ་དུམ་བུ་གཉིས་པ་བམ་པོ་བཅུ་གཉིས་སོ།།

3.十萬頌般若波羅蜜多經第二函第十二卷　　(14—9)

法 Pel.tib.1304　　3. ནེས་རབ་ཀྱི་ཕ་རོལ་ཏུ་ཕྱིན་པ་སྟོང་ཕྲག་བརྒྱ་པའ་དུམ་བུ་གཉིས་པ་བམ་པོ་བཅུ་གཉིས་སོ།།

　　　　　　　　3.十萬頌般若波羅蜜多經第二函第十二卷　　(14—10)

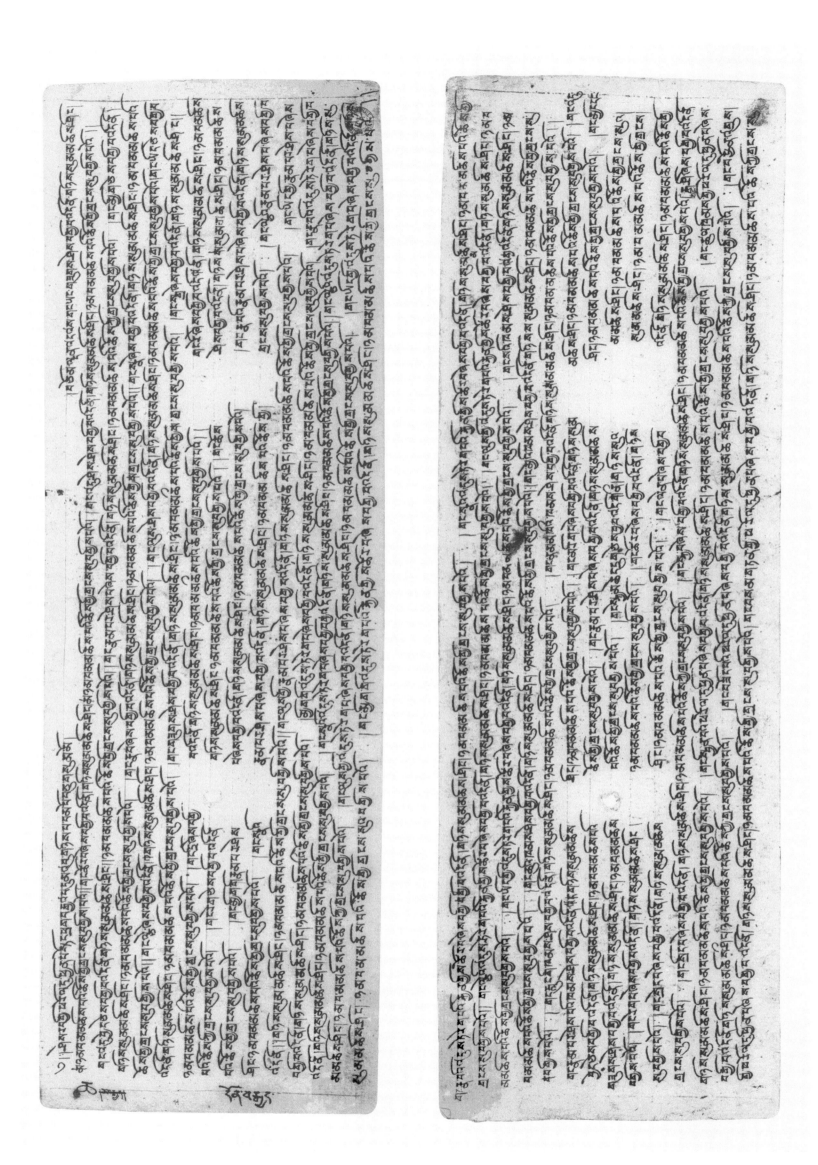

法 Pel.tib.1304　4.ཤེས་རབ་ཀྱི་ཕ་རོལ་ཏུ་ཕྱིན་པ་སྟོང་ཕྲག་བརྒྱ་པ་དུམ་འབུ་གཉིས་པ་བམ་པོ་བཅུ་གསུམ་མོ།།

4.十萬頌般若波羅蜜多經第二函第十三卷　（14—11）

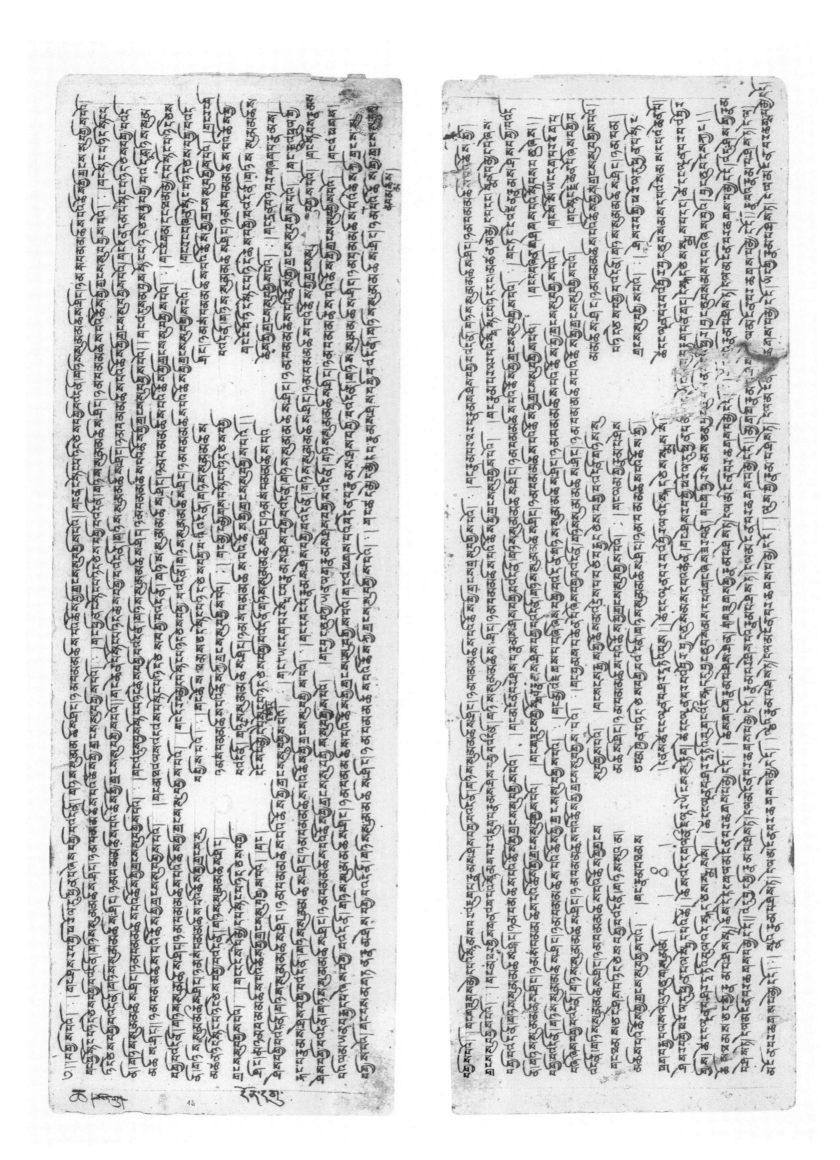

法 Pel.tib.1304　4.ཤེས་རབ་ཀྱི་ཕ་རོལ་ཏུ་ཕྱིན་པ་སྟོང་ཕྲག་བརྒྱ་པ་དུམ་འབུ་གཉིས་པ་བམ་པོ་བཅུ་གསུམ་མོ།།

4.十萬頌般若波羅蜜多經第二函第十三卷　　(14—12)

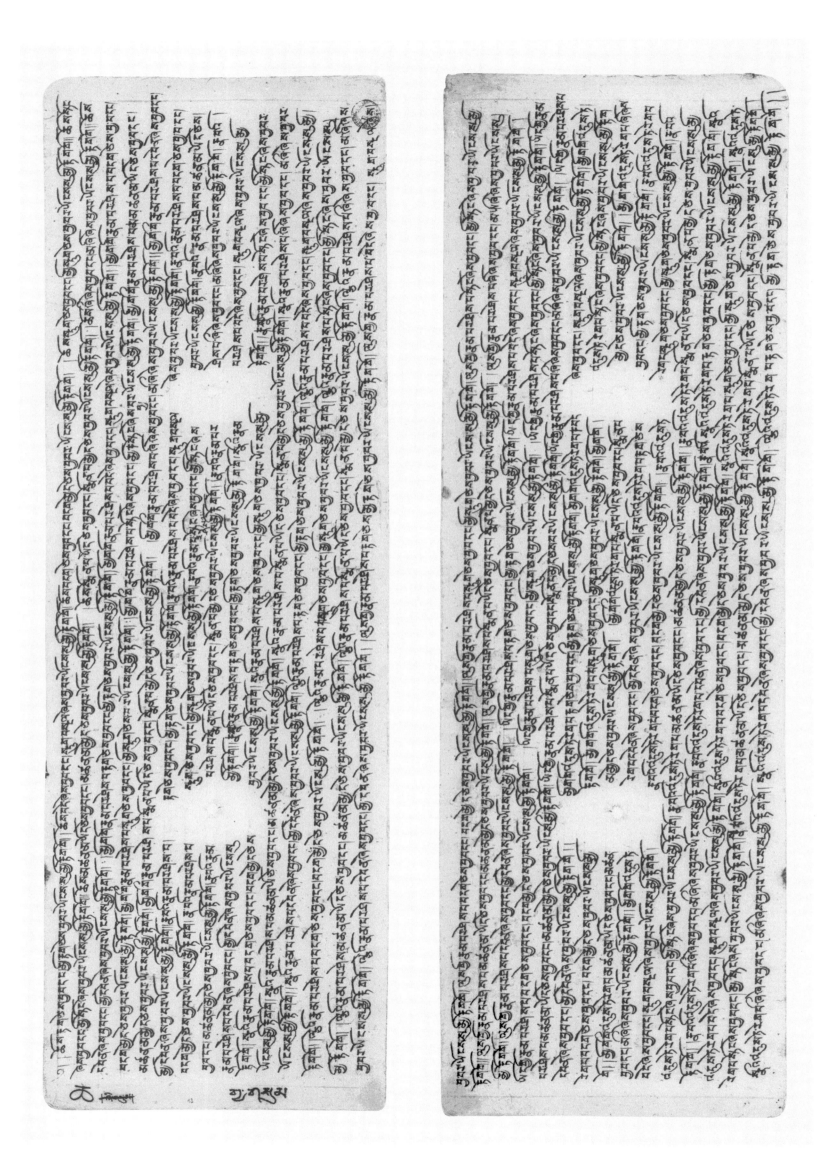

法 Pel.tib.1304　　4.ཤེས་རབ་ཀྱི་ཕ་རོལ་ཏུ་ཕྱིན་པ་སྟོང་ཕྲག་བརྒྱ་པ་དུམ་འབུ་གཉིས་པ་བམ་པོ་བཅུ་གསུམ་མོ།།

4.十萬頌般若波羅蜜多經第二函第十三卷　　(14—13)

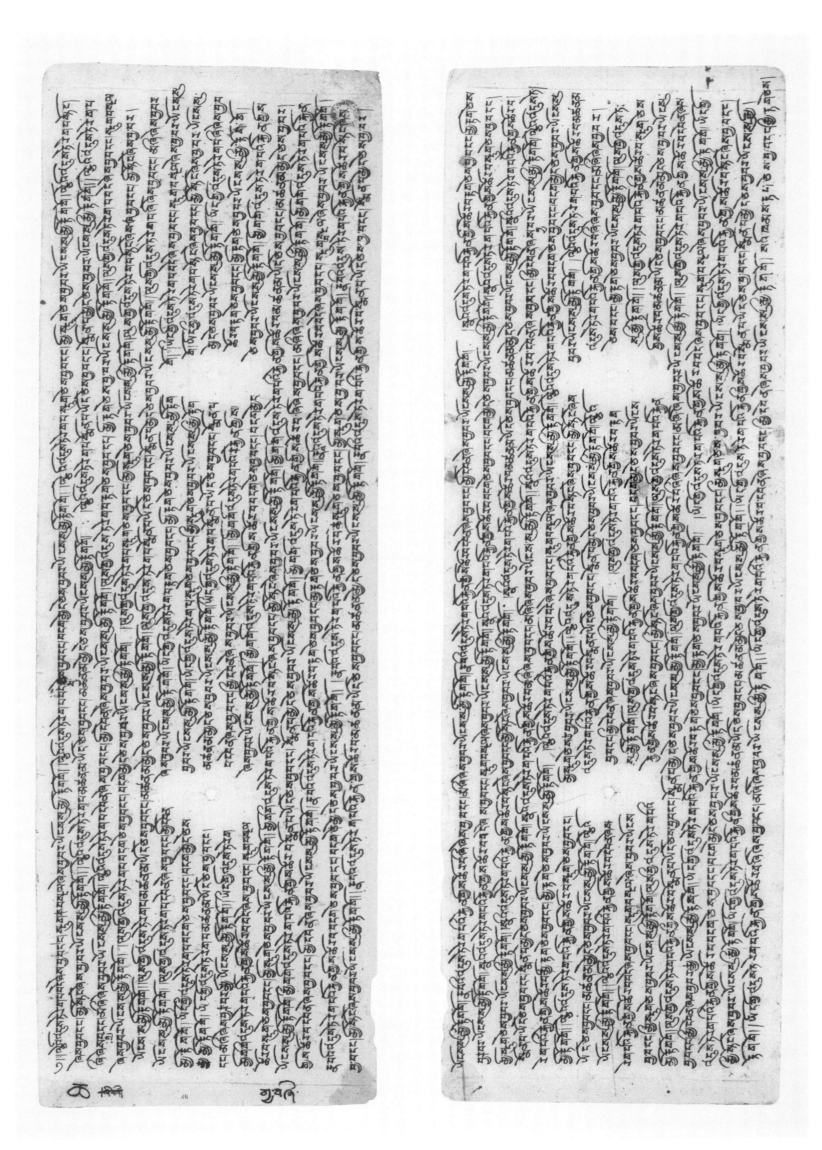

法 Pel.tib.1304　　4.ཤེས་རབ་ཀྱི་ཕ་རོལ་ཏུ་ཕྱིན་པ་སྟོང་ཕྲག་བརྒྱ་པ་དུམ་འབུ་གཉིས་པ་བམ་པོ་བཅུ་གསུམ་མོ།།

4.十萬頌般若波羅蜜多經第二函第十三卷　　（14—14）

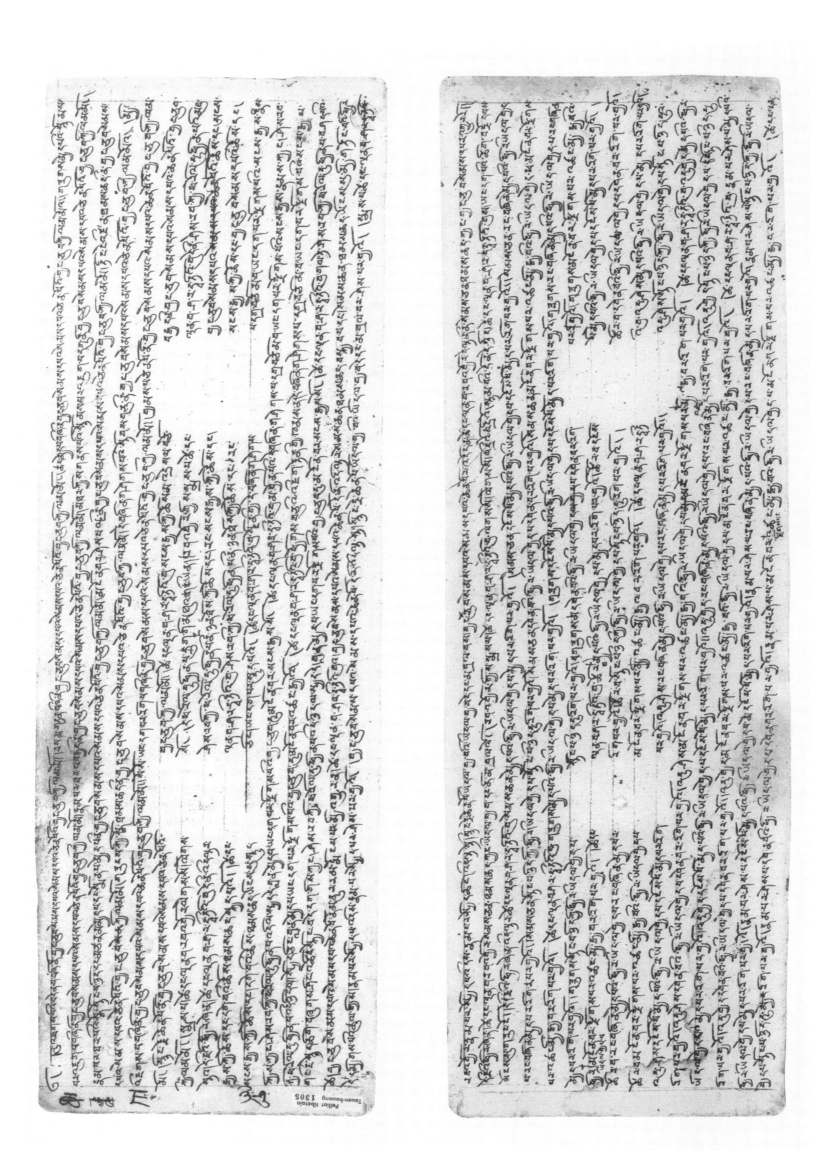

法 Pel.tib.1305　　1.ཤེས་རབ་ཀྱི་ཕ་རོལ་དུ་ཕྱིན་པ་སྟོང་ཕྲག་བརྒྱ་པ།

1.十萬頌般若波羅蜜多經　　(42—1)

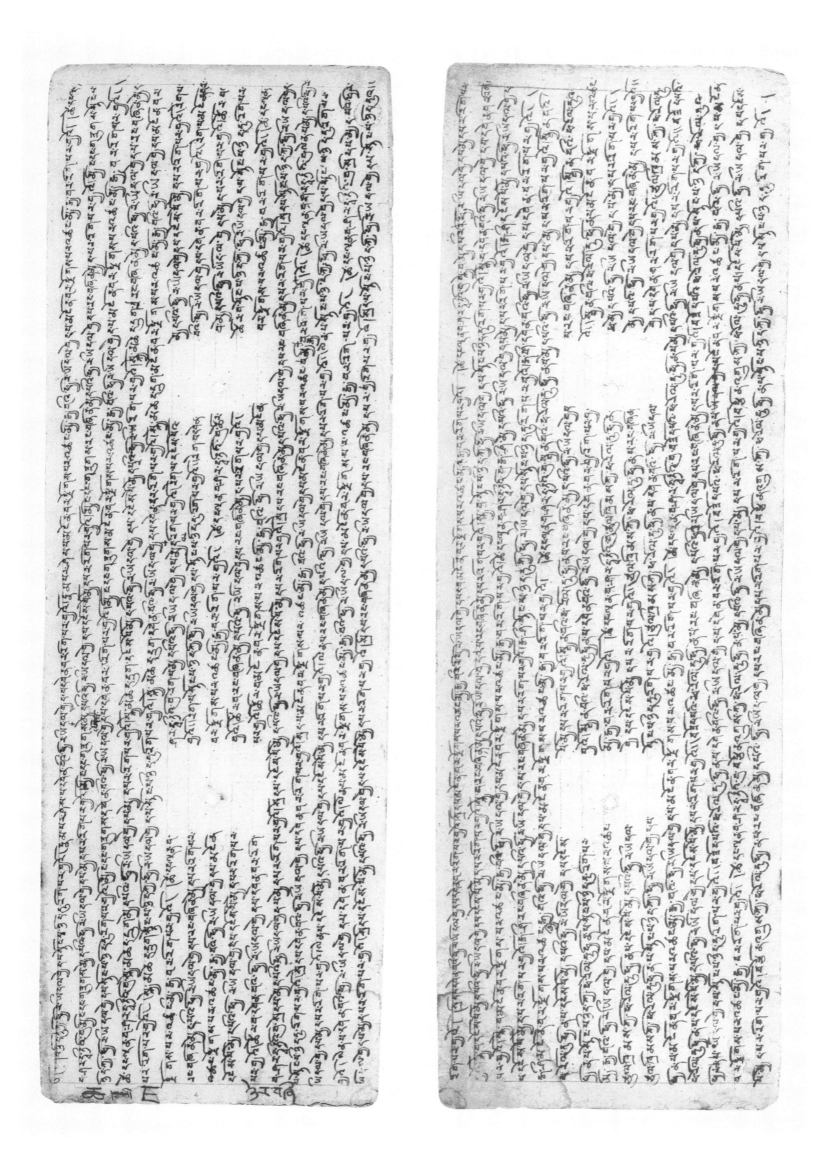

法 Pel.tib.1305　　2.ཤེས་རབ་ཀྱི་ཕ་རོལ་ཏུ་ཕྱིན་པ་སྟོང་ཕྲག་བརྒྱ་པ་དུམ་བུ་གཉིས་པ་བམ་པོ་ཉི་ཤུ་པ།།
　　　　　　　　2.十萬頌般若波羅蜜多經第二函第二十卷　　(42—2)

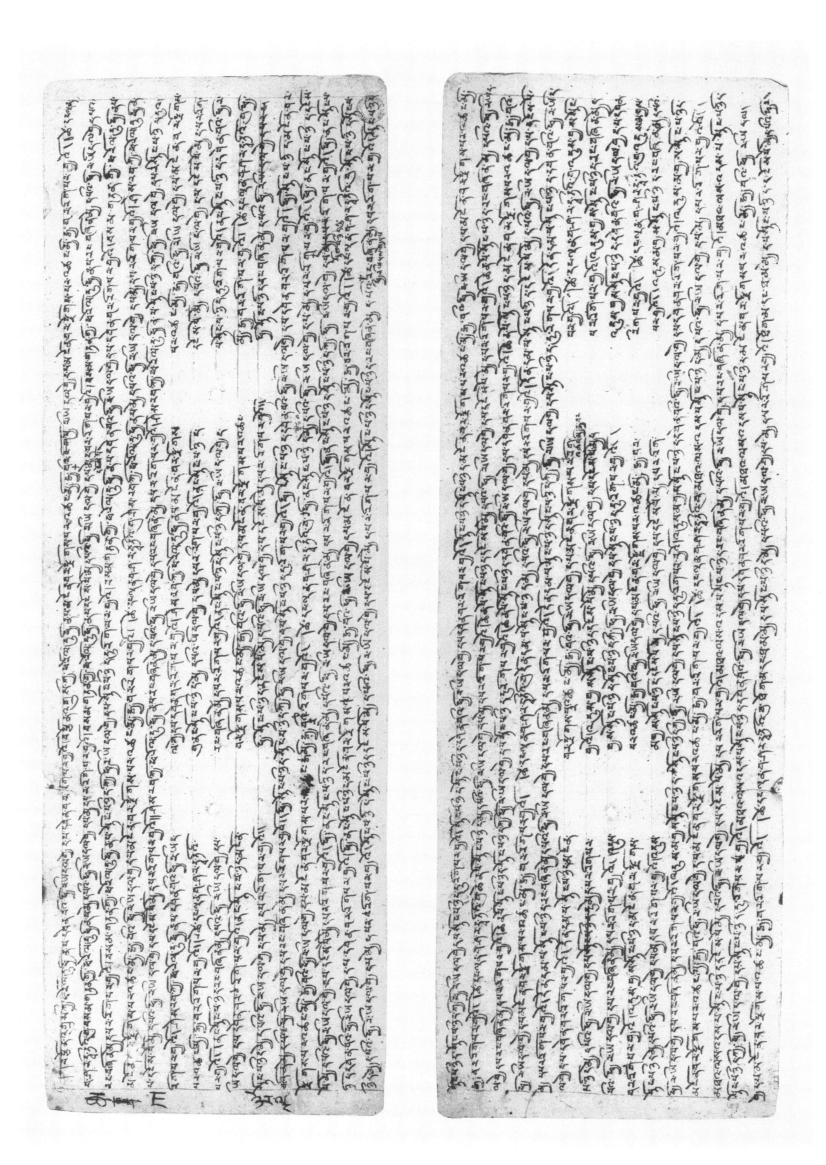

法 Pel.tib.1305　2.ཤེས་རབ་ཀྱི་ཕ་རོལ་ཏུ་ཕྱིན་པ་སྟོང་ཕྲག་བརྒྱ་པ་དུམ་བུ་གཉིས་པ་བམ་པོ་ཉི་ཤུ་པ༎

2.十萬頌般若波羅蜜多經第二函第二十卷　　(42—3)

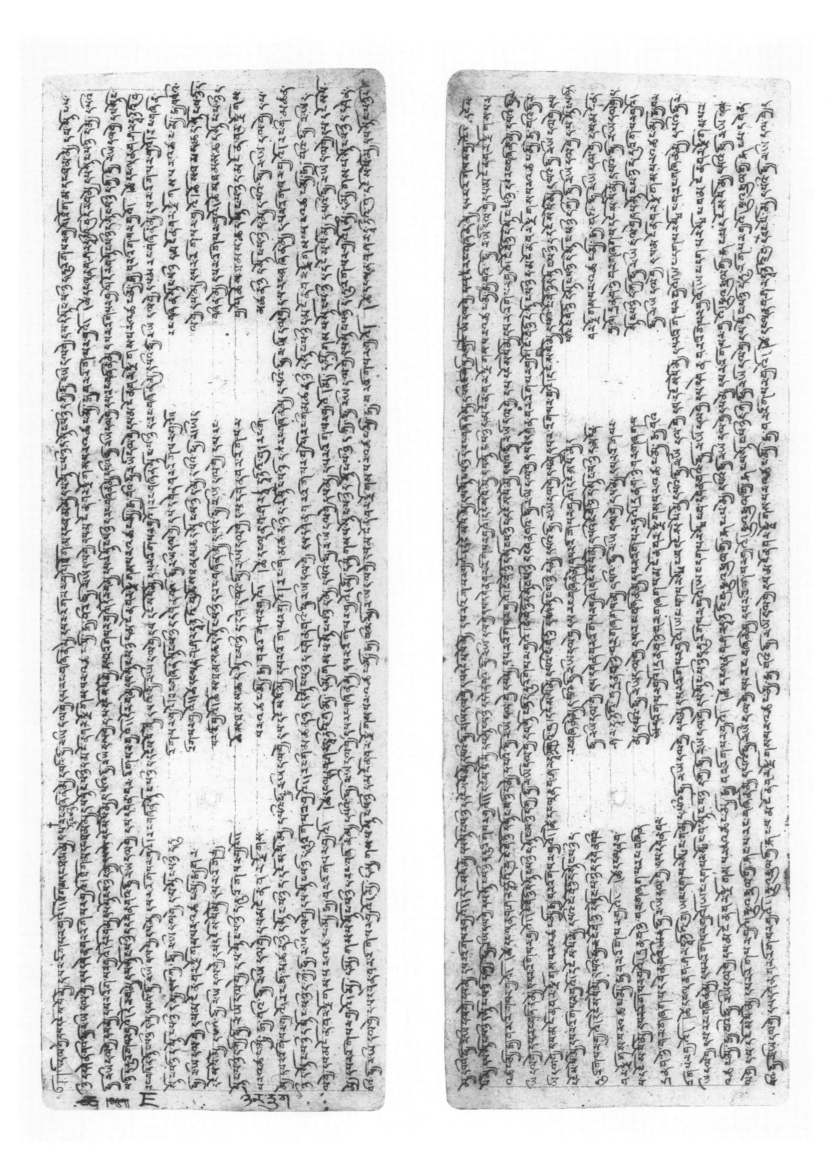

法 Pel.tib.1305

2.ཤེས་རབ་ཀྱི་ཕ་རོལ་ཏུ་ཕྱིན་པ་སྟོང་ཕྲག་བརྒྱ་པ་དུམ་བུ་གཉིས་པ་བམ་པོ་ཉི་ཤུ་བ།།

2.十萬頌般若波羅蜜多經第二函第二十卷　　(42—4)

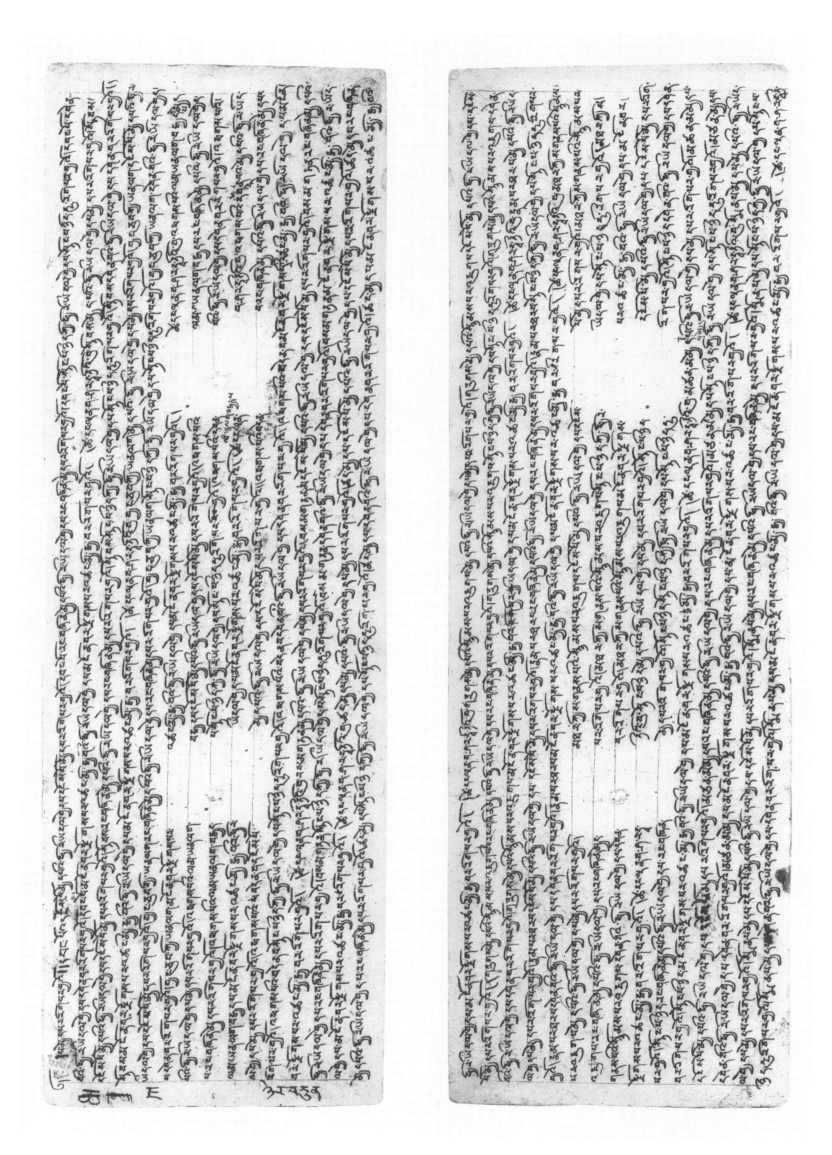

法 Pel.tib.1305　　2.ཤེས་རབ་ཀྱི་ཕ་རོལ་ཏུ་ཕྱིན་པ་སྟོང་ཕྲག་བརྒྱ་པ་དུམ་བུ་གཉིས་པ་བམ་པོ་ཉི་ཤུ་པ༎

2.十萬頌般若波羅蜜多經第二函第二十卷　　(42—5)

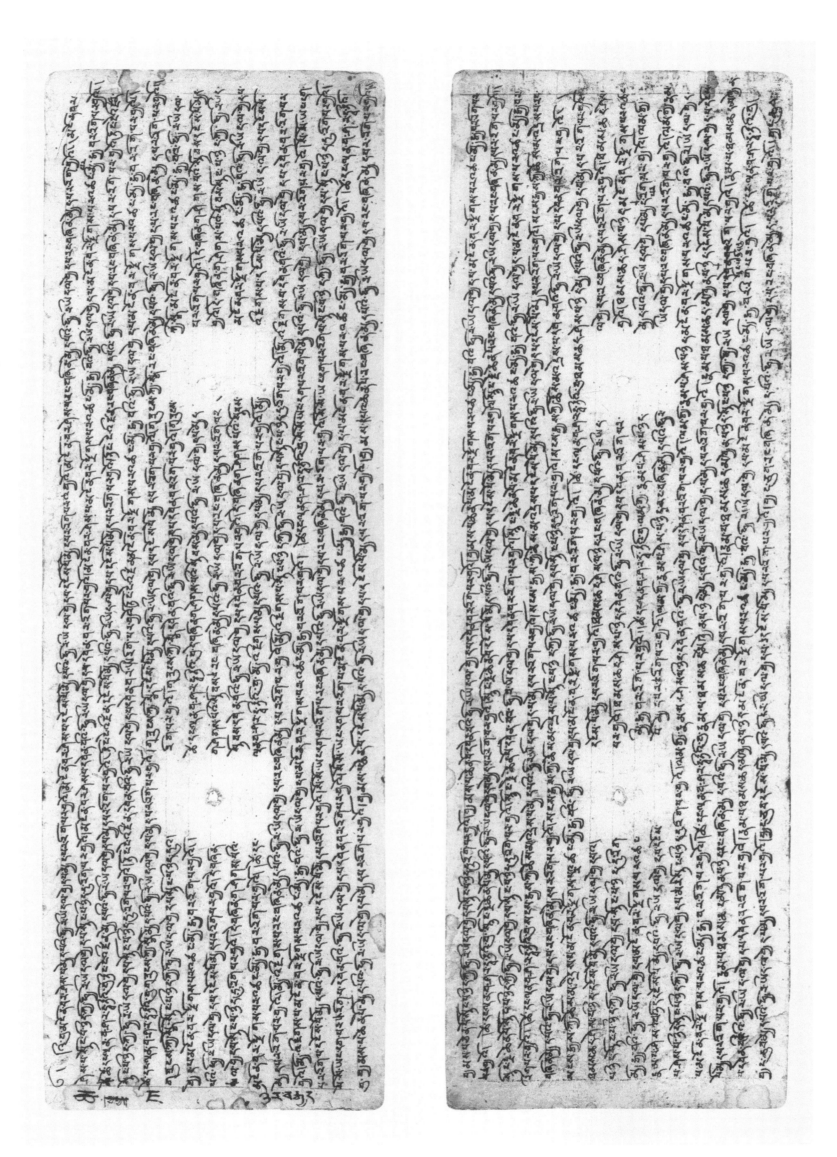

法 Pel.tib.1305　2.ཤེས་རབ་ཀྱི་ཕ་རོལ་དུ་ཕྱིན་པ་སྟོང་ཕྲག་བརྒྱ་པ་དུམ་བུ་གཉིས་པ་བམ་པོ་ཉི་ཤུ་པ།།

2.十萬頌般若波羅蜜多經第二函第二十卷　　(42—6)

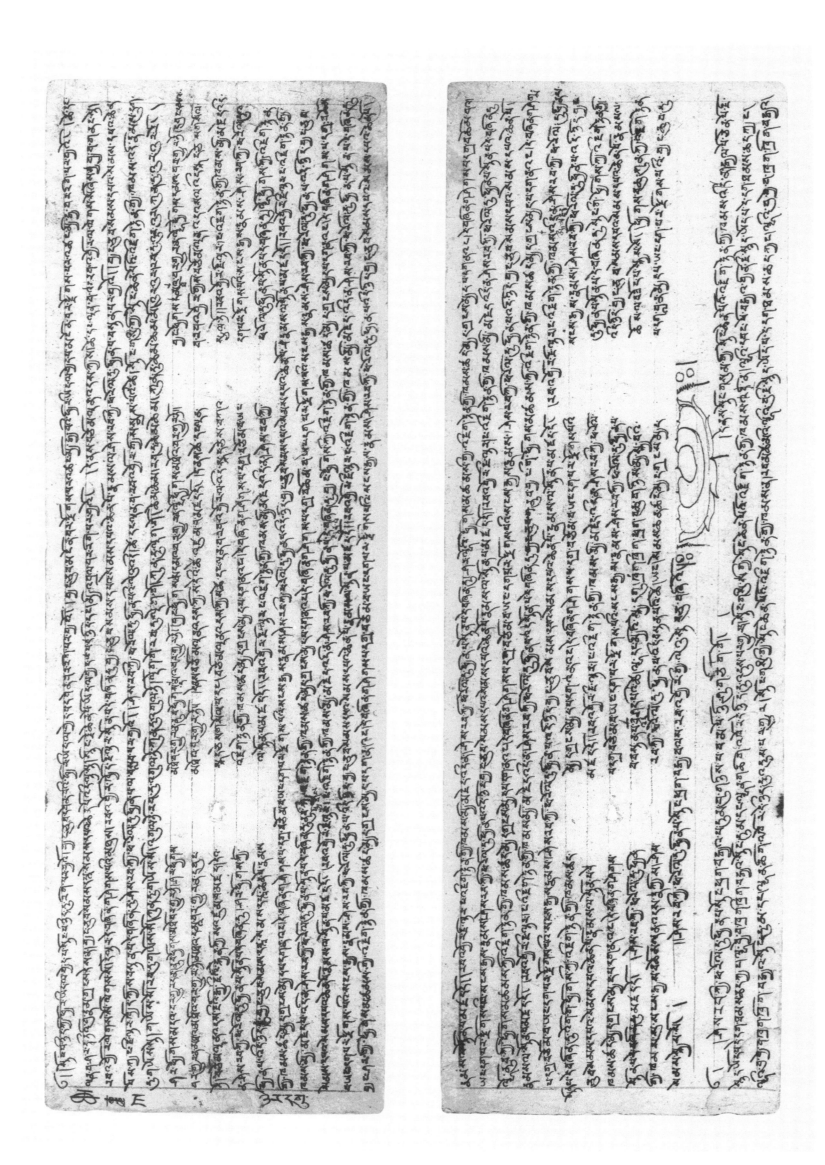

法 Pel.tib.1305

2.ཤེས་རབ་ཀྱི་ཕ་རོལ་ཏུ་ཕྱིན་པ་སྟོང་ཕྲག་བརྒྱ་པ་དུམ་བུ་གཉིས་པ་བམ་པོ་ཉི་ཤུ་བ༎

2.十萬頌般若波羅蜜多經第二函第二十卷　　(42—7)

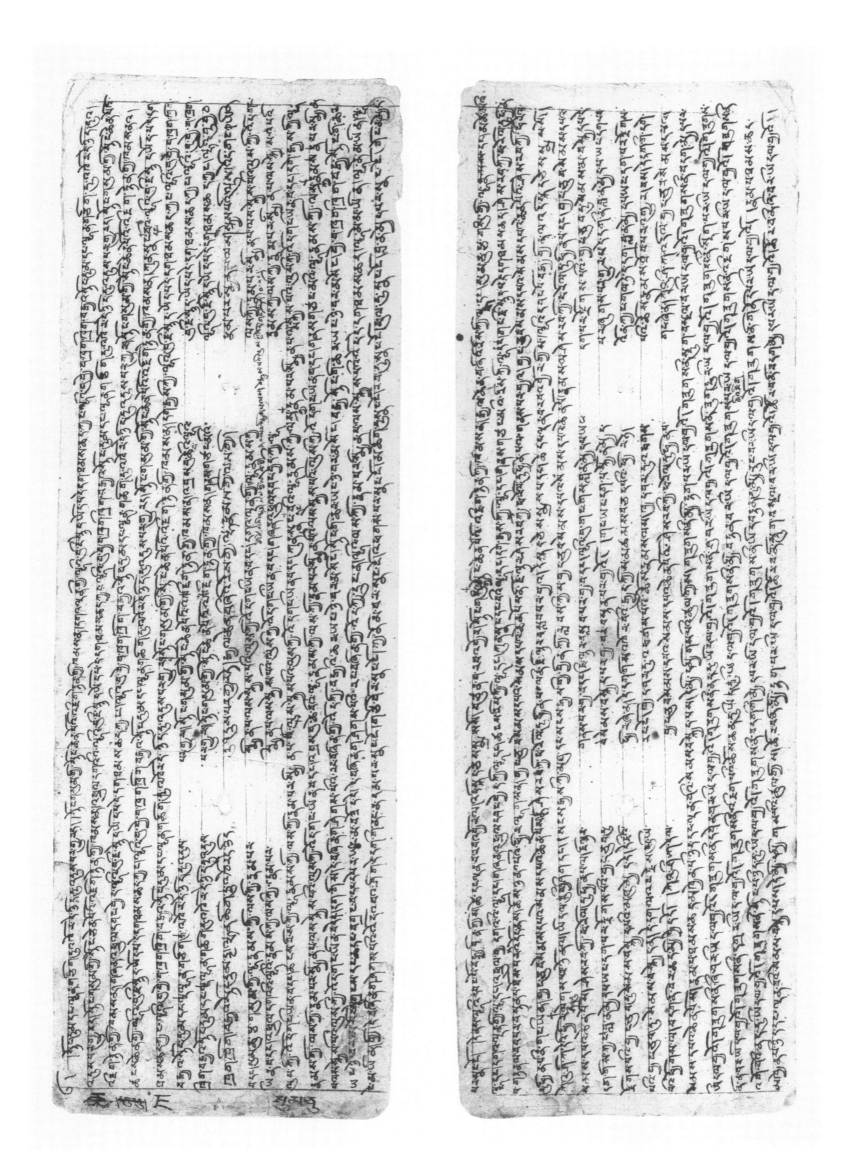

法 Pel.tib.1305　3.ཤེས་རབ་ཀྱི་ཕ་རོལ་ཏུ་ཕྱིན་པ་སྟོང་ཕྲག་བརྒྱ་པ་དུམ་བུ་གཉིས་པ་བམ་པོ་ཉི་ཤུ་གཅིག་གོ།།

3.十萬頌般若波羅蜜多經第二函第二十一卷　　（42—8）

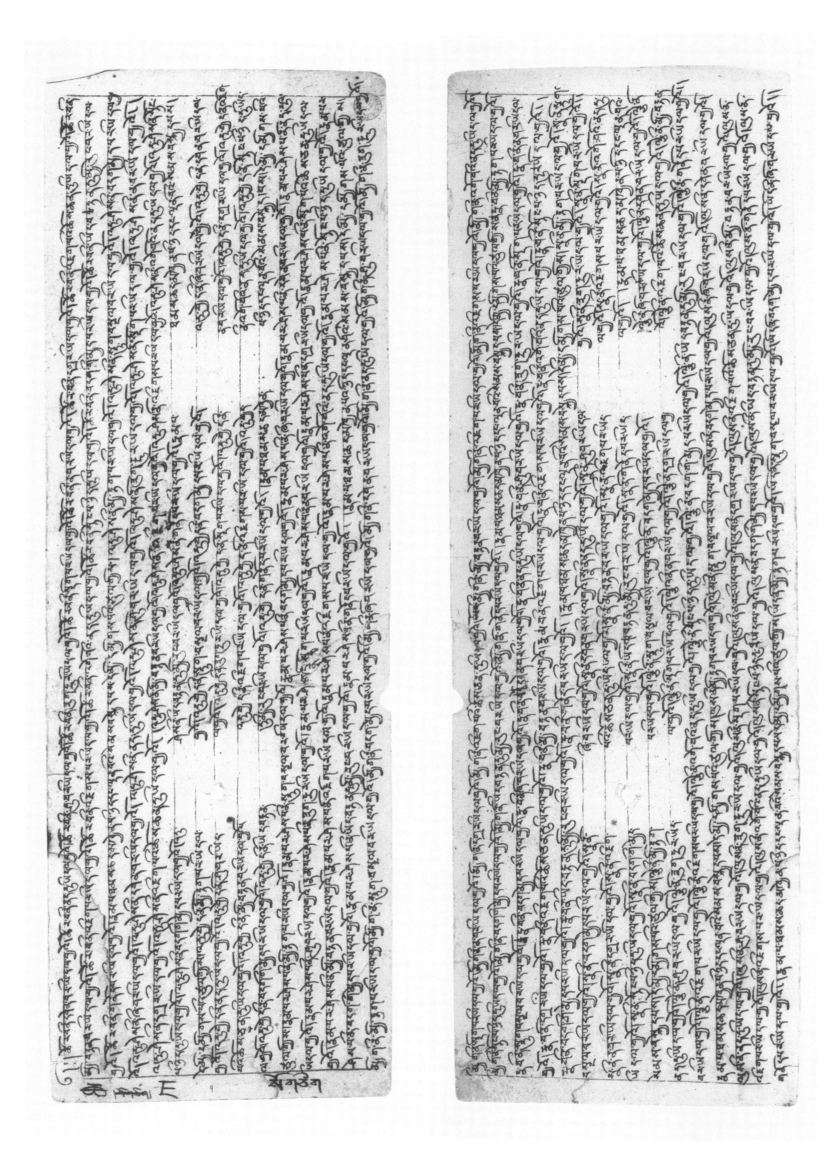

法 Pel.tib.1305　　3.ཤེས་རབ་ཀྱི་ཕ་རོལ་ཏུ་ཕྱིན་པ་སྟོང་ཕྲག་བརྒྱ་པ་དུམ་བུ་གཉིས་པ་བམ་པོ་ཉི་ཤུ་གཅིག་གོ།།།
　　　　　　　　3.十萬頌般若波羅蜜多經第二函第二十一卷　　(42—9)

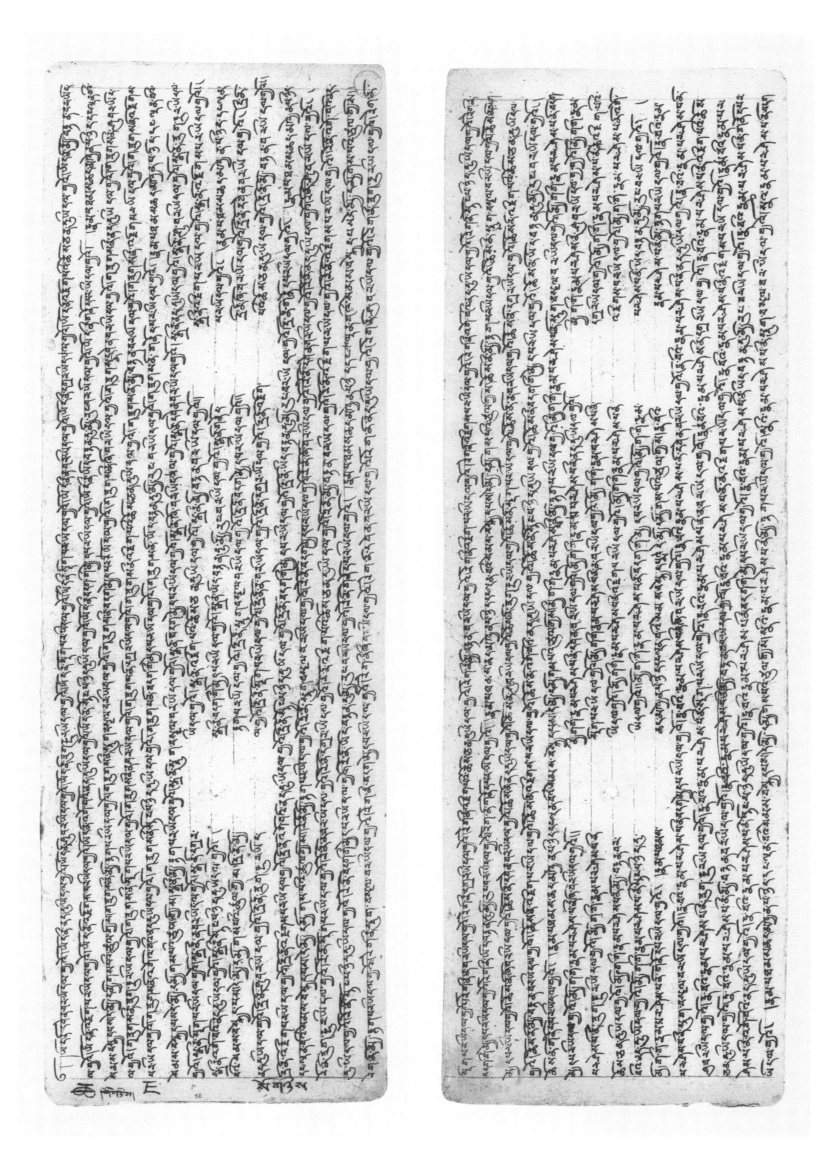

法 Pel.tib.1305　　3.ཤེས་རབ་ཀྱི་ཕ་རོལ་ཏུ་ཕྱིན་པ་སྟོང་ཕྲག་བརྒྱ་པ་དུམ་བུ་གཉིས་པ་བམ་པོ་ཉི་ཤུ་གཅིག་གོ།།།

3.十萬頌般若波羅蜜多經第二函第二十一卷　　(42—10)

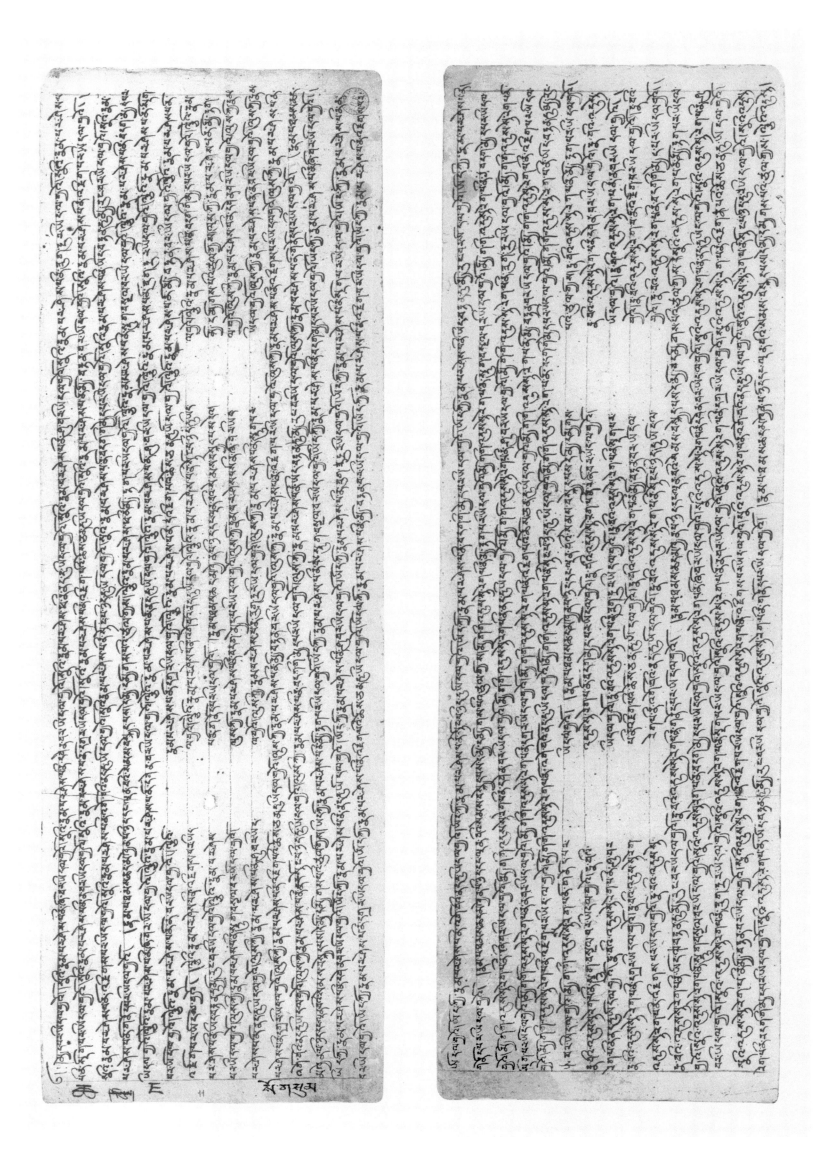

法 Pel.tib.1305　　3.ཤེས་རབ་ཀྱི་ཕ་རོལ་ཏུ་ཕྱིན་པ་སྟོང་ཕྲག་བརྒྱ་པ་དུམ་བུ་གཉིས་པ་བམ་པོ་ཉི་ཤུ་གཅིག་གོ།།།

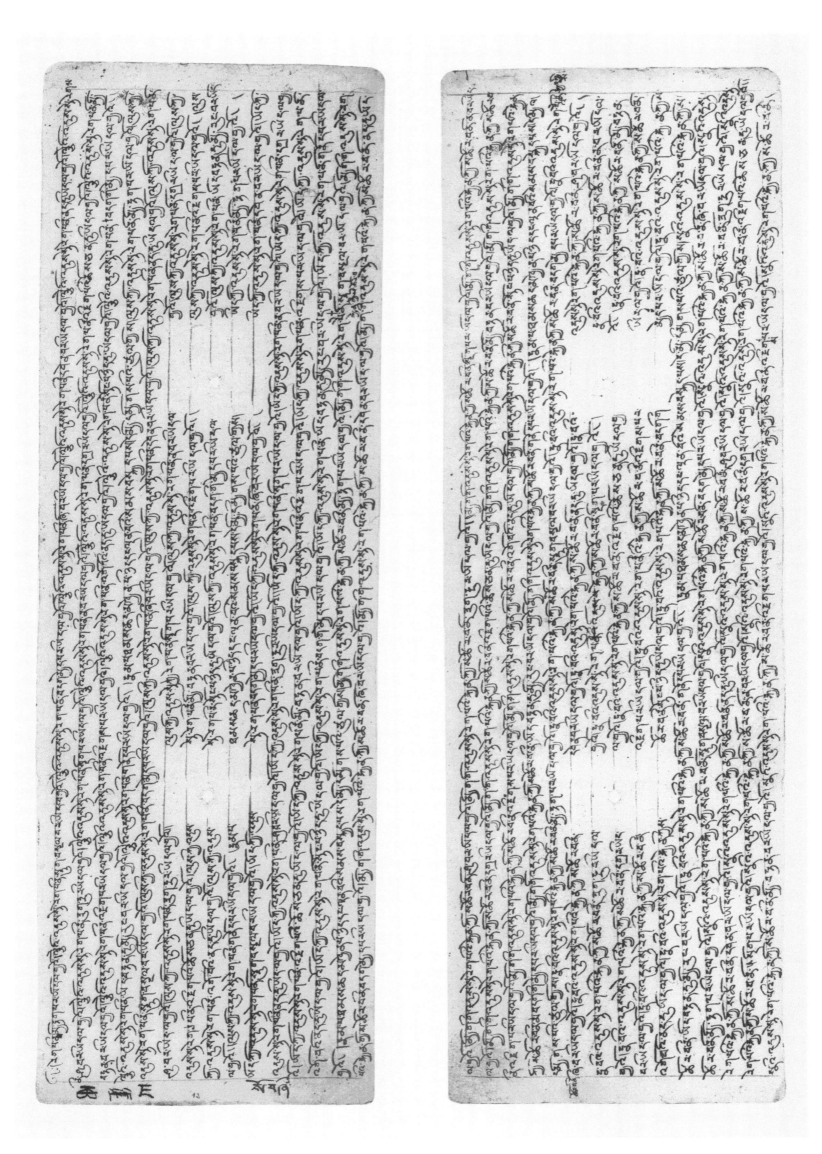

法 Pel.tib.1305　　3.ཤེས་རབ་ཀྱི་ཕ་རོལ་ཏུ་ཕྱིན་པ་སྟོང་ཕྲག་བརྒྱ་པ་དུམ་བུ་གཉིས་པ་བམ་པོ་ཉི་ཤུ་གཅིག་གོ།།

3.十萬頌般若波羅蜜多經第二函第二十一卷　　(42—12)

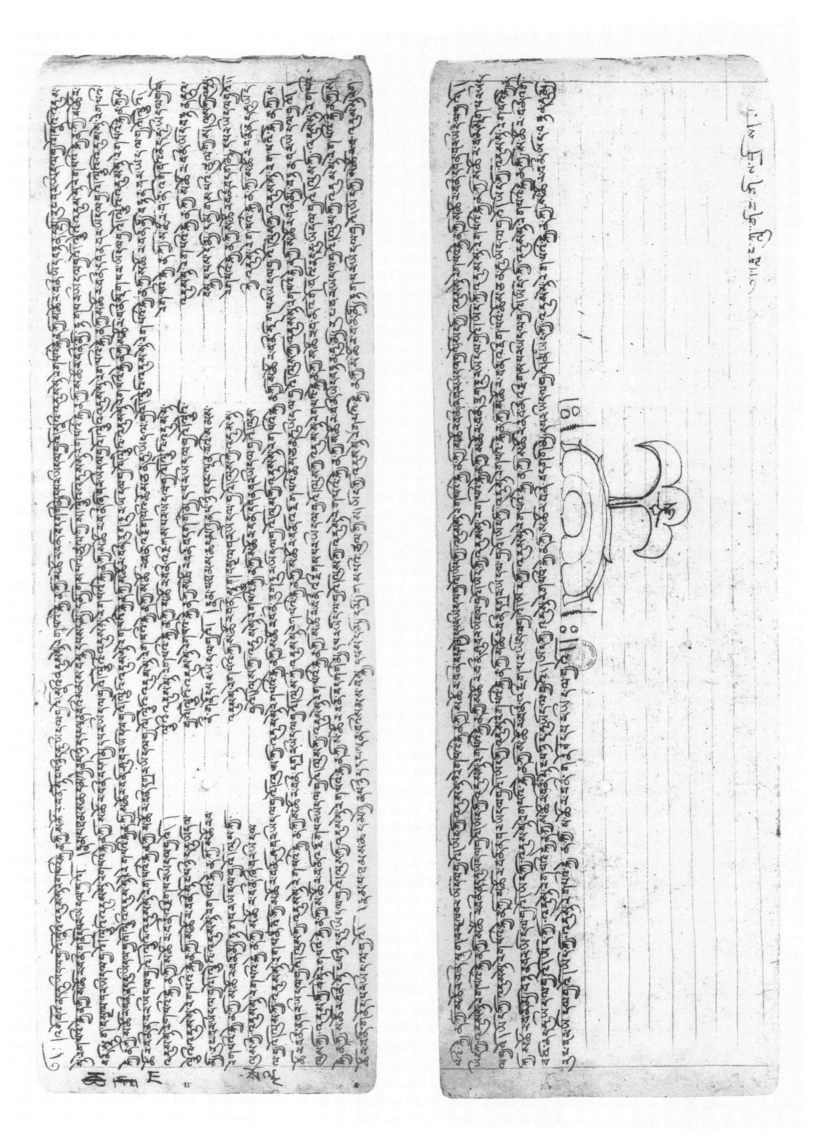

法 Pel.tib.1305　3.ཤེས་རབ་ཀྱི་ཕ་རོལ་ཏུ་ཕྱིན་པ་སྟོང་ཕྲག་བརྒྱ་པ་དུམ་བུ་གཉིས་པ་བམ་པོ་ཉི་ཤུ་གཅིག་གོ།།།

3.十萬頌般若波羅蜜多經第二函第二十一卷　　(42—13)

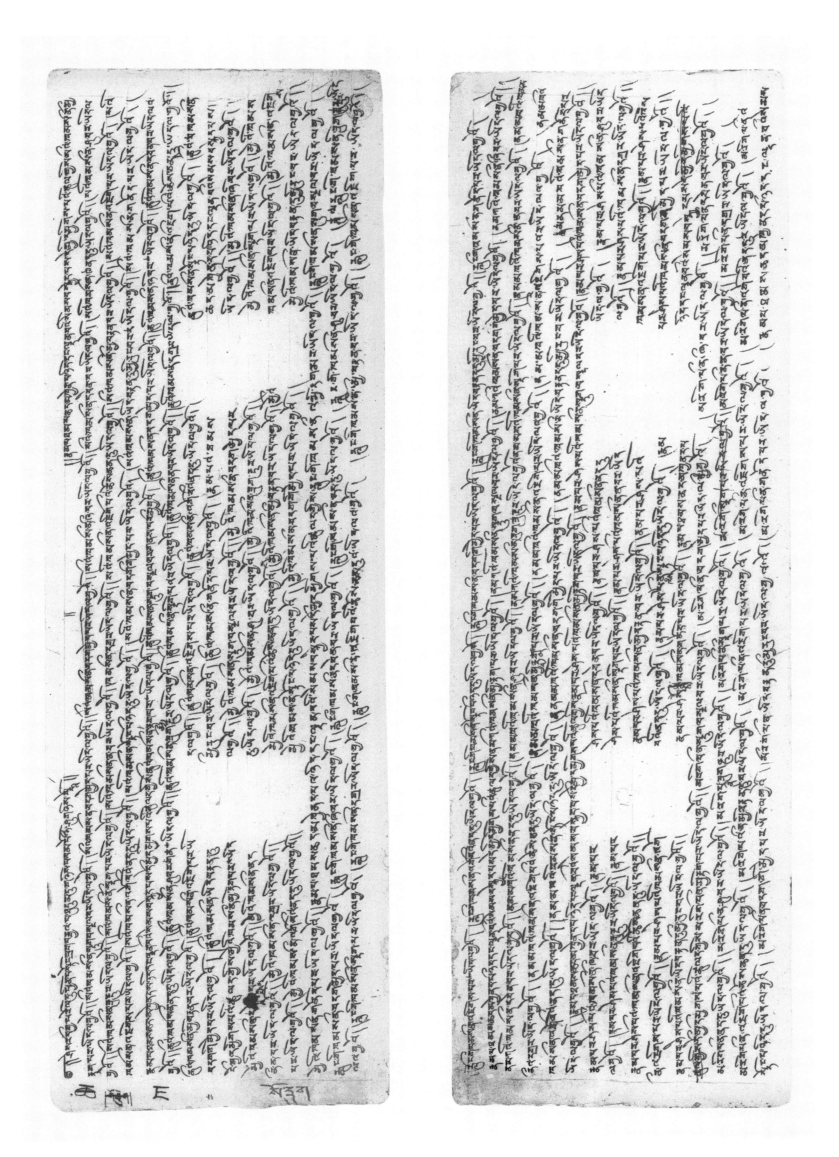

法 Pel.tib.1305　4.ཤེས་རབ་ཀྱི་ཕ་རོལ་ཏུ་ཕྱིན་པ་སྟོང་ཕྲག་བརྒྱ་པ་དུམ་བུ་གཉིས་པ་བམ་པོ་ཉི་ཤུ་གཉིས་སོ།།

4.十萬頌般若波羅蜜多經第二函第二十二卷　　(42—14)

115

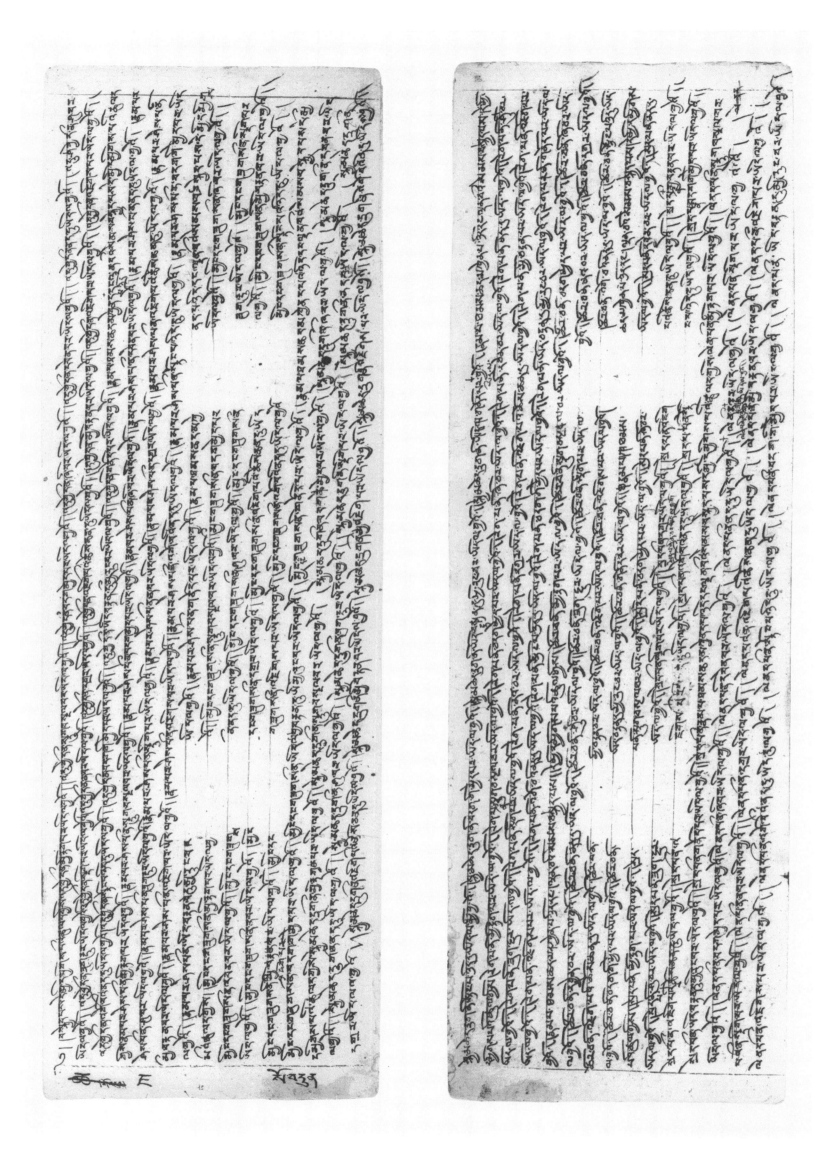

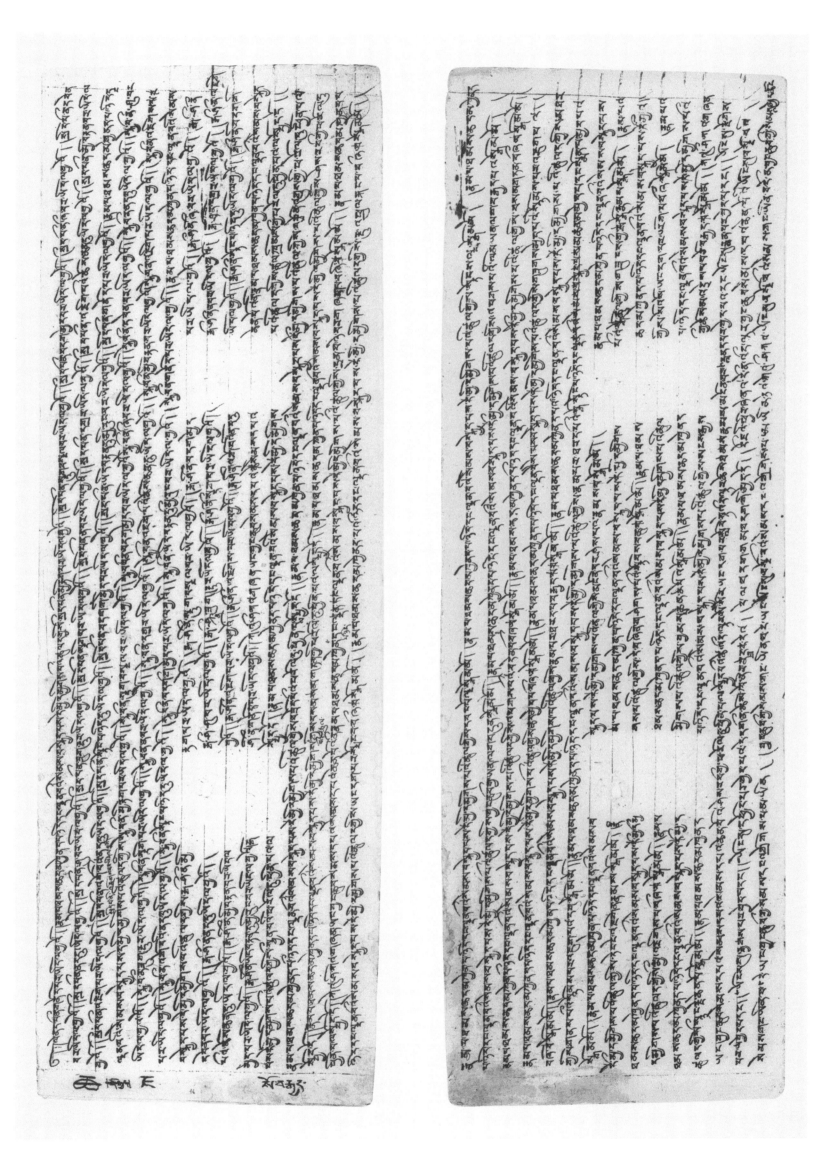

法 Pel.tib.1305　4.ཤེས་རབ་ཀྱི་ཕ་རོལ་དུ་ཕྱིན་པ་སྟོང་ཕྲག་བརྒྱ་པ་དུམ་བུ་གཉིས་པ་བམ་པོ་ཉི་ཤུ་གཉིས་སོ།།

4.十萬頌般若波羅蜜多經第二函第二十二卷　　(42—16)

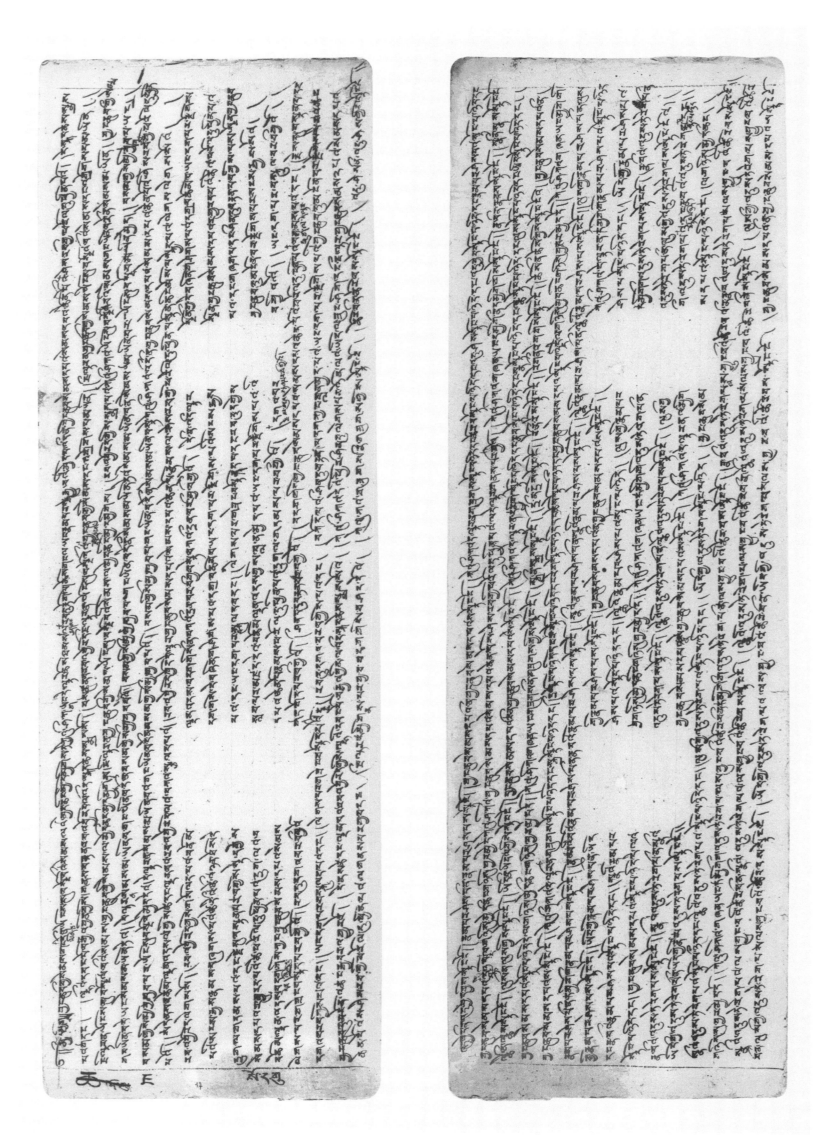

法 Pel.tib.1305　　4.ཤེས་རབ་ཀྱི་ཕ་རོལ་ཏུ་ཕྱིན་པ་སྟོང་ཕྲག་བརྒྱ་པ་དུམ་བུ་གཉིས་པ་བམ་པོ་ཉི་ཤུ་གཉིས་སོ།།

4.十萬頌般若波羅蜜多經第二函第二十二卷　　(42—17)

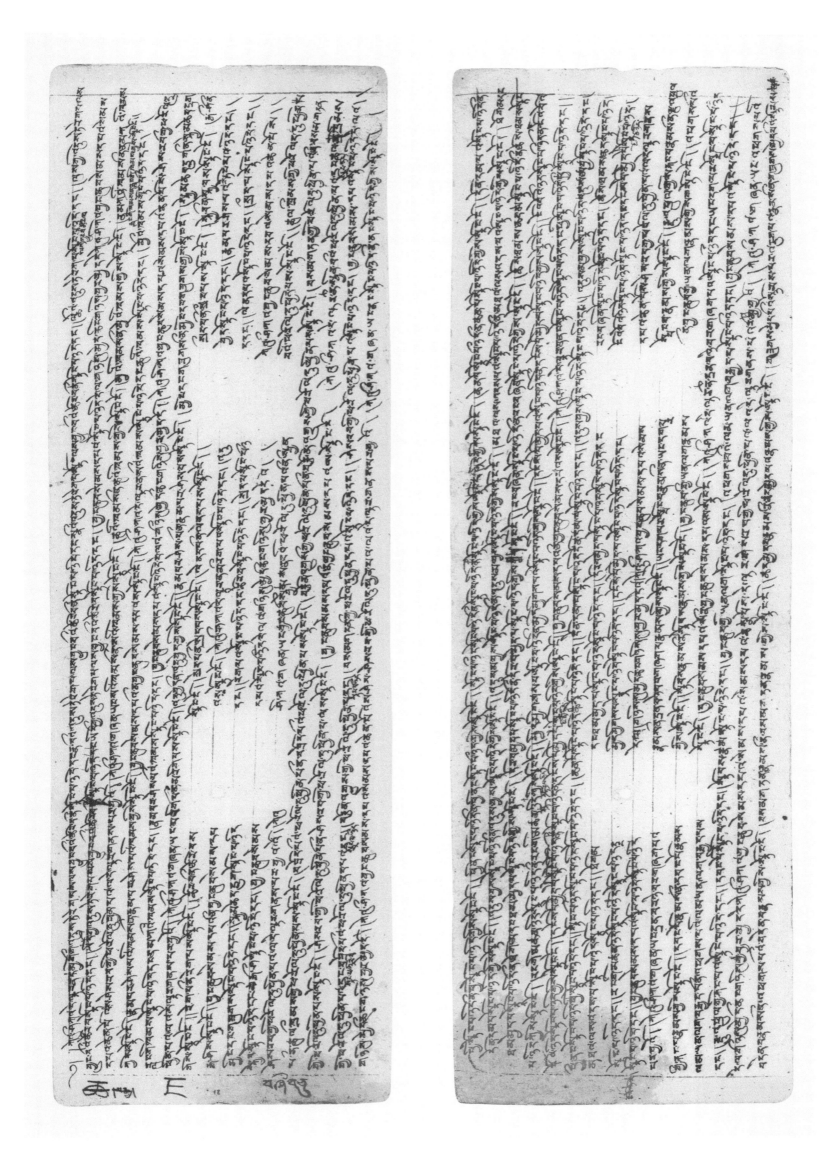

法 Pel.tib.1305　　4.ཤེས་རབ་ཀྱི་ཕ་རོལ་དུ་ཕྱིན་པ་སྟོང་ཕྲག་བརྒྱལ་པ་དུམ་བུ་གཉིས་པ་བམ་པོ་ཉི་ཤུ་གཉིས་སོ།།

4.十萬頌般若波羅蜜多經第二函第二十二卷　　(42—18)

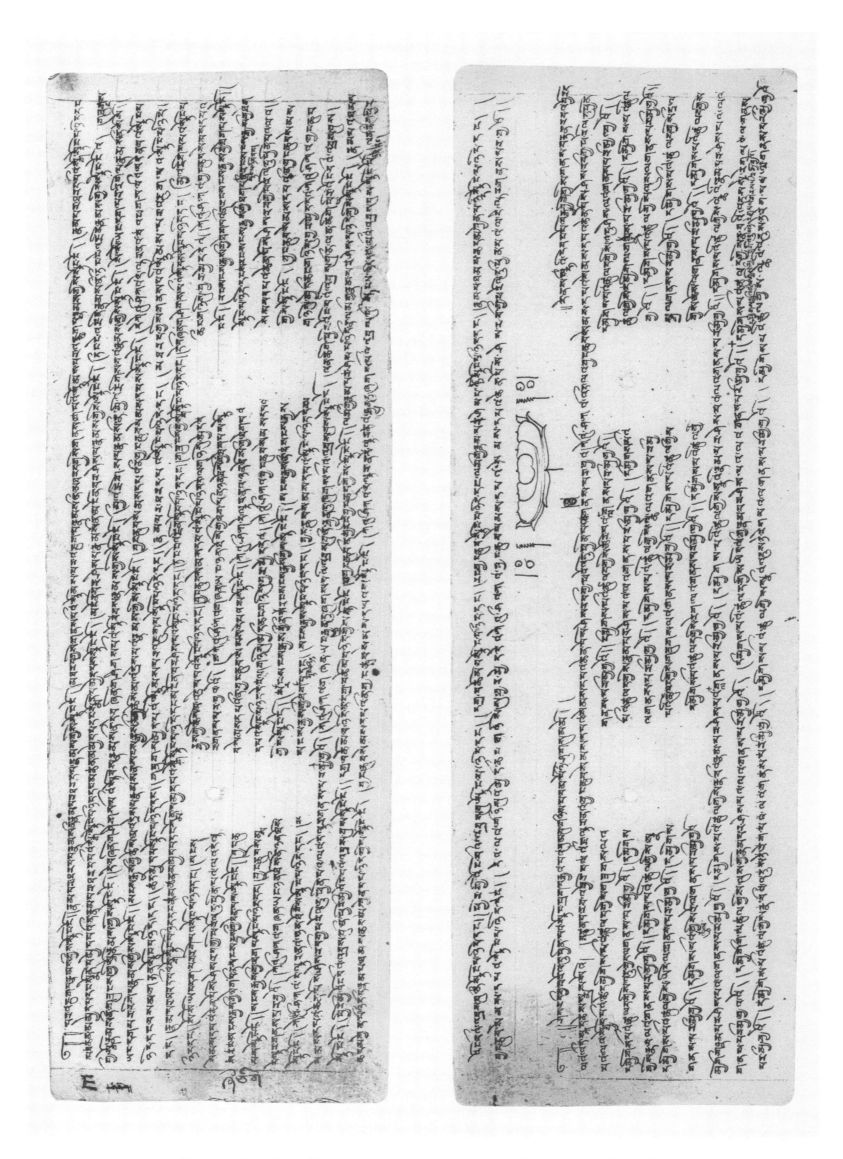

法 Pel.tib.1305　4.ཤེས་རབ་ཀྱི་ཕ་རོལ་ཏུ་ཕྱིན་པ་སྟོང་ཕྲག་བརྒྱལ་པ་དུམ་བུ་གཉིས་པ་བམ་པོ་ཉི་ཤུ་གཉིས་སོ༎

4.十萬頌般若波羅蜜多經第二函第二十二卷　　(42—19)

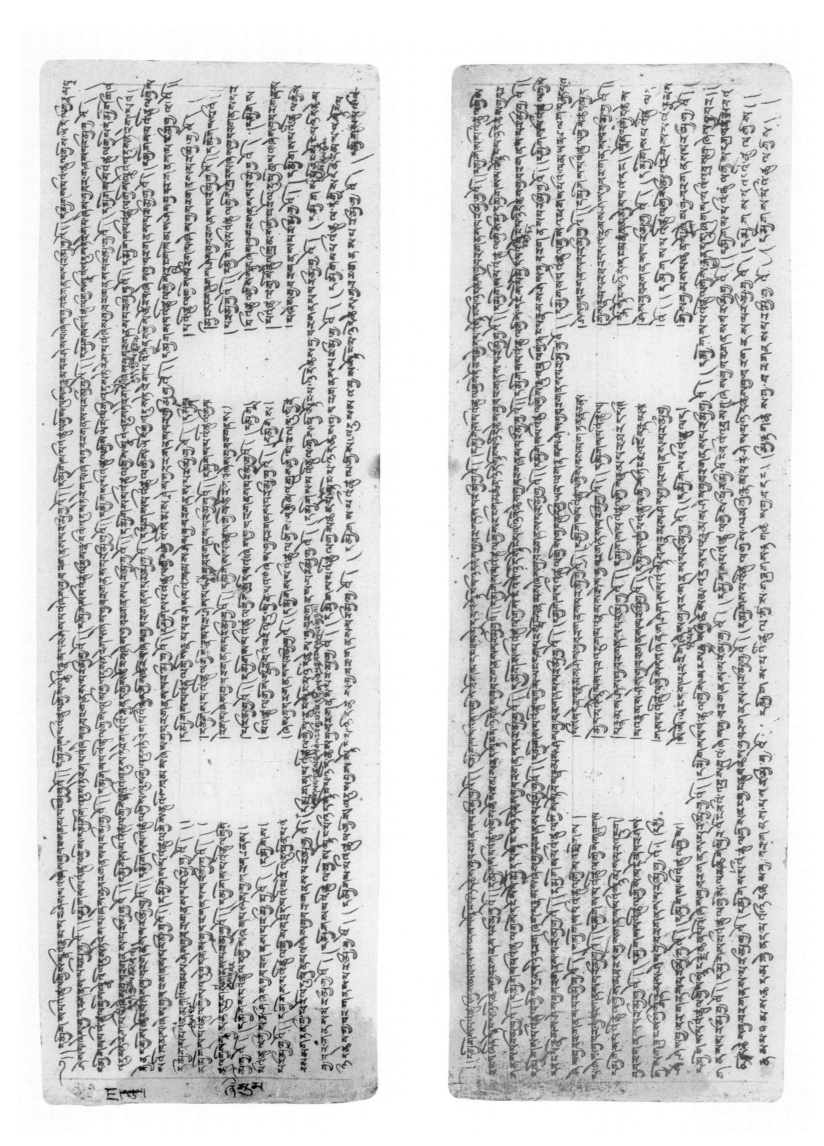

法 Pel.tib.1305　　5.ཤེས་རབ་ཀྱི་ཕ་རོལ་ཏུ་ཕྱིན་པ་སྟོང་ཕྲག་བརྒྱ་པ་དུམ་བུ་གཉིས་པ་བམ་པོ་ཉི་ཤུ་གསུམ་མོ།།

5.十萬頌般若波羅蜜多經第二函第二十三卷　　(42—20)

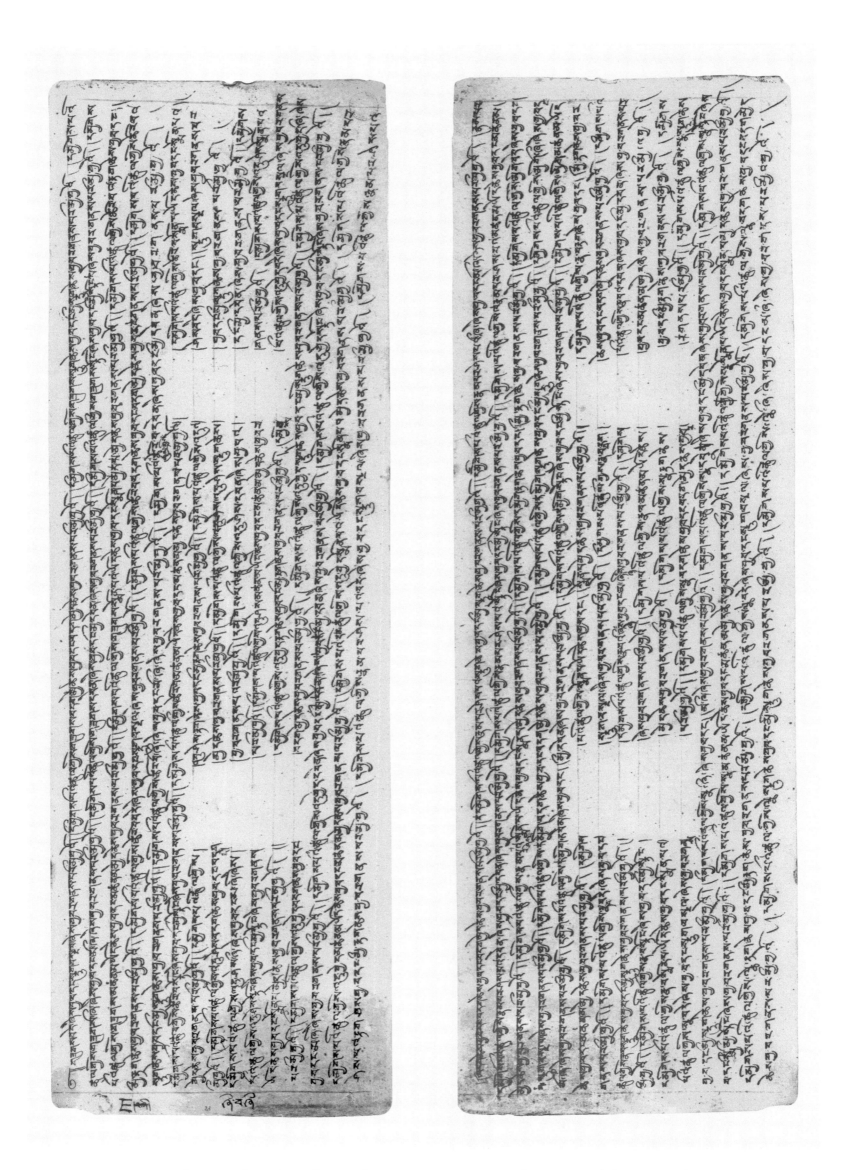

法 Pel.tib.1305　5.ཤེས་རབ་ཀྱི་ཕ་རོལ་དུ་ཕྱིན་པ་སྟོང་ཕྲག་བརྒྱ་པ་དུམ་བུ་གཉིས་པ་བམ་པོ་ཉི་ཤུ་གསུམ་མོ།།

5.十萬頌般若波羅蜜多經第二函第二十三卷　　(42—21)

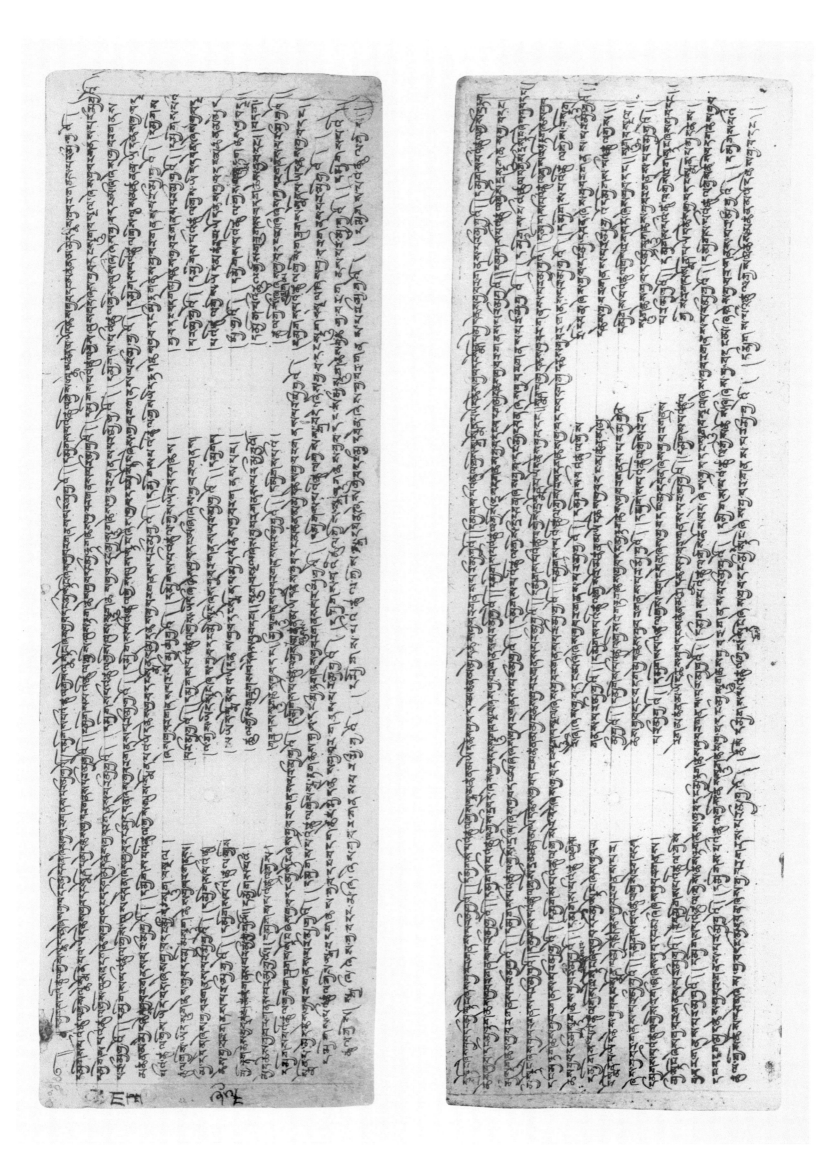

法 Pel.tib.1305　　5.ཤེས་རབ་ཀྱི་ཕ་རོལ་ཏུ་ཕྱིན་པ་སྟོང་ཕྲག་བརྒྱ་པ་དུམ་བུ་གཉིས་པ་བམ་པོ་ཉི་ཤུ་གསུམ་མོ།།

5.十萬頌般若波羅蜜多經第二函第二十三卷　　(42—22)

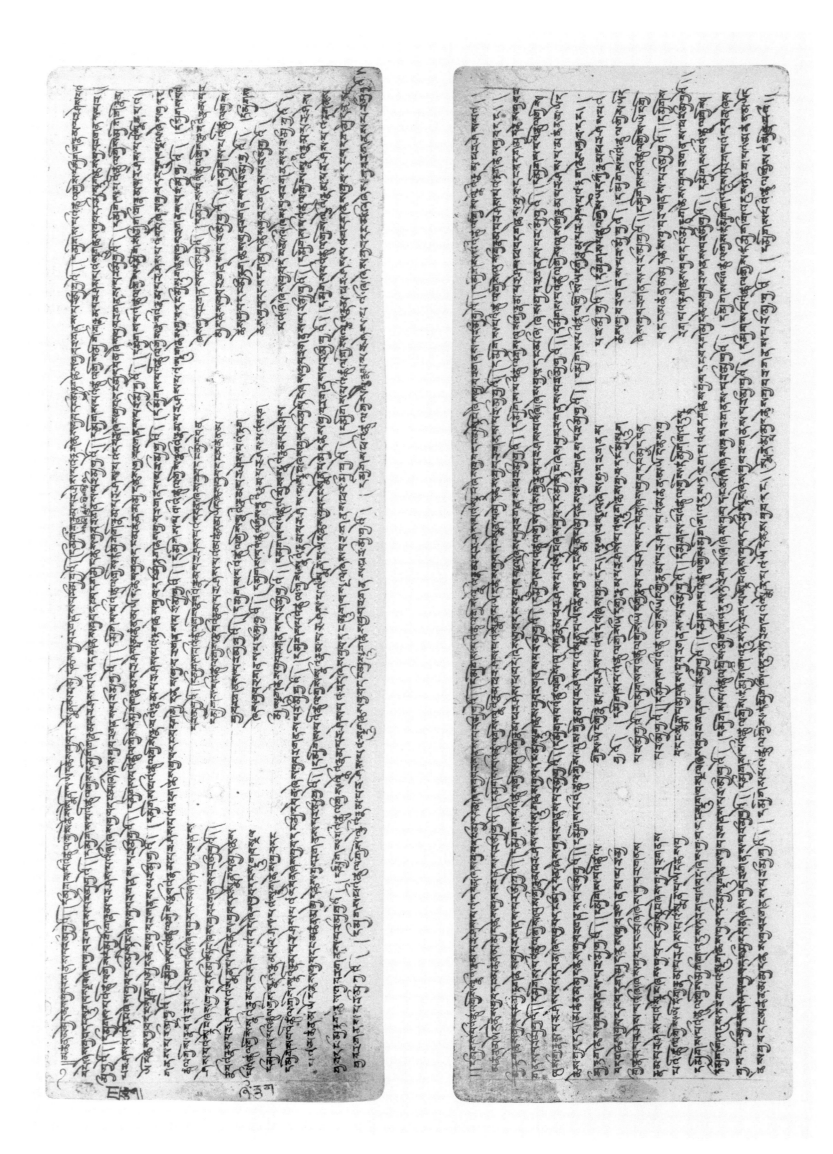

法 Pel.tib.1305　　5.ཤེས་རབ་ཀྱི་ཕ་རོལ་ཏུ་ཕྱིན་པ་སྟོང་ཕྲག་བརྒྱ་པ་དུམ་བུ་གཉིས་པ་བམ་པོ་ཉི་ཤུ་གསུམ་མོ།།

5.十萬頌般若波羅蜜多經第二函第二十三卷　　(42—23)

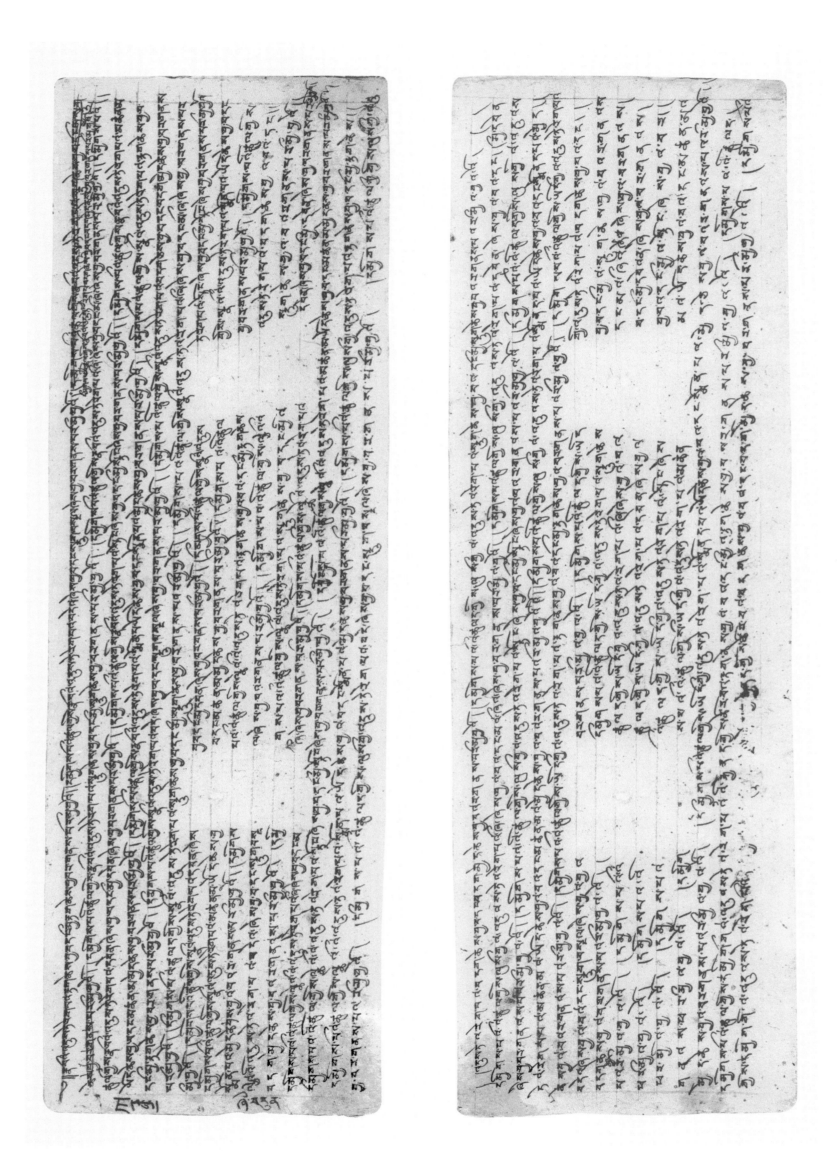

法 Pel.tib.1305　　5.ཤེས་རབ་ཀྱི་ཕ་རོལ་དུ་ཕྱིན་པ་སྟོང་ཕྲག་བརྒྱ་པ་དུམ་བུ་གཉིས་པ་བམ་པོ་ཉི་ཤུ་གསུམ་མོ།།

5.十萬頌般若波羅蜜多經第二函第二十三卷　　(42—24)

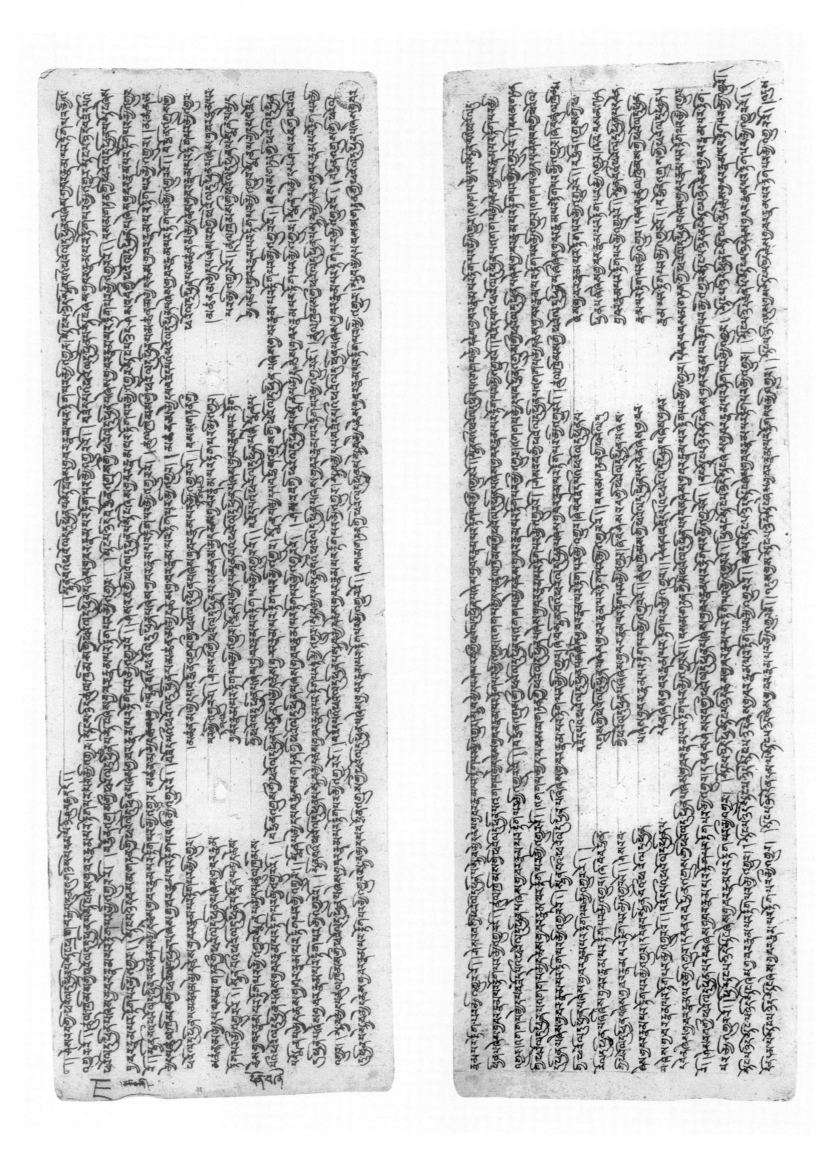

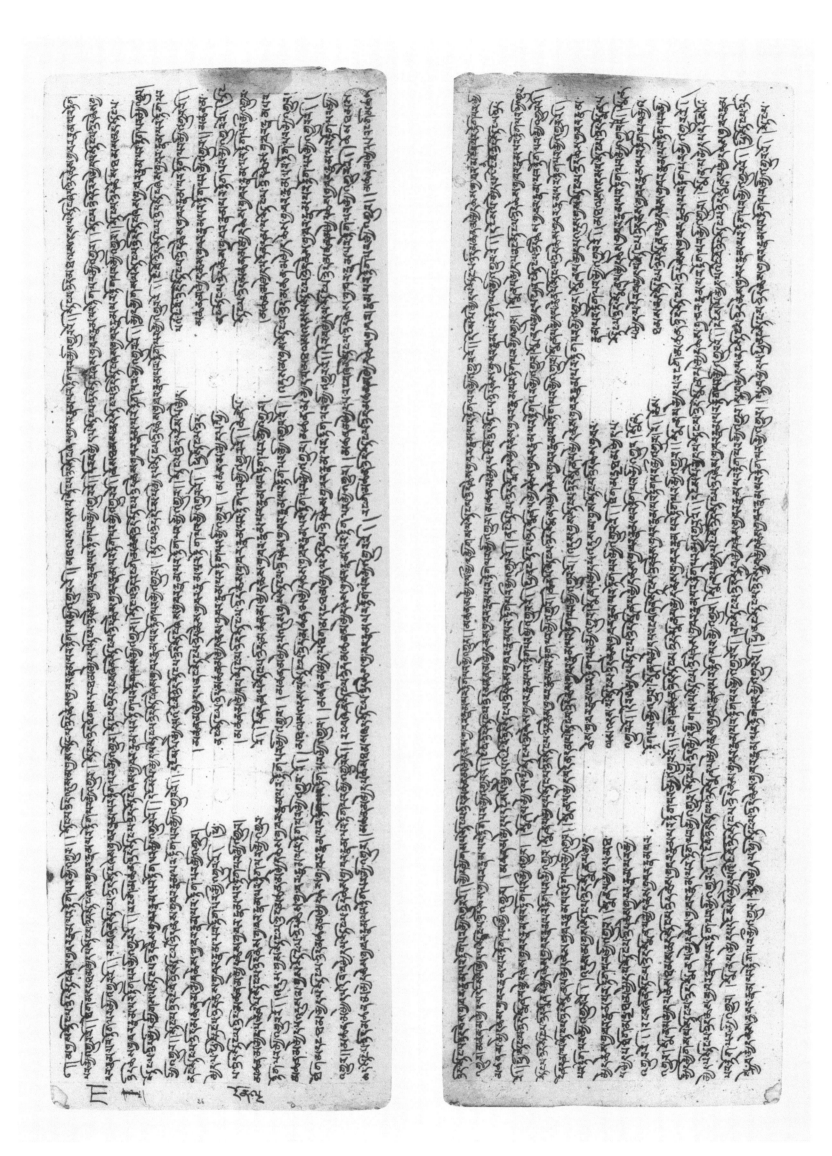

法 Pel.tib.1305　6.ཤེས་རབ་ཀྱི་ཕ་རོལ་ཏུ་ཕྱིན་པ་སྟོང་ཕྲག་བརྒྱ་པ་དུམ་བུ་གཉིས་པ་བམ་པོ་ཉི་ཤུ་བརྒྱད་དོ།།

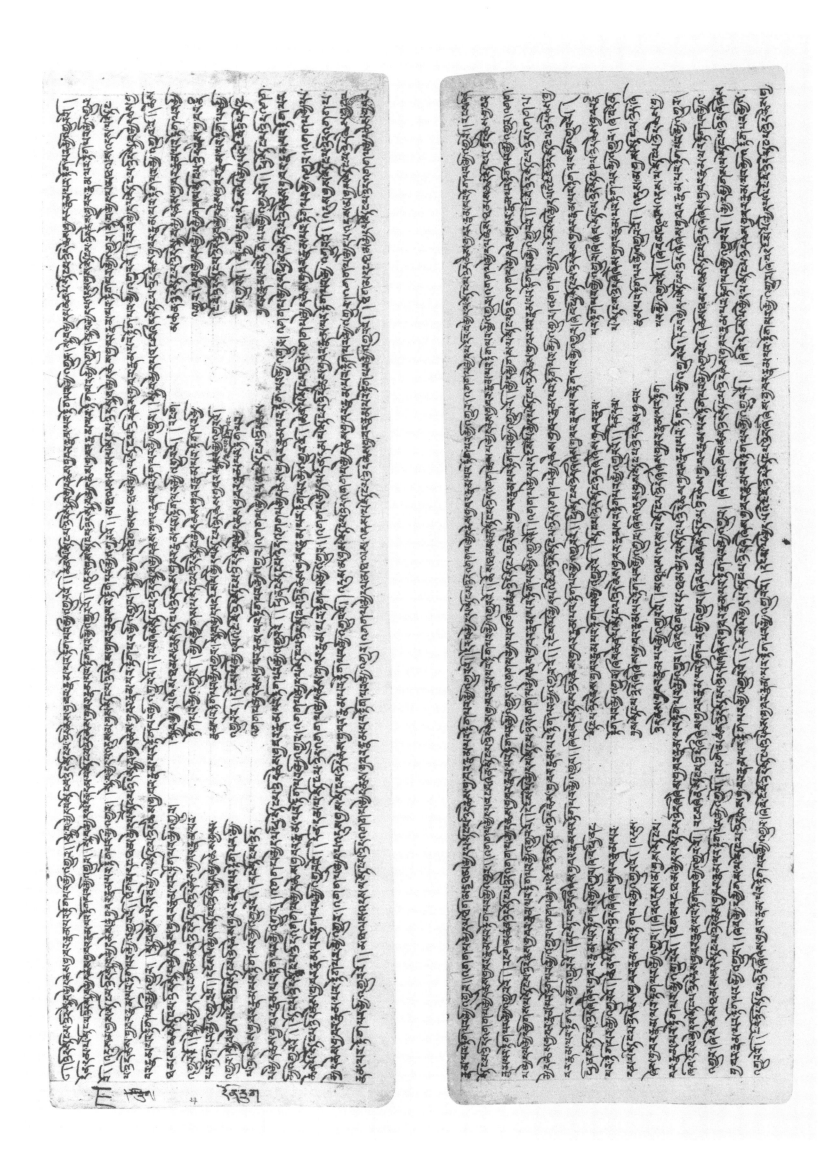

法 Pel.tib.1305　6.ཤེས་རབ་ཀྱི་ཕ་རོལ་ཏུ་ཕྱིན་པ་སྟོང་ཕྲག་བརྒྱ་པ་དུམ་བུ་གཉིས་པ་བམ་པོ་ཉི་ཤུ་བརྒྱད་དོ།།

6.十萬頌般若波羅蜜多經第二函第二十八卷　　(42—27)

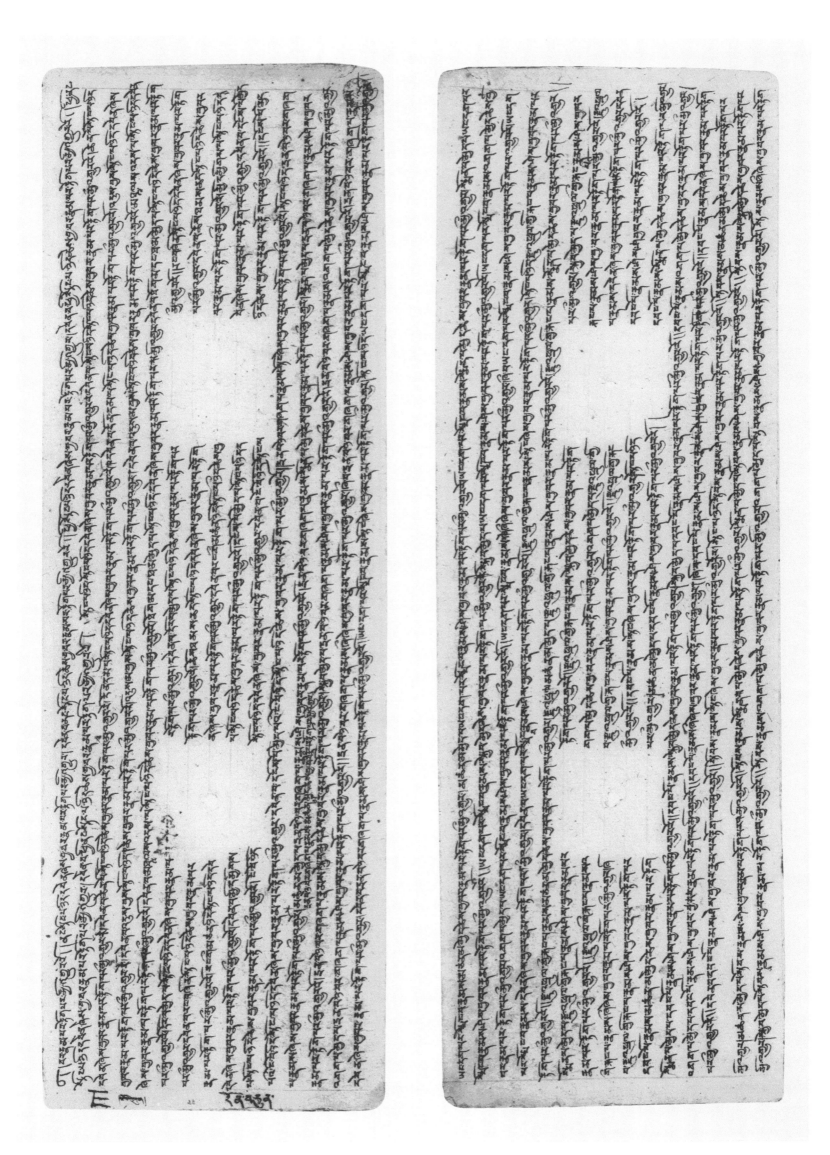

法 Pel.tib.1305　6.ཤེས་རབ་ཀྱི་ཕ་རོལ་དུ་ཕྱིན་པ་སྟོང་ཕྲག་བརྒྱ་པ་དུམ་བུ་གཉིས་པ་བམ་པོ་ཉི་ཤུ་བརྒྱད་དོ།།

6.十萬頌般若波羅蜜多經第二函第二十八卷　　(42—28)

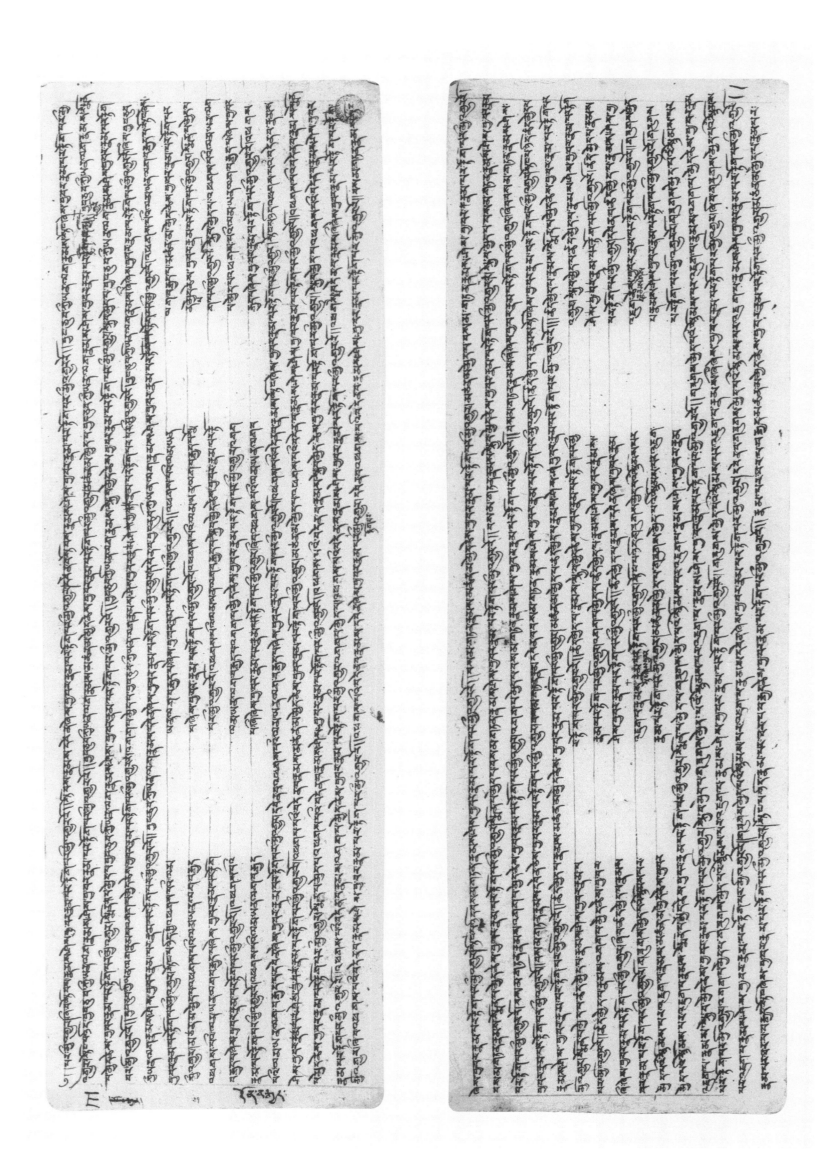

法 Pel.tib.1305　6.ཤེས་རབ་ཀྱི་ཕ་རོལ་ཏུ་ཕྱིན་པ་སྟོང་ཕྲག་བརྒྱ་པ་དུམ་བུ་གཉིས་པ་བམ་པོ་ཉི་ཤུ་བརྒྱད་དོ།།

6.十萬頌般若波羅蜜多經第二函第二十八卷　　(42—29)

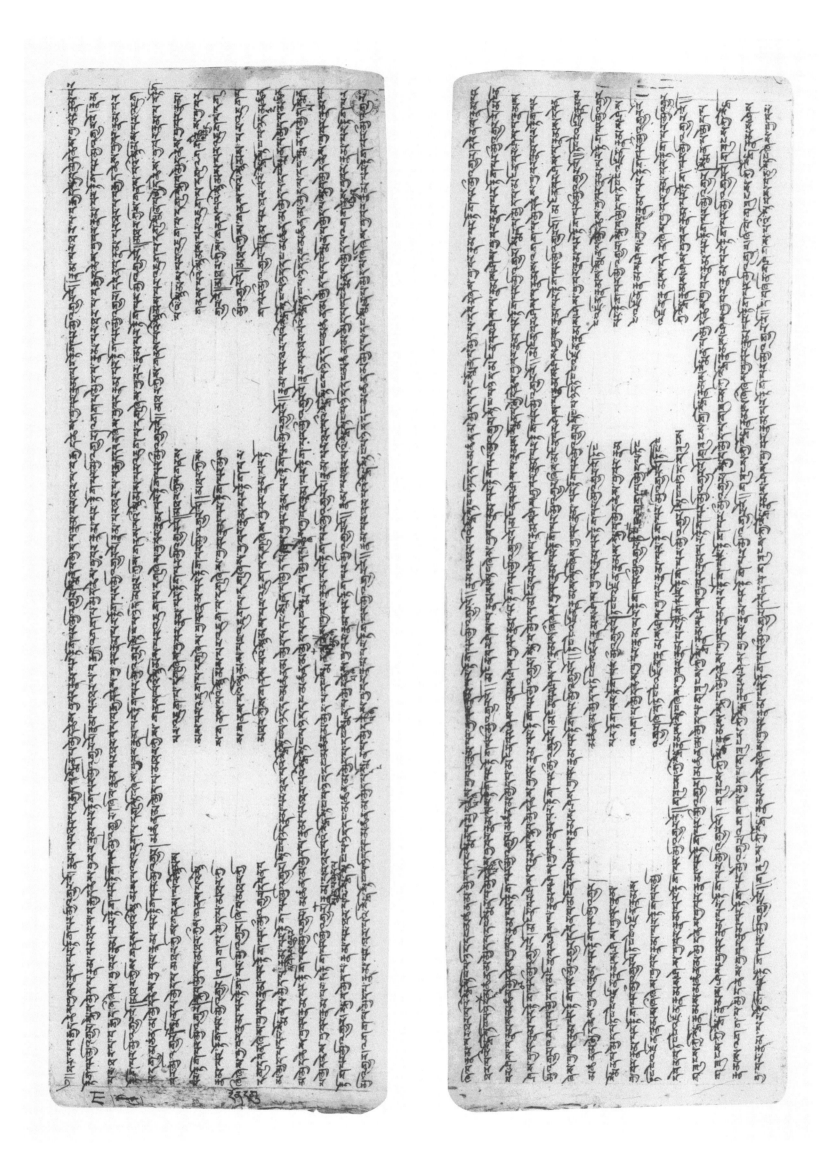

法 Pel.tib.1305　　6.ཤེས་རབ་ཀྱི་ཕ་རོལ་ཏུ་ཕྱིན་པ་སྟོང་ཕྲག་བརྒྱ་པ་དུམ་བུ་གཉིས་པ་བམ་པོ་ཉི་ཤུ་བརྒྱད་དོ།།

6.十萬頌般若波羅蜜多經第二函第二十八卷　　(42—30)

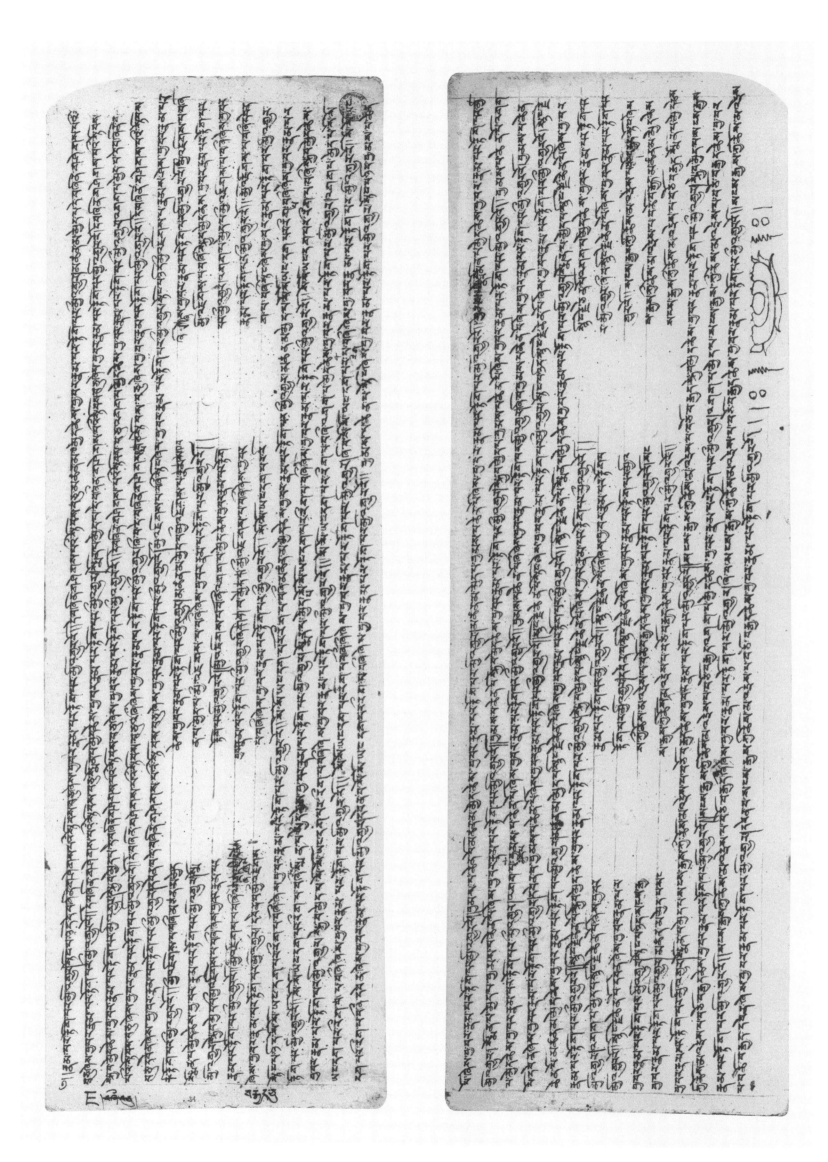

法 Pel.tib.1305　6.ཤེས་རབ་ཀྱི་ཕ་རོལ་ཏུ་ཕྱིན་པ་སྟོང་ཕྲག་བརྒྱ་པ་དུམ་བུ་གཉིས་པ་བམ་པོ་ཉི་ཤུ་བརྒྱད་དོ།།

6.十萬頌般若波羅蜜多經第二函第二十八卷　　(42—31)

132

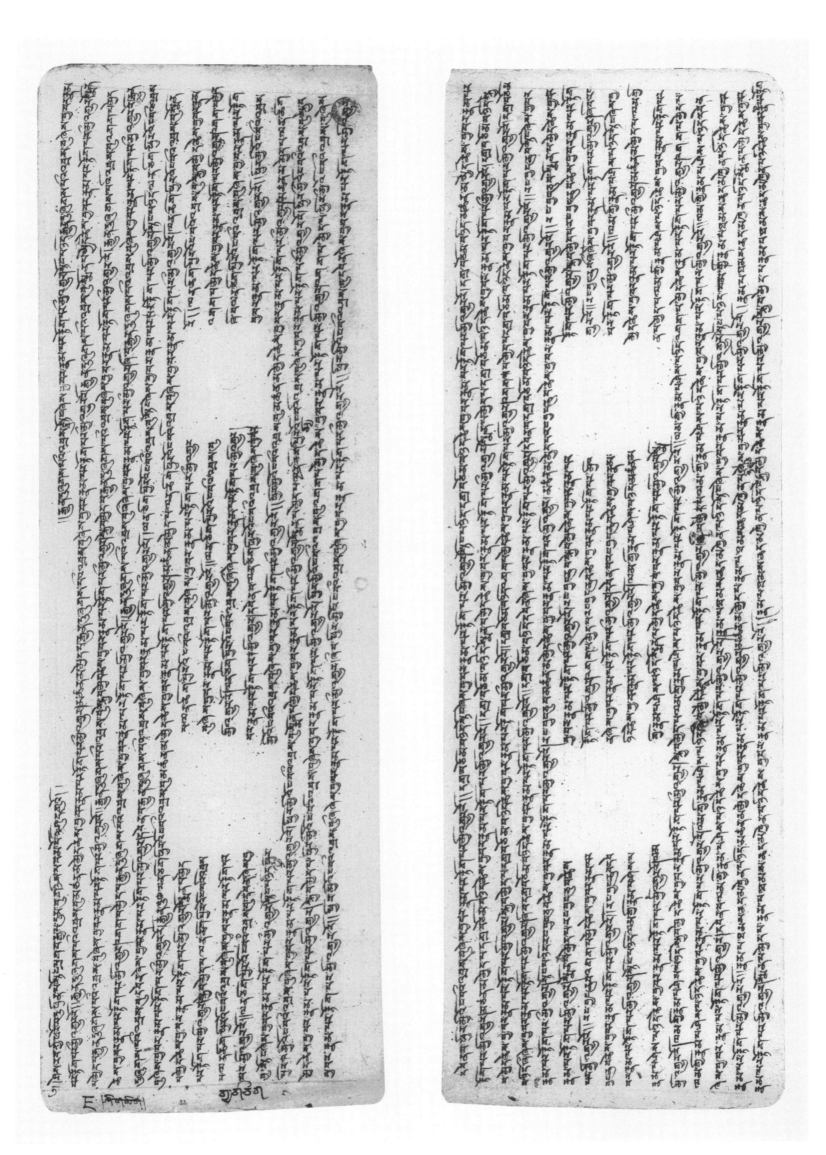

法 Pel.tib.1305　　ཤེས་རབ་ཀྱི་ཕ་རོལ་ཏུ་ཕྱིན་པ་སྟོང་ཕྲག་བརྒྱ་པ་དུམ་བུ་གཉིས་པ་བམ་པོ་ཉི་ཤུ་དགུ་པ།

7.十萬頌般若波羅蜜多經第二函第二十九卷　　(42—32)

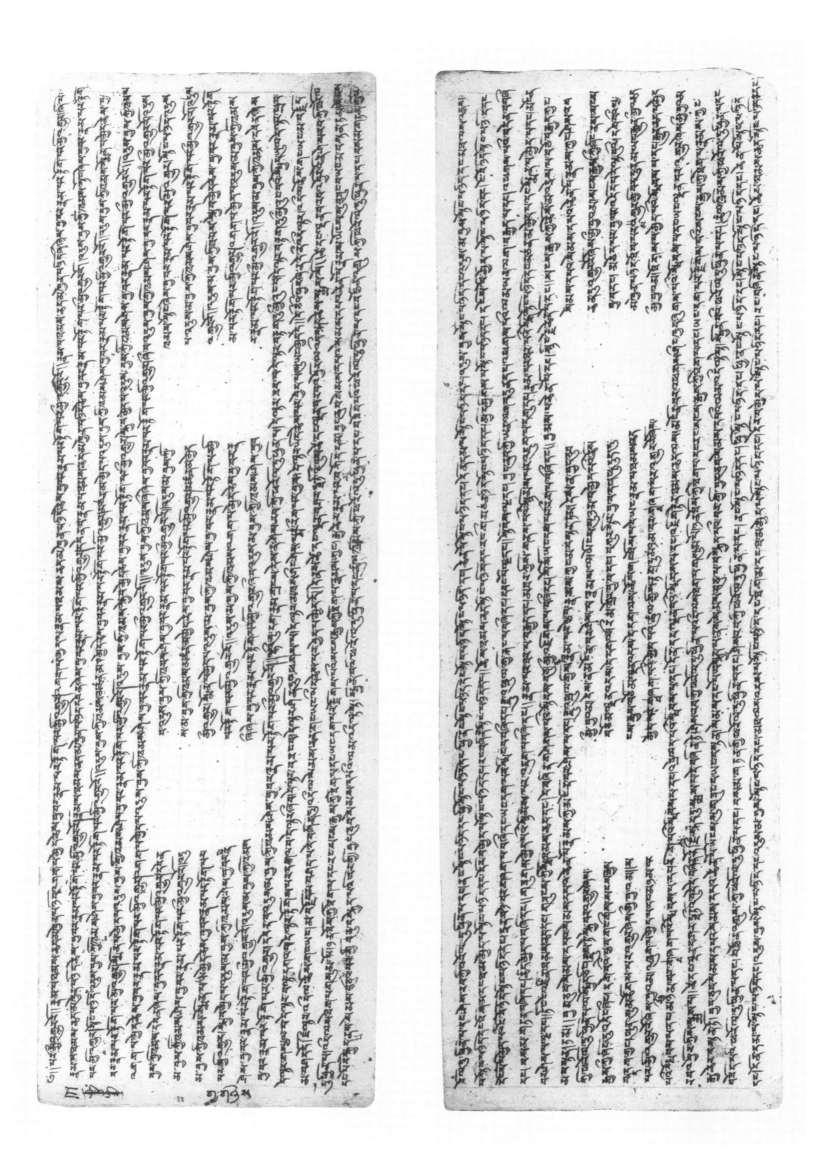

法 Pel.tib.1305　　7.ཤེས་རབ་ཀྱི་ཕ་རོལ་ཏུ་ཕྱིན་པ་སྟོང་ཕྲག་བརྒྱ་པ་དུམ་བུ་གཉིས་པ་བམ་པོ་ཉེ་ཤུ་དགུ་པོ།།

7.十萬頌般若波羅蜜多經第二函第二十九卷　　(42—33)

134

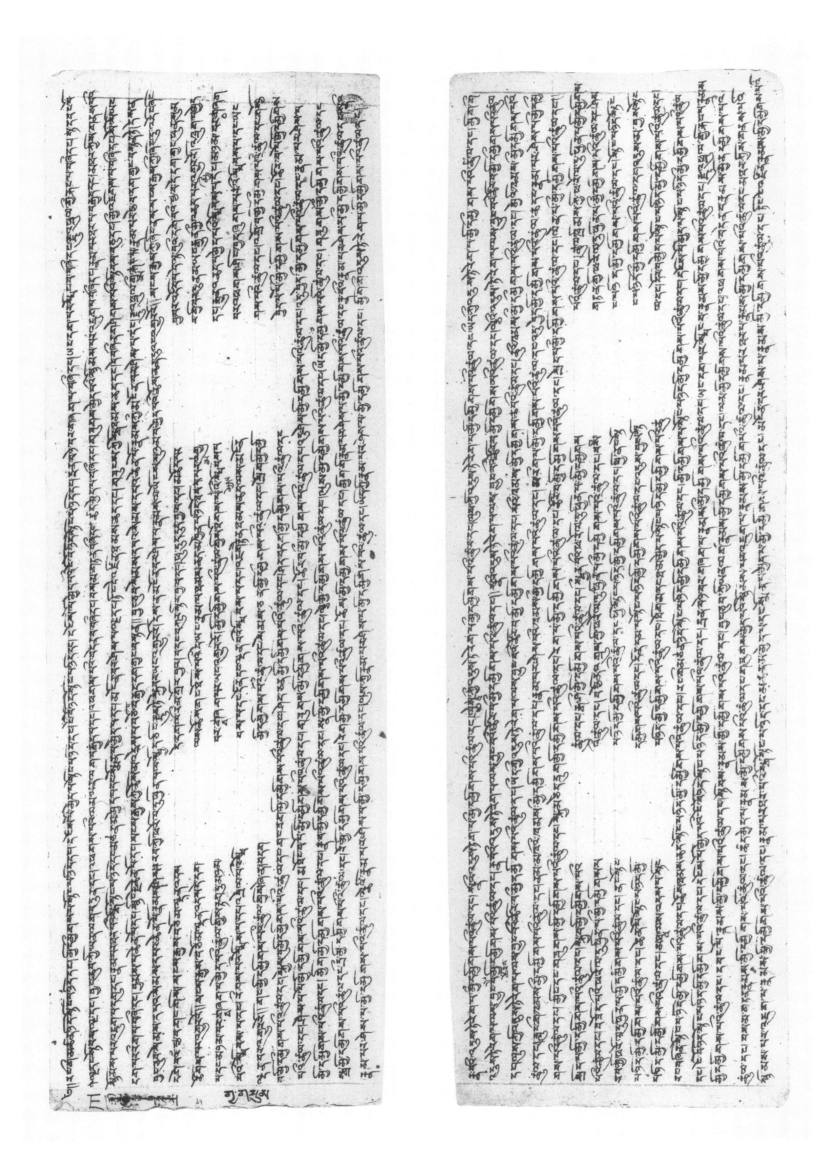

法 Pel.tib.1305　　7.ཤེས་རབ་ཀྱི་ཕ་རོལ་ཏུ་ཕྱིན་པ་སྟོང་ཕྲག་བརྒྱ་པ་དུམ་བུ་གཉིས་པ་བམ་པོ་ཉི་ཤུ་དགུ་གོ །

7.十萬頌般若波羅蜜多經第二函第二十九卷　　(42—34)

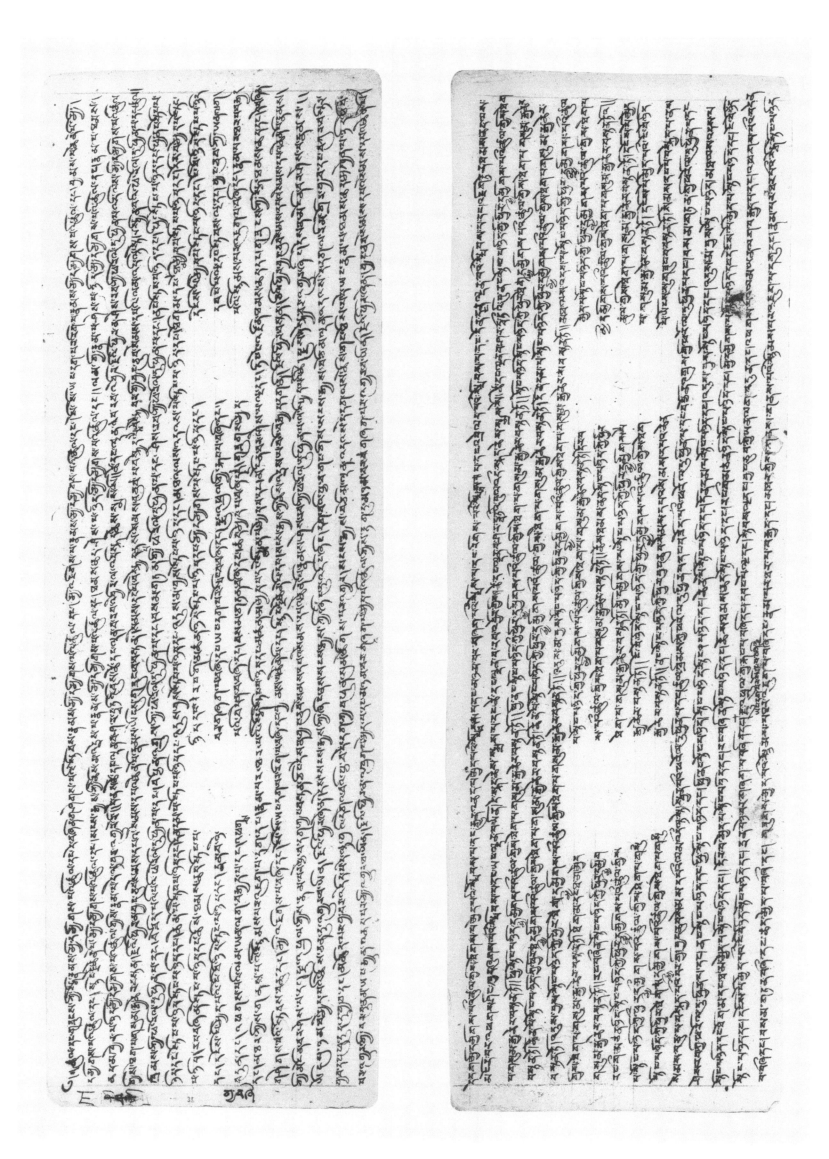

法 Pel.tib.1305　7.ཤེས་རབ་ཀྱི་ཕ་རོལ་ཏུ་ཕྱིན་པ་སྟོང་ཕྲག་བརྒྱ་པ་དུམ་བུ་གཉིས་པ་བམ་པོ་ཉི་ཤུ་དགུ་པའོ།།

7.十萬頌般若波羅蜜多經第二函第二十九卷　　(42—35)

136

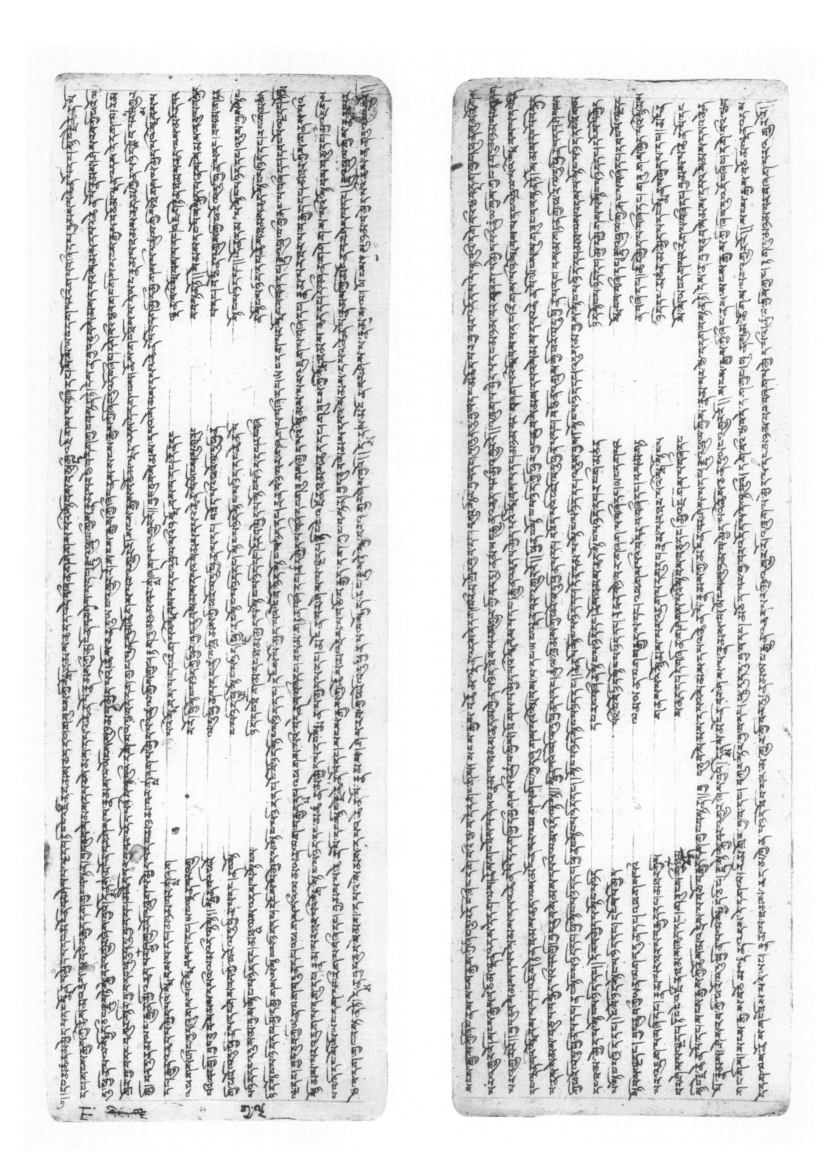

法 Pel.tib.1305　7.ཤེས་རབ་ཀྱི་ཕ་རོལ་དུ་ཕྱིན་པ་སྟོང་ཕྲག་བརྒྱ་པ་དུམ་བུ་གཉིས་པ་བམ་པོ་ཉི་ཤུ་དགུ་པའོ།།

7.十萬頌般若波羅蜜多經第二函第二十九卷　　(42—36)

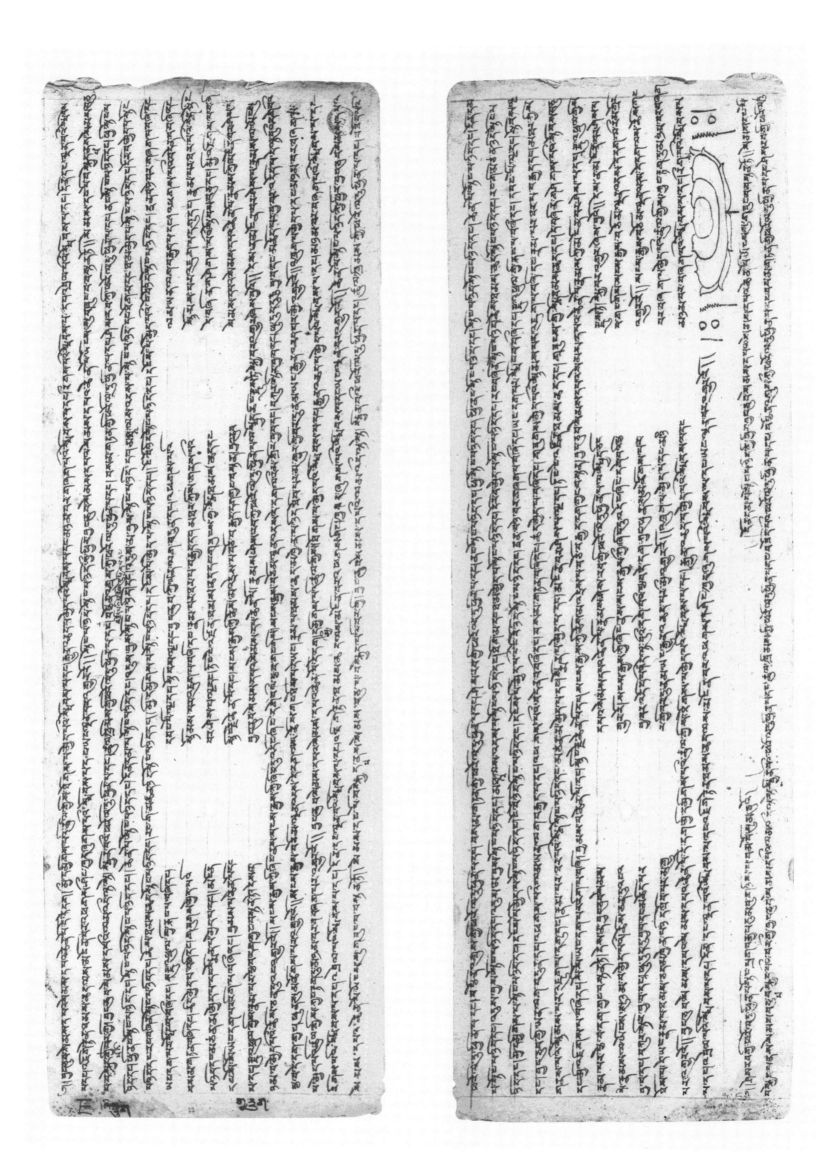

法 Pel.tib.1305　　7.ཤེས་རབ་ཀྱི་ཕ་རོལ་ཏུ་ཕྱིན་པ་སྟོང་ཕྲག་བརྒྱ་པ་དུམ་བུ་གཉིས་པ་བམ་པོ་ཉི་ཤུ་དགུ་བཞུགས་སོ།།

7.十萬頌般若波羅蜜多經第二函第二十九卷　　(42—35)

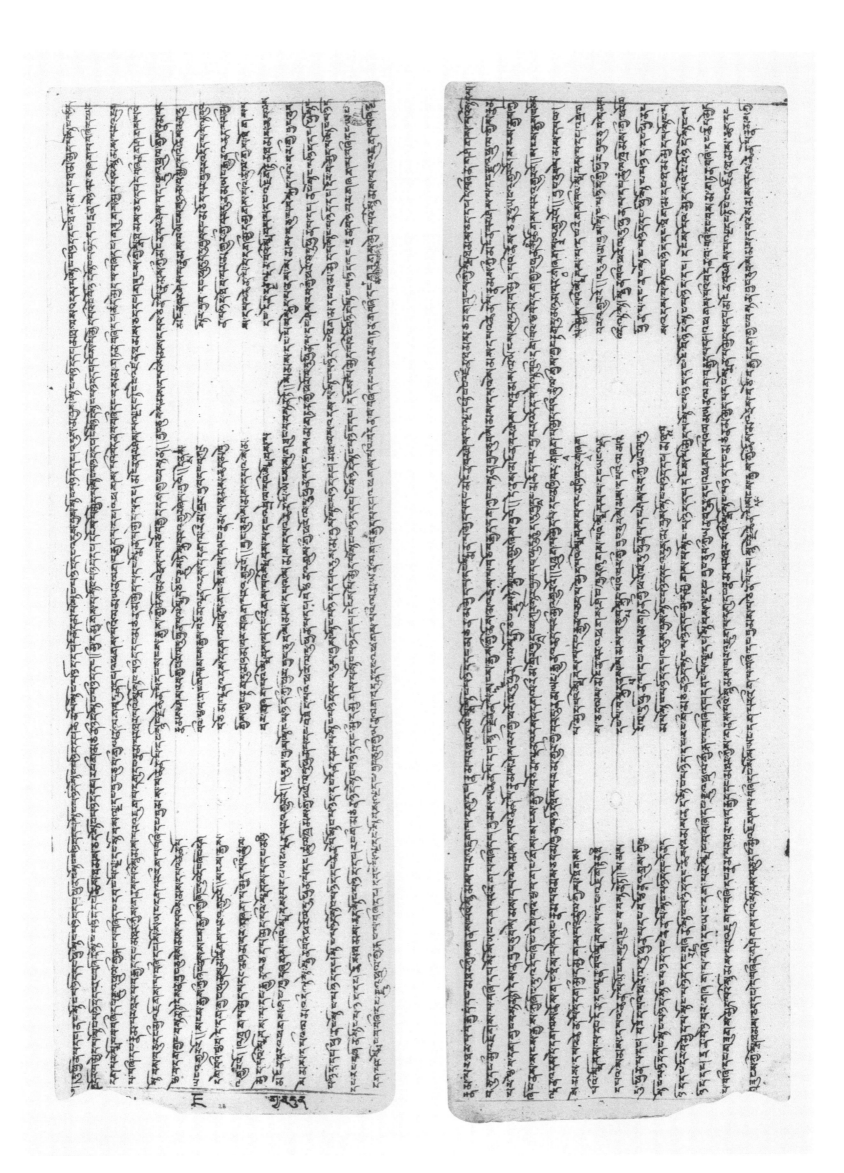

法 Pel.tib.1305　8.ཤེས་རབ་ཀྱི་ཕ་རོལ་ཏུ་ཕྱིན་པ་སྟོང་ཕྲག་བརྒྱ་པ་དུམ་བུ་གཉིས་པ་བམ་པོ་སུམ་ཅུ་པའོ།།

8.十萬頌般若波羅蜜多經第二函第三十卷　　(42—38)

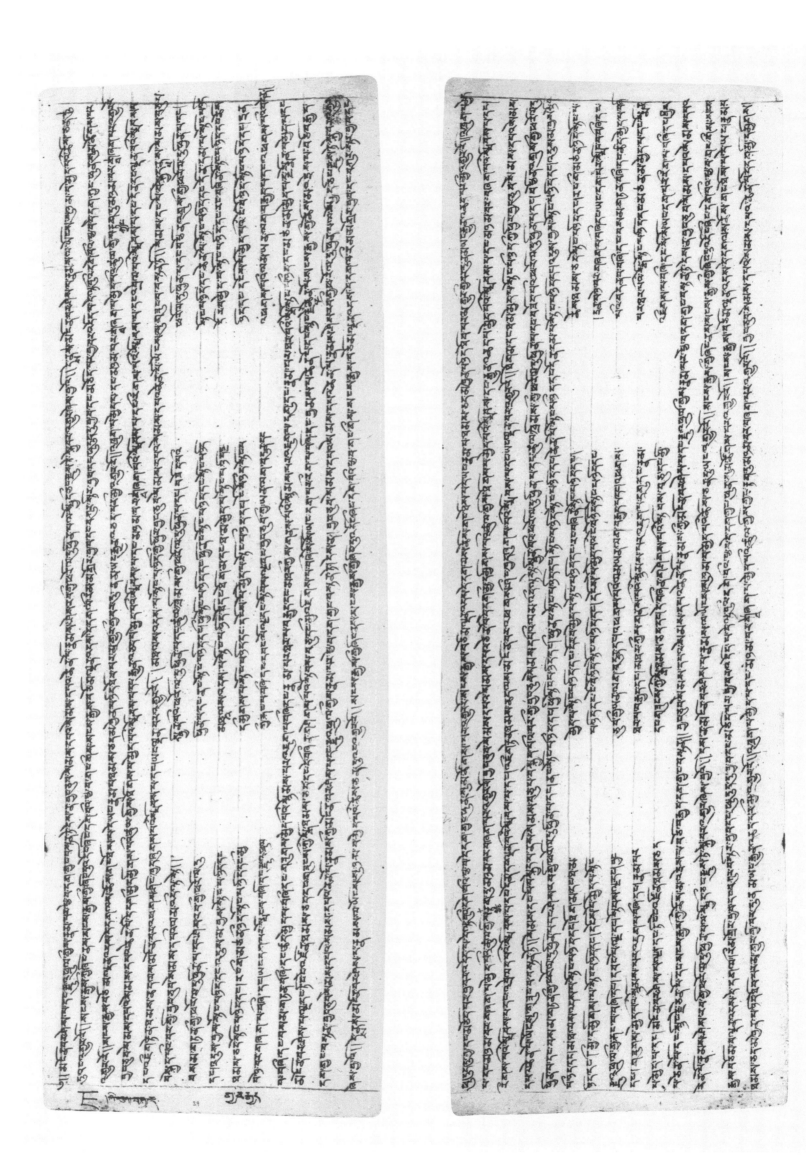

8.ཤེས་རབ་ཀྱི་ཕ་རོལ་དུ་ཕྱིན་པ་སྟོང་ཕྲག་བརྒྱ་པ་དུམ་བུ་གཉིས་པ་བམ་པོ་སུམ་ཅུ་པའོ།།

8.十萬頌般若波羅蜜多經第二函第三十卷　　(42—39)

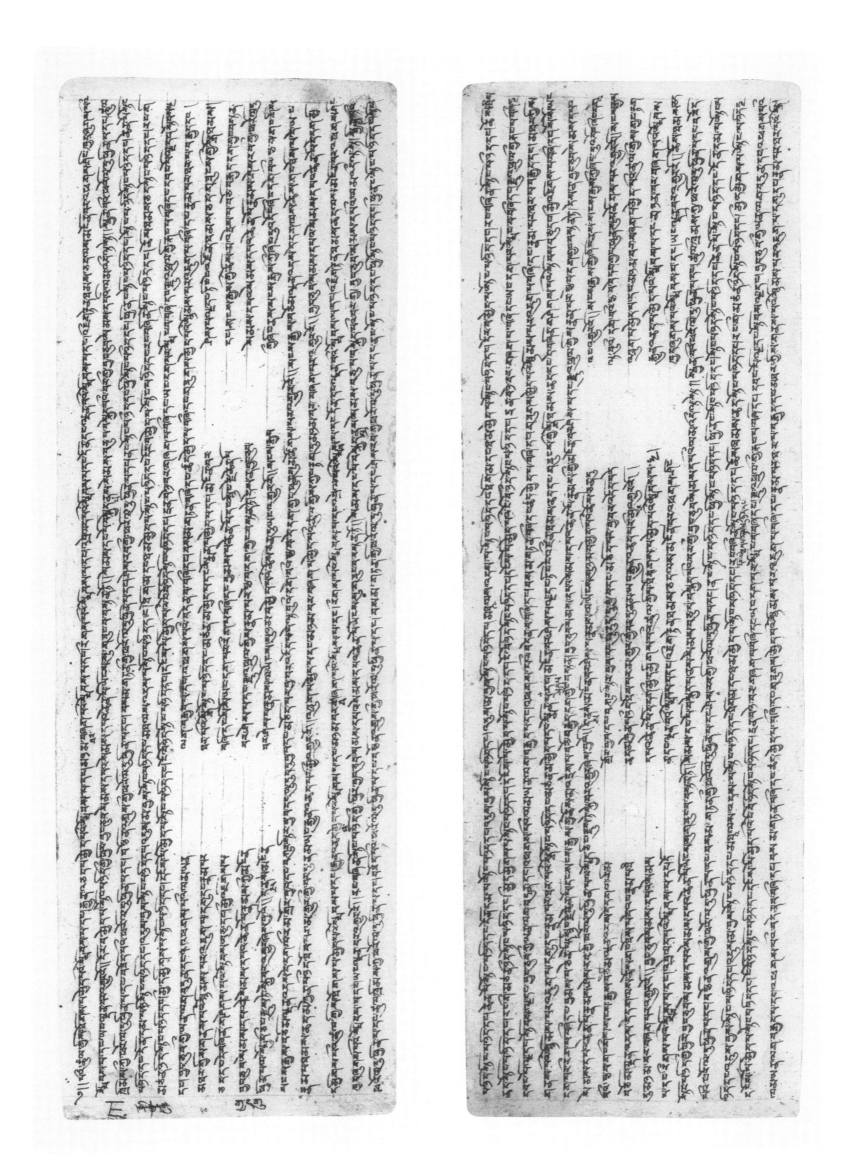

法 Pel.tib.1305　8.ཤེས་རབ་ཀྱི་ཕ་རོལ་ཏུ་ཕྱིན་པ་སྟོང་ཕྲག་བརྒྱ་པ་དུམ་བུ་གཉིས་པ་བམ་པོ་སུམ་ཅུ་པའོ།།

8.十萬頌般若波羅蜜多經第二函第三十卷　　(42—40)

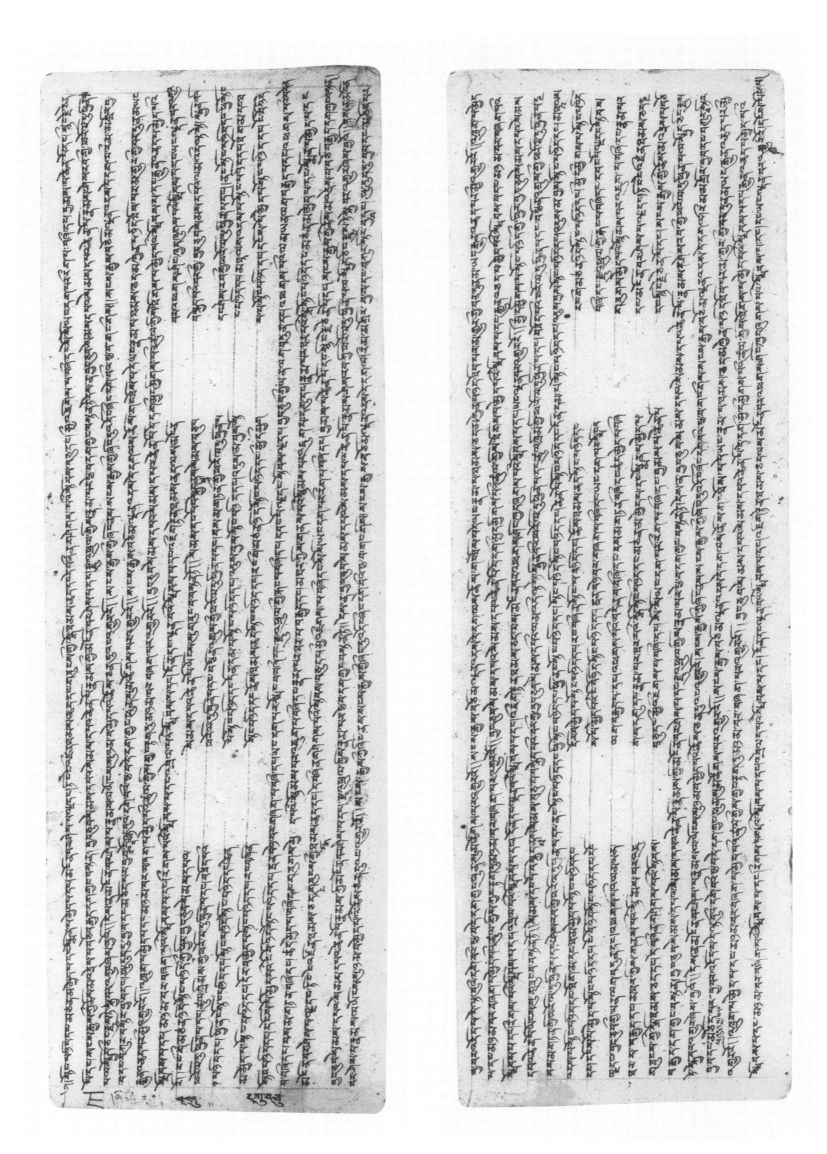

法 Pel.tib.1305　　8.ཤེས་རབ་ཀྱི་ཕ་རོལ་ཏུ་ཕྱིན་པ་སྟོང་ཕྲག་བརྒྱ་པ་དུམ་བུ་གཉིས་པ་བམ་པོ་སུམ་ཅུ་པའོ།།
　　　　　　　8.十萬頌般若波羅蜜多經第二函第三十卷　　(42—41)

142

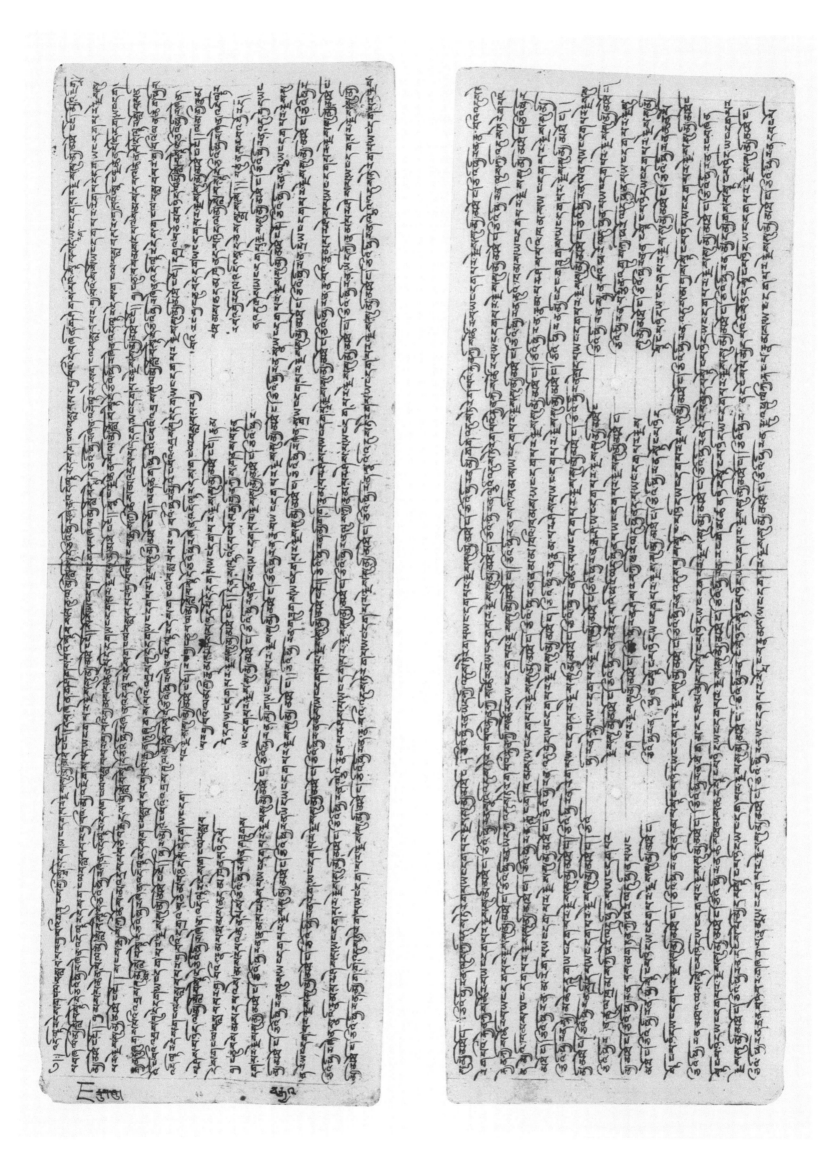

法 Pel.tib.1305　8.ཤེས་རབ་ཀྱི་ཕ་རོལ་ཏུ་ཕྱིན་པ་སྟོང་ཕྲག་བརྒྱ་པ་དུམ་བུ་གཉིས་པ་བམ་པོ་སུམ་ཅུ་འོ།།

8.十萬頌般若波羅蜜多經第二函第三十卷　　(42—42)

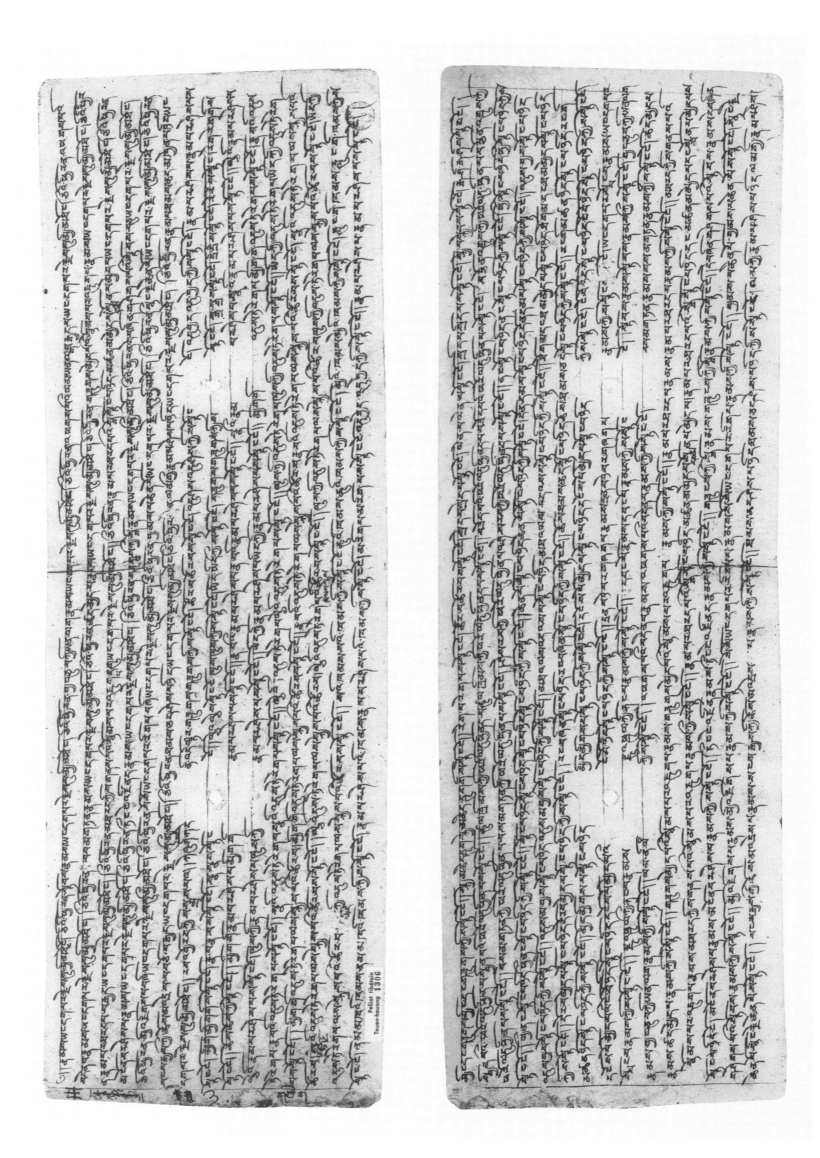

法 Pel.tib.1306　　1.ཤེས་རབ་ཀྱི་ཕ་རོལ་དུ་ཕྱིན་པ་སྟོང་ཕྲག་བརྒྱ་པ།།

1.十萬頌般若波羅蜜多經　　(82—1)

144

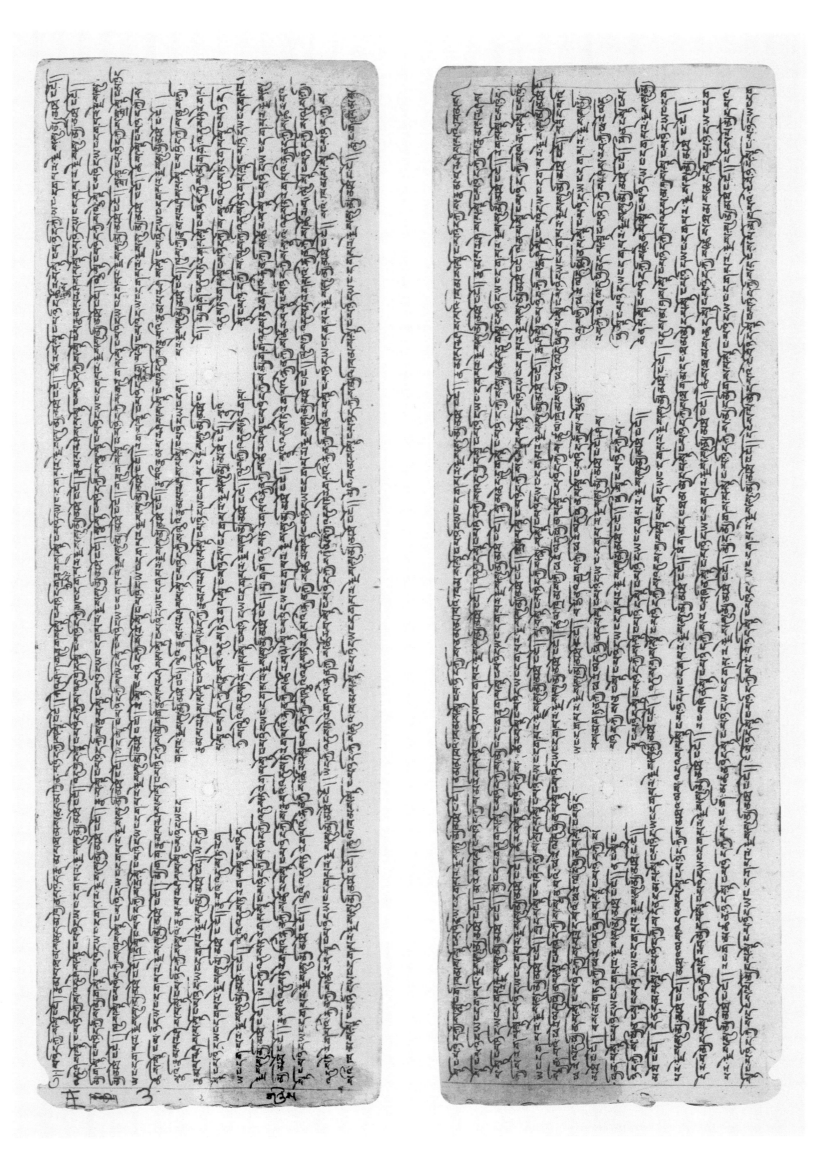

法 Pel.tib.1306　　1.ཤེས་རབ་ཀྱི་ཕ་རོལ་དུ་ཕྱིན་པ་སྟོང་ཕྲག་བརྒྱ་པ།།

1.十萬頌般若波羅蜜多經　　(82—2)

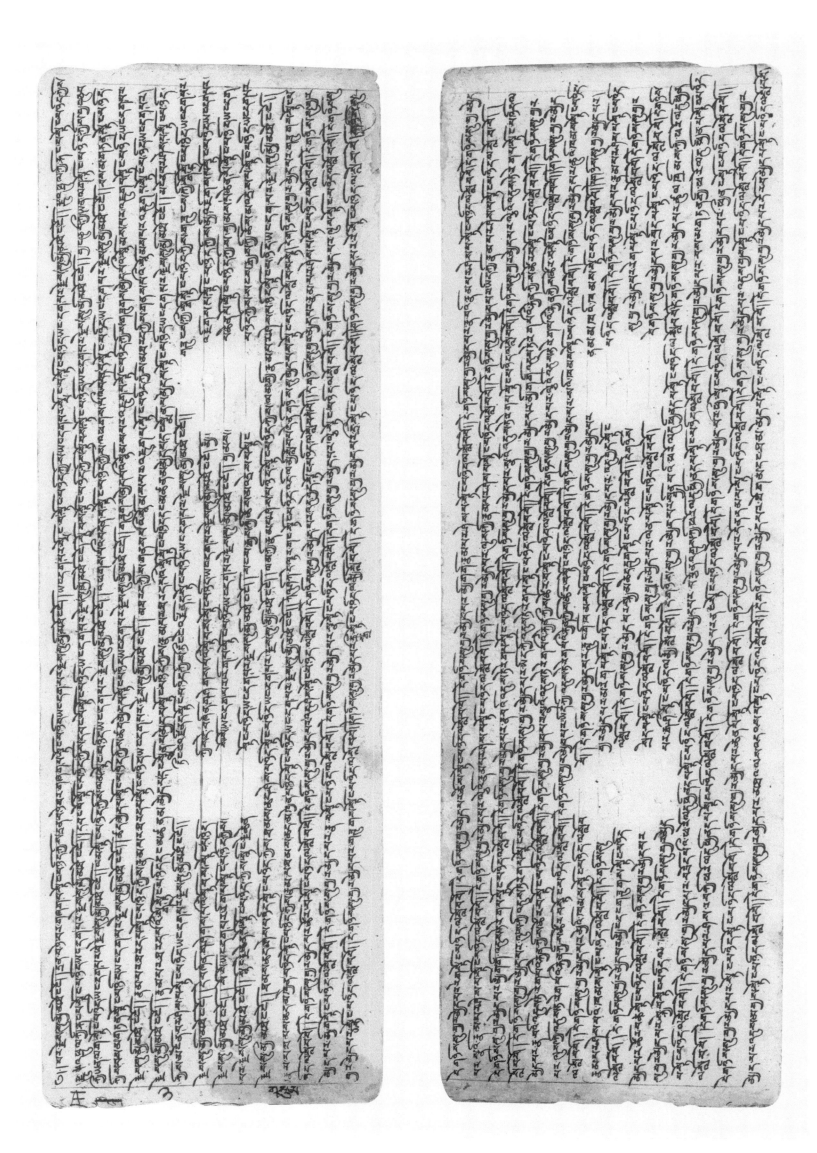

法 Pel.tib.1306　　1.ཤེས་རབ་ཀྱི་ཕ་རོལ་དུ་ཕྱིན་པ་སྟོང་ཕྲག་བརྒྱ་པ།།

1.十萬頌般若波羅蜜多經　　(82—3)

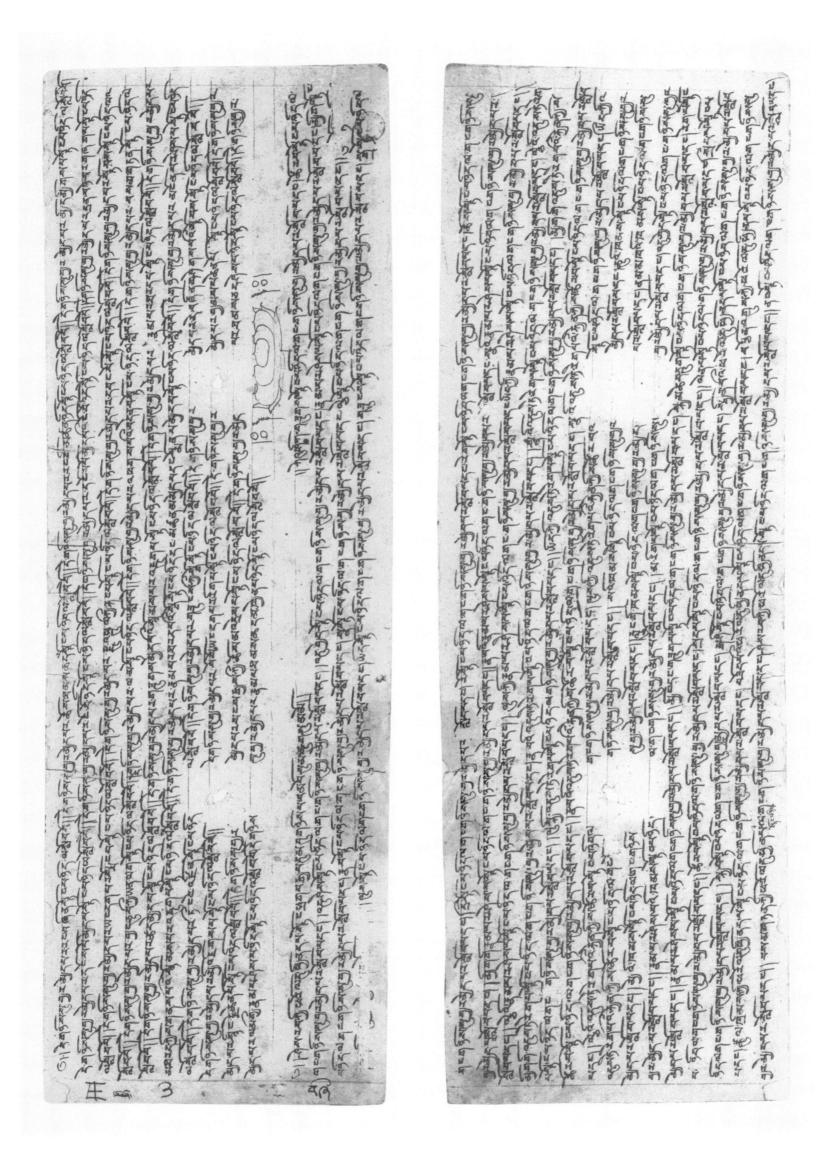

法 Pel.tib.1306　2.ཤེས་རབ་ཀྱི་ཕ་རོལ་ཏུ་ཕྱིན་པ་སྟོང་ཕྲག་བརྒྱ་པ་དུམ་བུ་གཉིས་པ་བམ་པོ་སུམ་ཅུ་གསུམ་མོ།།

2.十萬頌般若波羅蜜多經第二函第三十三卷　　(82—4)

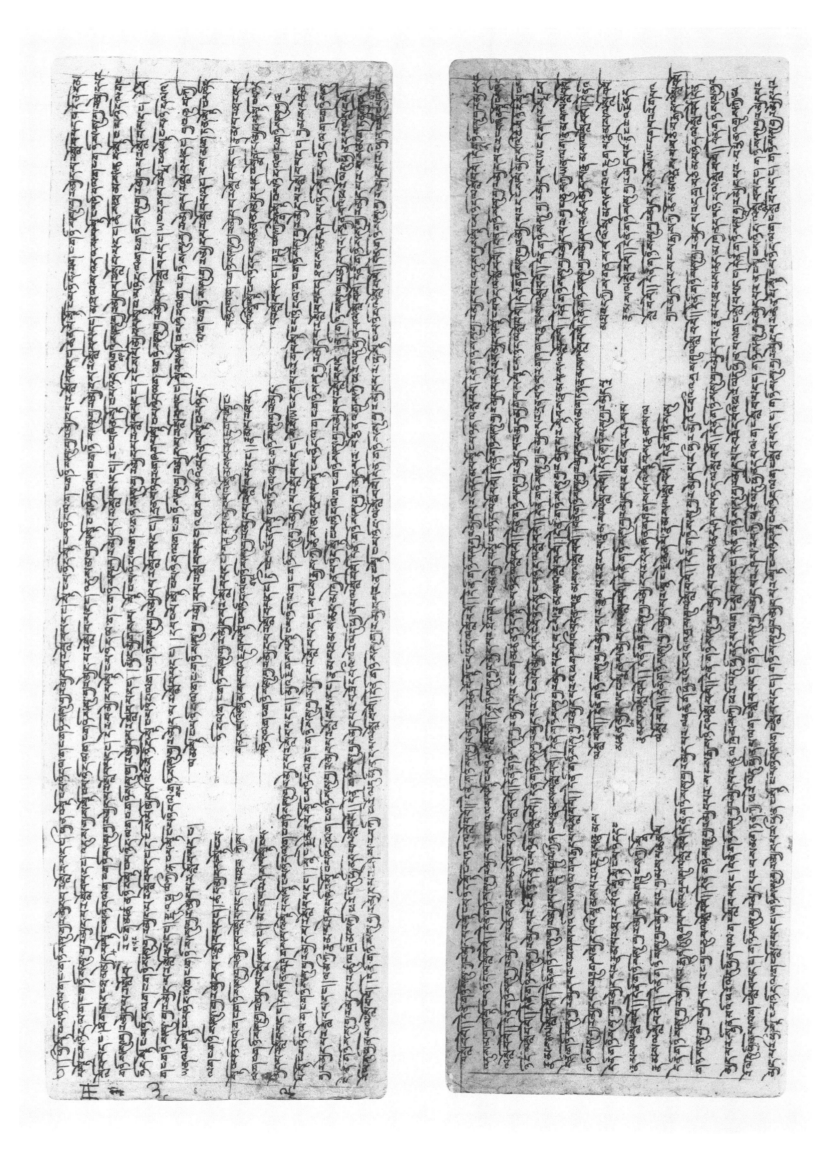

法 Pel.tib.1306

2. ཤེས་རབ་ཀྱི་ཕ་རོལ་ཏུ་ཕྱིན་པ་སྟོང་ཕྲག་བརྒྱ་པ་དུམ་བུ་གཉིས་པ་བམ་པོ་སུམ་ཅུ་གསུམ་མོ།།

2.十萬頌般若波羅蜜多經第二函第三十三卷　　(82—5)

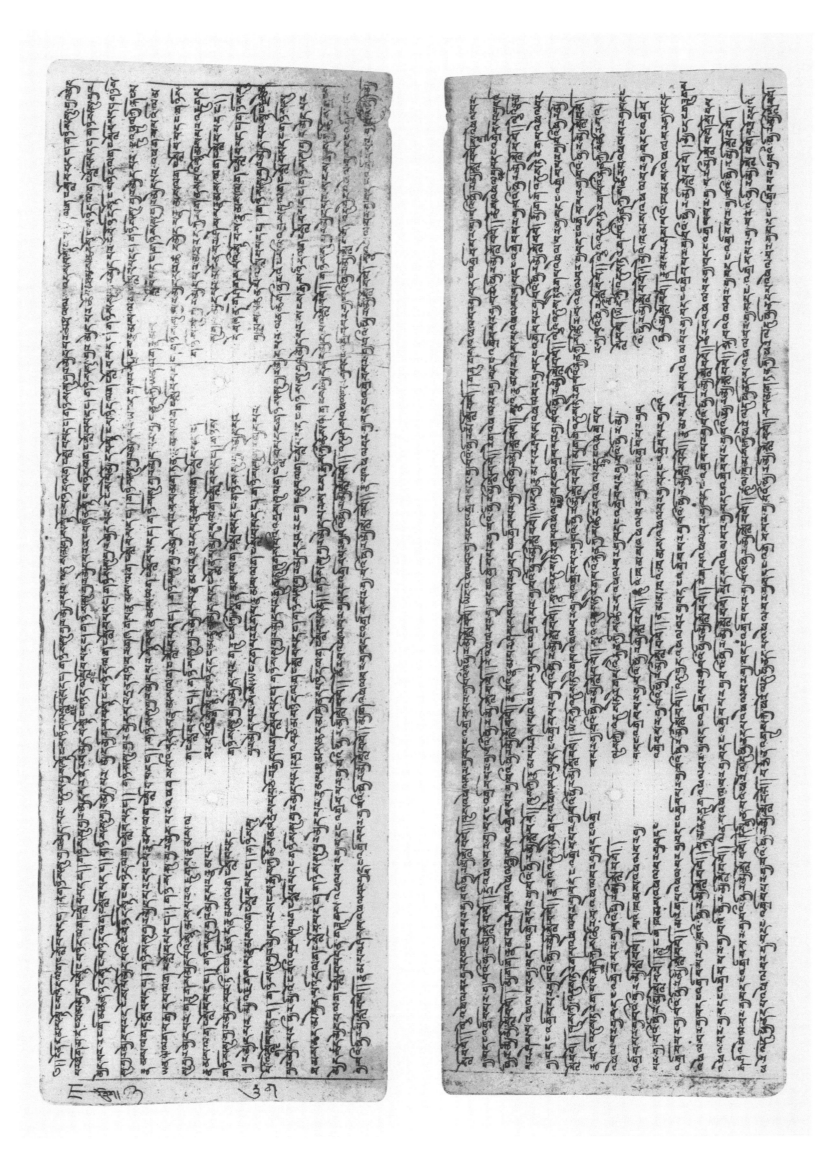

法 Pel.tib.1306　　2.ཤེས་རབ་ཀྱི་ཕ་རོལ་ཏུ་ཕྱིན་པ་སྟོང་ཕྲག་བརྒྱ་པ་དུ་བུ་གཉིས་པ་བམ་པོ་སུམ་ཅུ་གསུམ་མོ།།

2.十萬頌般若波羅蜜多經第二函第三十三卷　　(82—6)

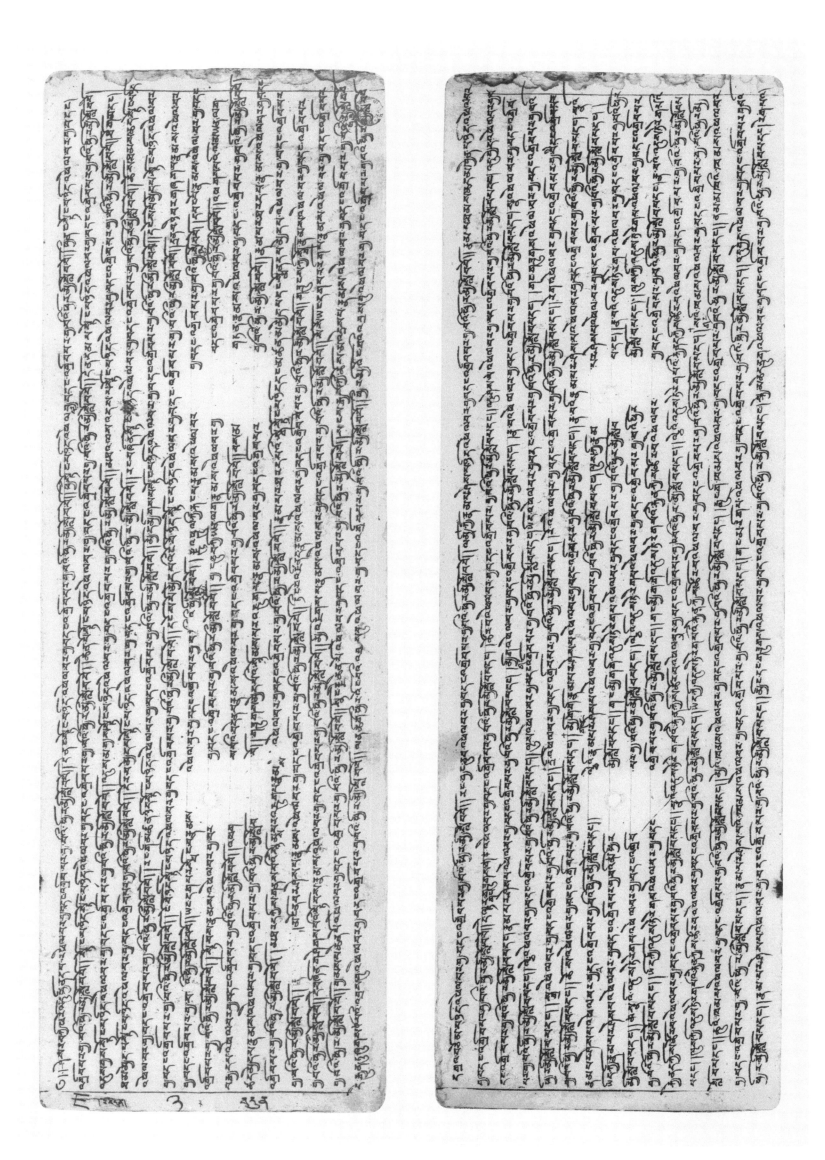

法 Pel.tib.1306　2.ཤེས་རབ་ཀྱི་ཕ་རོལ་ཏུ་ཕྱིན་པ་སྟོང་ཕྲག་བརྒྱ་པ་དུམ་བུ་གཉིས་པ་བམ་པོ་སུམ་ཅུ་གསུམ་མོ།།

2.十萬頌般若波羅蜜多經第二函第三十三卷　　(82—7)

150

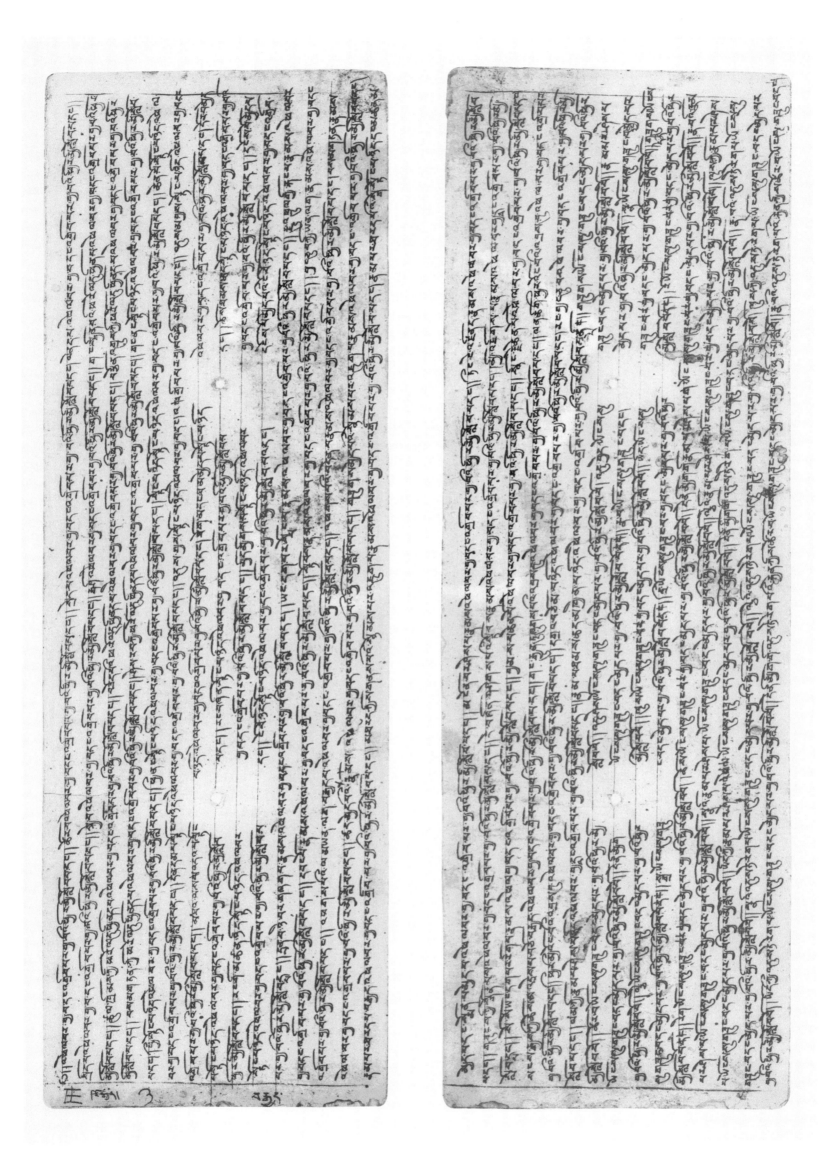

法 Pel.tib.1306　2.ཤེས་རབ་ཀྱི་ཕ་རོལ་ཏུ་ཕྱིན་པ་སྟོང་ཕྲག་བརྒྱ་པ་དུམ་བུ་གཉིས་པ་བམ་པོ་སུམ་ཅུ་གསུམ་མོ།།

2.十萬頌般若波羅蜜多經第二函第三十三卷　　(82—8)

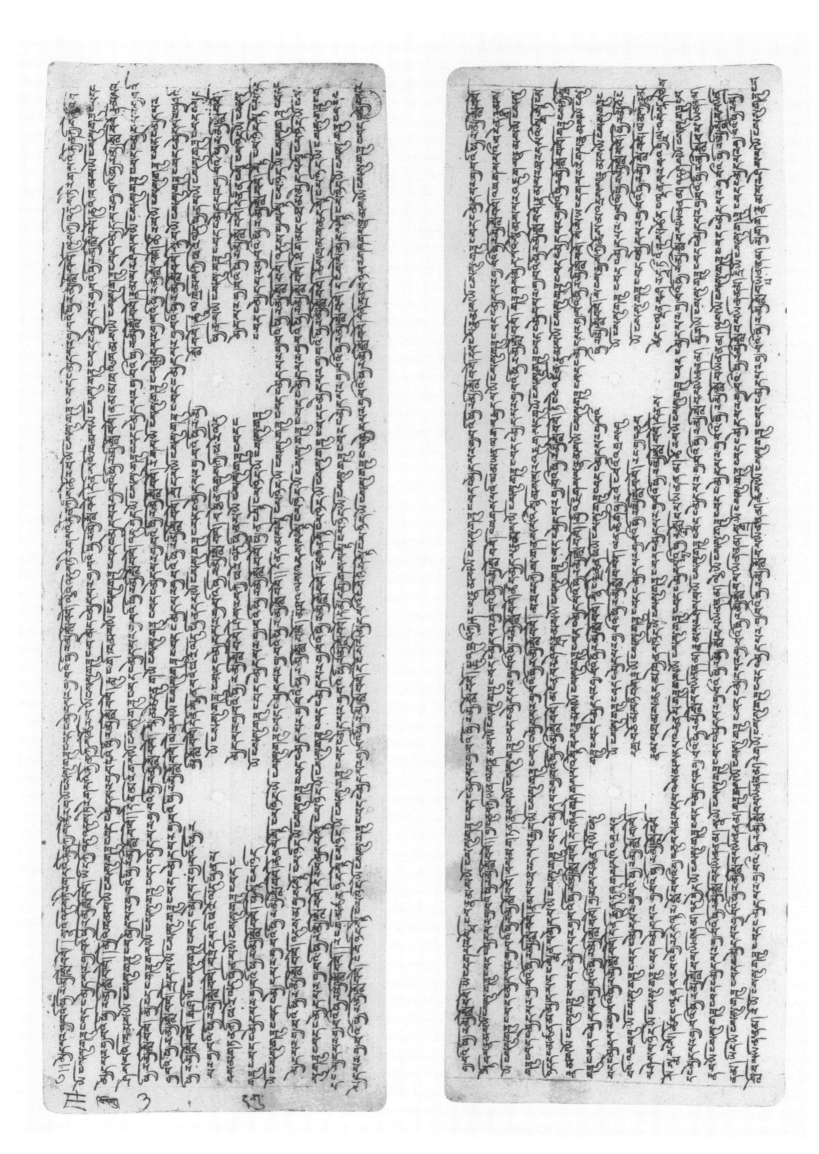

法 Pel.tib.1306　　2.ཤེས་རབ་ཀྱི་ཕ་རོལ་དུ་ཕྱིན་པ་སྟོང་ཕྲག་བརྒྱ་པ་དུམ་བུ་གཉིས་པ་བམ་པོ་སུམ་ཅུ་གསུམ་མོ།།

2.十萬頌般若波羅蜜多經第二函第三十三卷　　(82—9)

152

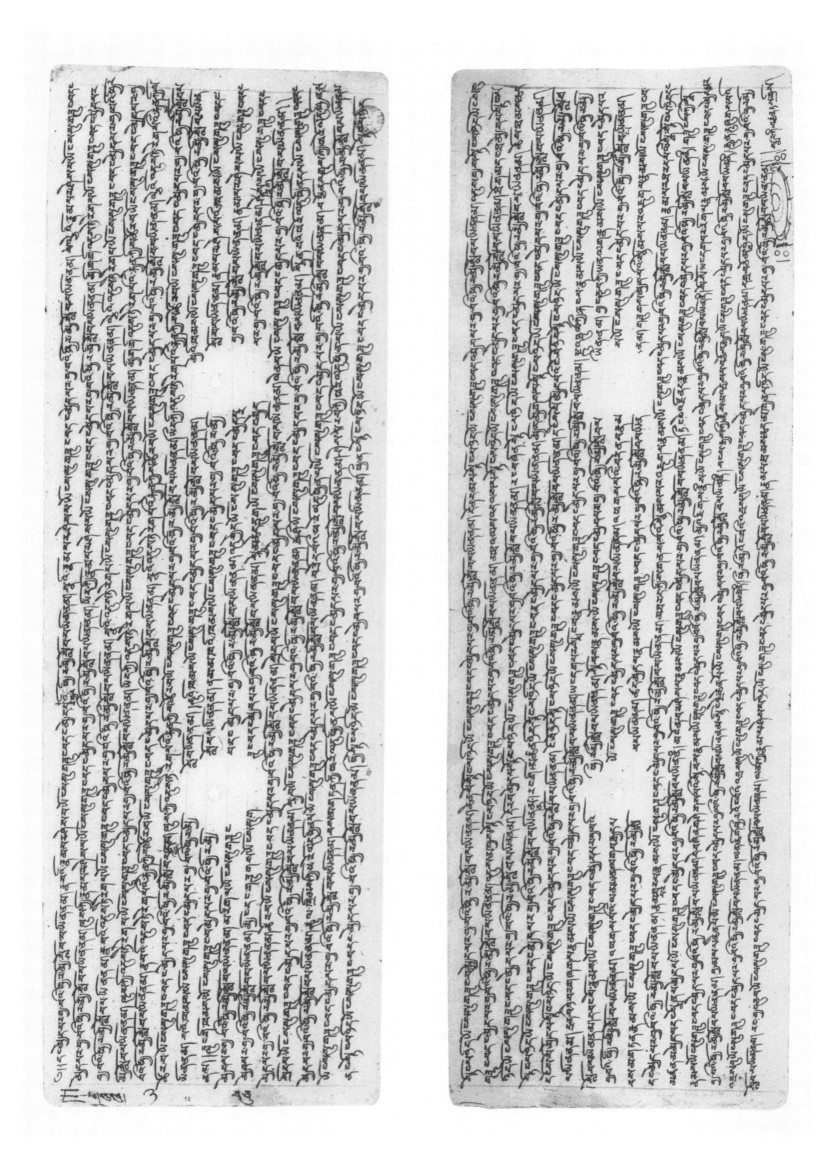

法 Pel.tib.1306　　2.ཤེས་རབ་ཀྱི་ཕ་རོལ་ཏུ་ཕྱིན་པ་སྟོང་ཕྲག་བརྒྱ་པ་དུམ་བུ་གཉིས་པ་བམ་པོ་སུམ་ཅུ་གསུམ་མོ།།

2.十萬頌般若波羅蜜多經第二函第三十三卷　　(82—10)

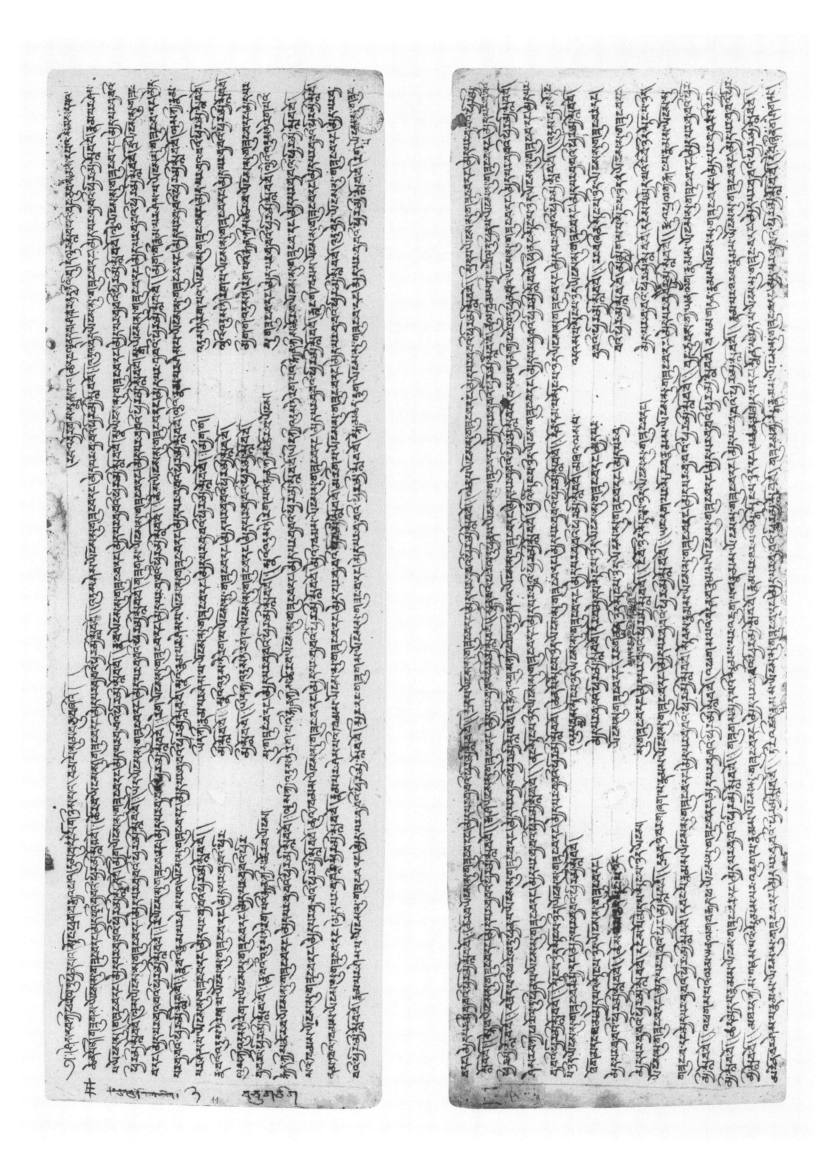

法 Pel.tib.1306　3.ཤེས་རབ་ཀྱི་ཕ་རོལ་ཏུ་ཕྱིན་པའི་སྟོང་ཕྲག་བརྒྱ་པའི་དུམ་བུ་གཉིས་པ་བམ་པོ་སུམ་ཅུ་བཞི་པའོ།།

3.十萬頌般若波羅蜜多經第二函第三十四卷　(82—11)

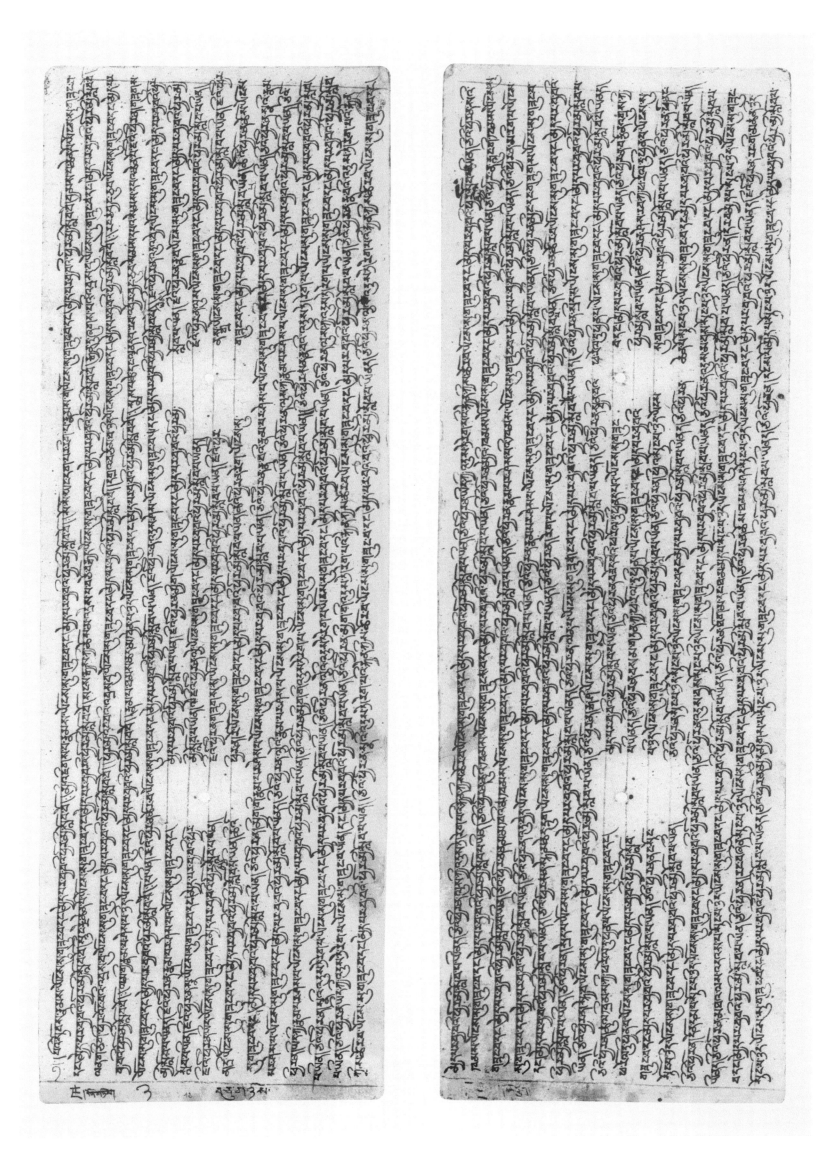

法 Pel.tib.1306　3.ཤེས་རབ་ཀྱི་ཕ་རོལ་ཏུ་ཕྱིན་པའི་སྟོང་ཕྲག་བརྒྱ་པའི་དུམ་བུ་གཉིས་པ་བམ་པོ་སུམ་ཅུ་བཞི་པའོ།།

3.十萬頌般若波羅蜜多經第二函第三十四卷　　(82—12)

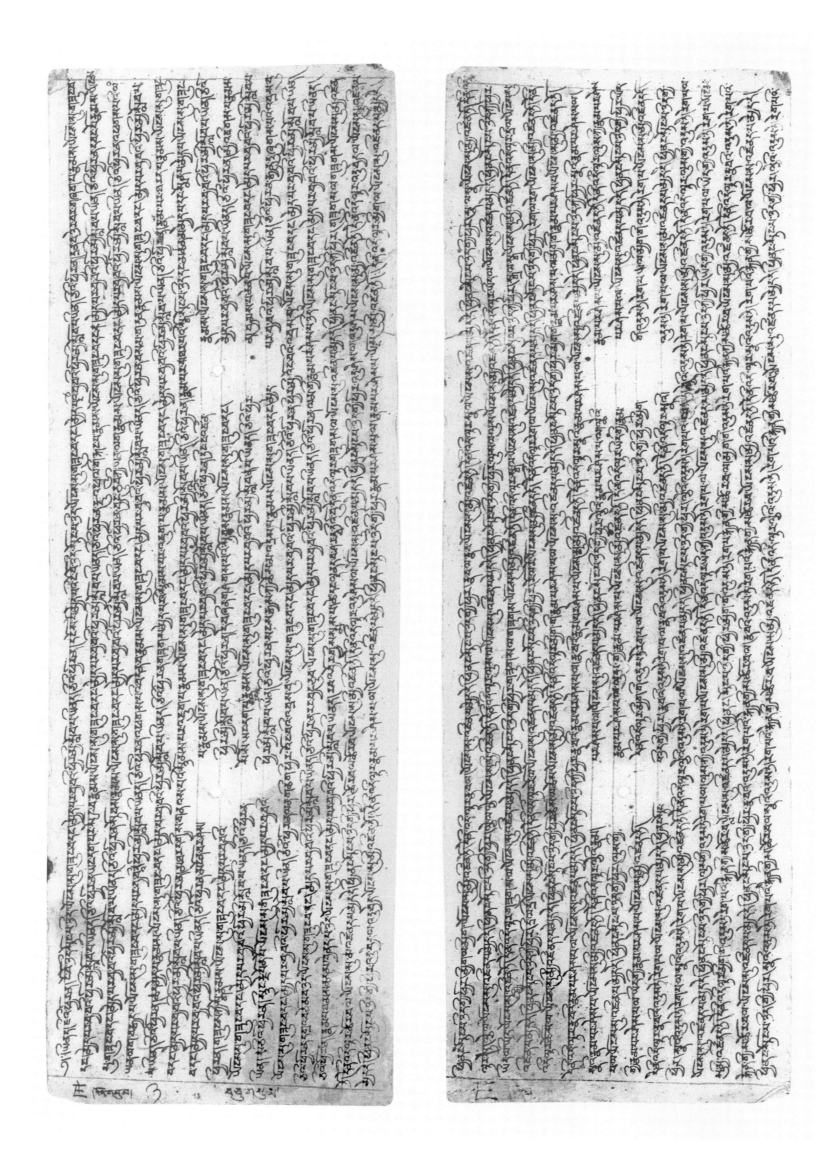

法 Pel.tib.1306　　3.ཤེས་རབ་ཀྱི་ཕ་རོལ་ཏུ་ཕྱིན་པའི་སྟོང་ཕྲག་བརྒྱ་པའི་དུམ་བུ་གཉིས་པ་བམ་པོ་སུམ་ཅུ་བཞིའོ།།

3.十萬頌般若波羅蜜多經第二函第三十四卷　　(82—13)

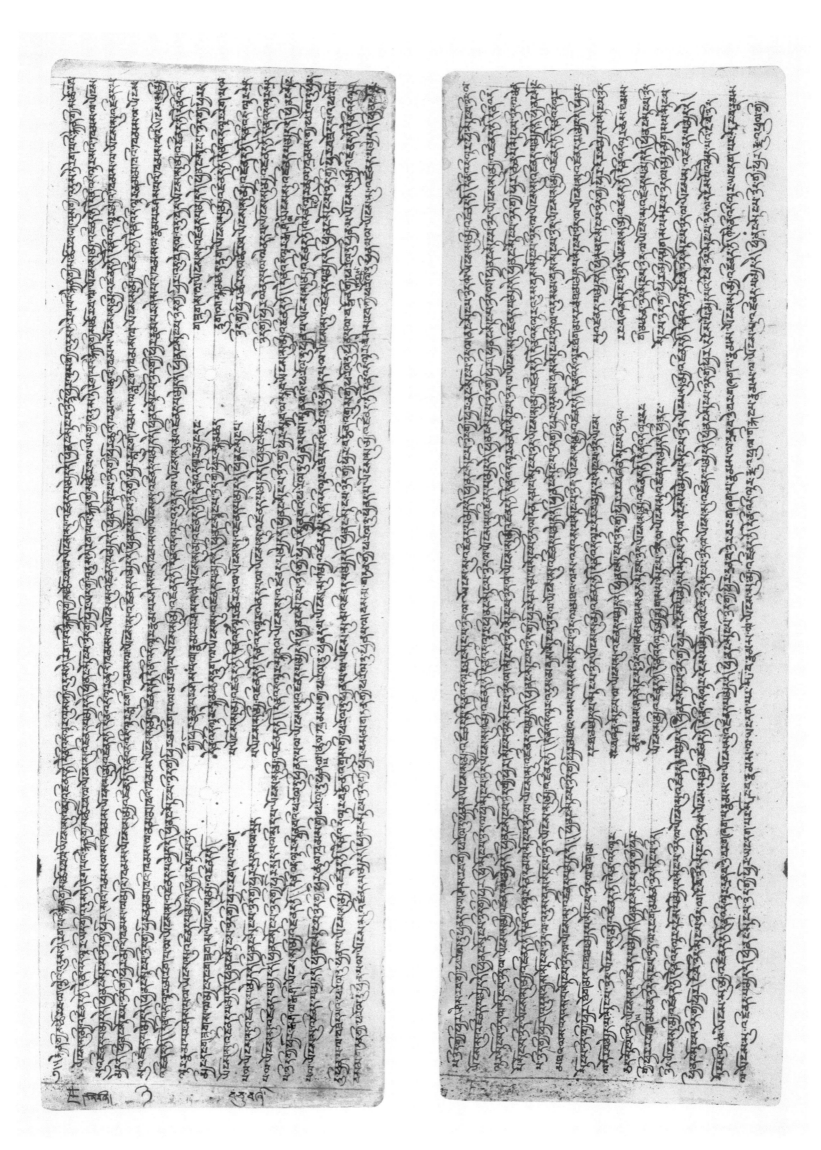

法 Pel.tib.1306　　3.ཤེས་རབ་ཀྱི་ཕ་རོལ་ཏུ་ཕྱིན་པའི་སྟོང་ཕྲག་བརྒྱ་པའི་དུམ་བུ་གཉིས་པ་བམ་པོ་སུམ་ཅུ་བཞི་པོ།།

3.十萬頌般若波羅蜜多經第二函第三十四卷　　(82—14)

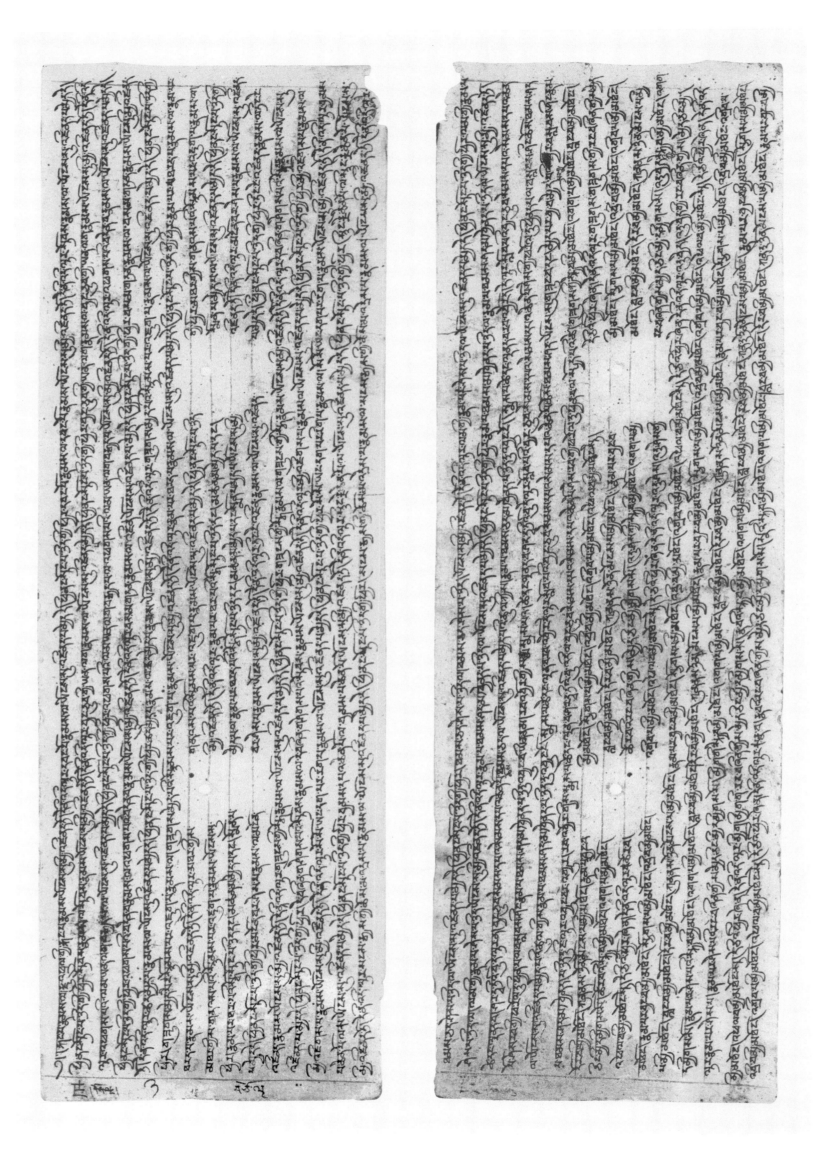

法 Pel.tib.1306　3.ཤེས་རབ་ཀྱི་ཕ་རོལ་ཏུ་ཕྱིན་པའི་སྟོང་ཕྲག་བརྒྱ་པའི་དུམ་བུ་གཉིས་པ་བམ་པོ་སུམ་ཅུ་བཞི་འོ།།

3.十萬頌般若波羅蜜多經第二函第三十四卷　　(82—15)

158

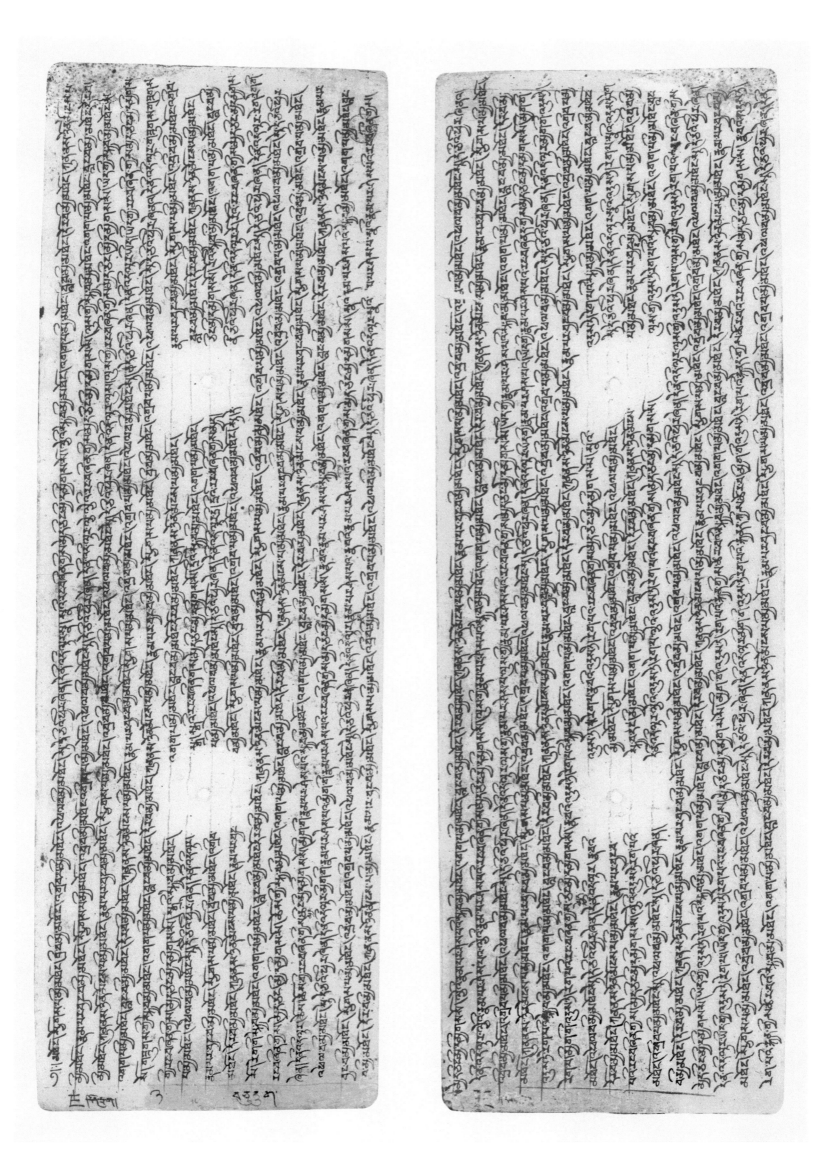

法 Pel.tib.1306　　3.ཤེས་རབ་ཀྱི་ཕ་རོལ་དུ་ཕྱིན་པའི་སྟོང་ཕྲག་བརྒྱ་པའི་དུམ་བུ་གཉིས་པ་བམ་པོ་སུམ་ཅུ་བཞི་པོ།།

3.十萬頌般若波羅蜜多經第二函第三十四卷　　(82—16)

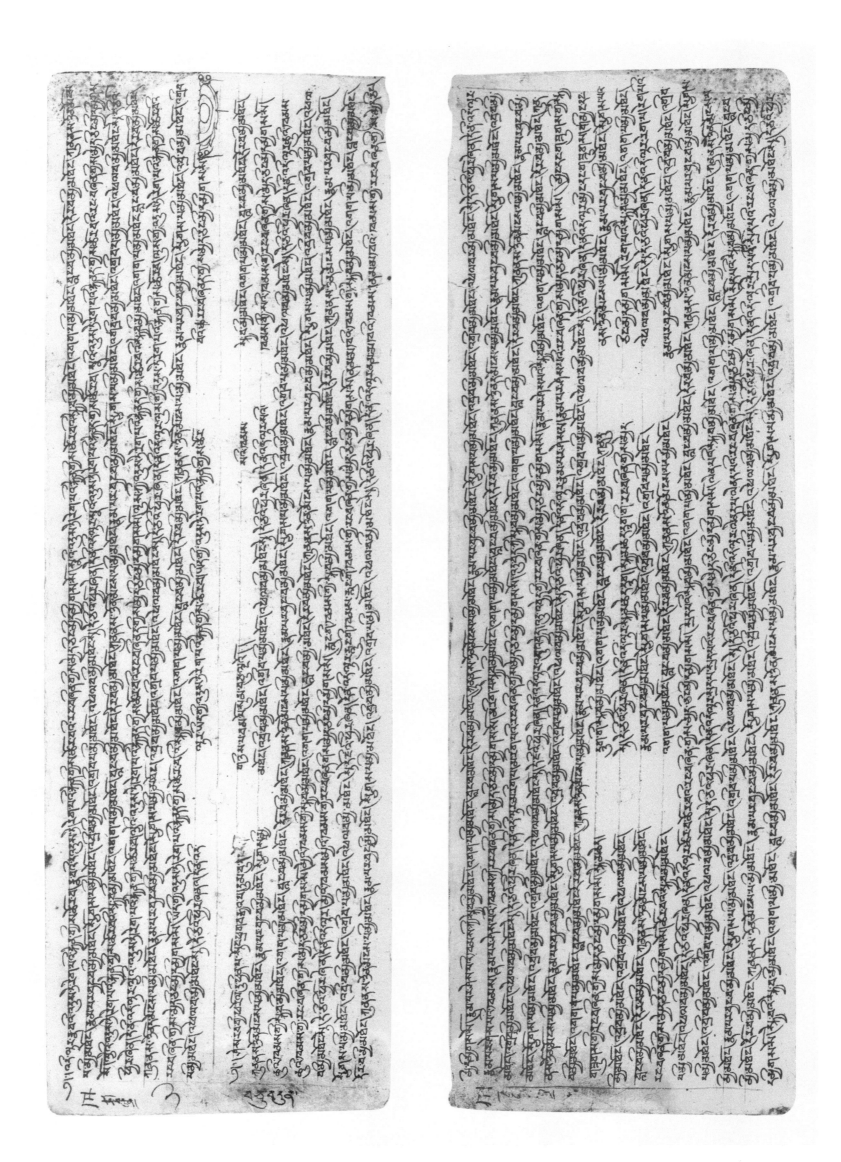

法 Pel.tib.1306　　4.ཤེས་རབ་ཀྱི་ཕ་རོལ་ཏུ་ཕྱིན་པ་སྟོང་ཕྲག་བརྒྱ་པ་དུམ་བུ་གཉིས་པ་བམ་པོ་སུམ་ཅུ་ལྔ་པའོ།།

4.十萬頌般若波羅蜜多經第二函第三十五卷　　(82—17)

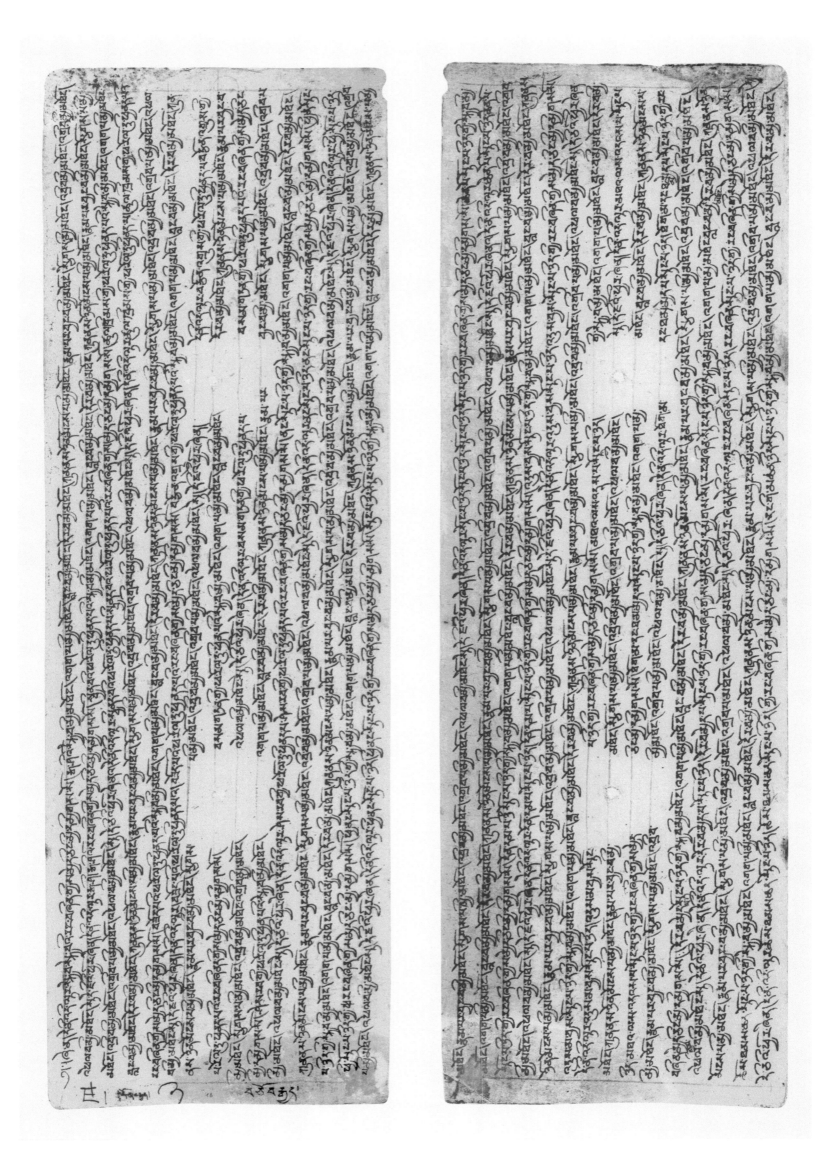

法 Pel.tib.1306　　4.ཤེས་རབ་ཀྱི་ཕ་རོལ་དུ་ཕྱིན་པ་སྟོང་ཕྲག་བརྒྱ་པ་དུམ་བུ་གཉིས་པ་བམ་པོ་སུམ་ཅུ་ལྔ་འོ།།

4.十萬頌般若波羅蜜多經第二函第三十五卷　　(82—18)

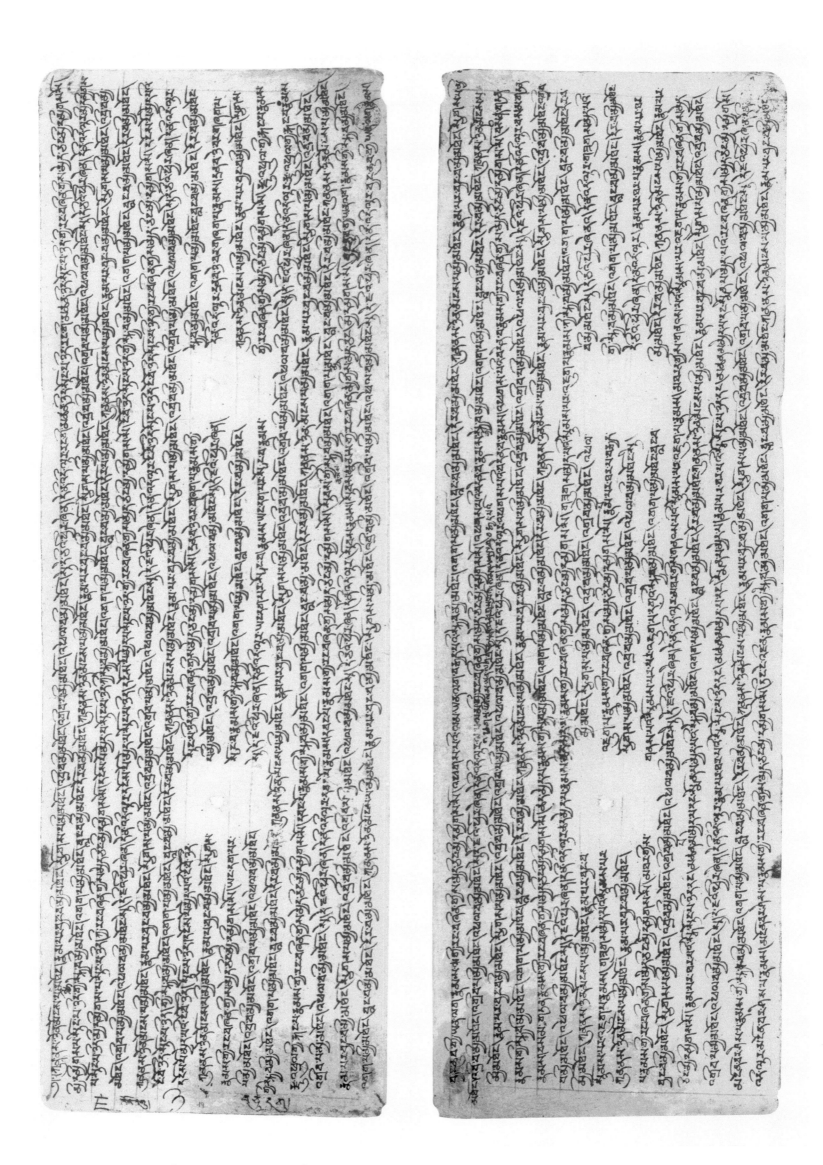

法 Pel.tib.1306　　4.ཤེས་རབ་ཀྱི་ཕ་རོལ་དུ་ཕྱིན་པ་སྟོང་ཕྲག་བརྒྱ་པ་དུམ་བུ་གཉིས་པ་བམ་པོ་སུམ་ཅུ་ལྔ་འོ།།

4.十萬頌般若波羅蜜多經第二函第三十五卷　　(82—19)

162

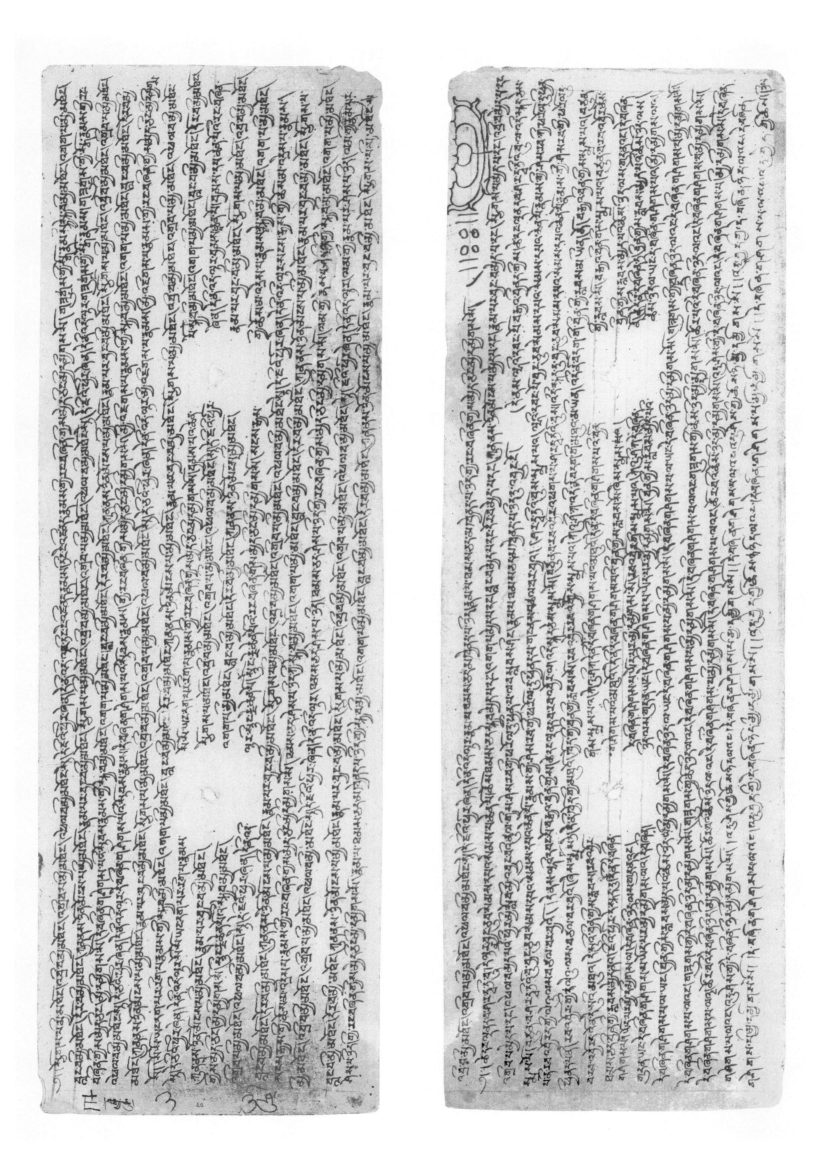

法 Pel.tib.1306　　4.ཤེས་རབ་ཀྱི་ཕ་རོལ་ཏུ་ཕྱིན་པ་སྟོང་ཕྲག་བརྒྱ་པ་དུམ་བུ་གཉིས་པ་བམ་པོ་སུམ་ཅུ་ལྔ་པའོ།།

4.十萬頌般若波羅蜜多經第二函第三十五卷　　(82—20)

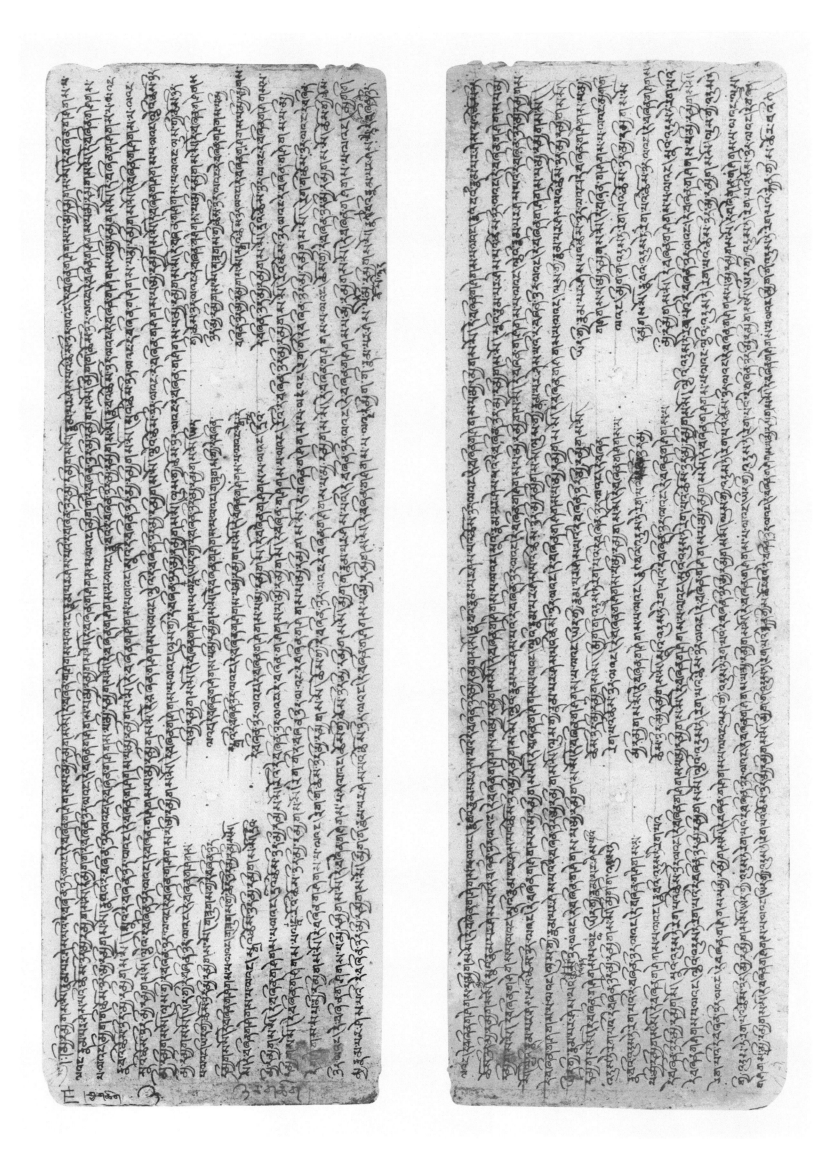

法 Pel.tib.1306　　4.ཤེས་རབ་ཀྱི་ཕ་རོལ་ཏུ་ཕྱིན་པ་སྟོང་ཕྲག་བརྒྱ་པ་དུམ་བུ་གཉིས་པ་བམ་པོ་སུམ་ཅུ་ལྔ་འོ།།

4.十萬頌般若波羅蜜多經第二函第三十五卷　　(82—21)

164

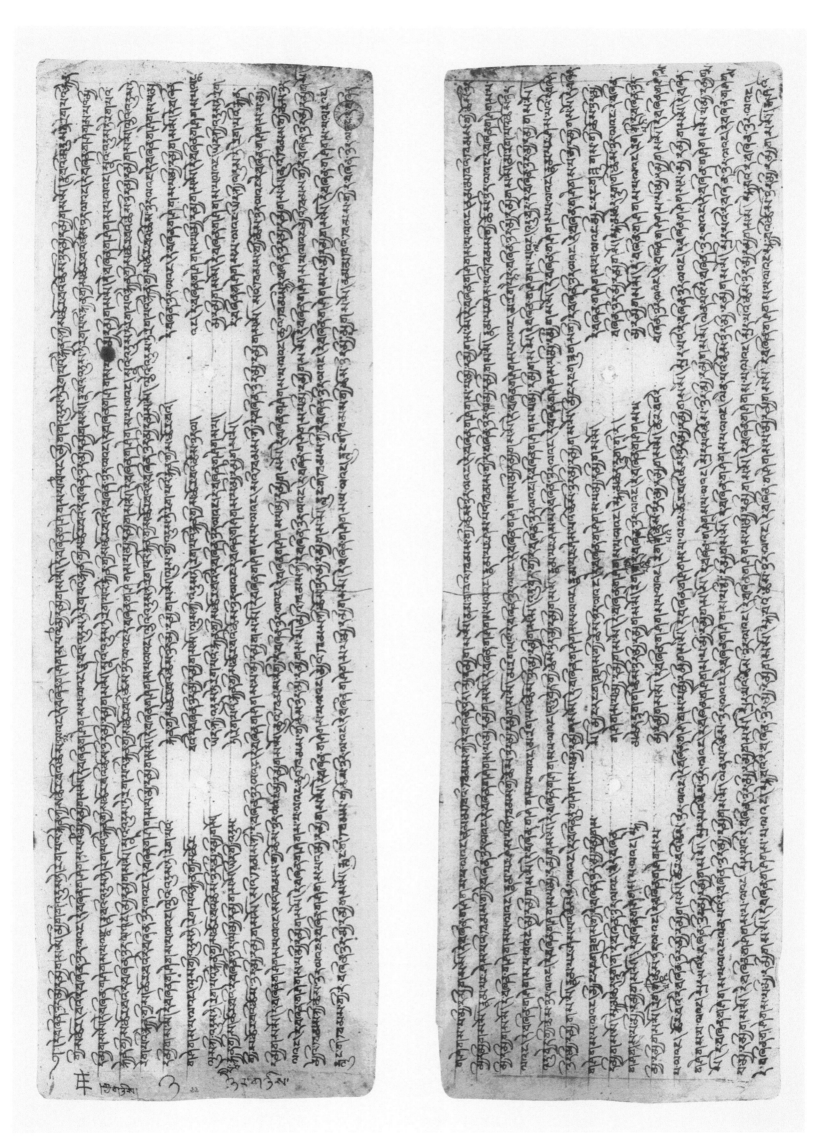

法 Pel.tib.1306　　4.ཤེས་རབ་ཀྱི་ཕ་རོལ་ཏུ་ཕྱིན་པ་སྟོང་ཕྲག་བརྒྱ་པ་དུམ་བུ་གཉིས་པ་བམ་པོ་སུམ་ཅུ་ལྔ་པའོ།།

4.十萬頌般若波羅蜜多經第二函第三十五卷　　(82—22)

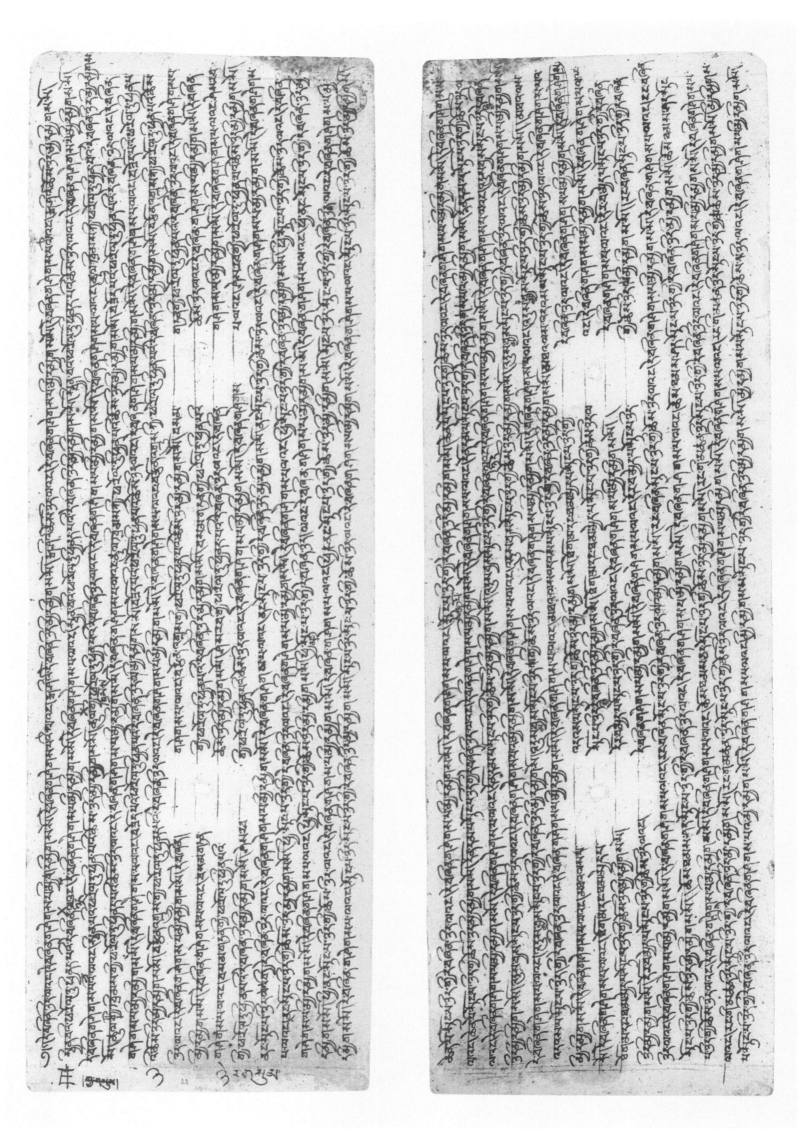

法 Pel.tib.1306　4.ཤེས་རབ་ཀྱི་ཕ་རོལ་ཏུ་ཕྱིན་པ་སྟོང་ཕྲག་བརྒྱ་པ་དུམ་བུ་གཉིས་པ་བམ་པོ་སུམ་ཅུ་ལྔ་པའོ།།

4.十萬頌般若波羅蜜多經第二函第三十五卷　　(82—23)

166

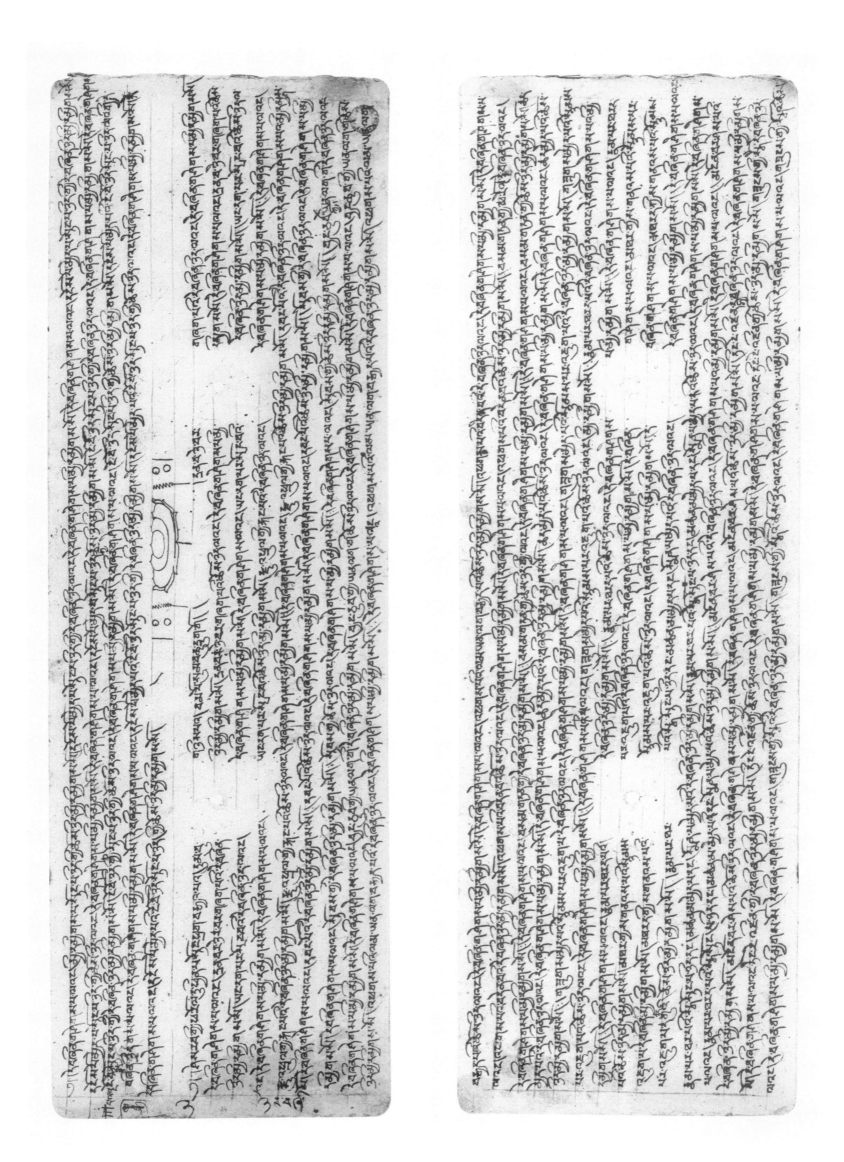

法 Pel.tib.1306　5.ཤེས་རབ་ཀྱི་ཕ་རོལ་ཏུ་ཕྱིན་པ་སྟོང་ཕྲག་བརྒྱ་པ་ད་ཁམ་བུ་གཉིས་པ་བདབས་པོ་སུམ་བཅུ་དྲུག་གོ།།།

5.十萬頌般若波羅蜜多經第二函第三十六卷　　(82—24)

167

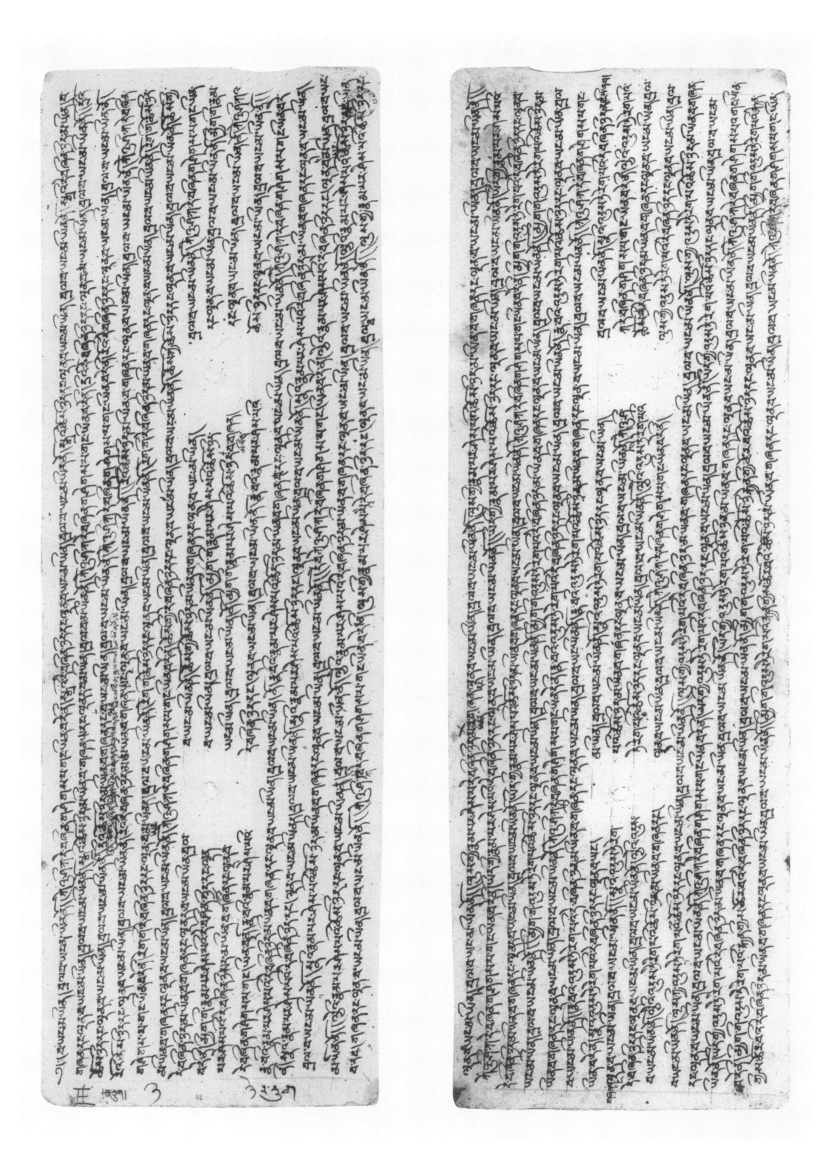

法 Pel.tib.1306　　5.ཤེས་རབ་ཀྱི་ཕ་རོལ་ཏུ་ཕྱིན་པ་སྟོང་ཕྲག་བརྒྱ་པ་དགུ་བཅུ་གཉིས་པ་བམ་པོ་སུམ་བཅུ་དྲུག་གོ།།།

5.十萬頌般若波羅蜜多經第二函第三十六卷　　(82—25)

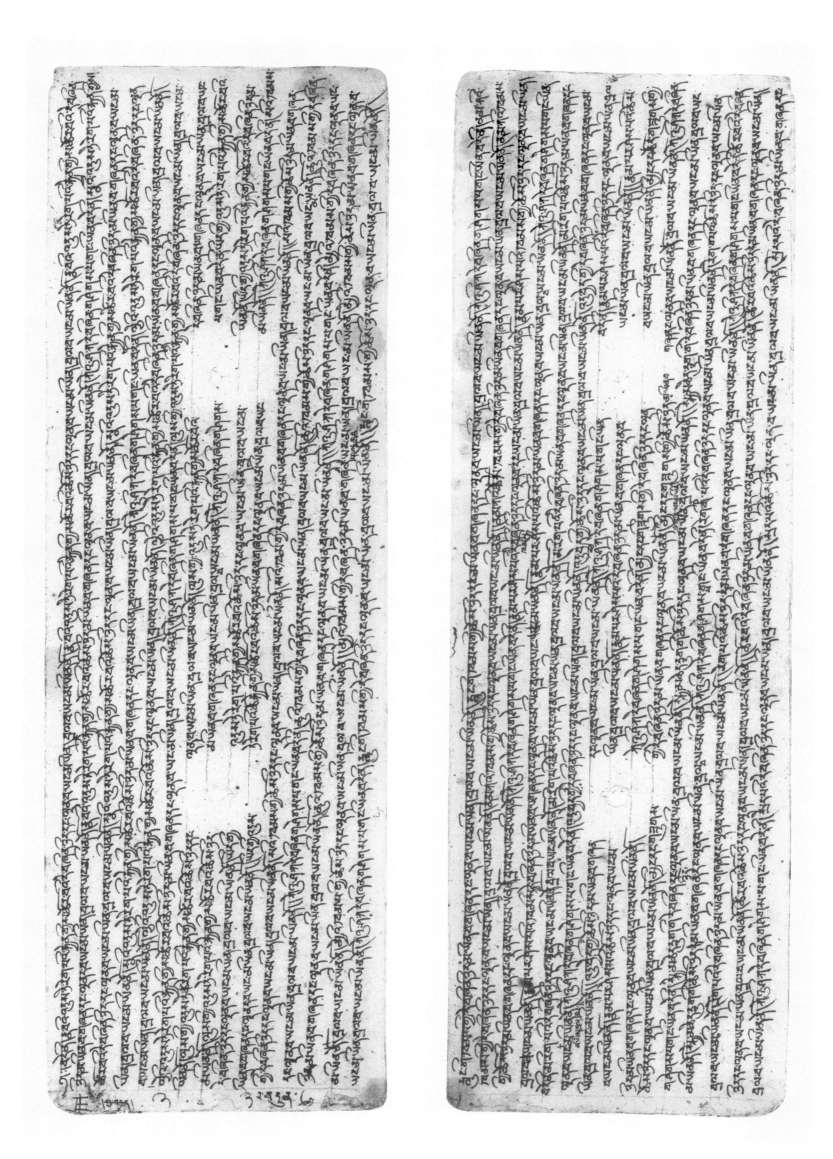

法 Pel.tib.1306　　5.ཤེས་རབ་ཀྱི་ཕ་རོལ་ཏུ་ཕྱིན་པ་སྟོང་ཕྲག་བརྒྱ་པ་འདུམ་བུ་གཉིས་པ་བམ་པོ་སུམ་བཅུ་དྲུག་གོ།།
　　　　　　　　　5.十萬頌般若波羅蜜多經第二函第三十六卷　　(82—26)

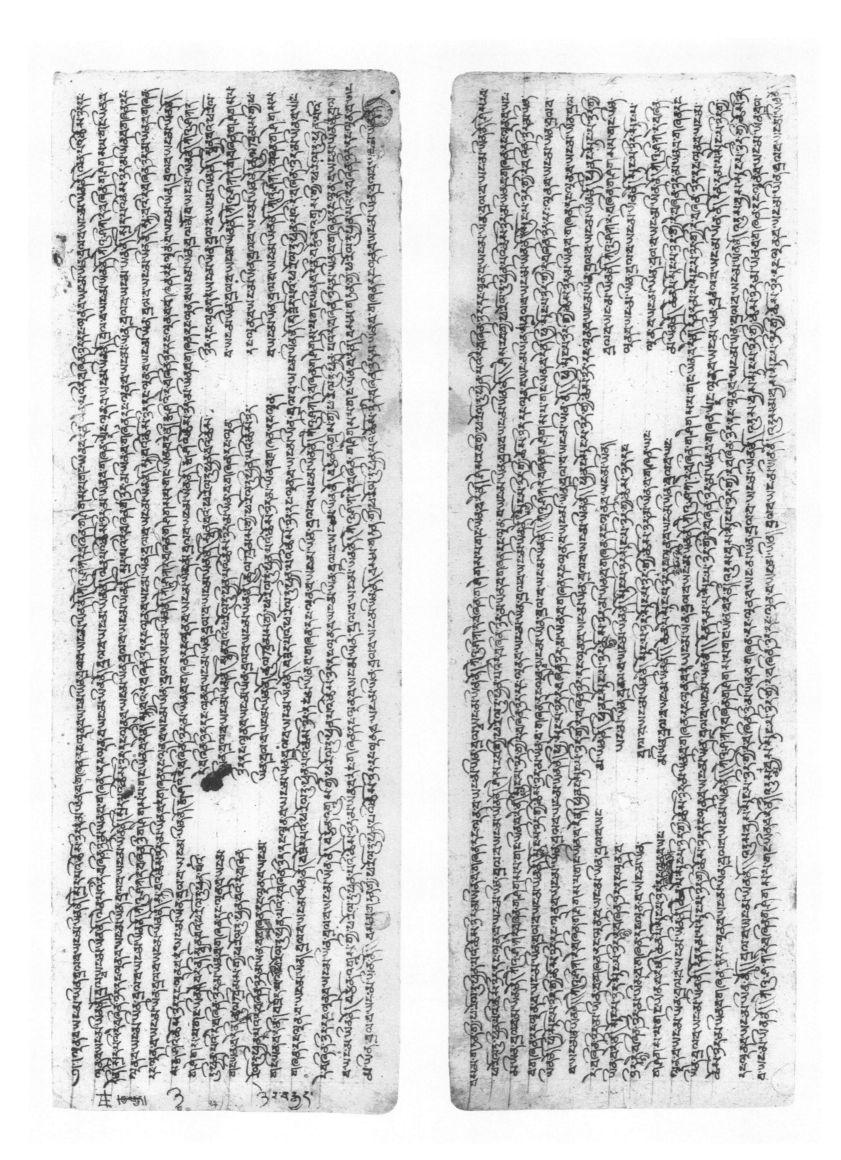

法 Pel.tib.1306   5.ཤེས་རབ་ཀྱི་ཕ་རོལ་ཏུ་ཕྱིན་པ་སྟོང་ཕྲག་བརྒྱལ་པའི་དུམ་བུ་གཉིས་པ་བདམ་པོ་སུམ་བཅུ་དྲུག་གོ།།

5.十萬頌般若波羅蜜多經第二函第三十六卷　　(82—27)

170

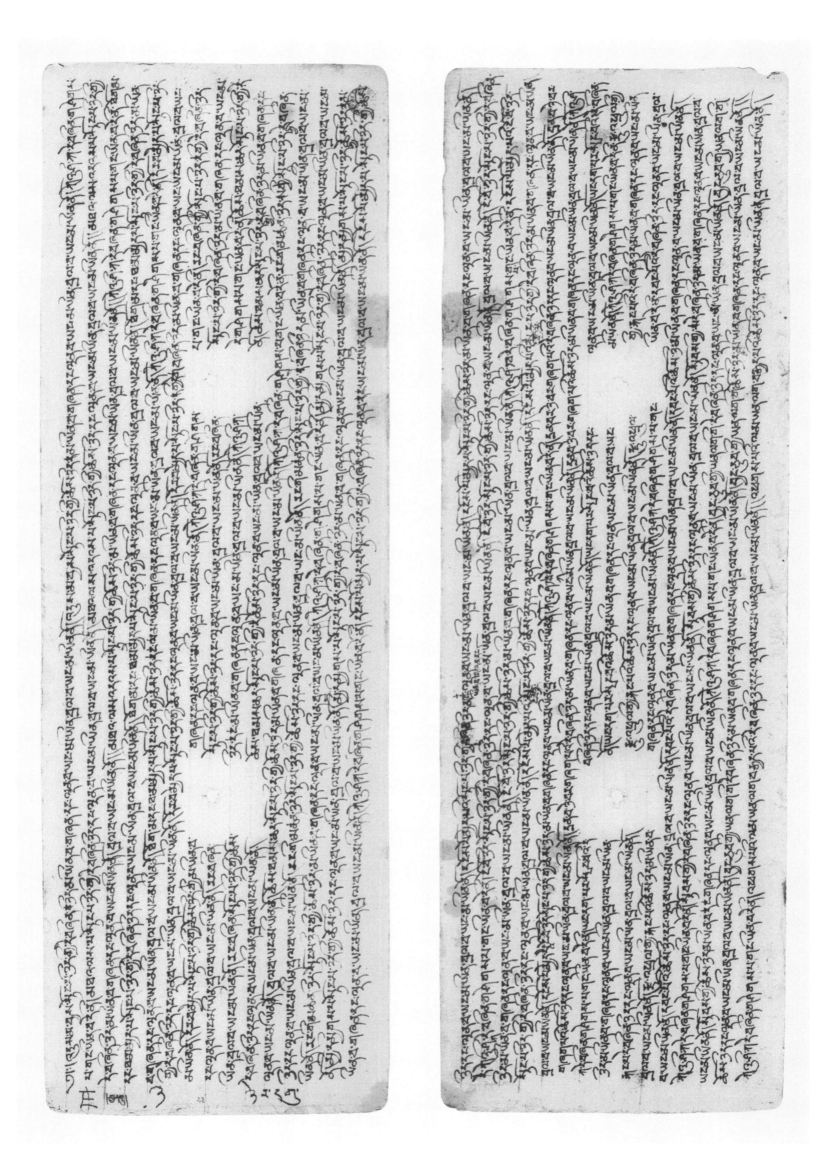

法 Pel.tib.1306　　5. ཤེས་རབ་ཀྱི་ཕ་རོལ་ཏུ་ཕྱིན་པ་སྟོང་ཕྲག་བརྒྱ་པ་བདུམ་བུ་གཉིས་པ་བམ་པོ་སུམ་བཅུ་རྩ་དྲུག་གོ།།

5.十萬頌般若波羅蜜多經第二函第三十六卷　　(82—28)

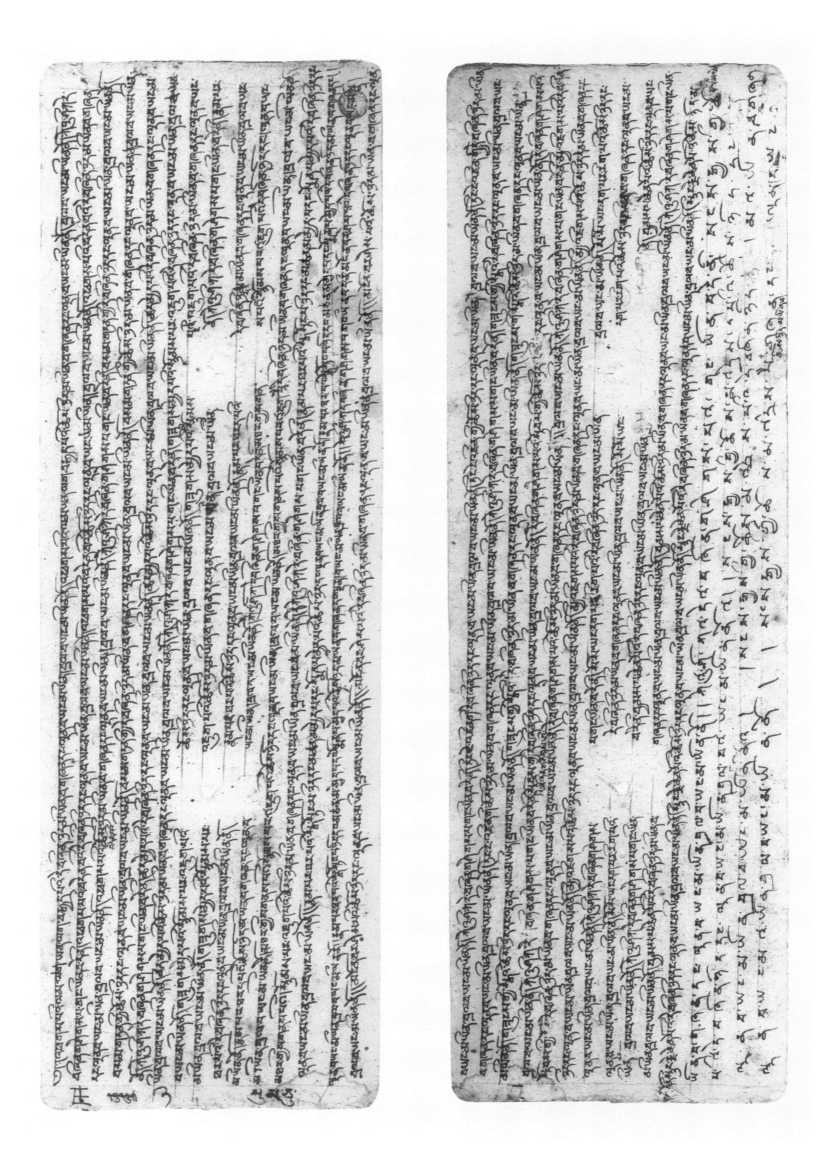

法 Pel.tib.1306　5.ཤེས་རབ་ཀྱི་ཕ་རོལ་ཏུ་ཕྱིན་པ་སྟོང་ཕྲག་བརྒྱ་པ་དུམ་བུ་གཉིས་པ་བམ་པོ་སུམ་བཅུ་རྩ་དྲུག་གོ།།

5.十萬頌般若波羅蜜多經第二函第三十六卷　　(82—29)

法 Pel.tib.1306　　5.ཤེས་རབ་ཀྱི་ཕ་རོལ་ཏུ་ཕྱིན་པ་སྟོང་ཕྲག་བརྒྱ་པ་དུམ་བུ་གཉིས་པ་བམ་པོ་སུམ་བཅུ་རྩ་དྲུག་གོ།།།

6.བྲིས་བྱང་།

5.十萬頌般若波羅蜜多經第二函第三十六卷　6.寫經題記　　(82—30)

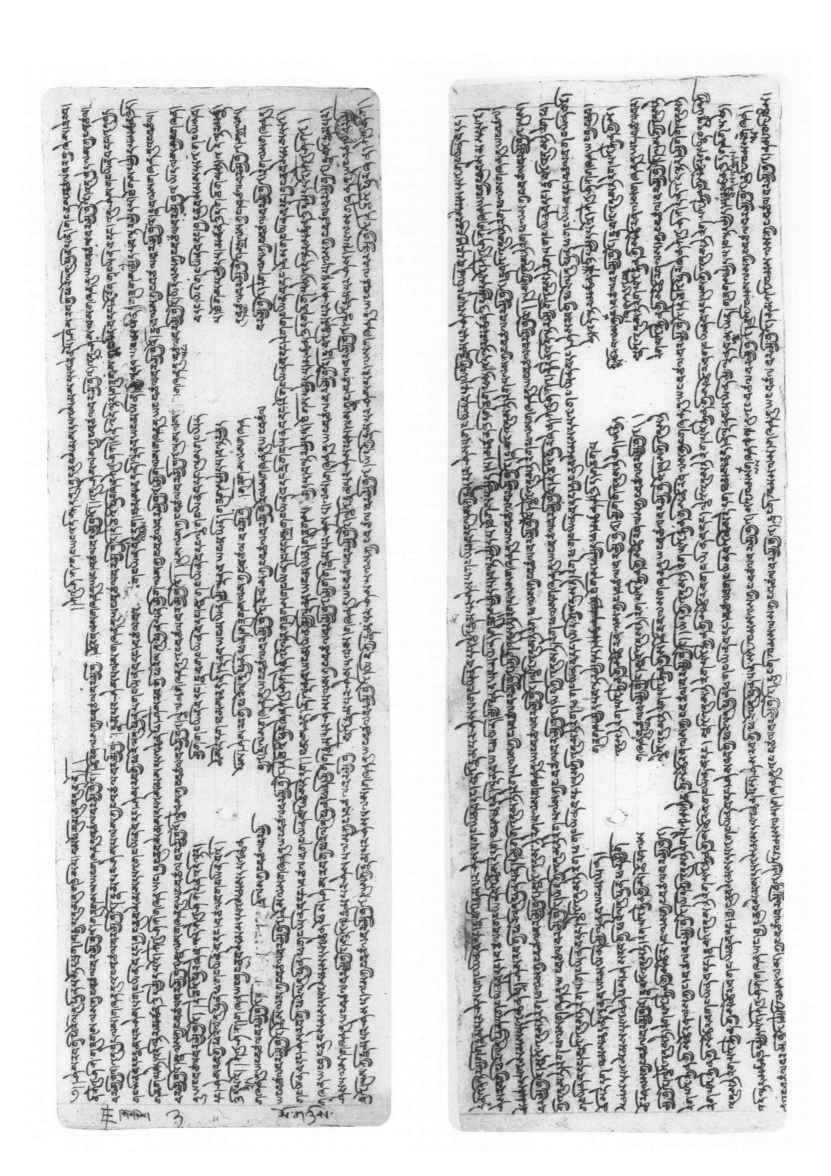

法 Pel.tib.1306

7.ཤེས་རབ་ཀྱི་ཕ་རོལ་ཏུ་ཕྱིན་པ་སྟོང་ཕྲག་བརྒྱ་པ་དུམ་བུ་གཉིས་པ་བམ་པོ་སུམ་ཅུ་བདུན་ནོ།།

7.十萬頌般若波羅蜜多經第二函第三十七卷　　(82—31)

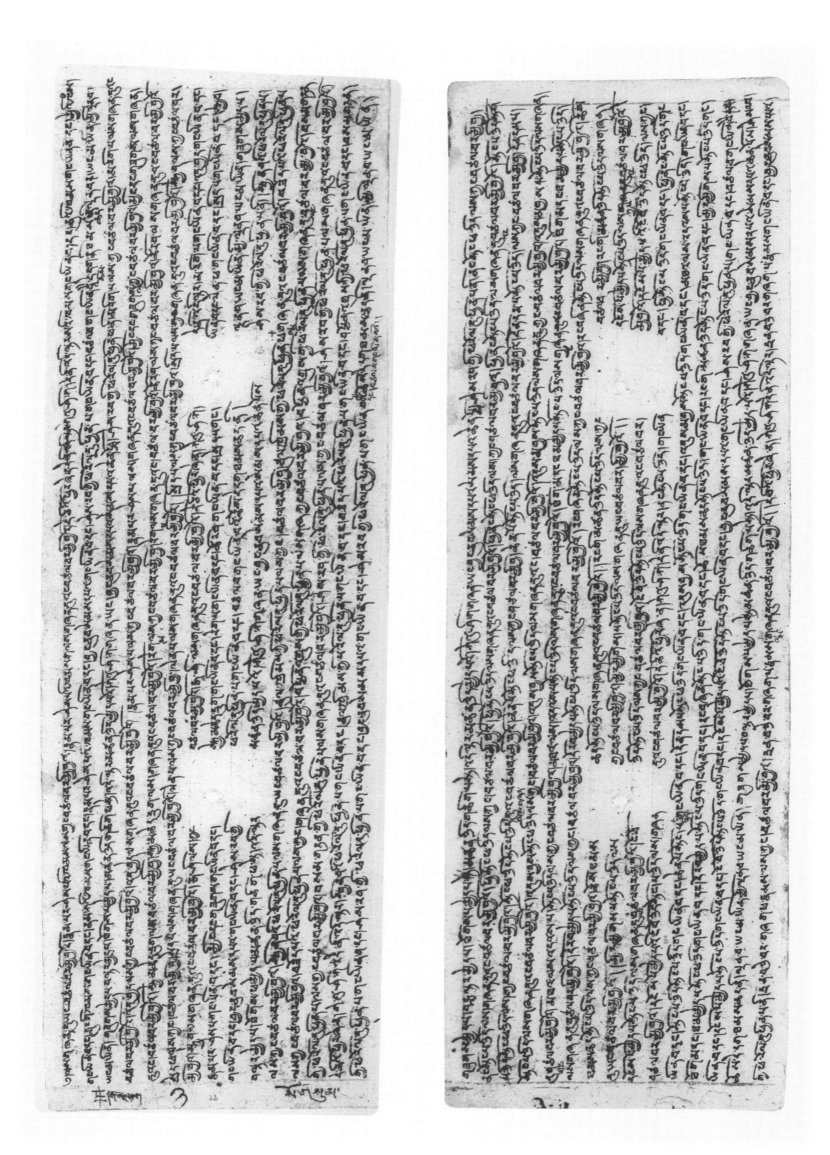

法 Pel.tib.1306　7.ཤེས་རབ་ཀྱི་ཕ་རོལ་དུ་ཕྱིན་པ་སྟོང་ཕྲག་བརྒྱ་པ་དུམ་བུ་གཉིས་པ་བམ་པོ་སུམ་ཅུ་བདུན་ནོ།།

7.十萬頌般若波羅蜜多經第二函第三十七卷　　(82—32)

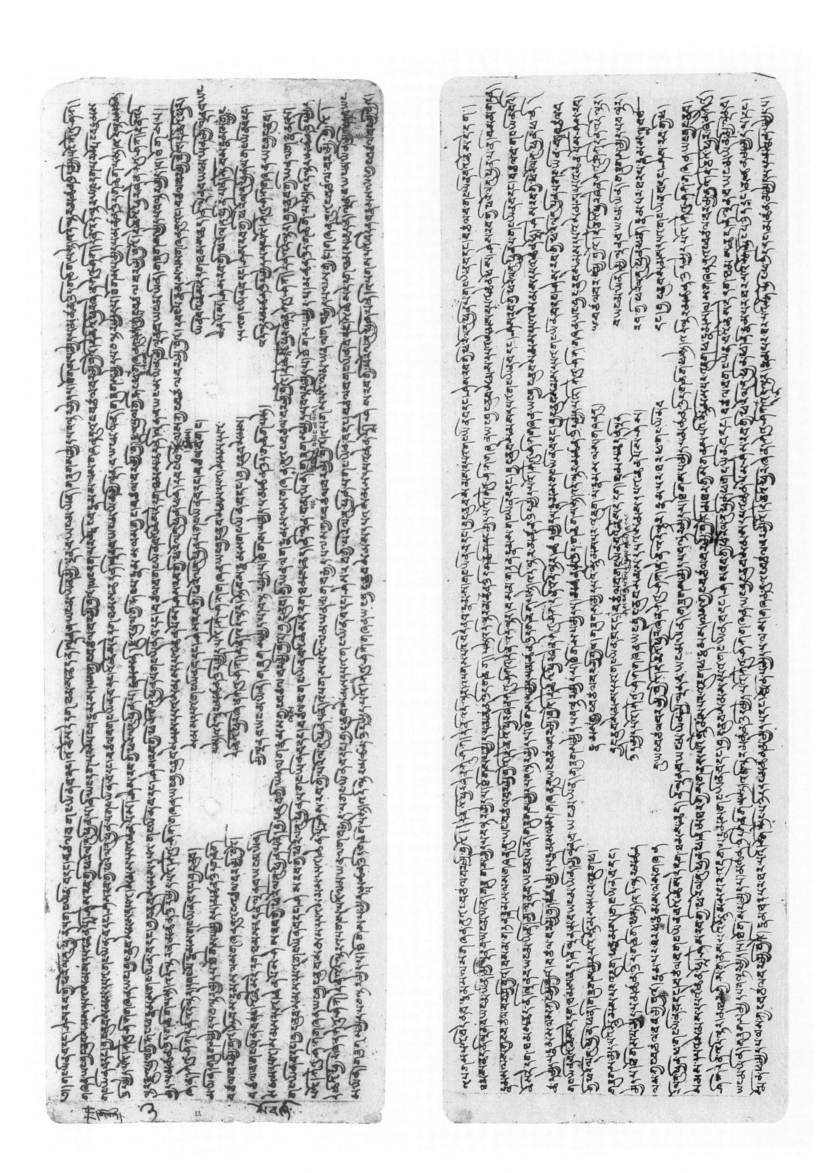

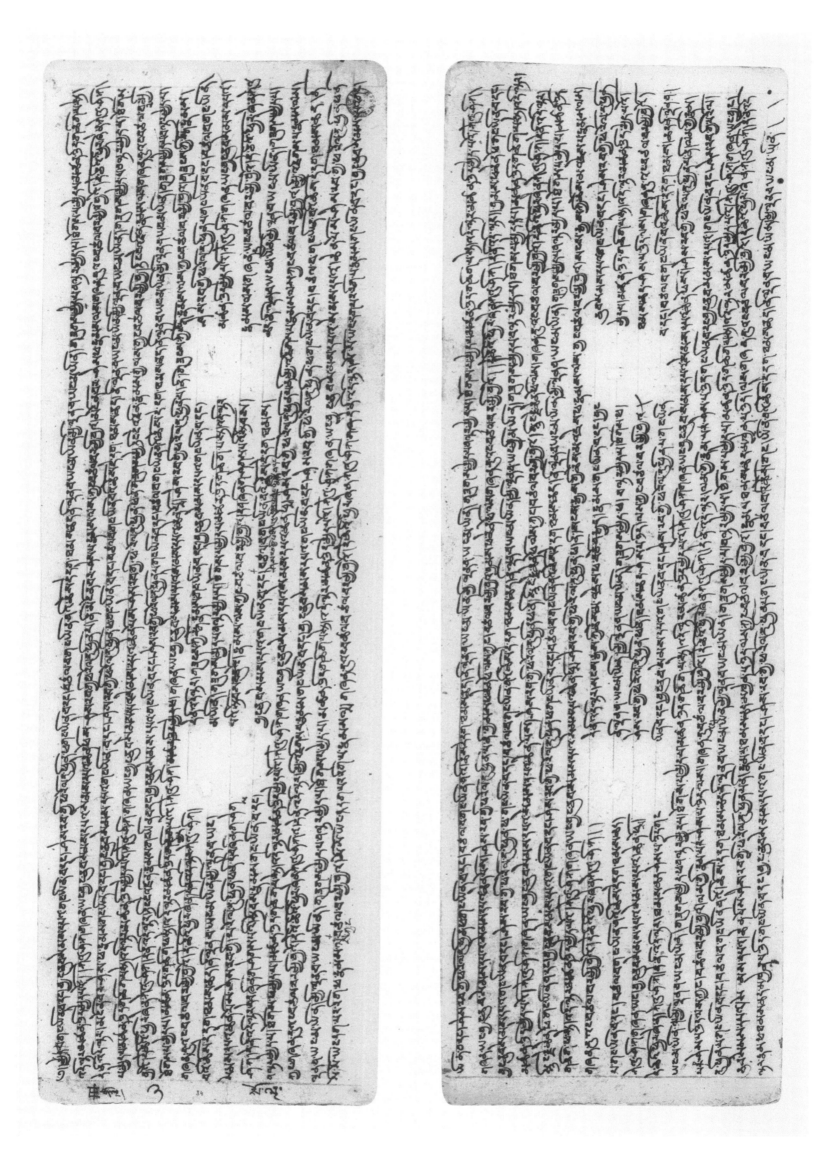

法 Pel.tib.1306　7.ཤེས་རབ་ཀྱི་ཕ་རོལ་དུ་ཕྱིན་པ་སྟོང་ཕྲག་བརྒྱ་པ་དུམ་བུ་གཉིས་པ་བམ་པོ་སུམ་ཅུ་བདུན་ནོ།།

7.十萬頌般若波羅蜜多經第二函第三十七卷　　(82—34)

177

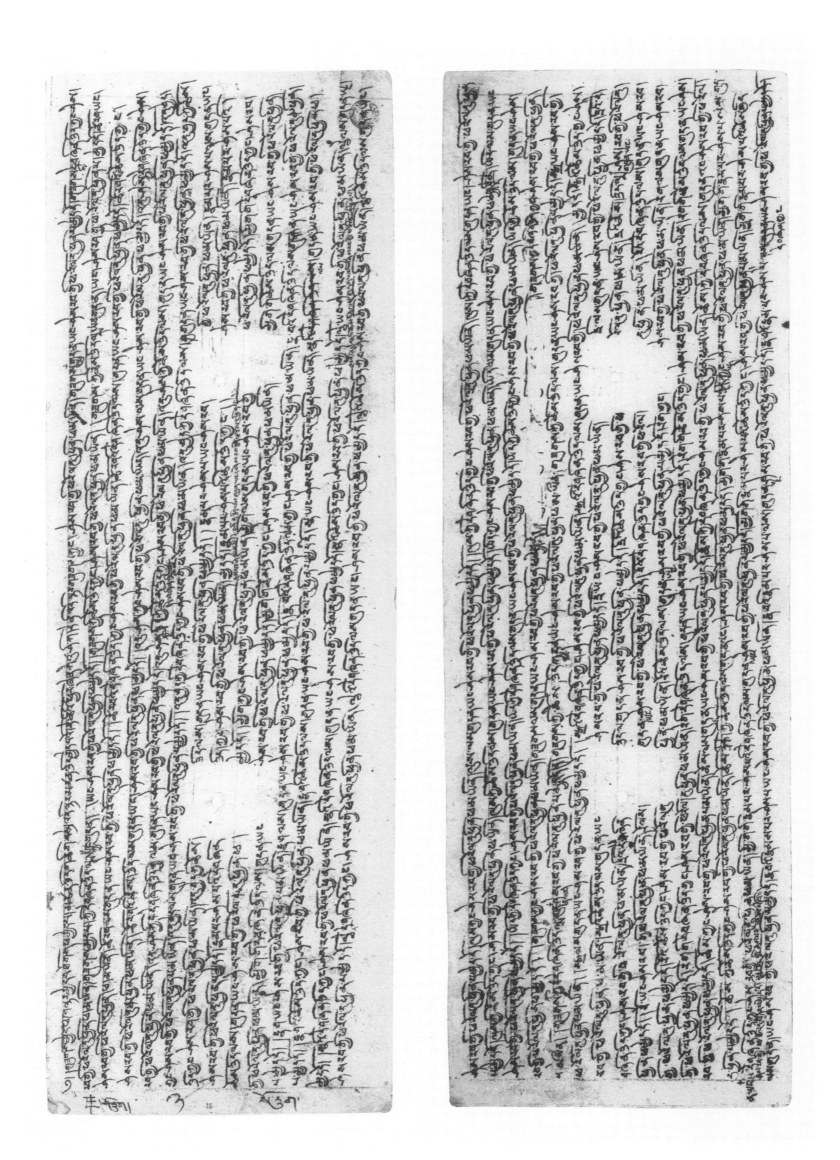

7.ཤེས་རབ་ཀྱི་ཕ་རོལ་དུ་ཕྱིན་པ་སྟོང་ཕྲག་བརྒྱ་པ་དུམ་བུ་གཉིས་པ་བཞེས་པ་བཞལ་པོ་སུམ་ཅུ་བདུན་ནོ༎

7.十萬頌般若波羅蜜多經第二函第三十七卷　　(82—35)

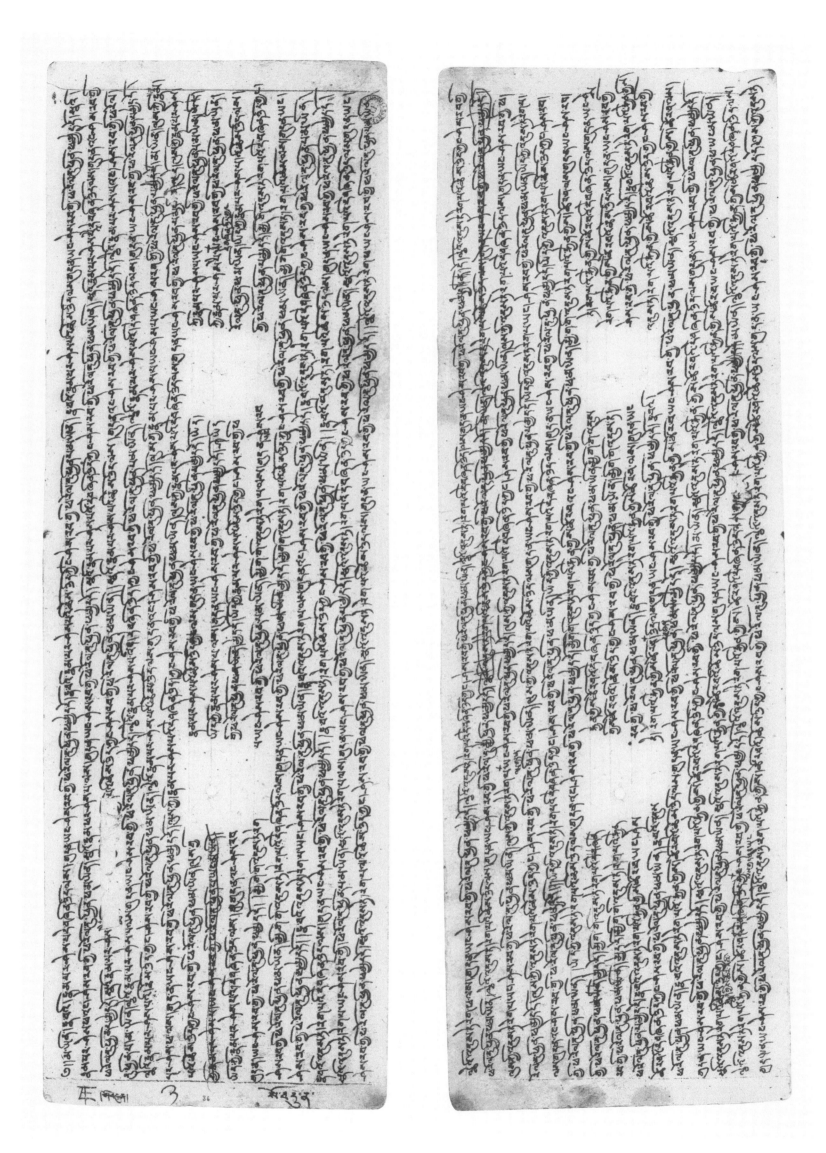

法 Pel.tib.1306　7.ཤེས་རབ་ཀྱི་ཕ་རོལ་ཏུ་ཕྱིན་པ་སྟོང་ཕྲག་བརྒྱ་པ་དུམ་བུ་གཉིས་པ་བམ་པོ་སུམ་ཅུ་བདུན་ནོ།།

7.十萬頌般若波羅蜜多經第二函第三十七卷　　(82—36)

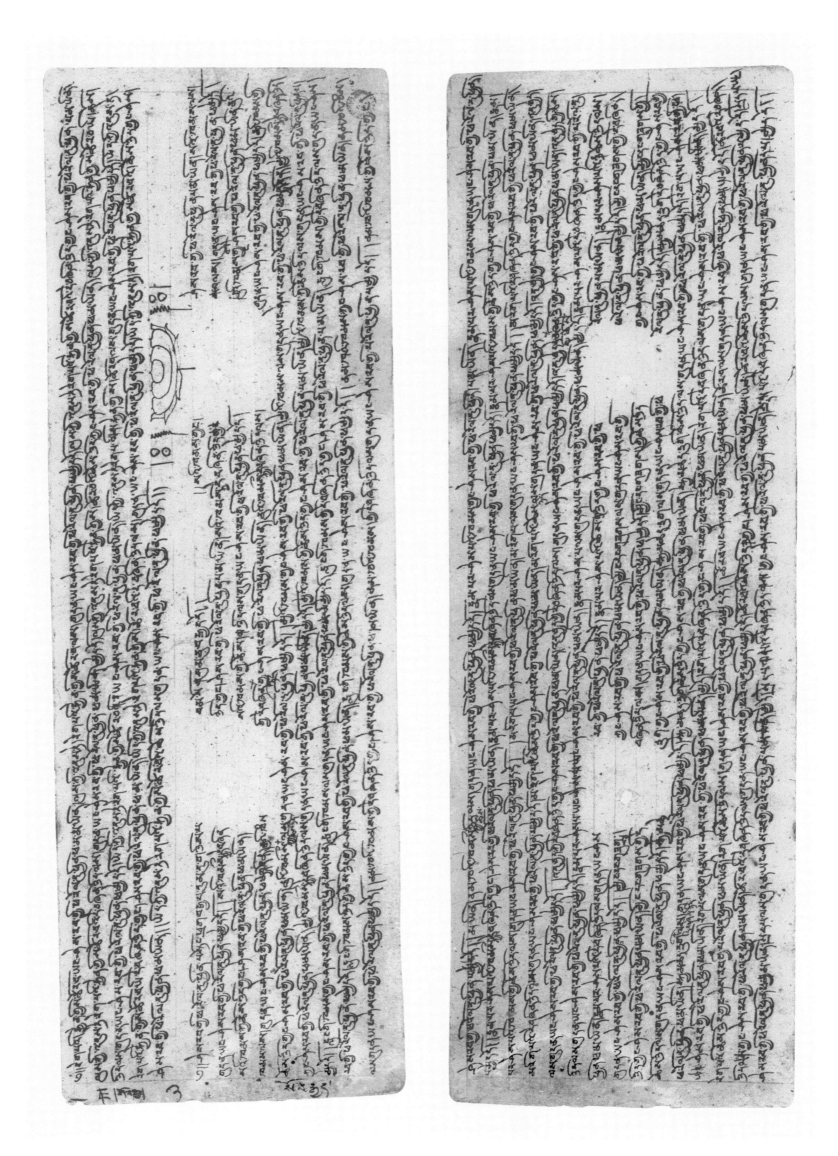

法 Pel.tib.1306　8.ཤེས་རབ་ཀྱི་ཕ་རོལ་ཏུ་ཕྱིན་པ་སྟོང་ཕྲག་བརྒྱ་པ་དུམ་བུ་གཉིས་པ་བམ་པོ་སུམ་ཅུ་བརྒྱད་དོ

8.十萬頌般若波羅蜜多經第二函第三十八卷　　(82—37)

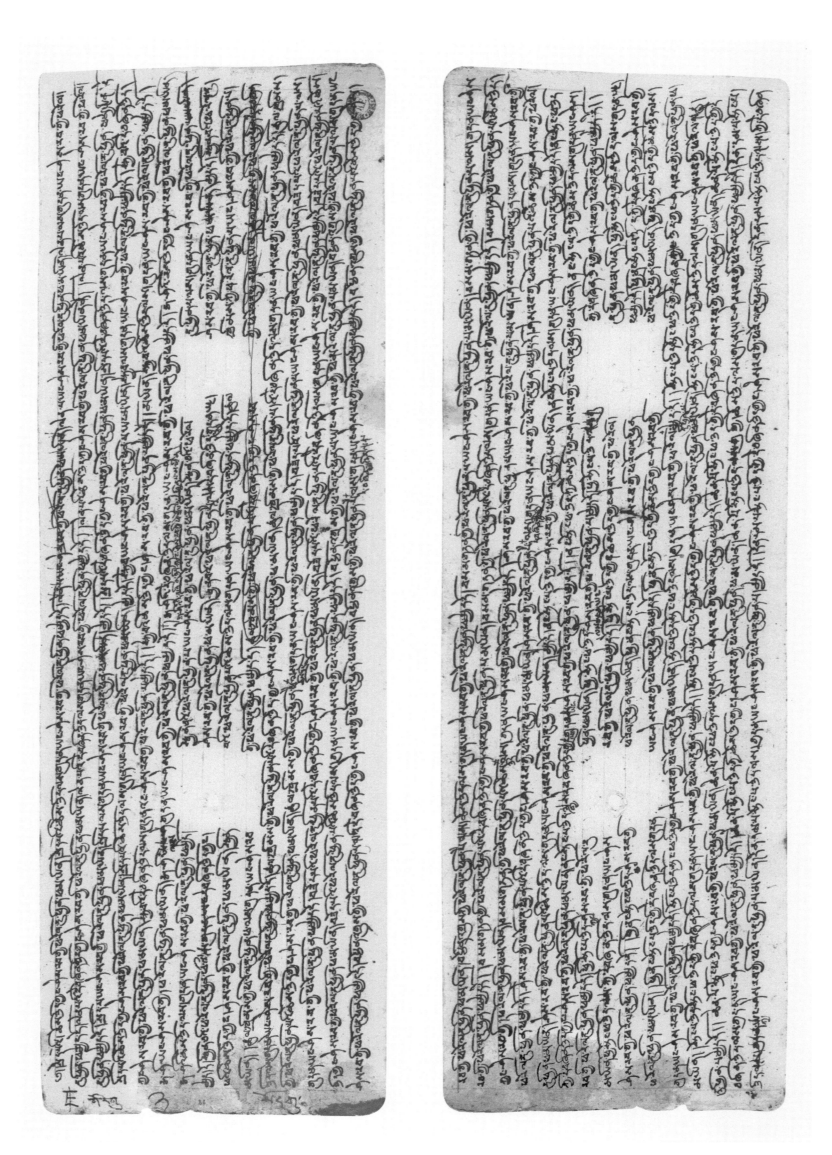

法 Pel.tib.1306　ཤེས་རབ་ཀྱི་ཕ་རོལ་ཏུ་ཕྱིན་པ་སྟོང་ཕྲག་བརྒྱ་པ་དུམ་བུ་གཉིས་པ་བམ་པོ་སུམ་ཅུ་བརྒྱད་དོ།།

8.十萬頌般若波羅蜜多經第二函第三十八卷　　(82—38)

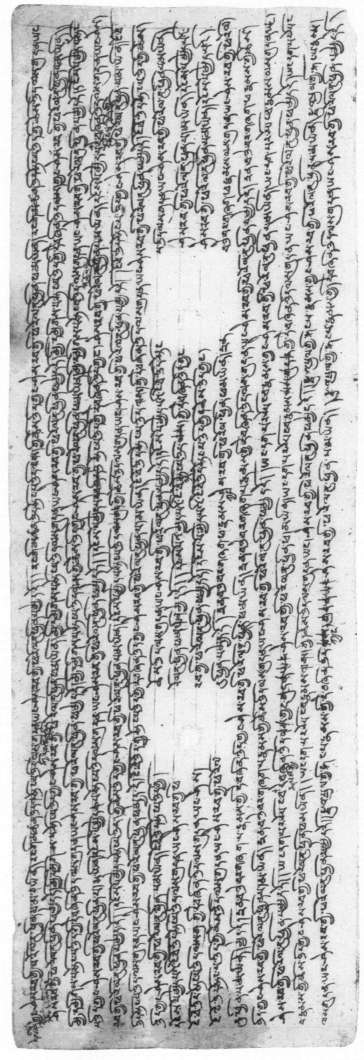

法 Pel.tib.1306　　8.ཤེས་རབ་ཀྱི་ཕ་རོལ་ཏུ་ཕྱིན་པ་སྟོང་ཕྲག་བརྒྱ་པ་དུམ་བུ་གཉིས་པ་བམ་པོ་སུམ་ཅུ་བརྒྱད་དོ།།

8.十萬頌般若波羅蜜多經第二函第三十八卷　　(82—39)

182

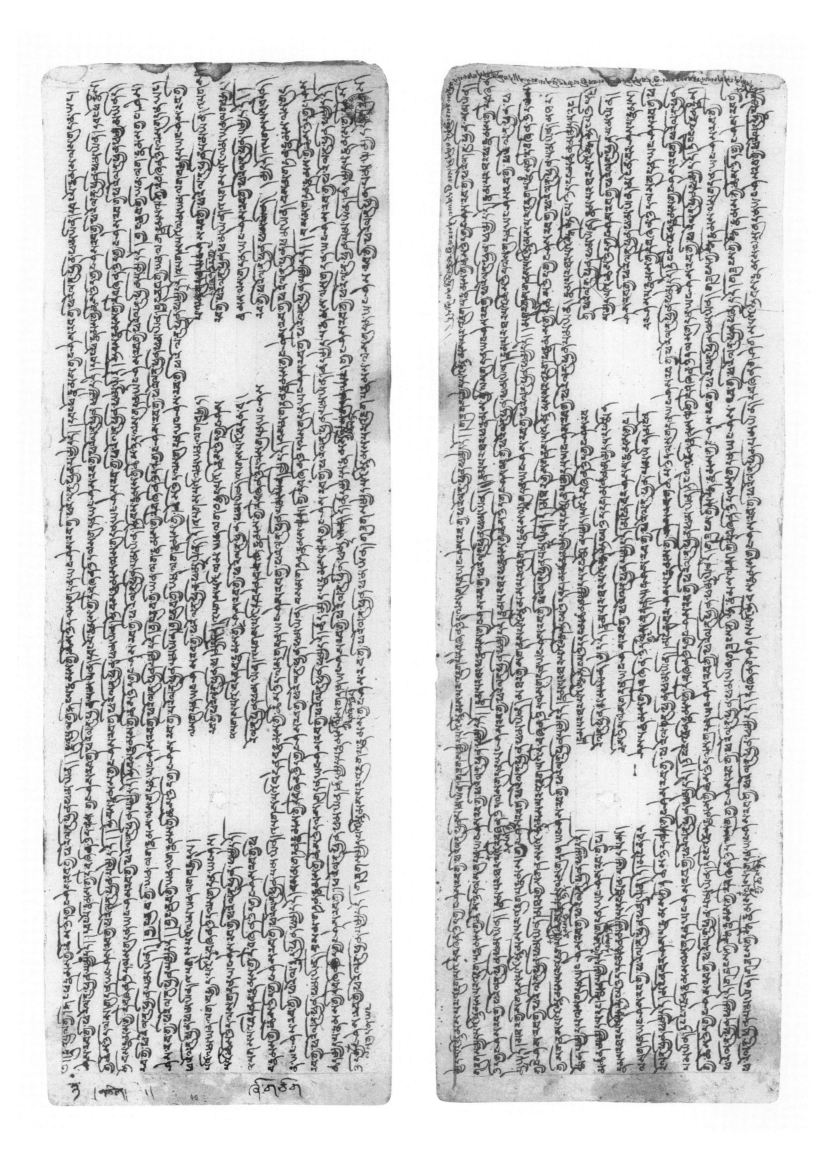

法 Pel.tib.1306　8.ཤེས་རབ་ཀྱི་ཕ་རོལ་ཏུ་ཕྱིན་པ་སྟོང་ཕྲག་བརྒྱ་པ་དུམ་བུ་གཉིས་པ་བམ་པོ་སུམ་ཅུ་བརྒྱད་དོ།།

8.十萬頌般若波羅蜜多經第二函第三十八卷　(82—40)

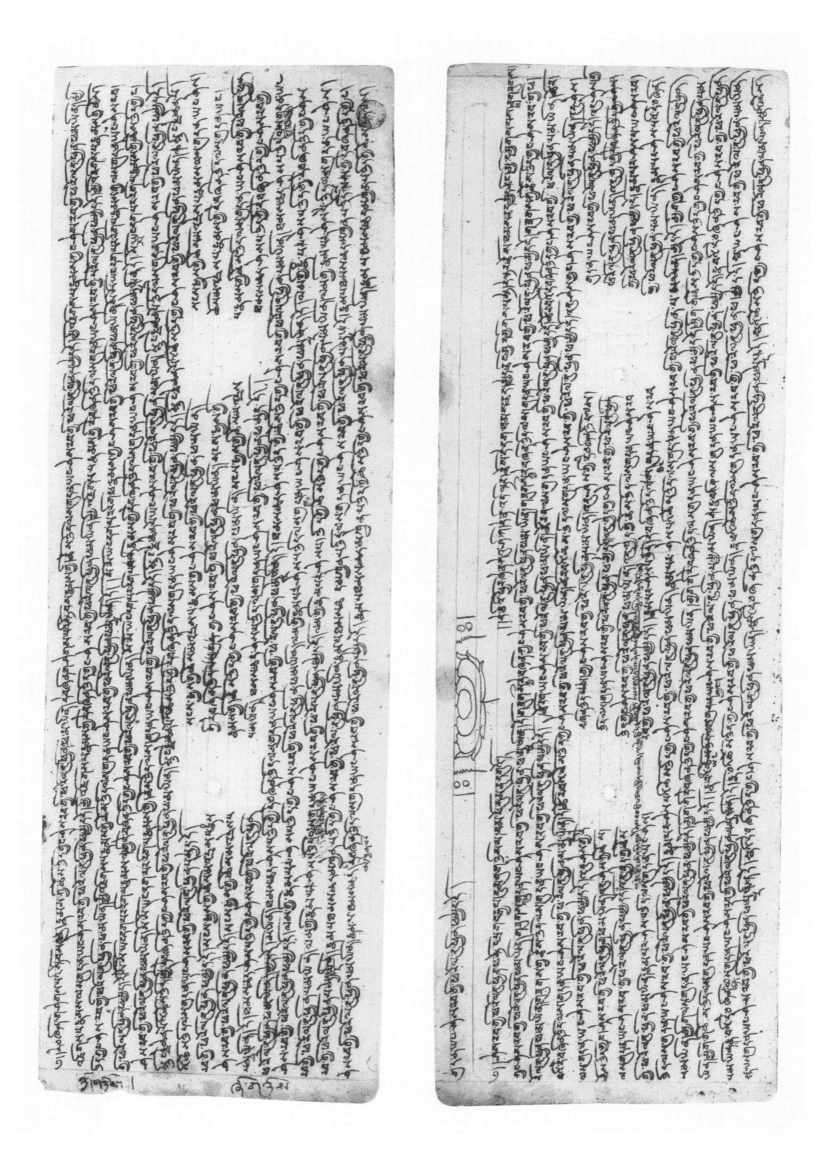

法 Pel.tib.1306

8.ཤེས་རབ་ཀྱི་ཕ་རོལ་དུ་ཕྱིན་པ་སྟོང་ཕྲག་བརྒྱ་པ་དུམ་བུ་གཉིས་པ་བམ་པོ་སུམ་ཅུ་བརྒྱད་དོ།།

8.十萬頌般若波羅蜜多經第二函第三十八卷　　(82—41)

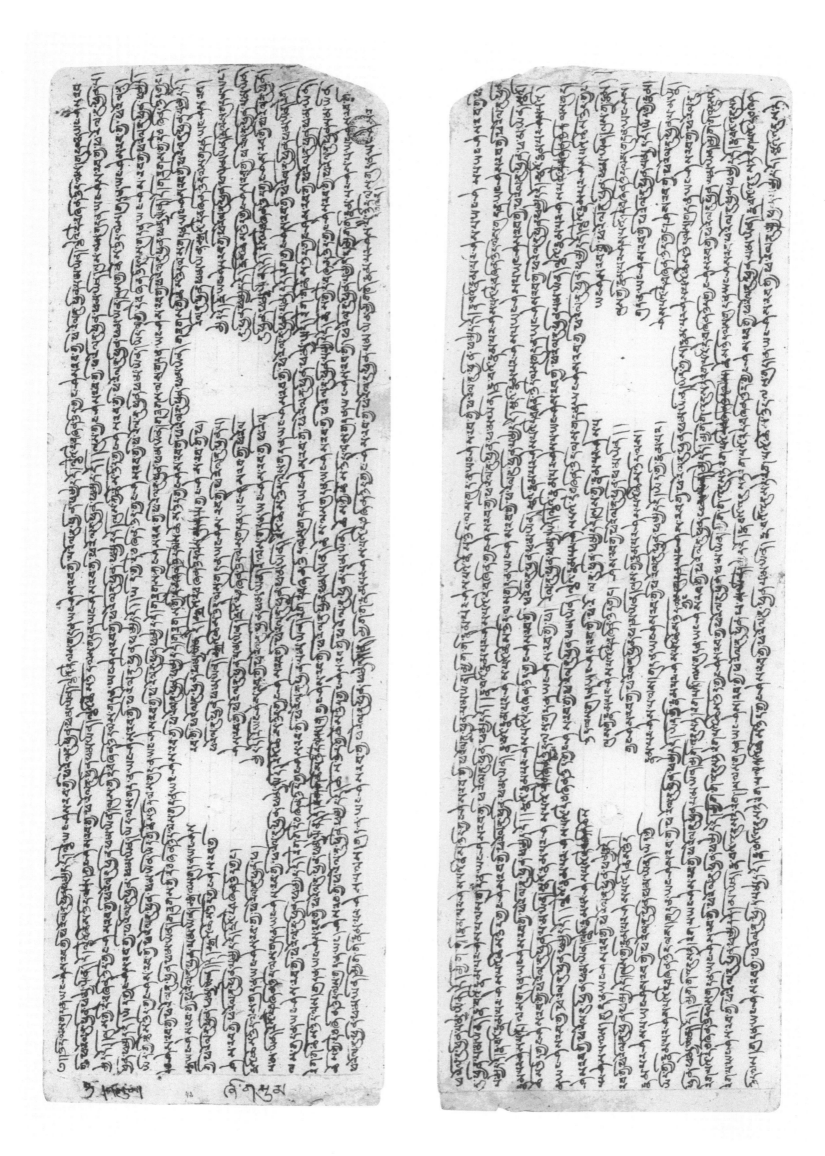

法 Pel.tib.1306　9.ཤེས་རབ་ཀྱི་ཕ་རོལ་དུ་ཕྱིན་པ་སྟོང་ཕྲག་བརྒྱ་པ་དུམ་བུ་གཉིས་པ་བཞི་བཅུ་པ་ལས།།

9.十萬頌般若波羅蜜多經第二函第三十九卷　　(82—42)

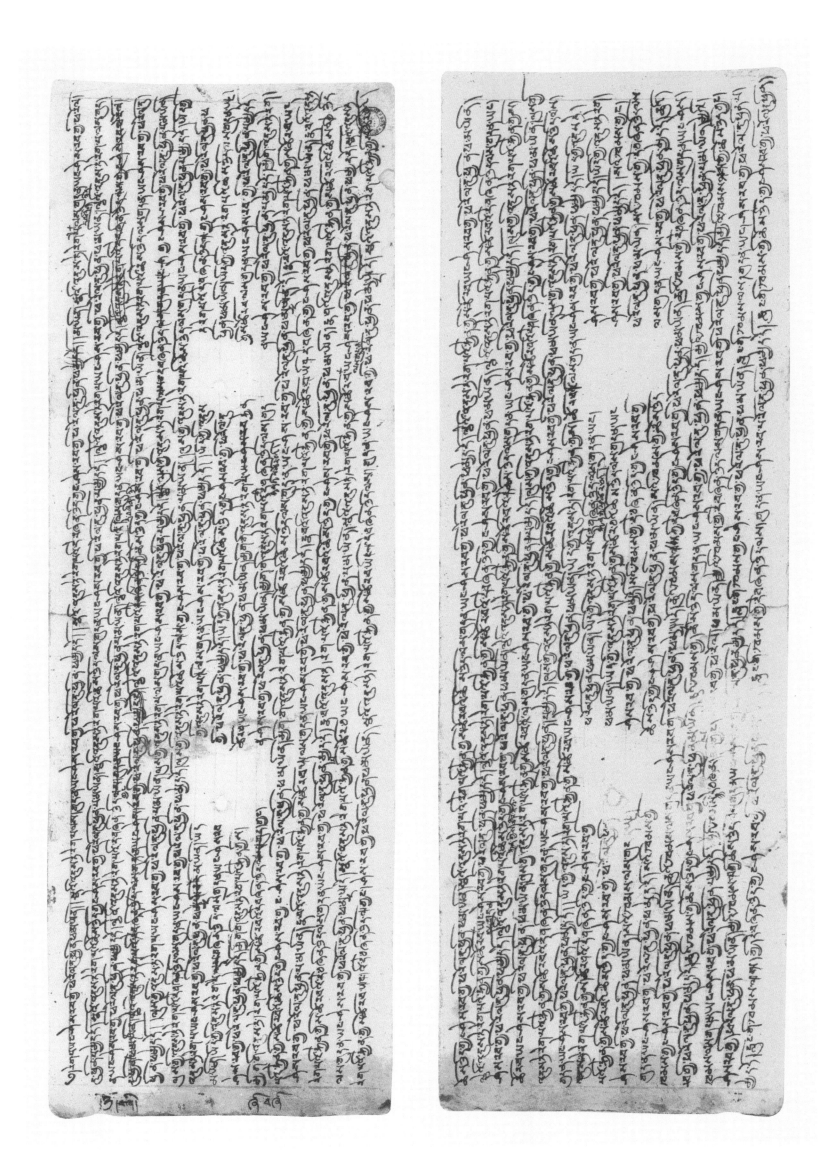

法 Pel.tib.1306　9.ཤེས་རབ་ཀྱི་ཕ་རོལ་དུ་ཕྱིན་པ་སྟོང་ཕྲག་བརྒྱ་པ་དུམ་བུ་གཉིས་པ་བམ་པོ་སུམ་ཅུ་དགུ་འོ།།

9.十萬頌般若波羅蜜多經第二函第三十九卷　　(82—43)

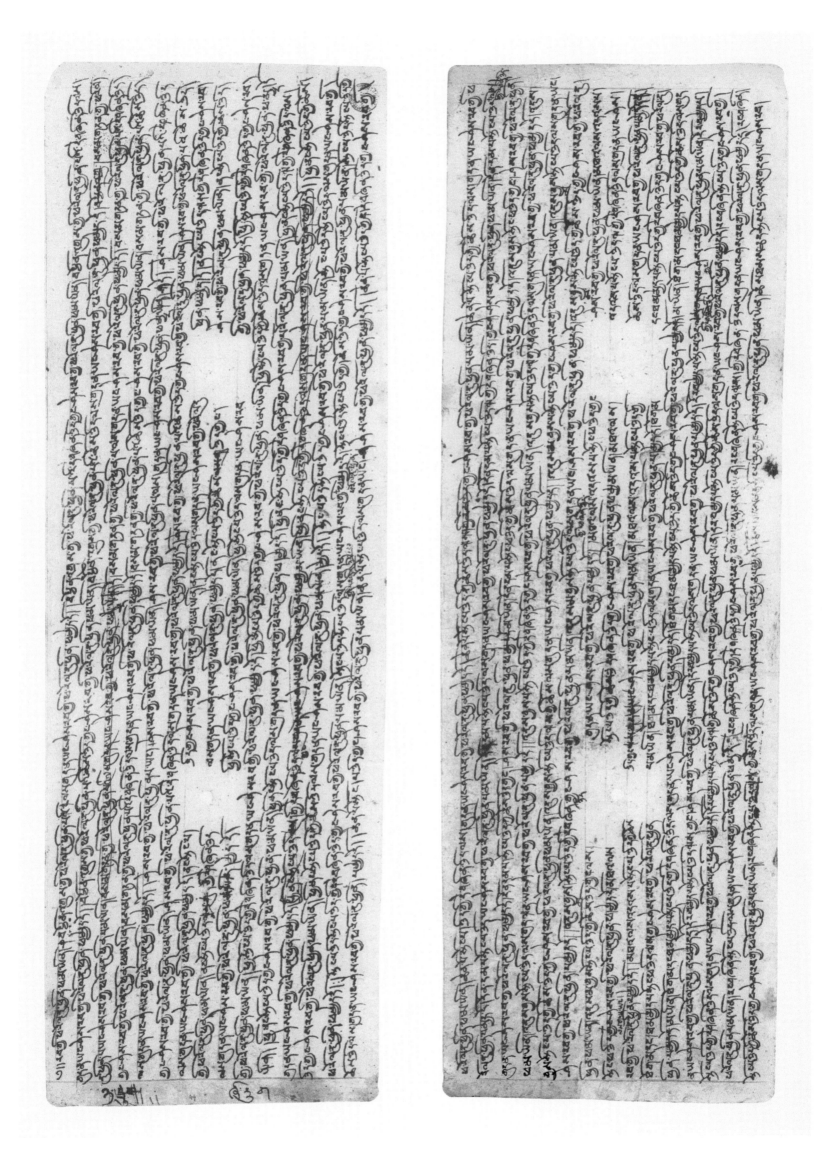

法 Pel.tib.1306　　9. ཤེས་རབ་ཀྱི་ཕ་རོལ་དུ་ཕྱིན་པ་སྟོང་ཕྲག་བརྒྱ་པ་དུམ་བུ་གཉིས་པ་བམ་པོ་སུམ་ཅུ་དགུ་གོ །

9. 十萬頌般若波羅蜜多經第二函第三十九卷　　(82—44)

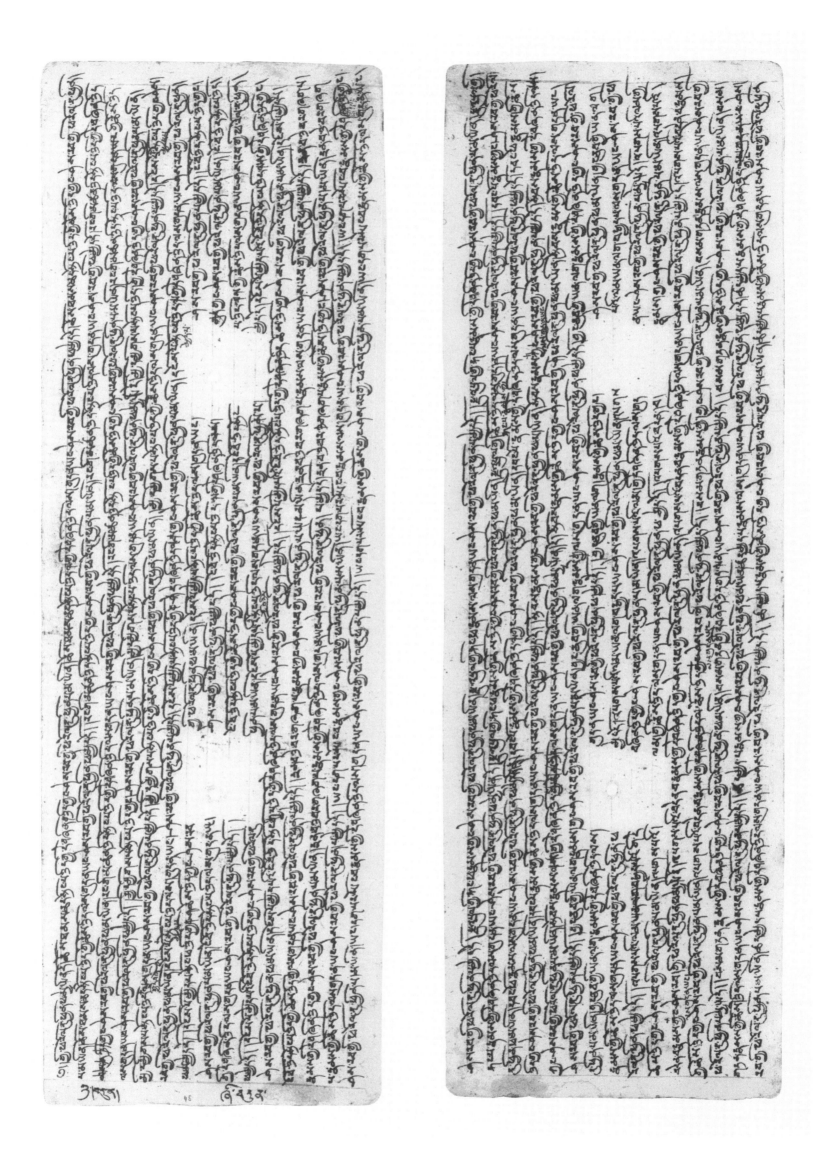

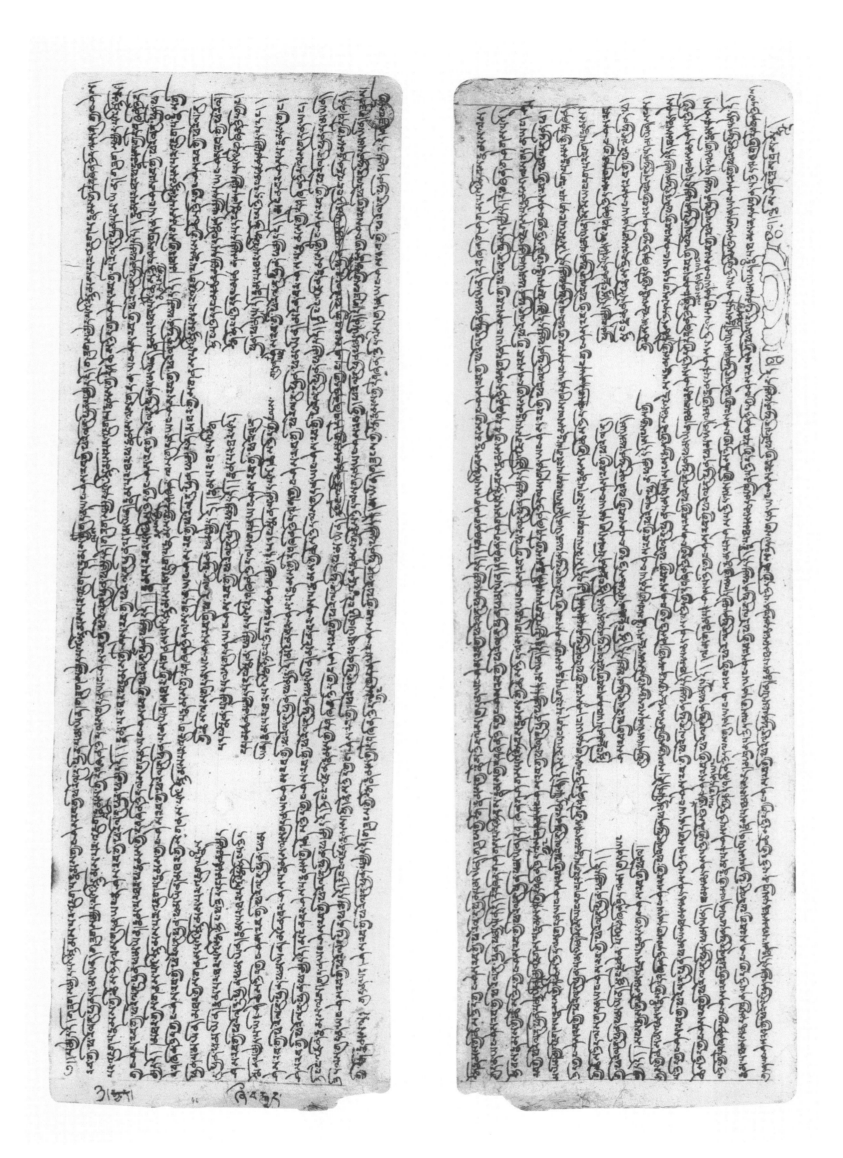

法 Pel.tib.1306　　9.ཤེས་རབ་ཀྱི་ཕ་རོལ་དུ་ཕྱིན་པ་སྟོང་ཕྲག་བརྒྱ་པ་དུམ་བུ་གཉིས་པ་བཞིས་པ་སུམ་ཅུ་དགུ་ལོ།།

9.十萬頌般若波羅蜜多經第二函第三十九卷　　(82—46)

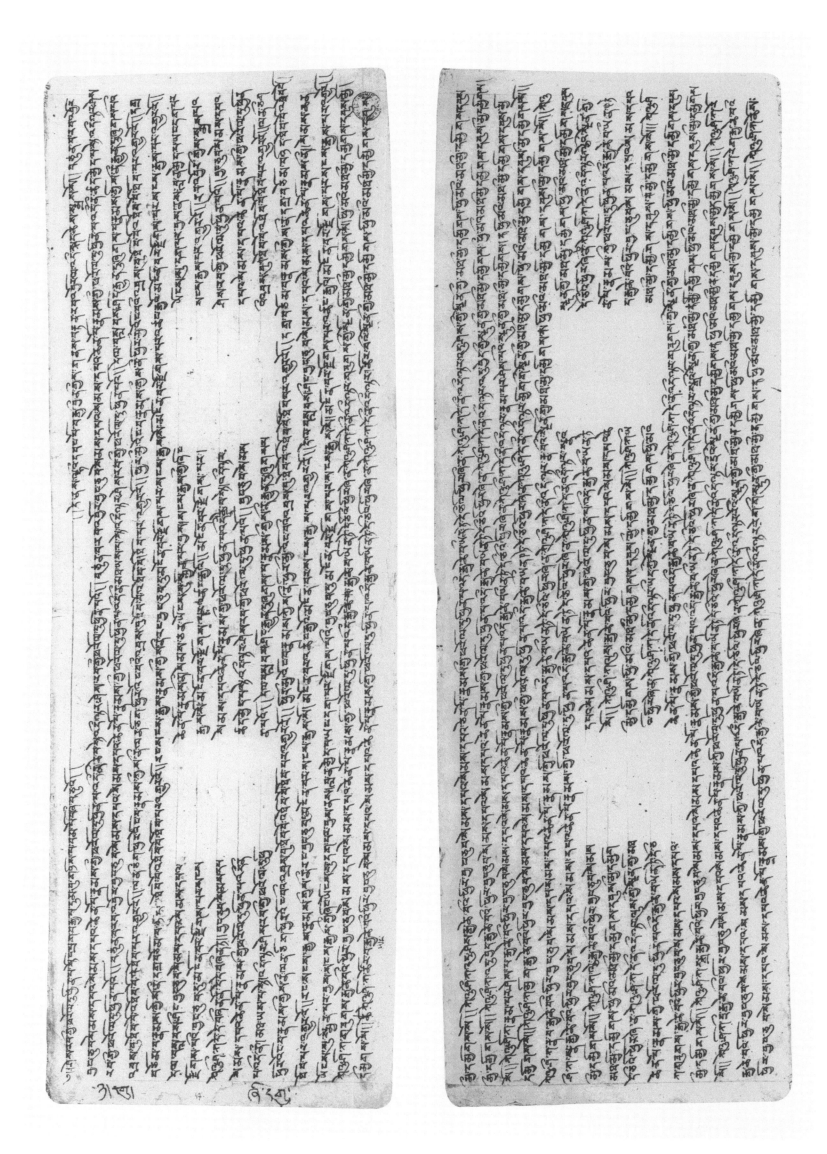

法 Pel.tib.1306　　10.ཤེས་རབ་ཀྱི་ཕ་རོལ་ཏུ་ཕྱིན་པ་སྟོང་ཕྲག་བརྒྱ་པ་དུམ་བུ་གཉིས་པ་བམ་པོ་བཞི་བཅུ་པོ།།

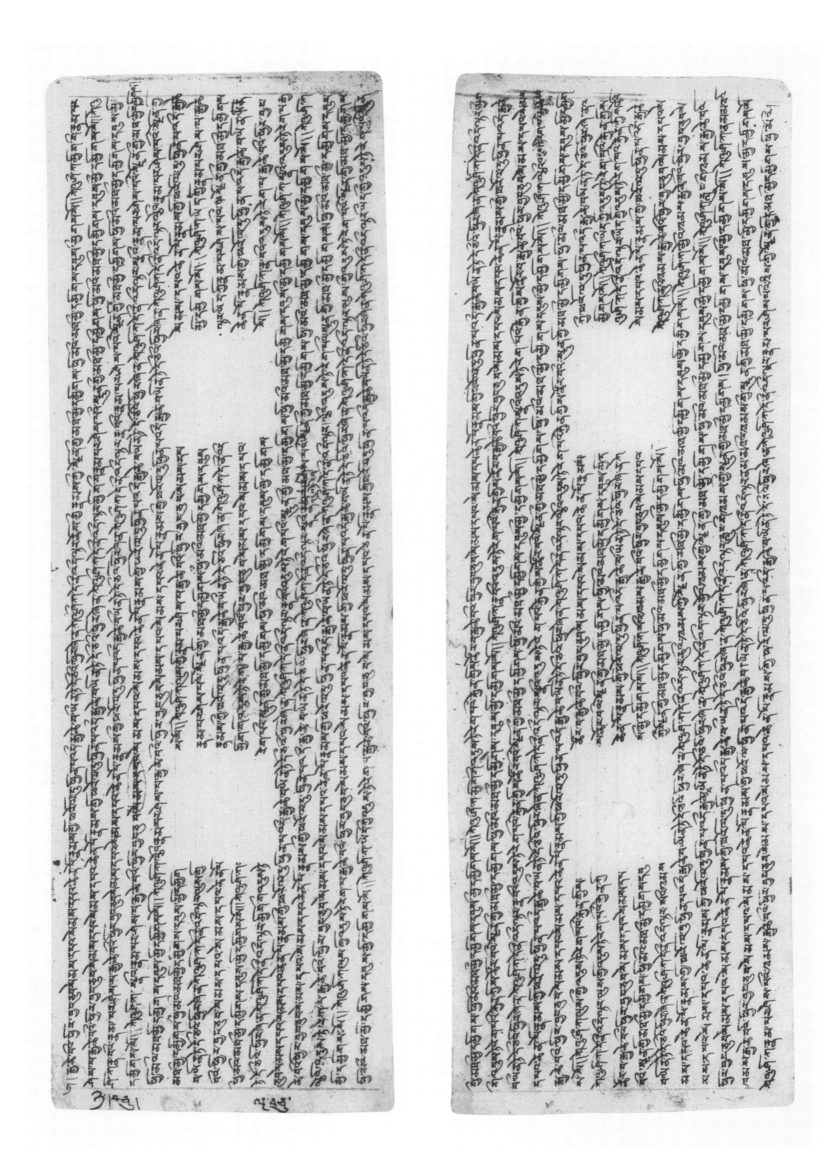

法 Pel.tib.1306　　10.ཤེས་རབ་ཀྱི་ཕ་རོལ་ཏུ་ཕྱིན་པ་སྟོང་ཕྲག་བརྒྱ་པ་དུམ་བུ་གཉིས་པ་བམ་པོ་བཞི་བཅུ་པའོ།།

10.十萬頌般若波羅蜜多經第二函第四十卷　　(82—48)

191

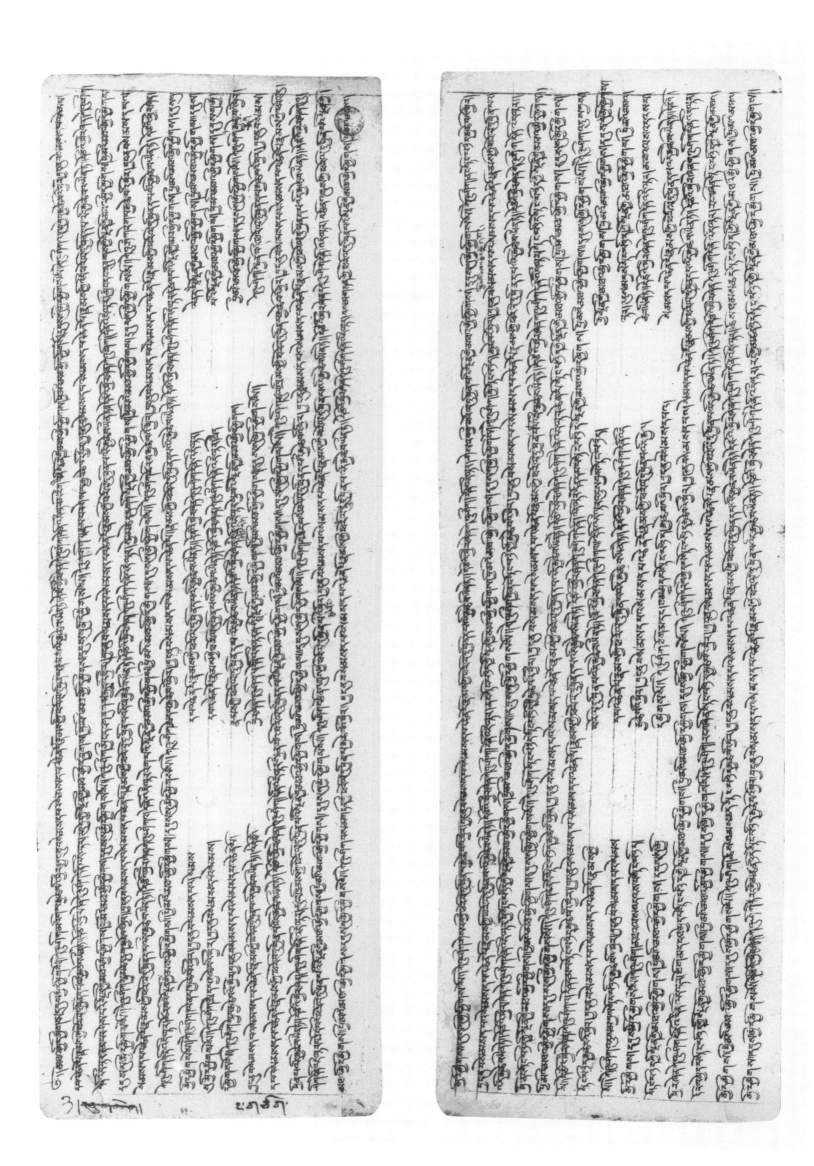

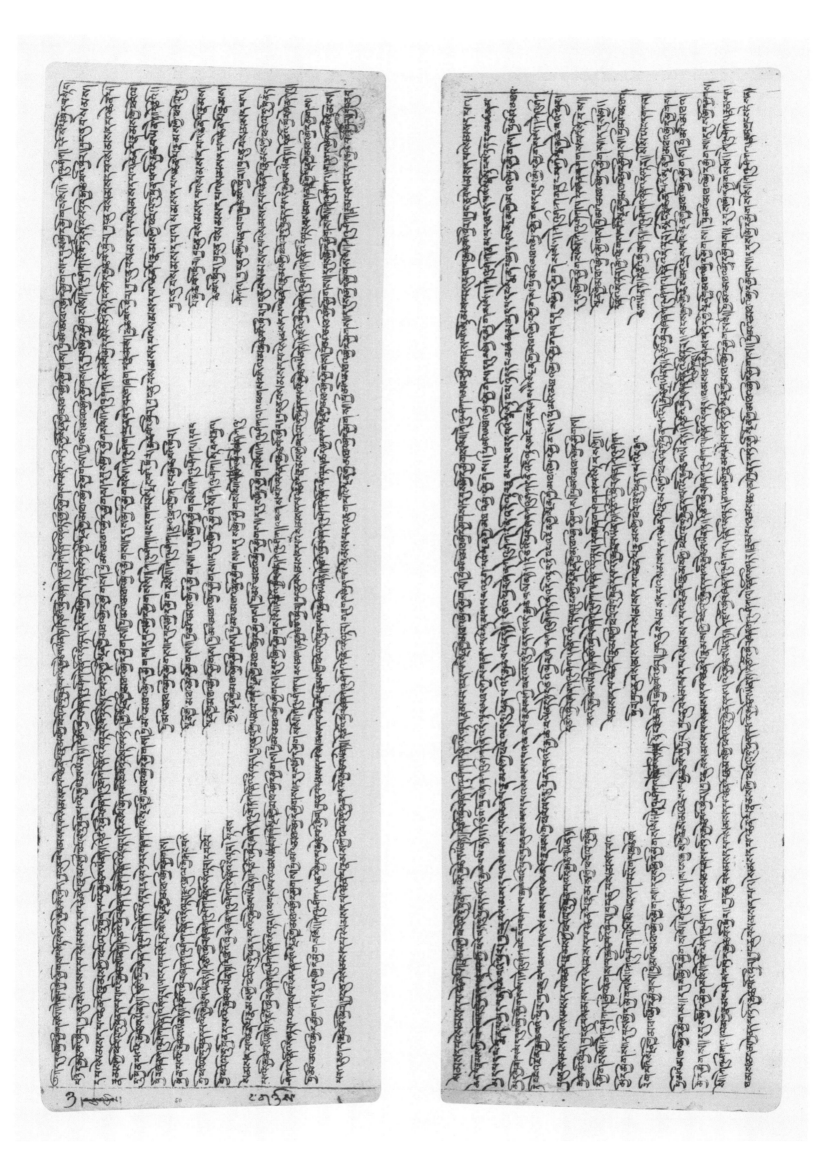

法 Pel.tib.1306　10.ཤེས་རབ་ཀྱི་ཕ་རོལ་དུ་ཕྱིན་པ་སྟོང་ཕྲག་བརྒྱ་པ་དུམ་བུ་གཉིས་པ་བམ་པོ་བཞི་བཅུ་པོ།།

10.十萬頌般若波羅蜜多經第二函第四十卷　　(82—50)

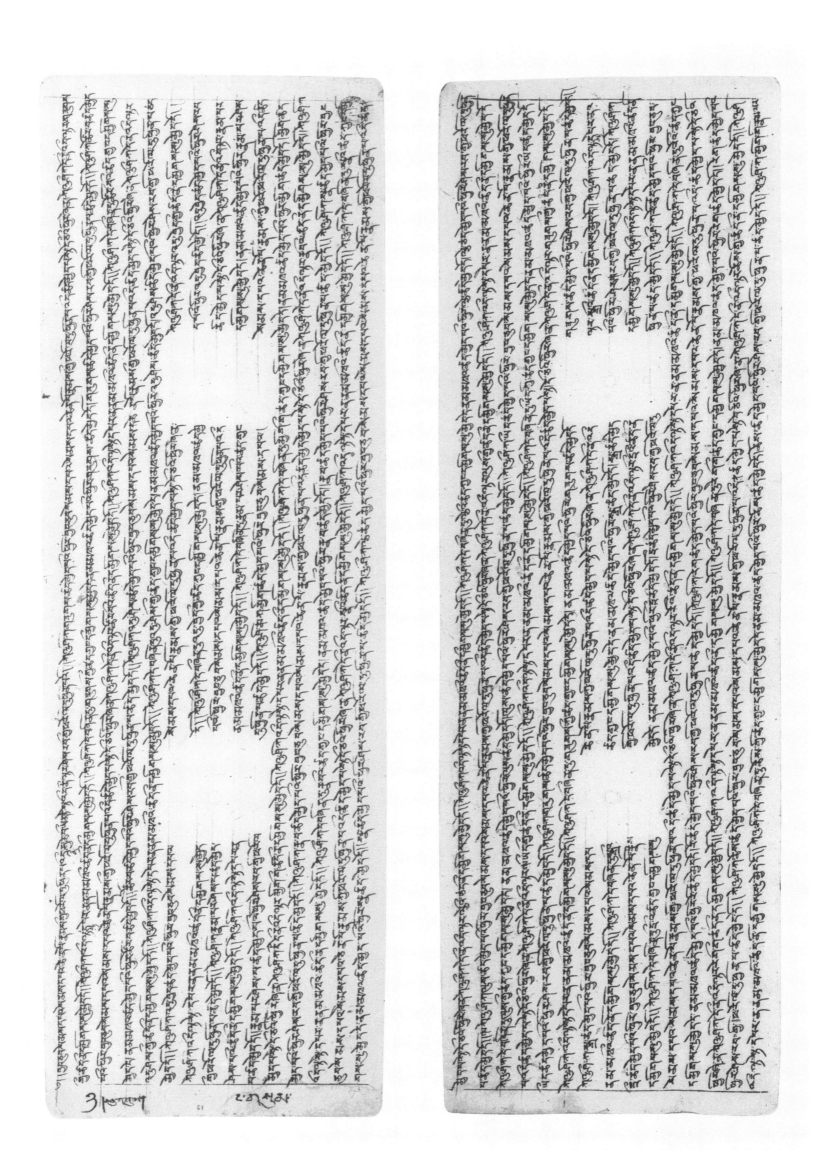

法 Pel.tib.1306　　10.ཤེས་རབ་ཀྱི་ཕ་རོལ་ཏུ་ཕྱིན་པ་སྟོང་ཕྲག་བརྒྱ་པ་དུམ་བུ་གཉིས་པ་བམ་པོ་བཞི་བཅུ་པའོ།།

10.十萬頌般若波羅蜜多經第二函第四十卷　　(82—51)

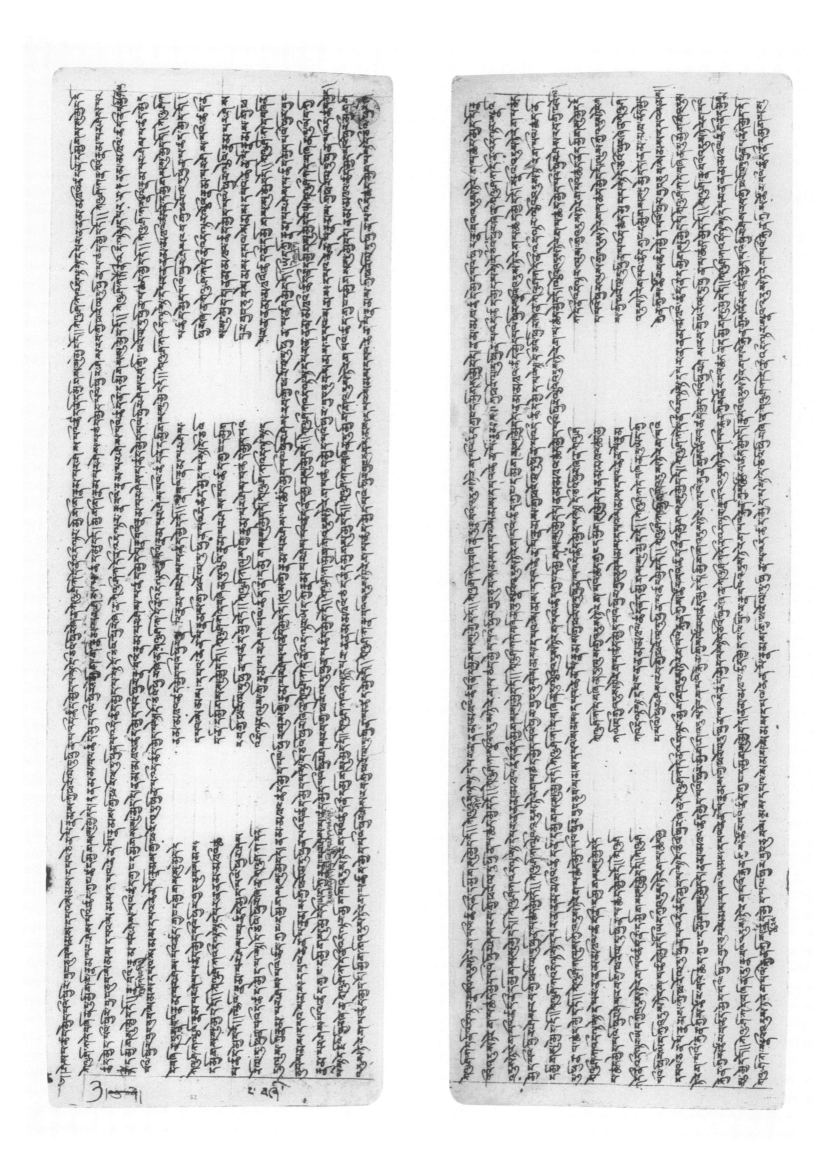

法 Pel.tib.1306　10.ཤེས་རབ་ཀྱི་ཕ་རོལ་ཏུ་ཕྱིན་པ་སྟོང་ཕྲག་བརྒྱ་པ་དུམ་བུ་གཉིས་པ་བམ་པོ་བཞི་བཅུ་པའོ།།

10.十萬頌般若波羅蜜多經第二函第四十卷　　(82—52)

195

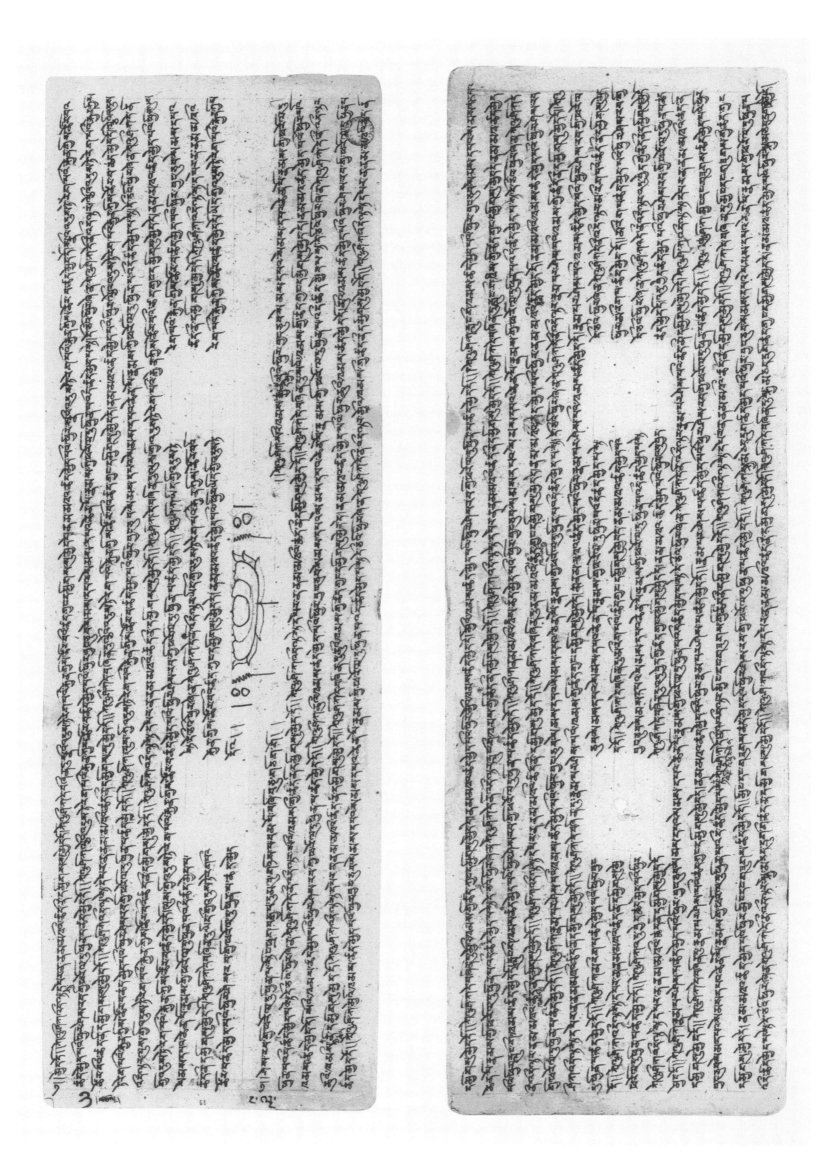

法 Pel.tib.1306　　11.ཤེས་རབ་ཀྱི་ཕ་རོལ་ཏུ་ཕྱིན་པ་སྟོང་ཕྲག་བརྒྱ་པ་དུམ་བུ་གཉིས་པ་བམ་པོ་བཞི་བཅུ་གཅིག་གོ །།།

11.十萬頌般若波羅蜜多經第二函第四十一卷　　(82—53)

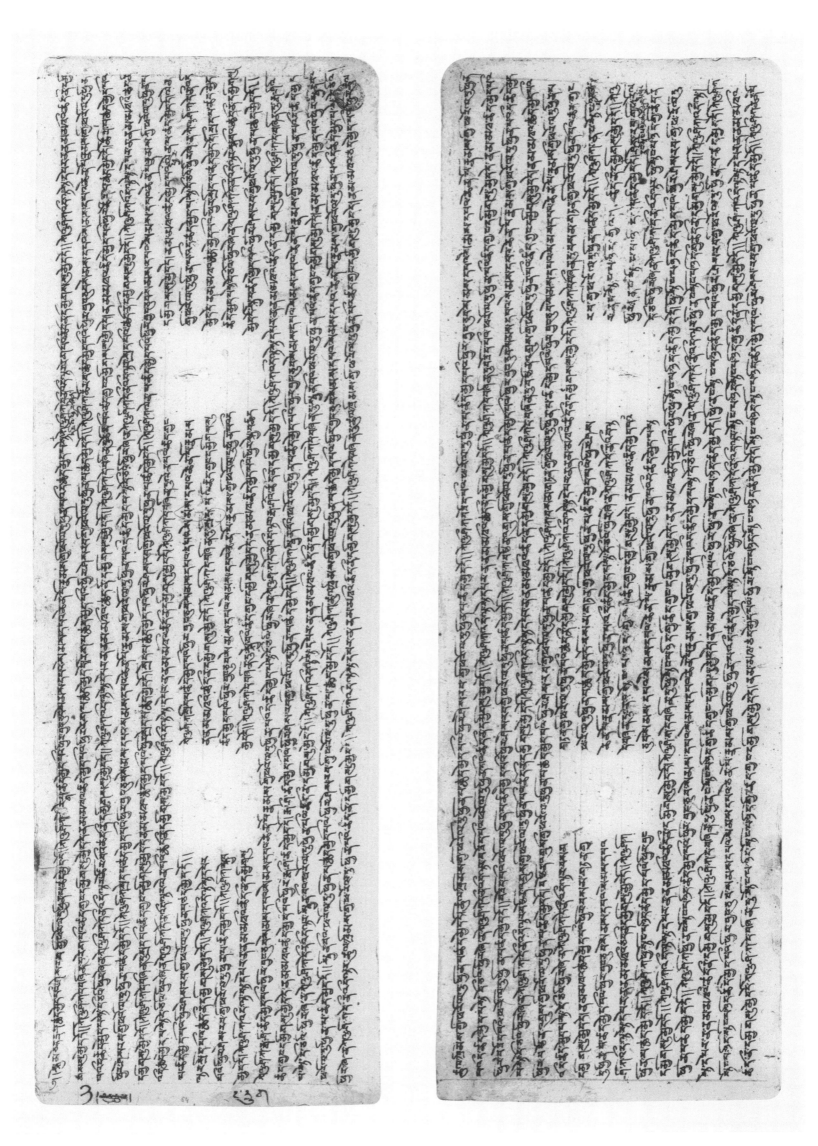

法 Pel.tib.1306　　11.ཤེས་རབ་ཀྱི་ཕ་རོལ་ཏུ་ཕྱིན་པ་སྟོང་ཕྲག་བརྒྱ་པ་དུམ་བུ་གཉིས་པ་བའམ་པོ་བཞི་བཅུ་གཅིག་གོ །།།

11.十萬頌般若波羅蜜多經第二函第四十一卷　　(82—54)

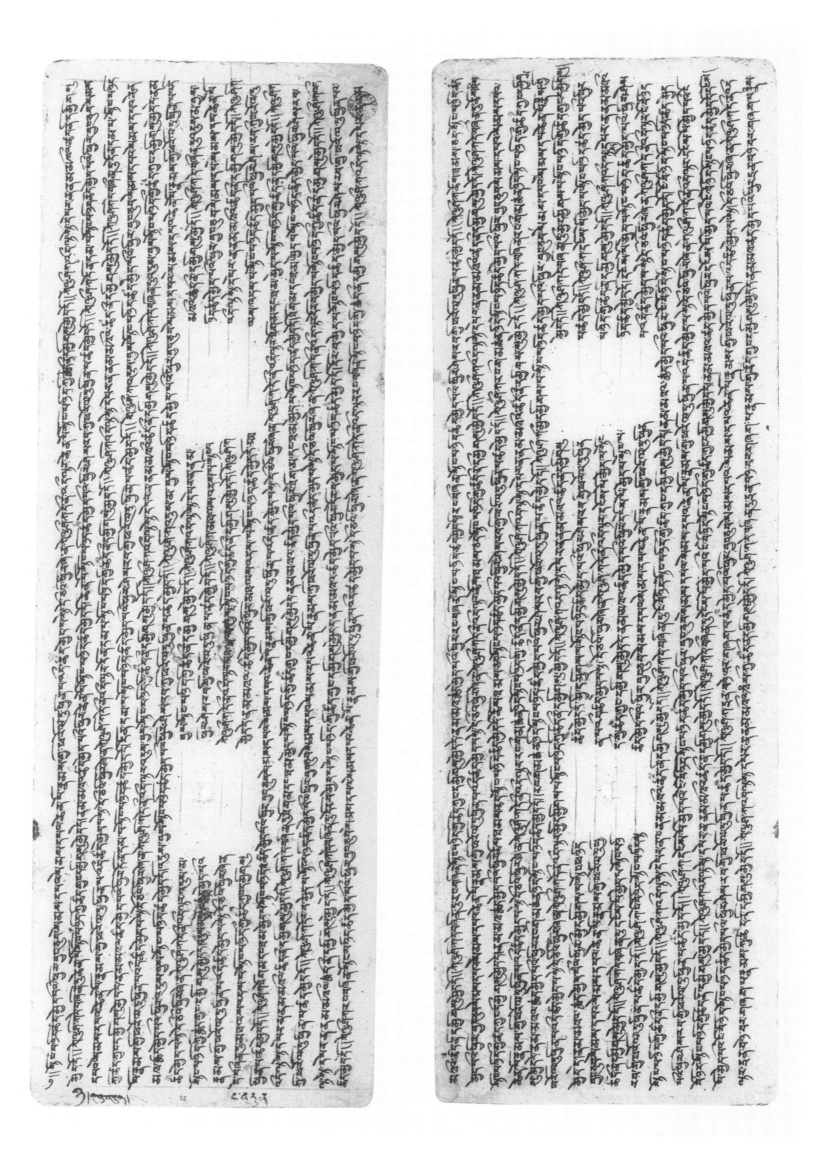

法 Pel.tib.1306　11.ཤེས་རབ་ཀྱི་ཕ་རོལ་ཏུ་ཕྱིན་པ་སྟོང་ཕྲག་བརྒྱ་པ་དུམ་བུ་གཉིས་པ་བམ་པོ་བཞི་བཅུ་གཅིག་གོ།།

11.十萬頌般若波羅蜜多經第二函第四十一卷　　(82—55)

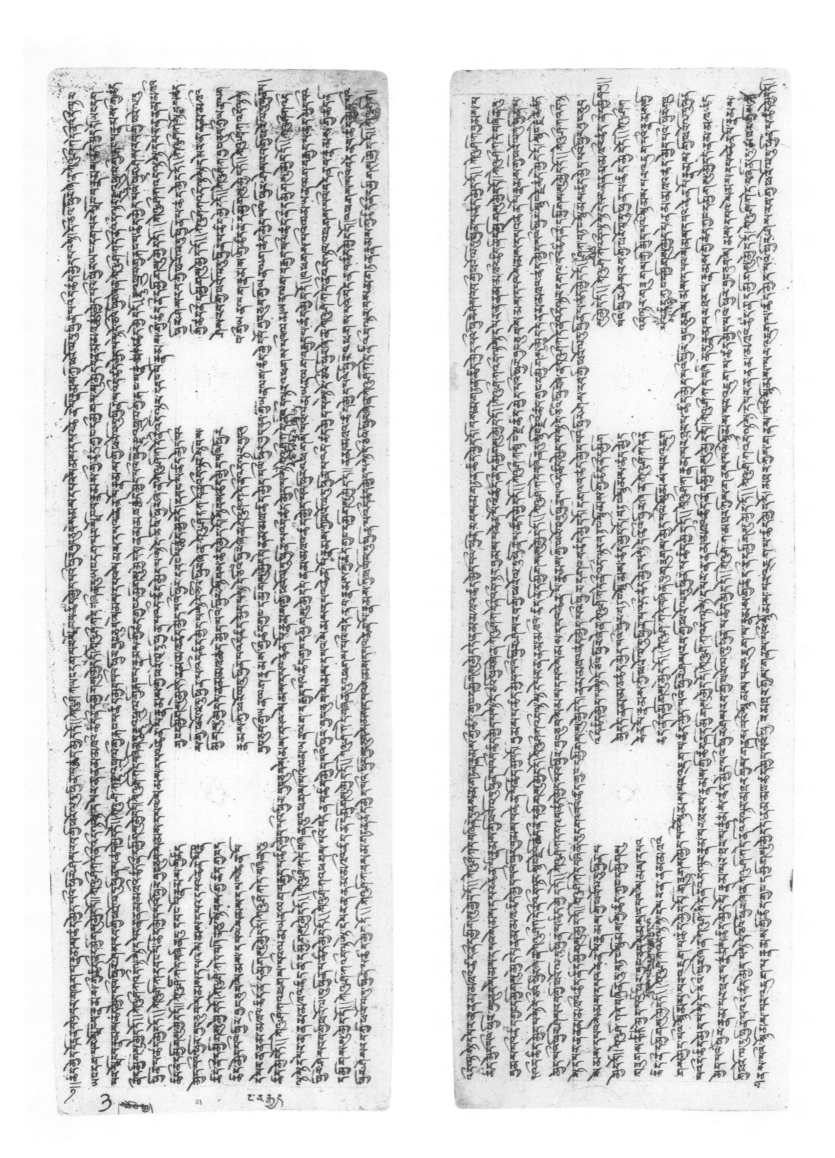

法 Pel.tib.1306　11.ཤེས་རབ་ཀྱི་ཕ་རོལ་དུ་ཕྱིན་པ་སྟོང་ཕྲག་བརྒྱ་པ་དུམ་བུ་གཉིས་པ་བམ་པོ་བཞི་བཅུ་གཅིག་གོ།།

11.十萬頌般若波羅蜜多經第二函第四十一卷　　(82—56)

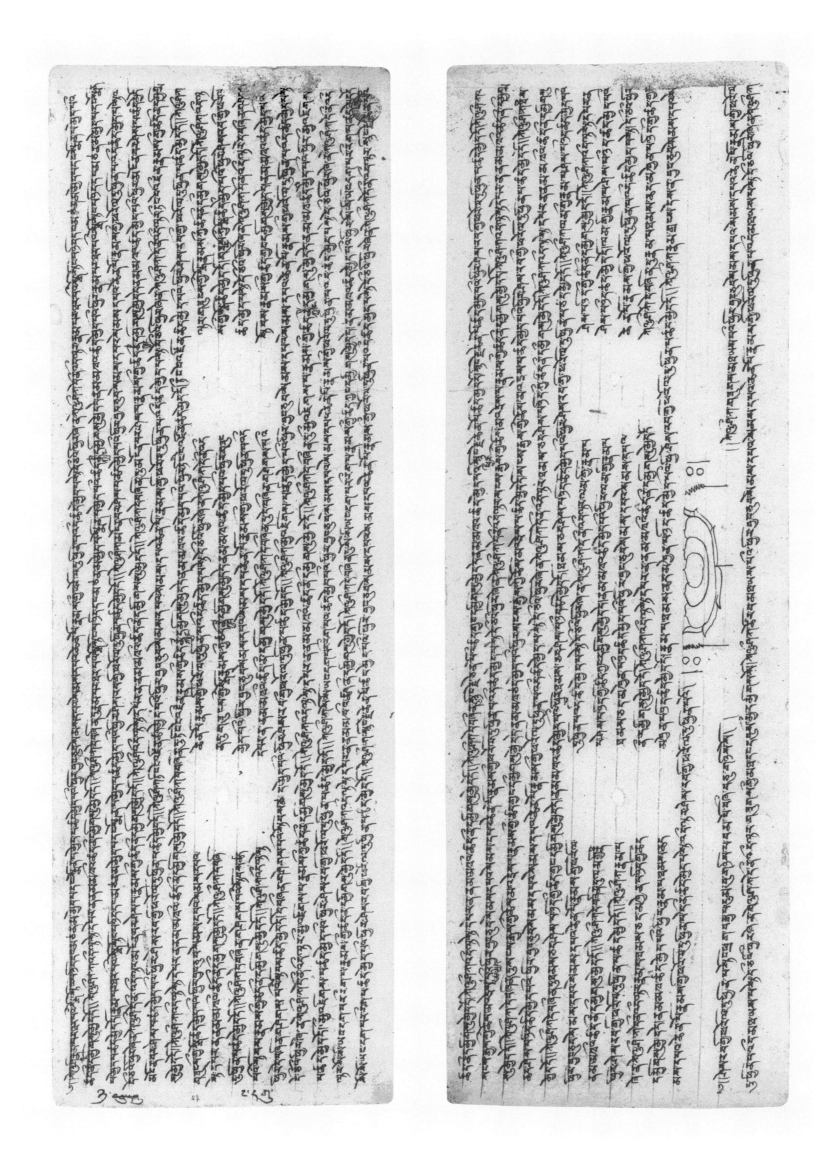

法 Pel.tib.1306　　11.ཤེས་རབ་ཀྱི་ཕ་རོལ་ཏུ་ཕྱིན་པ་སྟོང་ཕྲག་བརྒྱ་པ་དུམ་བུ་གཉིས་པ་བམ་པོ་བཞི་བཅུ་གཅིག་གོ །།

11.十萬頌般若波羅蜜多經第二函第四十一卷　　(82—57)

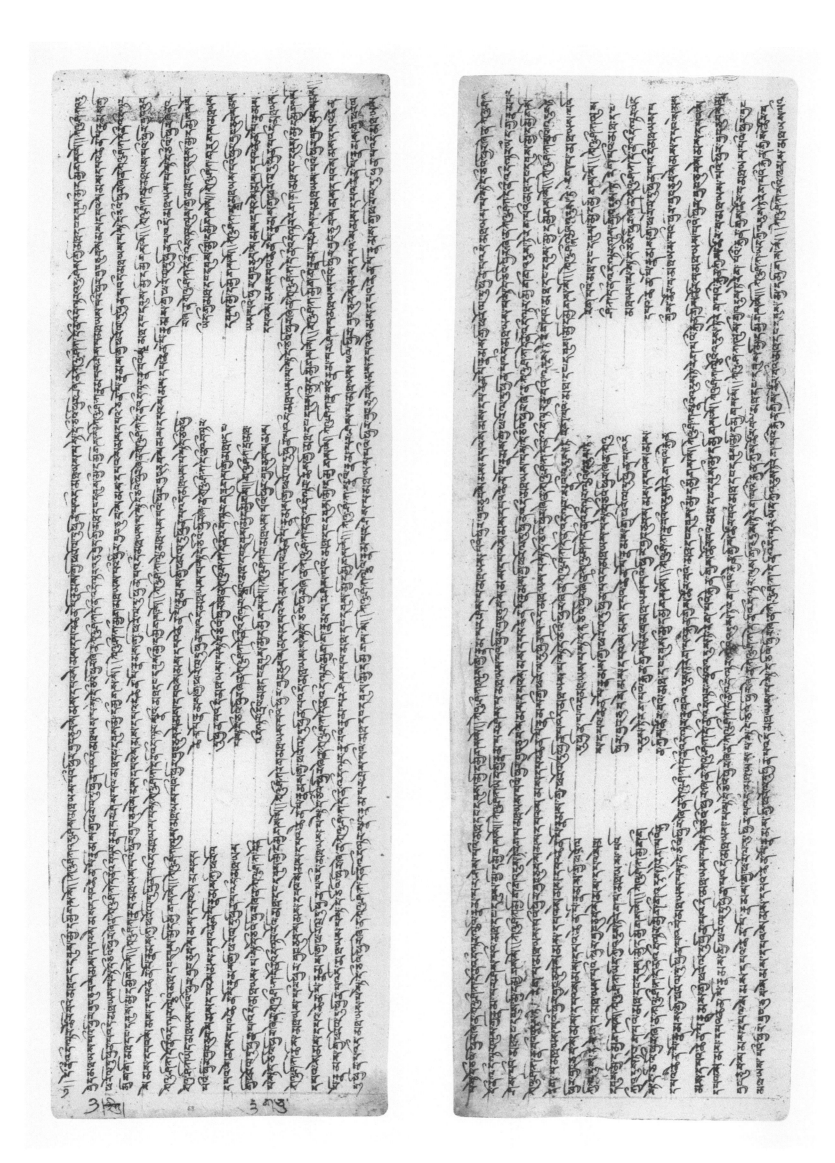

法 Pel.tib.1306　　12.ཤེས་རབ་ཀྱི་ཕ་རོལ་ཏུ་ཕྱིན་པ་སྟོང་ཕྲག་བརྒྱ་པ་དུམ་བུ་གཉིས་པ་བམ་པོ་བཞི་བཅུ་གཉིས་སོ།།

12.十萬頌般若波羅蜜多經第二函第四十二卷　　(82—58)

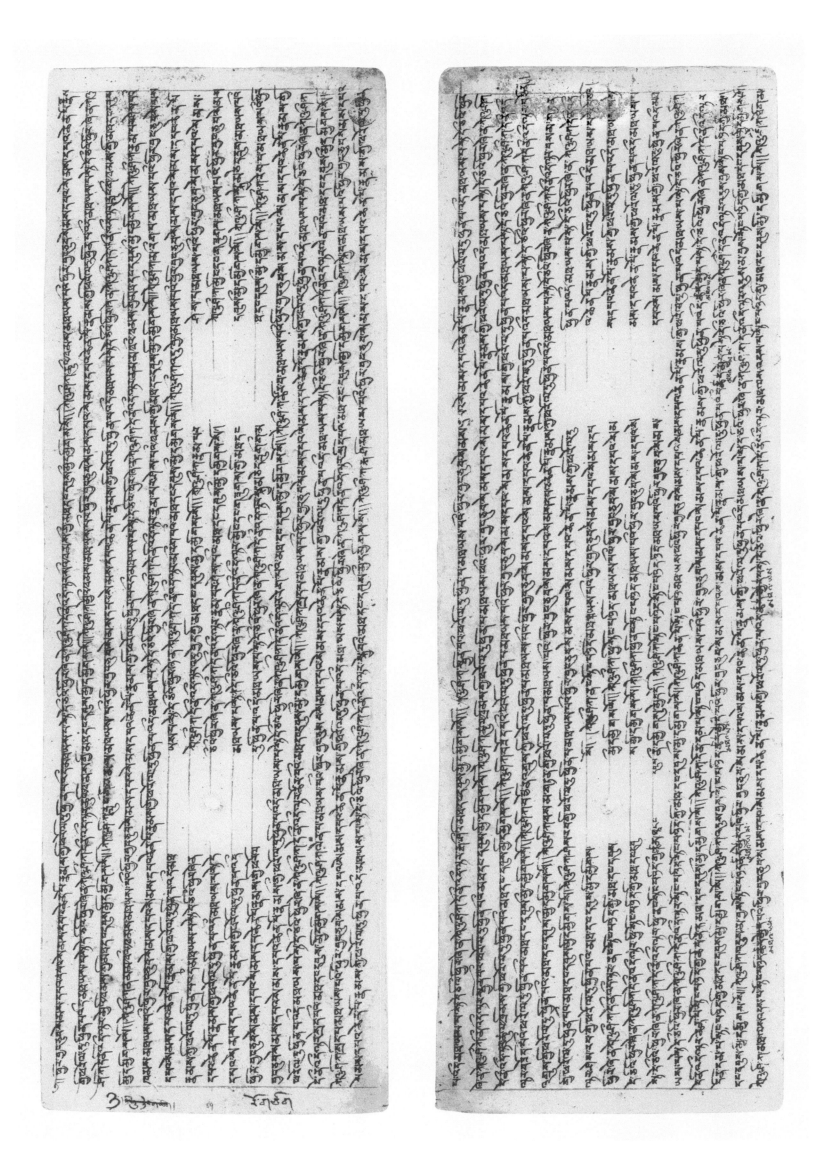

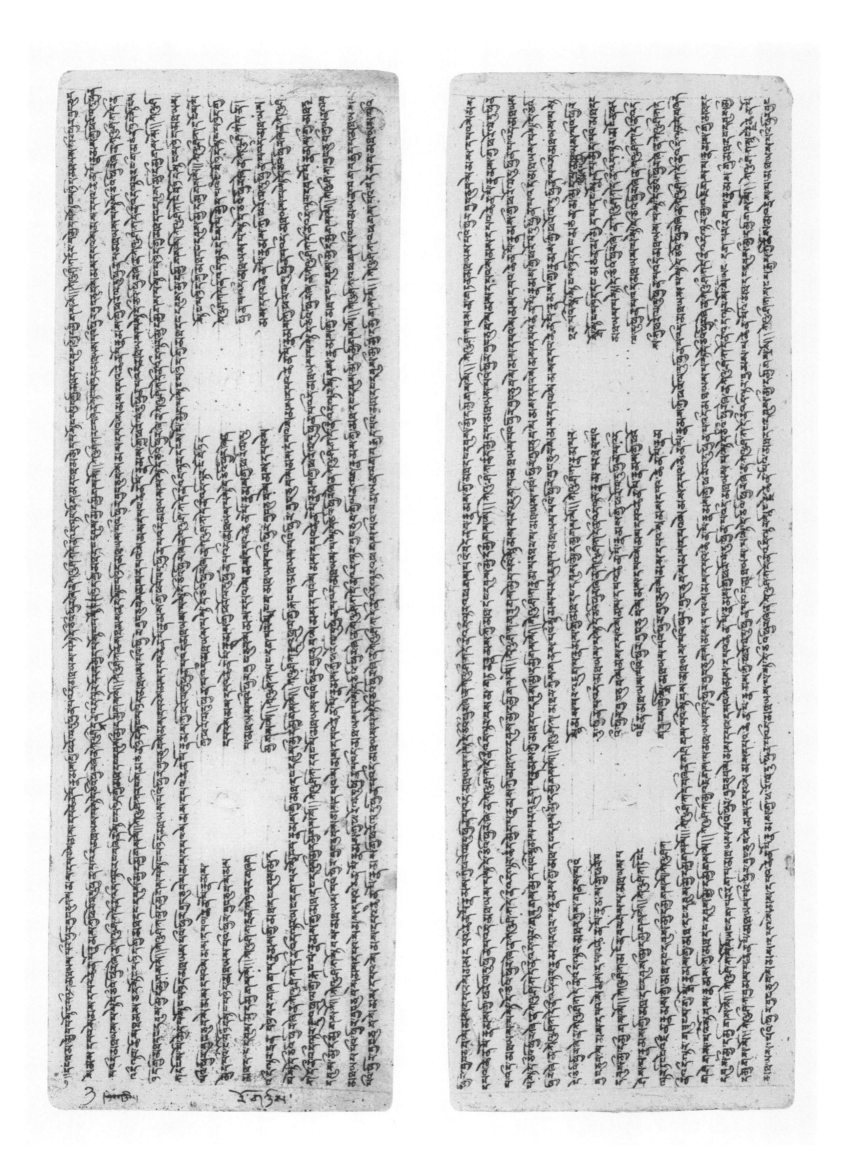

法 Pel.tib.1306　12.ཤེས་རབ་ཀྱི་ཕ་རོལ་ཏུ་ཕྱིན་པ་སྟོང་ཕྲག་བརྒྱ་པ་དུམ་བུ་གཉིས་པ་བམ་པོ་བཞི་བཅུ་གཉིས་སོ།།

12.十萬頌般若波羅蜜多經第二函第四十二卷　(82—60)

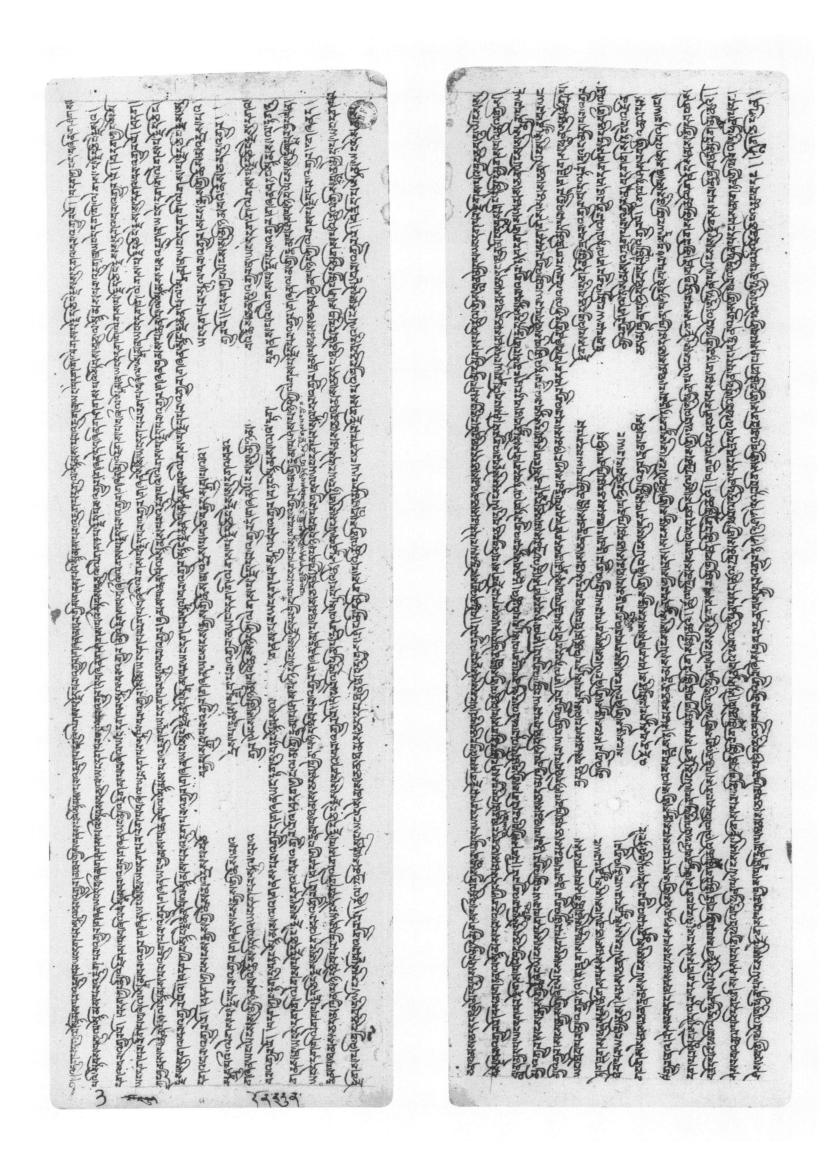

法 Pel.tib.1306　13.ཤེས་རབ་ཀྱི་ཕ་རོལ་དུ་ཕྱིན་པ་སྟོང་ཕྲག་བརྒྱ་པ་དུམ་བུ་གཉིས་པ་བམ་པོ་བཞི་བཅུ་ལྔ་པའོ།།

13.十萬頌般若波羅蜜多經第二函第四十五卷　　(82—61)

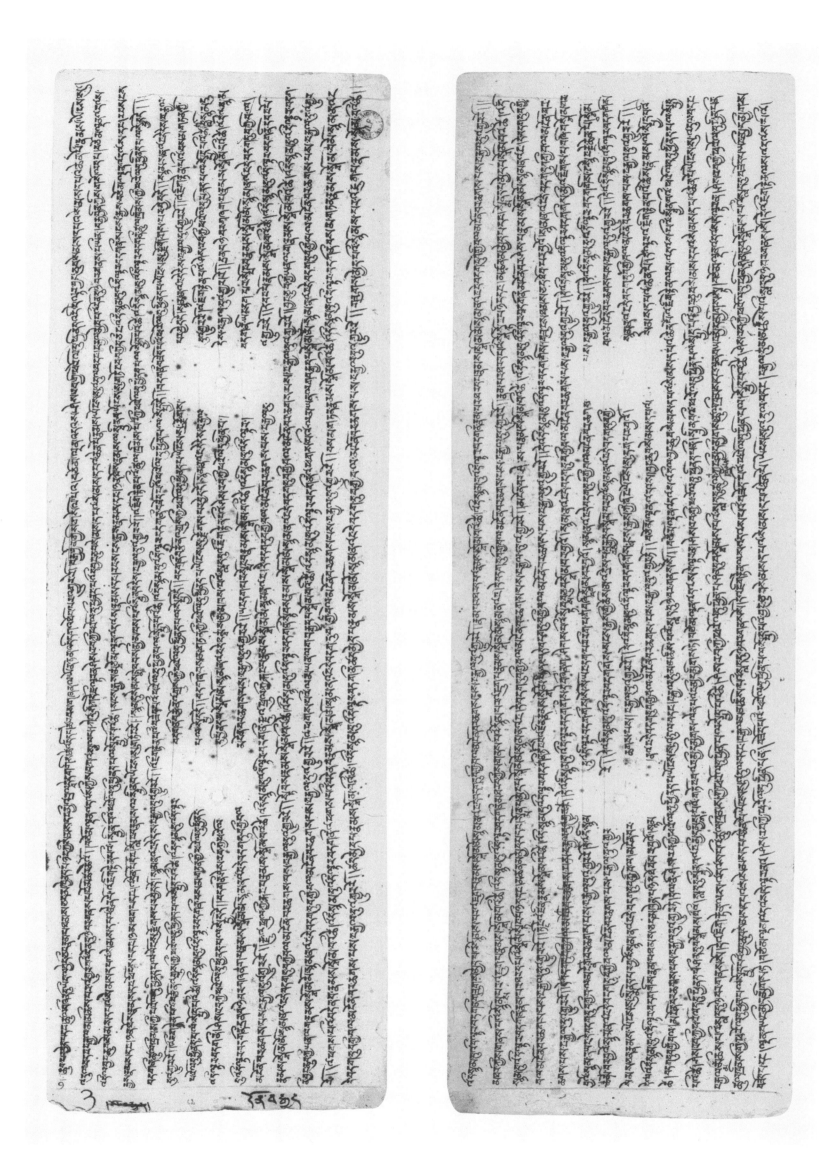

法 Pel.tib.1306　　13.ཤེས་རབ་ཀྱི་ཕ་རོལ་ཏུ་ཕྱིན་པ་སྟོང་ཕྲག་བརྒྱ་པ་དུམ་བུ་གཉིས་པ་བམ་པོ་བཞི་བཅུ་རྩ་ལྔའོ།།

13.十萬頌般若波羅蜜多經第二函第四十五卷　　(82—62)

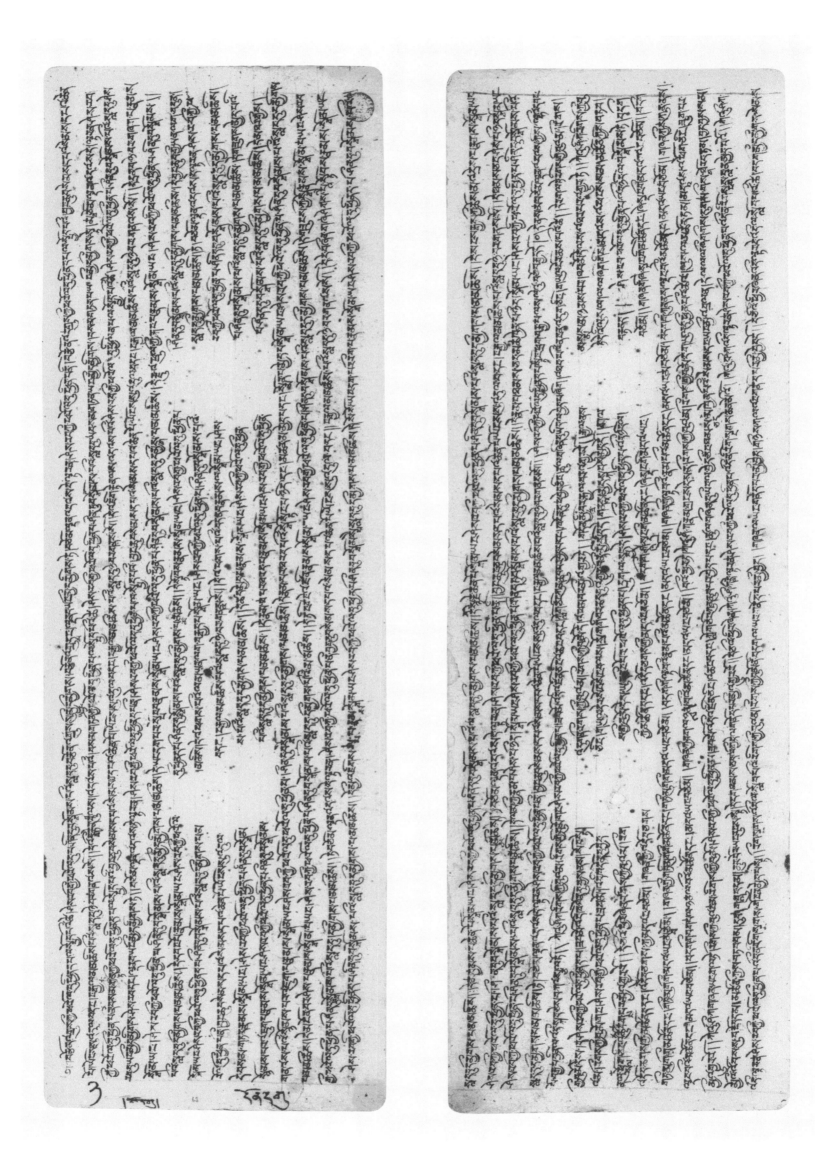

法 Pel.tib.1306　13.ཤེས་རབ་ཀྱི་ཕ་རོལ་ཏུ་ཕྱིན་པ་སྟོང་ཕྲག་བརྒྱ་པ་དུམ་བུ་གཉིས་པ་བཞི་བཅུ་ལྔ་པ།

13.十萬頌般若波羅蜜多經第二函第四十五卷　　(82—63)

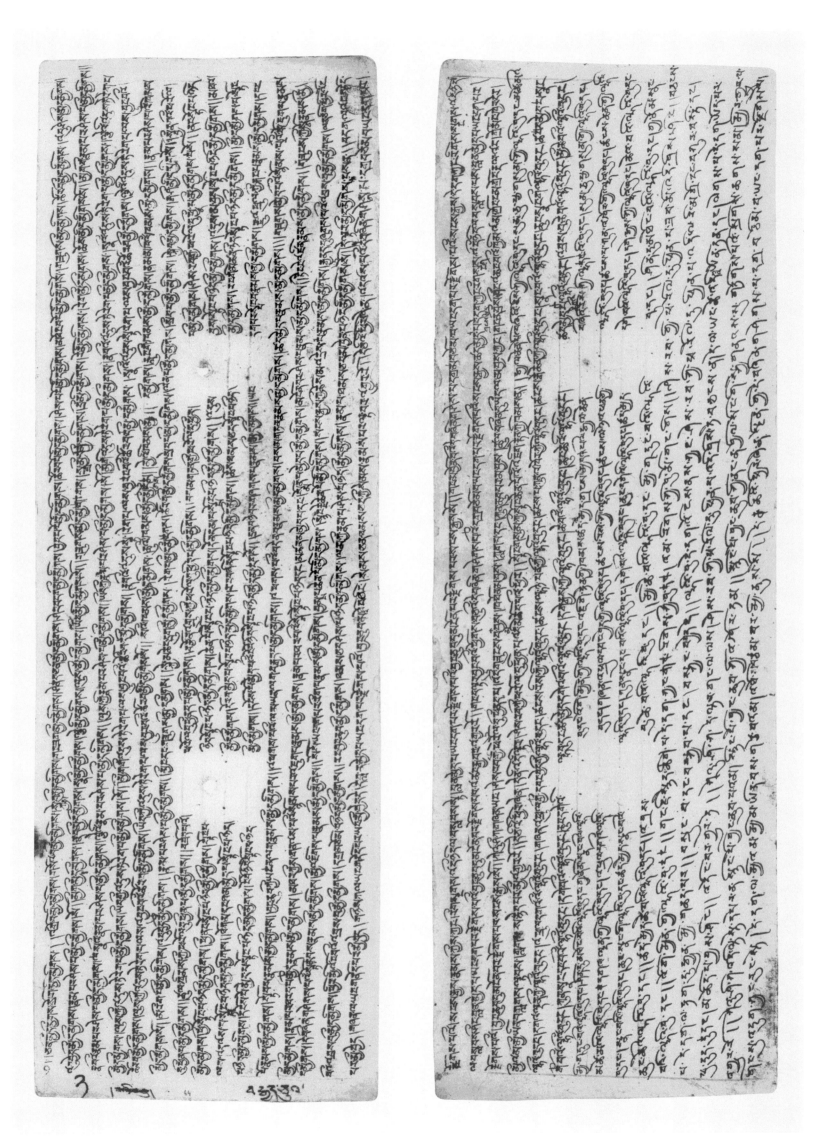

法 Pel.tib.1306 　　13.ཤེས་རབ་ཀྱི་ཕ་རོལ་དུ་ཕྱིན་པ་སྟོང་ཕྲག་བརྒྱ་པ་དུམ་བུ་གཉིས་པ་བཞི་བཅུ་རྩ་ལྔ་པོ།

13.十萬頌般若波羅蜜多經第二函第四十五卷　　(82—64)

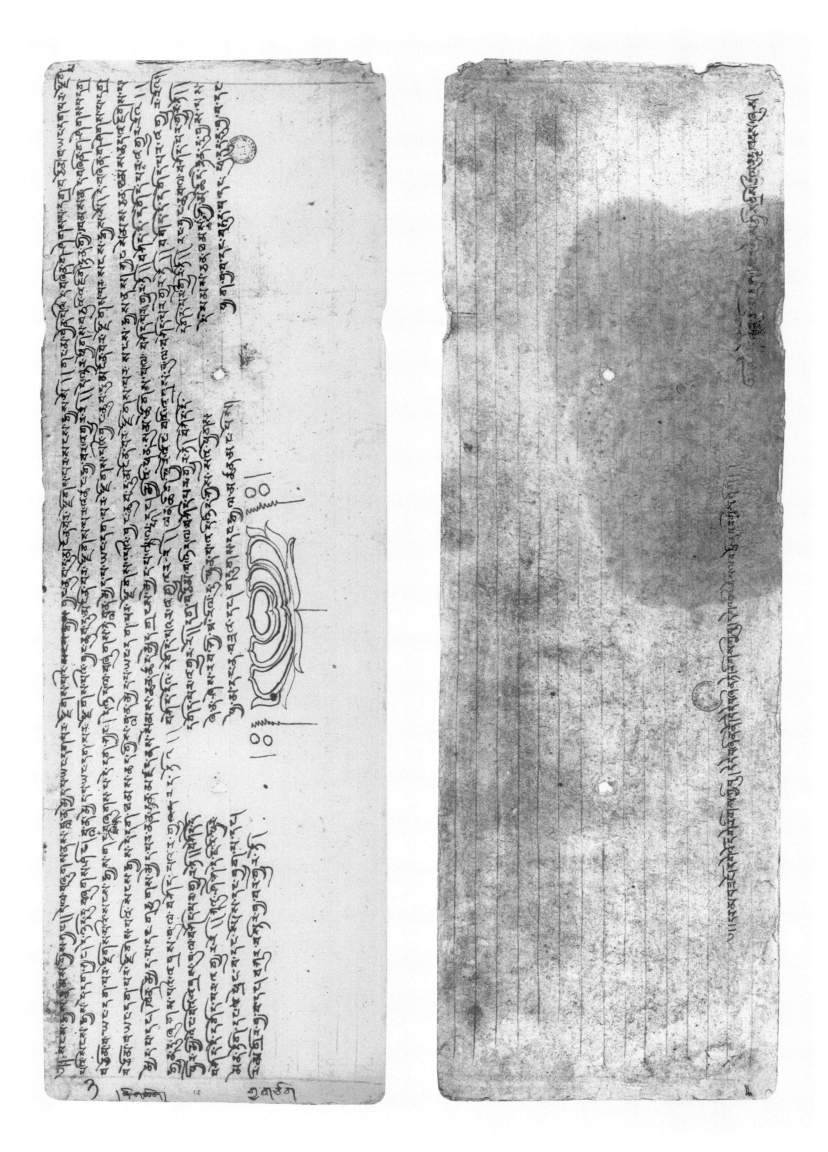

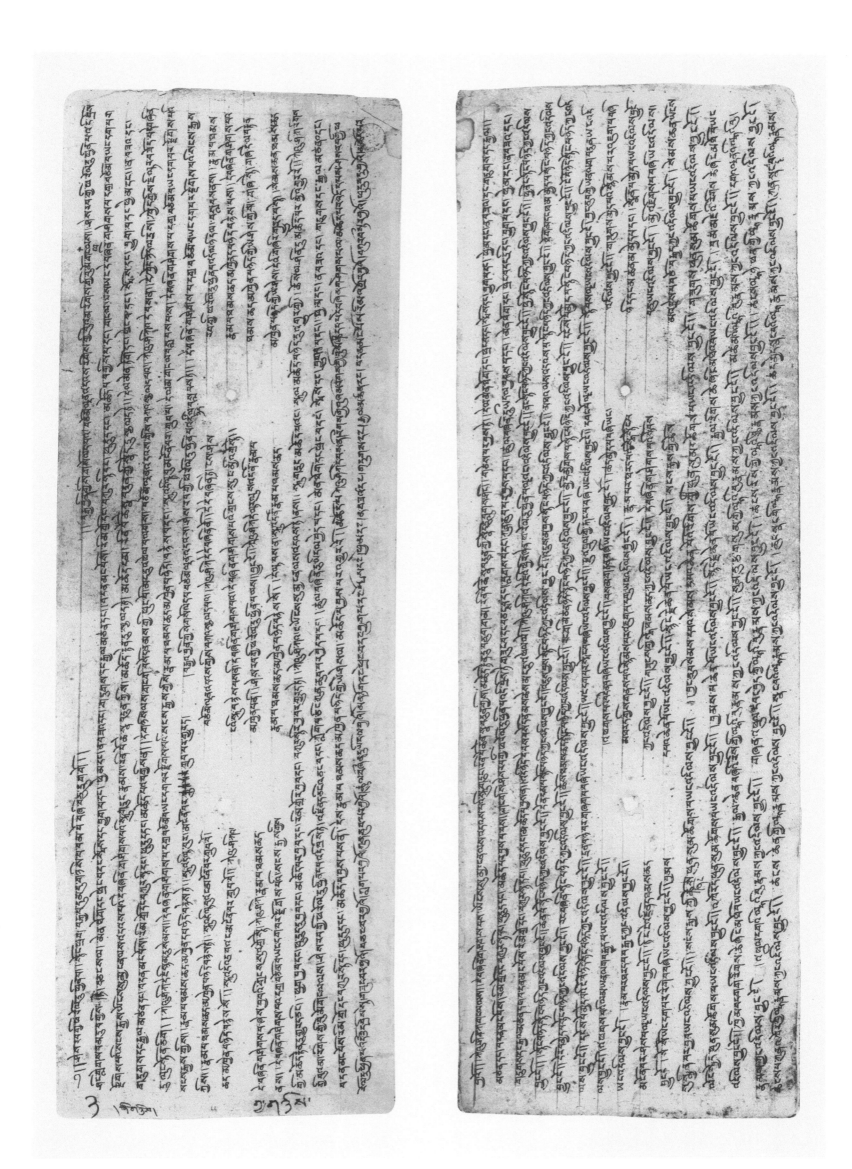

法 Pel.tib.1306　　15.ཤེས་རབ་ཀྱི་ཕ་རོལ་ཏུ་ཕྱིན་པ་སྟོང་ཕྲག་བརྒྱ་པ་དུམ་བུ་གཉིས་པ་བམ་པོ་བཞི་བཅུ་རྩ་དྲུག་གོ །།

15.十萬頌般若波羅蜜多經第二函第四十六卷　　(82—66)

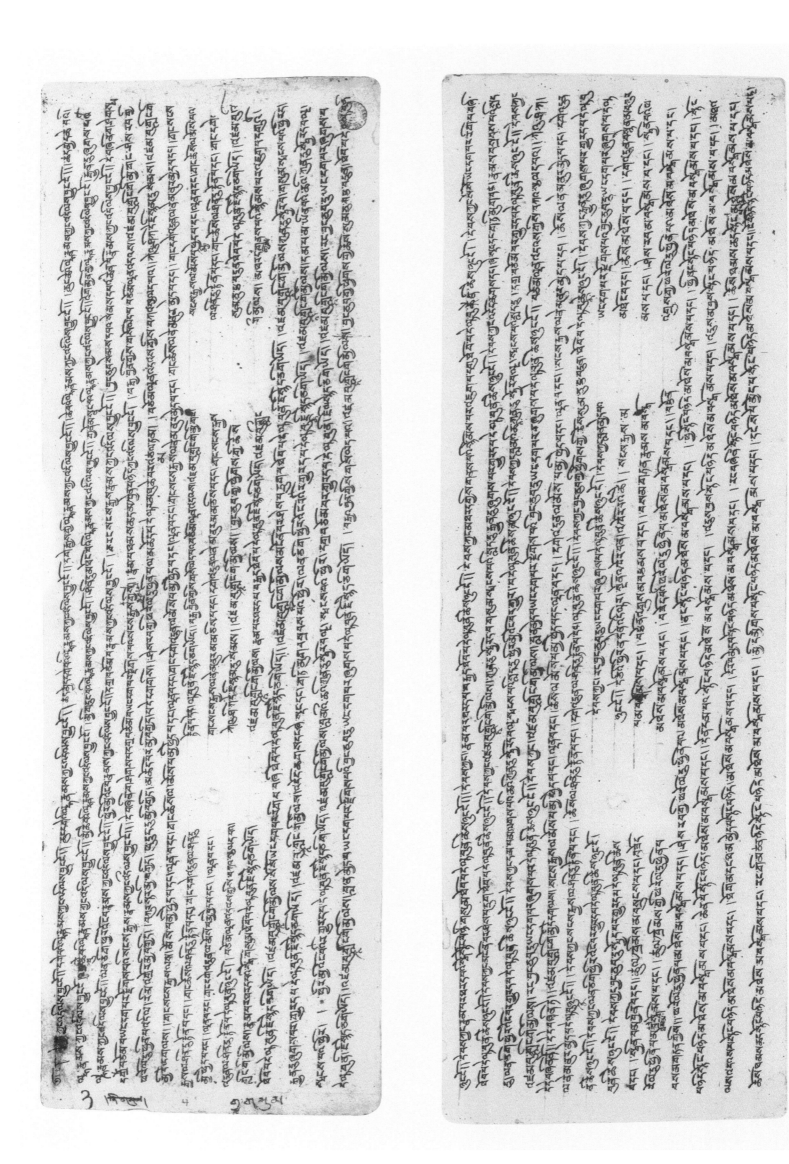

法 Pel.tib.1306　　15.ཤེས་རབ་ཀྱི་ཕ་རོལ་ཏུ་ཕྱིན་པ་སྟོང་ཕྲག་བརྒྱ་པ་དུམ་བུ་གཉིས་པ་བམ་པོ་བཞི་བཅུ་དྲུག་གོ།།

15.十萬頌般若波羅蜜多經第二函第四十六卷　　(82—67)

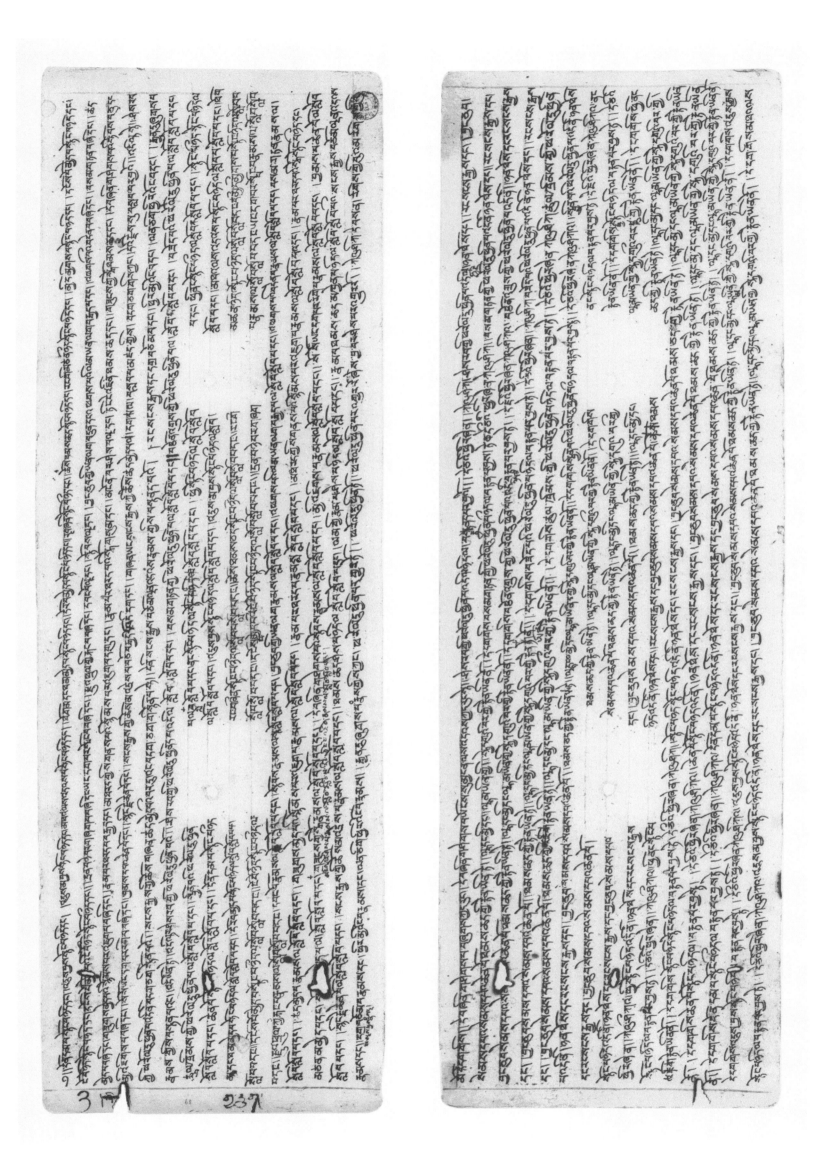

法 Pel.tib.1306　15.ཤེས་རབ་ཀྱི་ཕ་རོལ་ཏུ་ཕྱིན་པ་སྟོང་ཕྲག་བརྒྱ་པ་དུམ་བུ་གཉིས་པ་བམ་པོ་བཞི་བཅུ་དྲུག་གོ།།

15.十萬頌般若波羅蜜多經第二函第四十六卷　　(82—68)

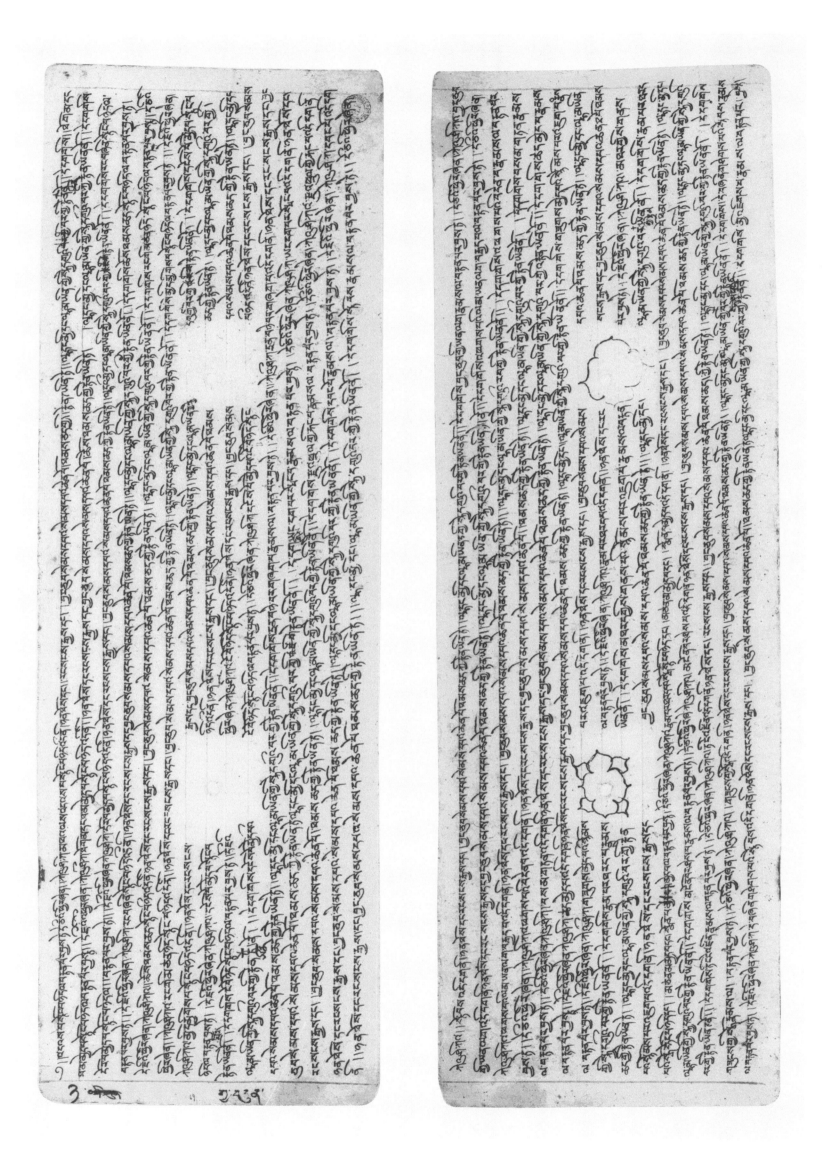

法 Pel.tib.1306

15.ཤེས་རབ་ཀྱི་ཕ་རོལ་ཏུ་ཕྱིན་པ་སྟོང་ཕྲག་བརྒྱ་པ་དུམ་བུ་གཉིས་པ་བམ་པོ་བཞི་བཅུ་དུག་གོ །།

15.十萬頌般若波羅蜜多經第二函第四十六卷　　(82—69)

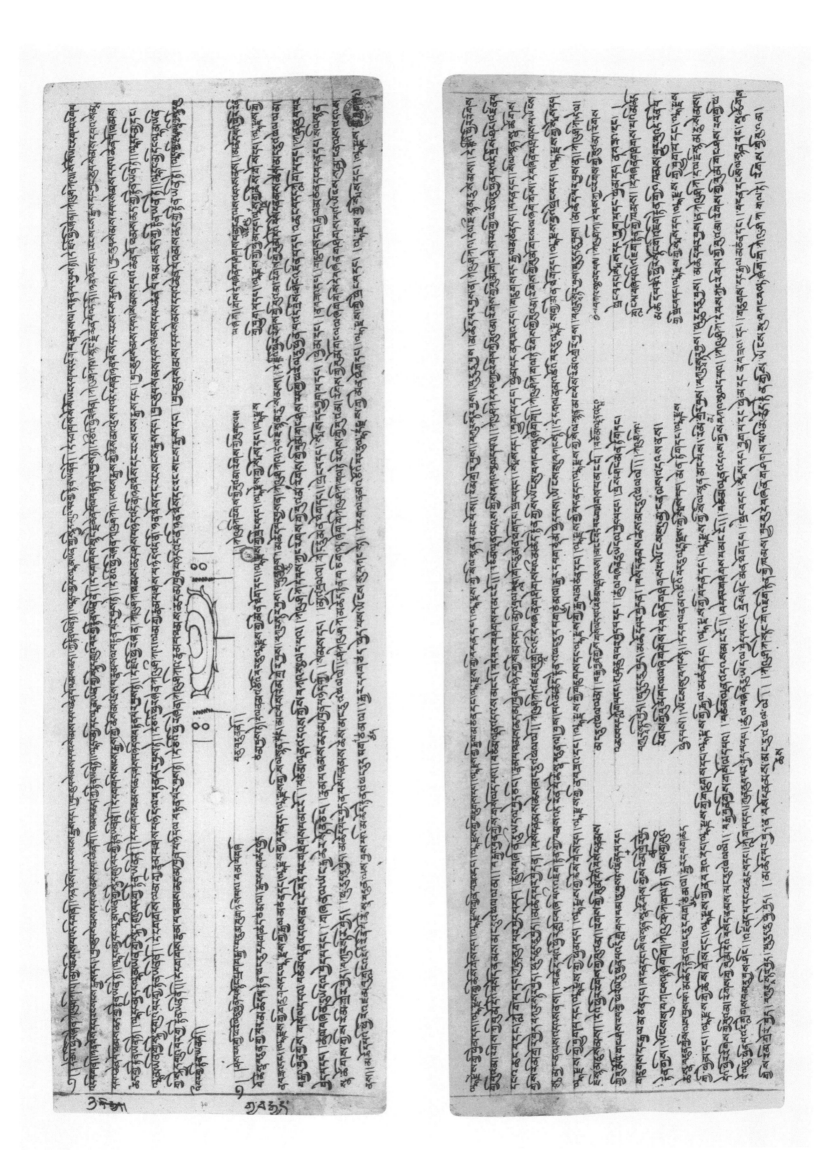

法 Pel.tib.1306　16.ཤེས་རབ་ཀྱི་ཕ་རོལ་ཏུ་ཕྱིན་པ་སྟོང་ཕྲག་བརྒྱ་པ་དུམ་བུ་གཉིས་པའི་བམ་པོ་བཞི་བཅུ་བདུན་ནོ།།

16.十萬頌般若波羅蜜多經第二函第四十七卷　　(82—70)

213

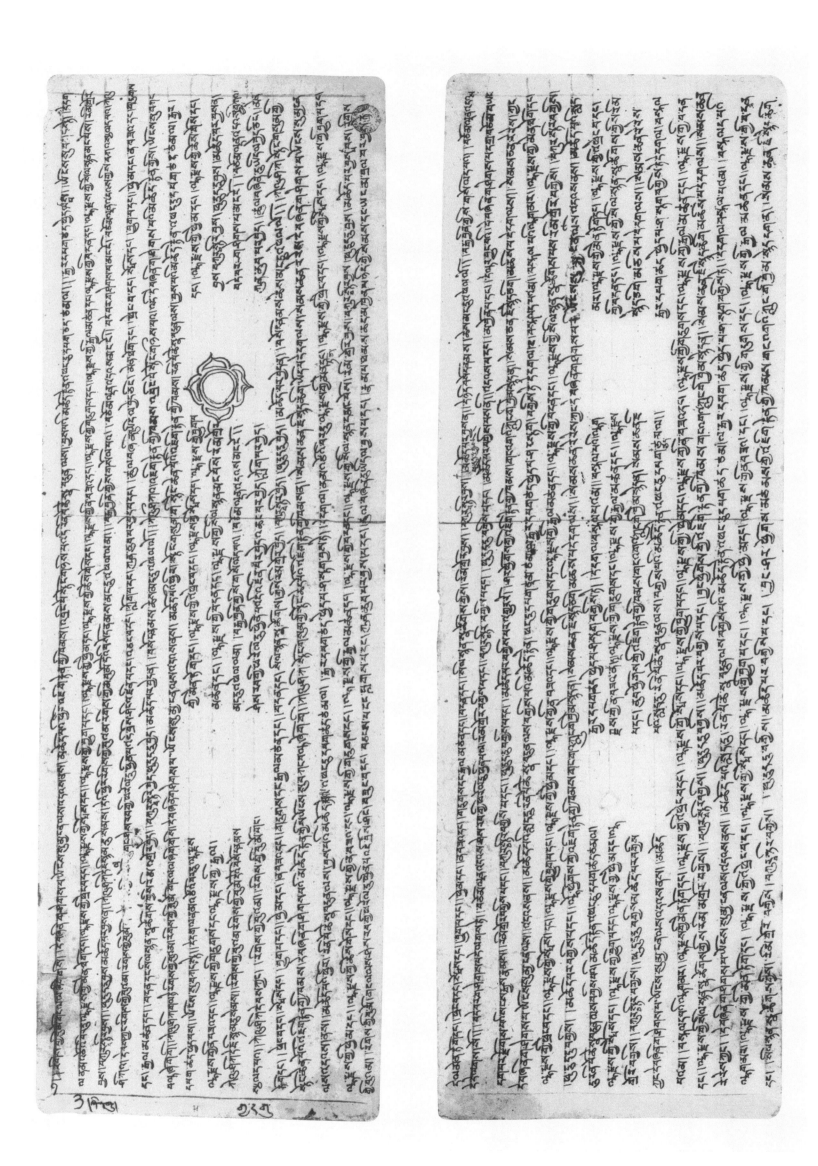

16.ཤེས་རབ་ཀྱི་ཕ་རོལ་ཏུ་ཕྱིན་པ་སྟོང་ཕྲག་བརྒྱ་པ་དུམ་བུ་གཉིས་པར་བམ་པོ་བཞི་བཅུ་བདུན་ནོ།།

16.十萬頌般若波羅蜜多經第二函第四十七卷　　(82—71)

法 Pel.tib.1306　16.ཤེས་རབ་ཀྱི་ཕ་རོལ་ཏུ་ཕྱིན་པ་སྟོང་ཕྲག་བརྒྱ་པ་དུམ་བུ་གཉིས་པའ་བམ་པོ་བཞི་བཅུ་བདུན་ནོ།།

16.十萬頌般若波羅蜜多經第二函第四十七卷　　(82—72)

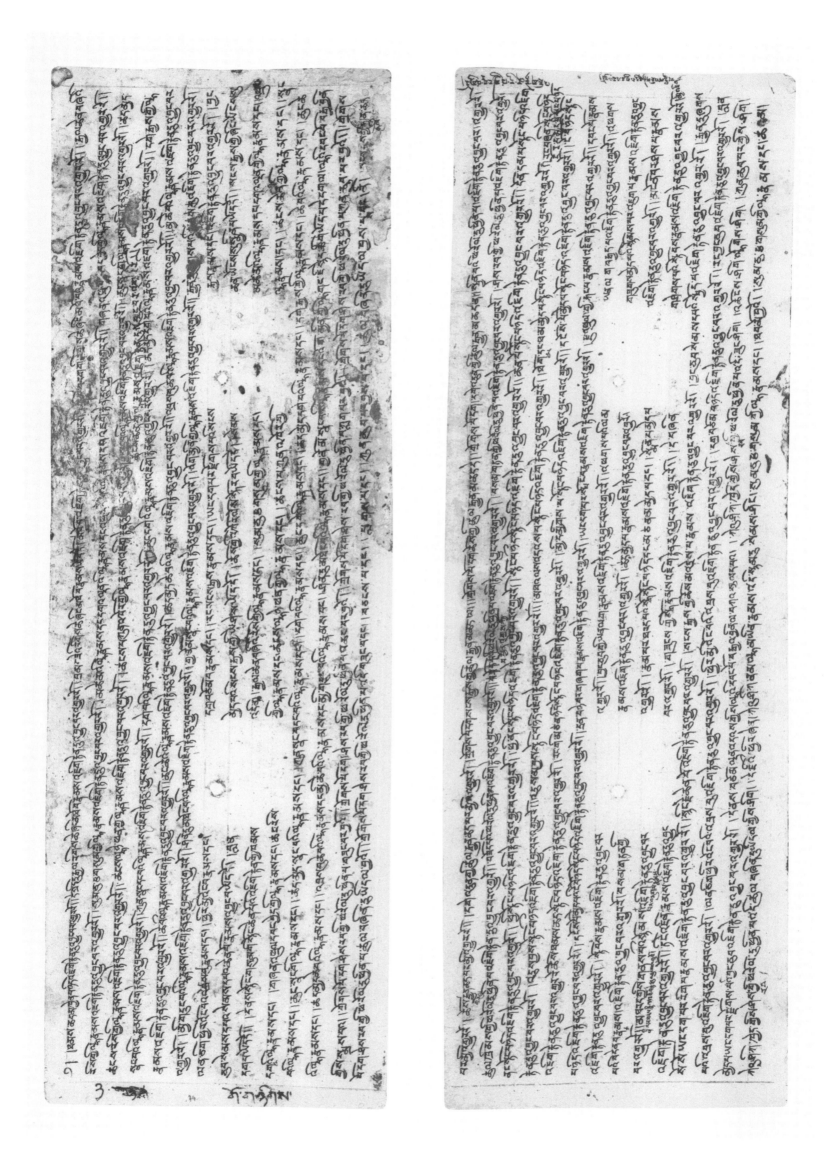

法 Pel.tib.1306　　16.ཤེས་རབ་ཀྱི་ཕ་རོལ་ཏུ་ཕྱིན་པ་སྟོང་ཕྲག་བརྒྱ་པ་དུམ་བུ་གཉིས་པའ་བམ་པོ་བཞི་བཅུ་བདུན་ནོ༎

16.十萬頌般若波羅蜜多經第二函第四十七卷　　(82—74)

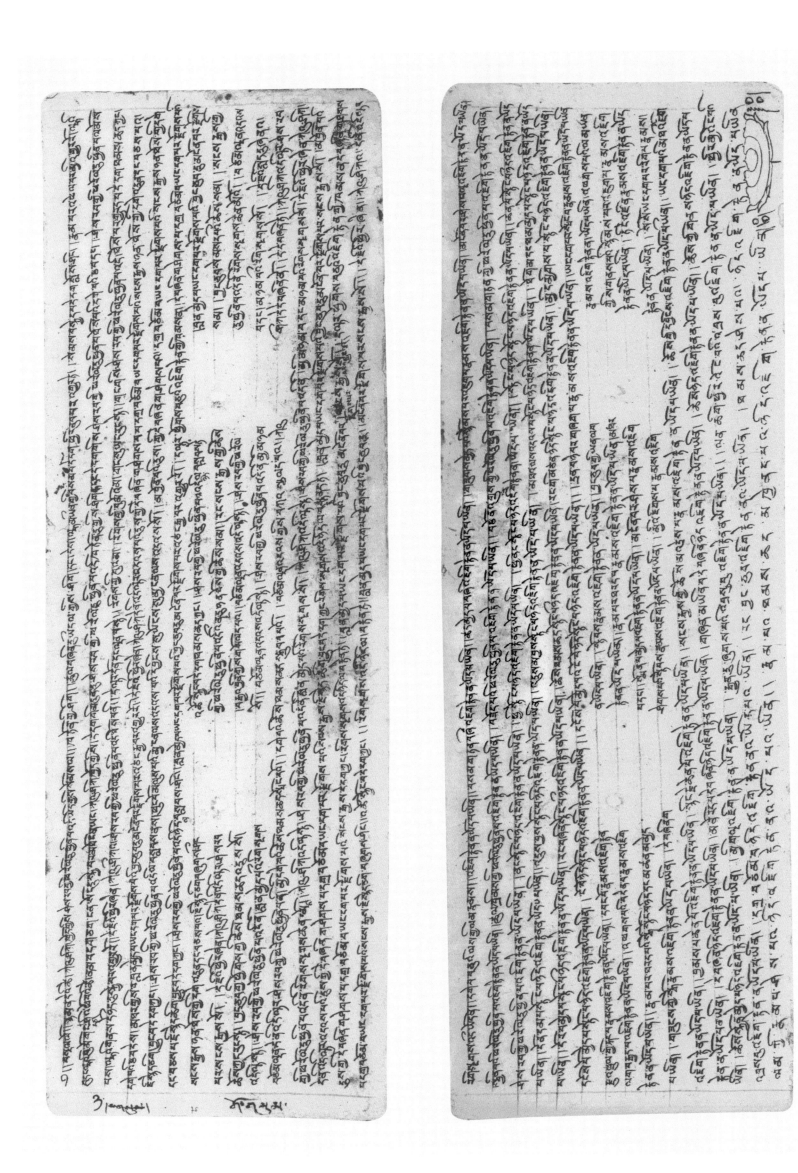

法 Pel.tib.1306　16.ཤེས་རབ་ཀྱི་ཕ་རོལ་ཏུ་ཕྱིན་པ་སྟོང་ཕྲག་བརྒྱ་པ་དུམ་བུ་གཉིས་པའ་བམ་པོ་བཞི་བཅུ་བདུན་ནོ།།

16.十萬頌般若波羅蜜多經第二函第四十七卷　　(82—76)

法 Pel.tib.1306　　17.ཤེས་རབ་ཀྱི་ཕ་རོལ་ཏུ་ཕྱིན་པ་སྟོང་ཕྲག་བརྒྱ་པ་དུམ་བུ་གཉིས་པའ་བམ་པོ་བཞི་བཅུའ་བཅུད་དོ།།

17.十萬頌般若波羅蜜多經第二函第四十八卷　　(82—77)

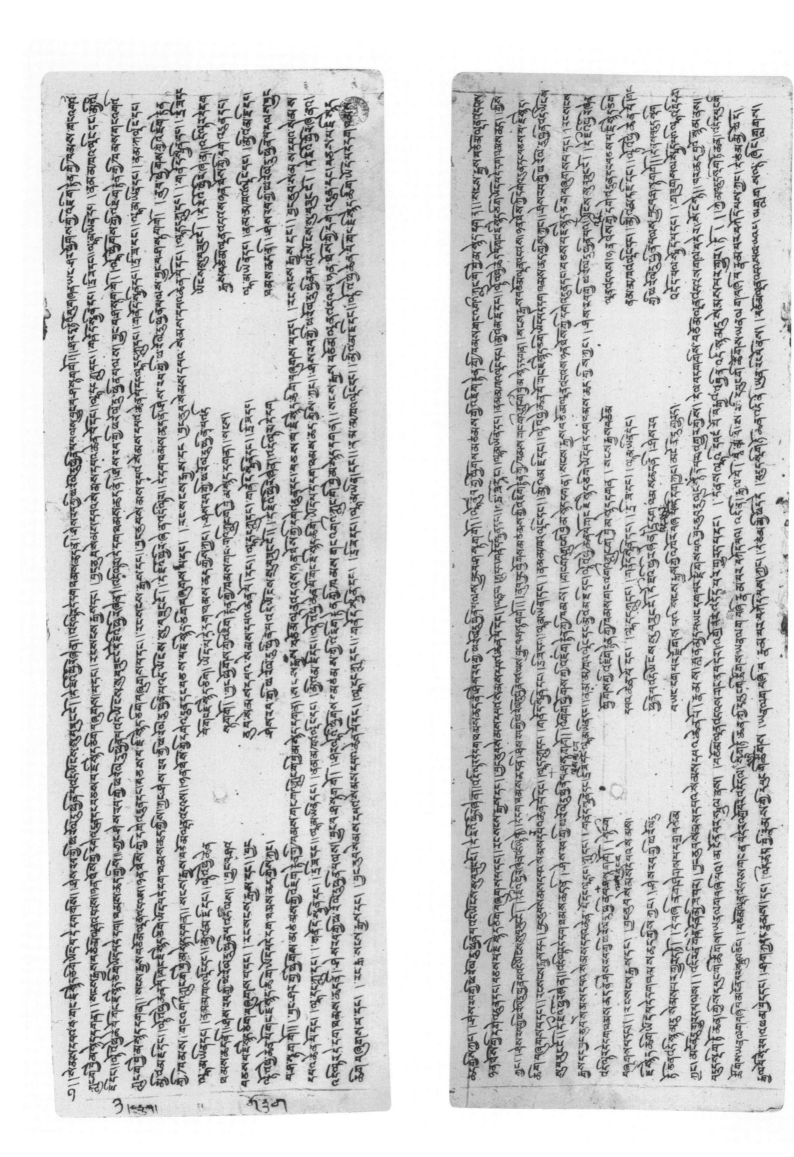

法 Pel.tib.1306　17.ཤེས་རབ་ཀྱི་ཕ་རོལ་ཏུ་ཕྱིན་པ་སྟོང་ཕྲག་བརྒྱ་པ་དུམ་བུ་གཉིས་པ་ལས་པོ་བཞི་བཅུ་བརྒྱད་དོ།།

17.十萬頌般若波羅蜜多經第二函第四十八卷　　(82—78)

221

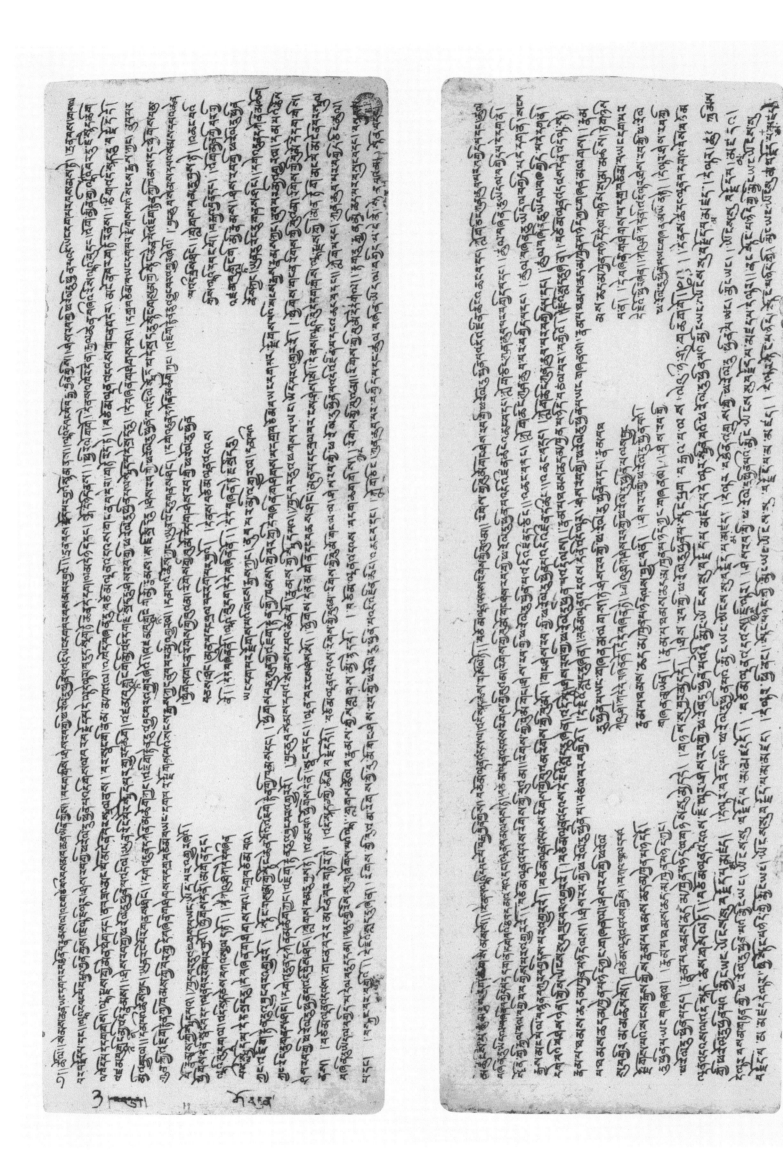

17.ཤེས་རབ་ཀྱི་ཕ་རོལ་ཏུ་ཕྱིན་པ་སྟོང་ཕྲག་བརྒྱ་པ་དུམ་བུ་གཉིས་པའ་བམ་པོ་བཞི་བཅུ་བརྒྱད་དོ།།

17.十萬頌般若波羅蜜多經第二函第四十八卷　　(82—79)

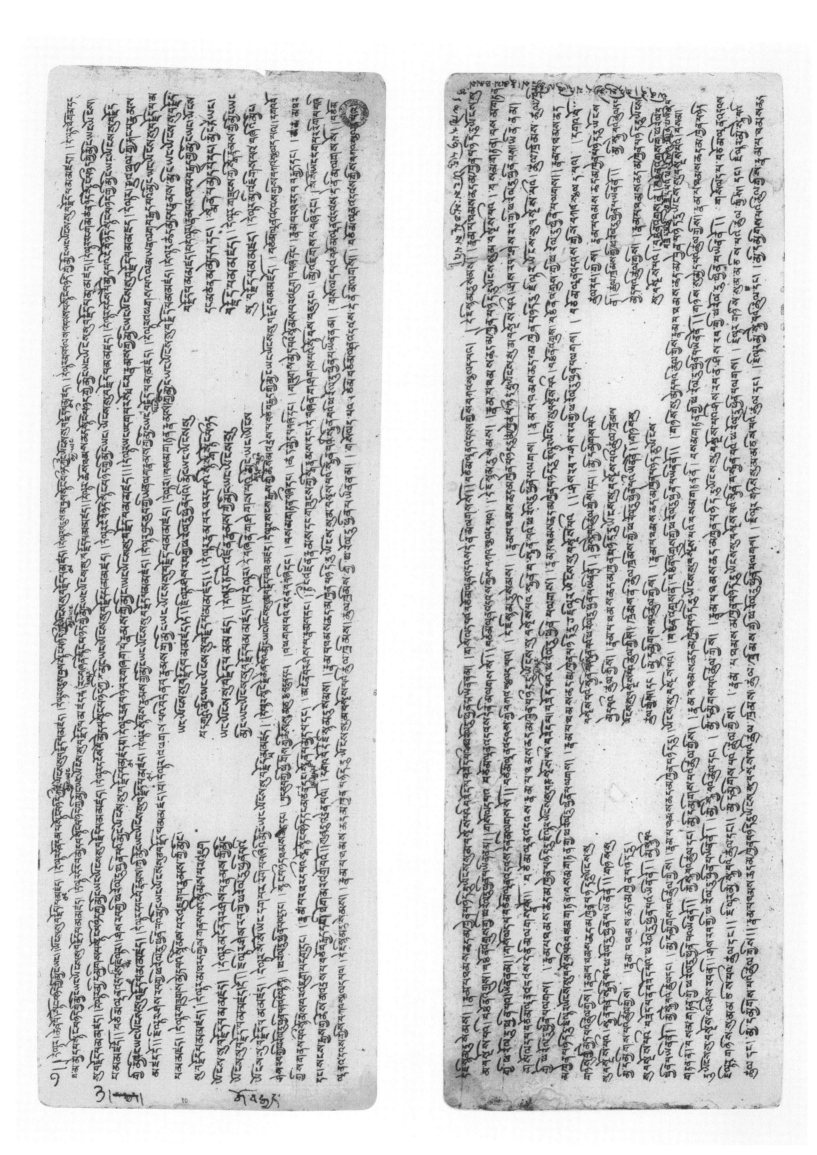

法 Pel.tib.1306　17.ཤེས་རབ་ཀྱི་ཕ་རོལ་ཏུ་ཕྱིན་པ་སྟོང་ཕྲག་བརྒྱ་པ་དུམ་བུ་གཉིས་པའ་བམ་པོ་བཞི་བཅུའ་བརྒྱད་དོ།།

17.十萬頌般若波羅蜜多經第二函第四十八卷　　(82—80)

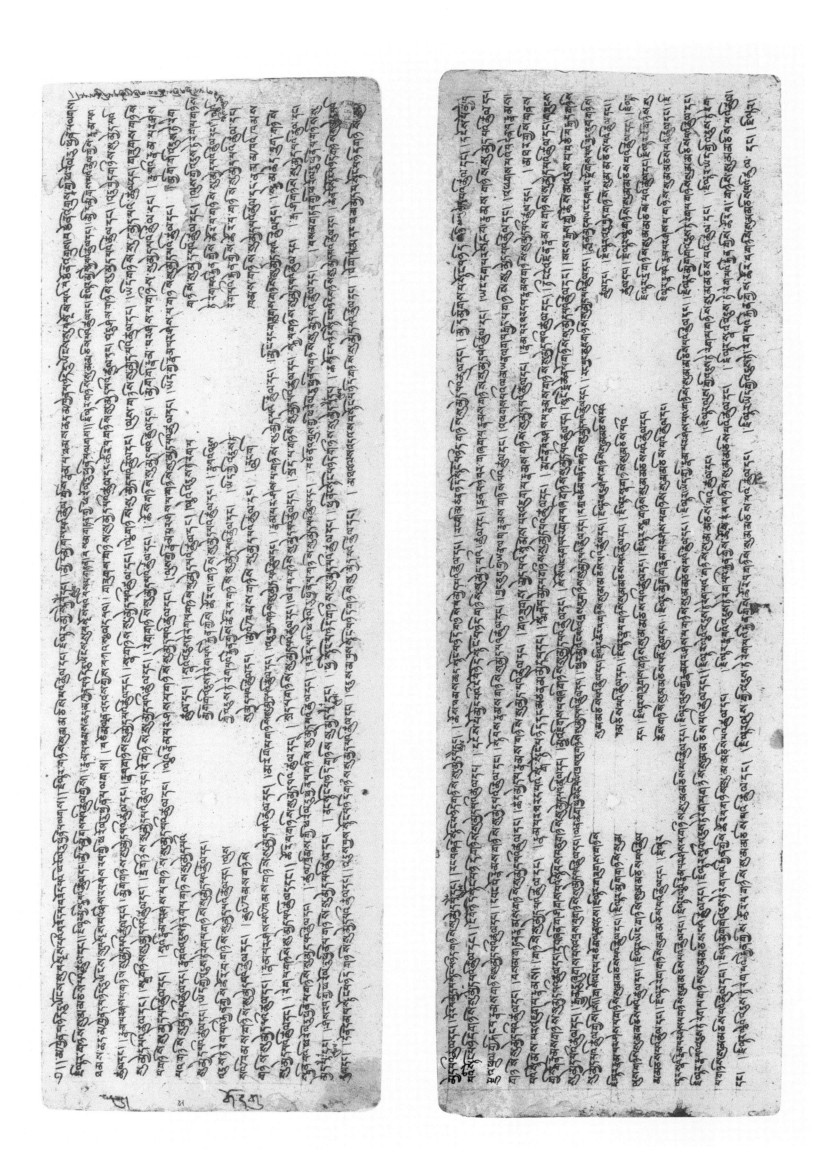

法 Pel.tib.1306　　17.ཤེས་རབ་ཀྱི་ཕ་རོལ་ཏུ་ཕྱིན་པ་སྟོང་ཕྲག་བརྒྱ་པ་དུམ་བུ་གཉིས་པའ་བམ་པོ་བཞི་བཅུ་ར་བརྒྱད་དོ།།

17.十萬頌般若波羅蜜多經第二函第四十八卷　　（82—81）

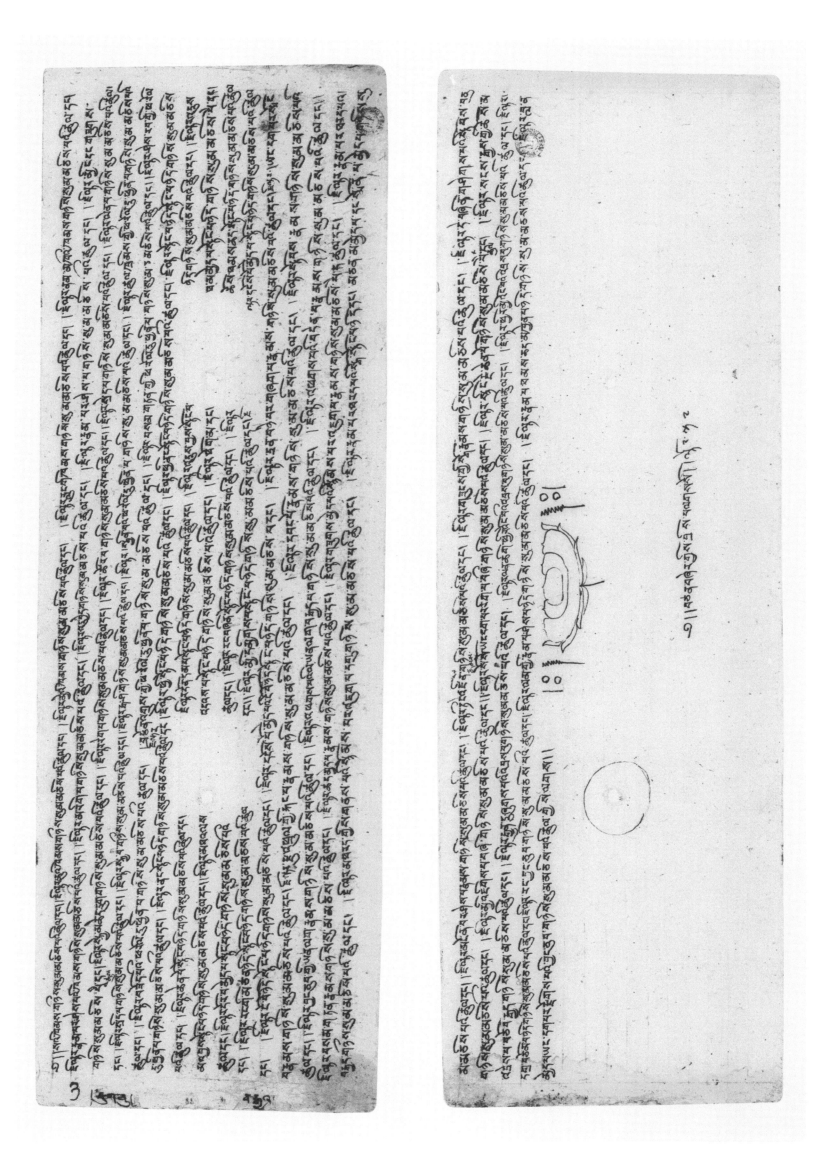

法 Pel.tib.1306　　17.ཤེས་རབ་ཀྱི་ཕ་རོལ་ཏུ་ཕྱིན་པ་སྟོང་ཕྲག་བརྒྱ་པ་དུམ་བུ་གཉིས་པའ་བམ་པོ་བཞི་བཅུར་བརྒྱད་དོ།།

17.十萬頌般若波羅蜜多經第二函第四十八卷　(82—82)

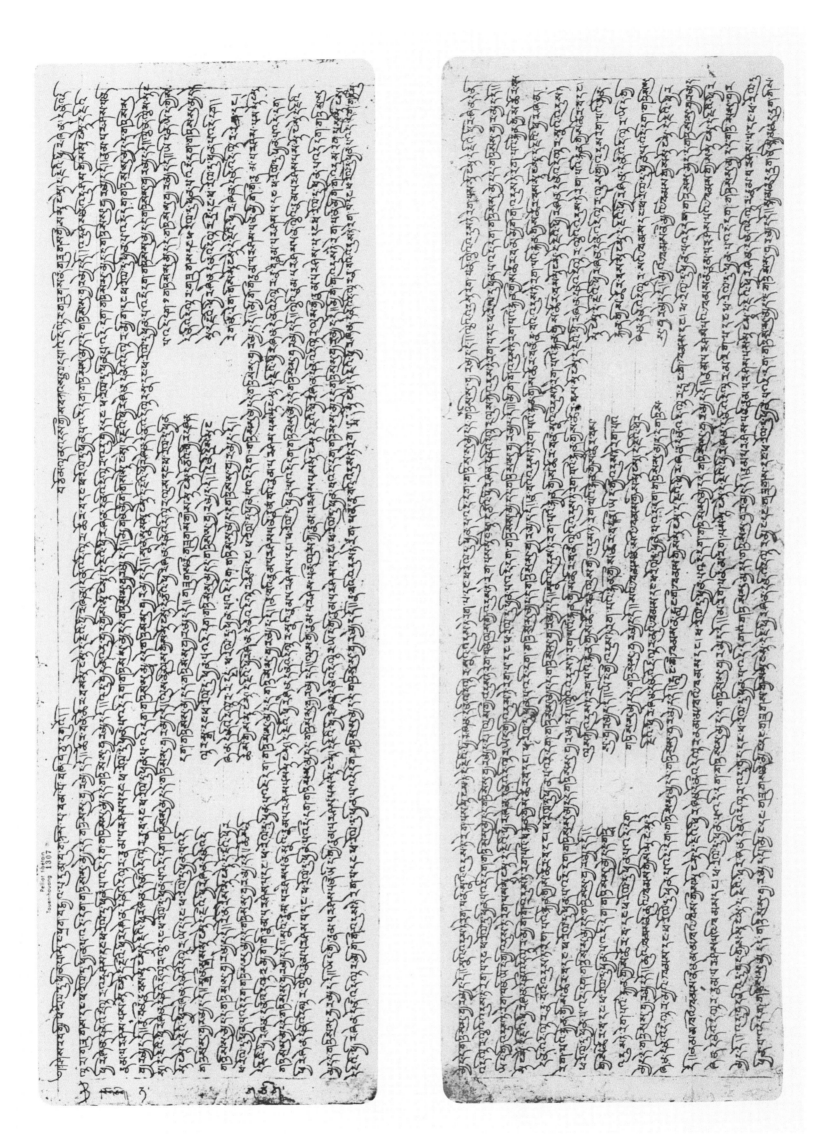

法 Pel.tib.1307　　1.ཤེས་རབ་ཀྱི་ཕ་རོལ་དུ་ཕྱིན་པ་སྟོང་ཕྲག་བརྒྱ་པ་དུམ་བུ་གཉིས་པ་བམ་པོ་བཞི་བཅུ་རྩ་ཞེ་དགུ་པ།

1.十萬頌般若波羅蜜多經第二函第四十九卷　　(90—1)

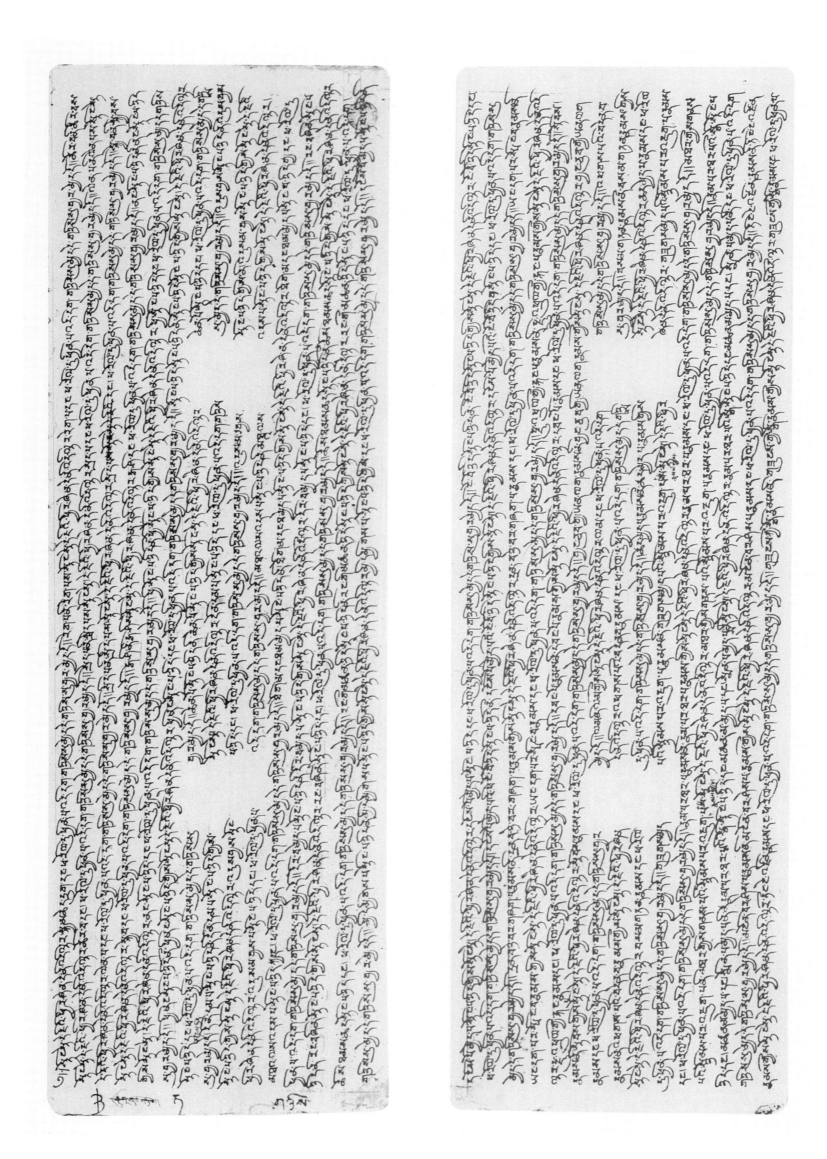

法 Pel.tib.1307　1.ཤེས་རབ་ཀྱི་ཕ་རོལ་ཏུ་ཕྱིན་པ་སྟོང་ཕྲག་བརྒྱ་པ་དུམ་བུ་གཉིས་པའ་བམ་པོ་བཞི་བཅུའ་ཞེ་དགུ་པ།

1.十萬頌般若波羅蜜多經第二函第四十九卷　　（90—2）

227

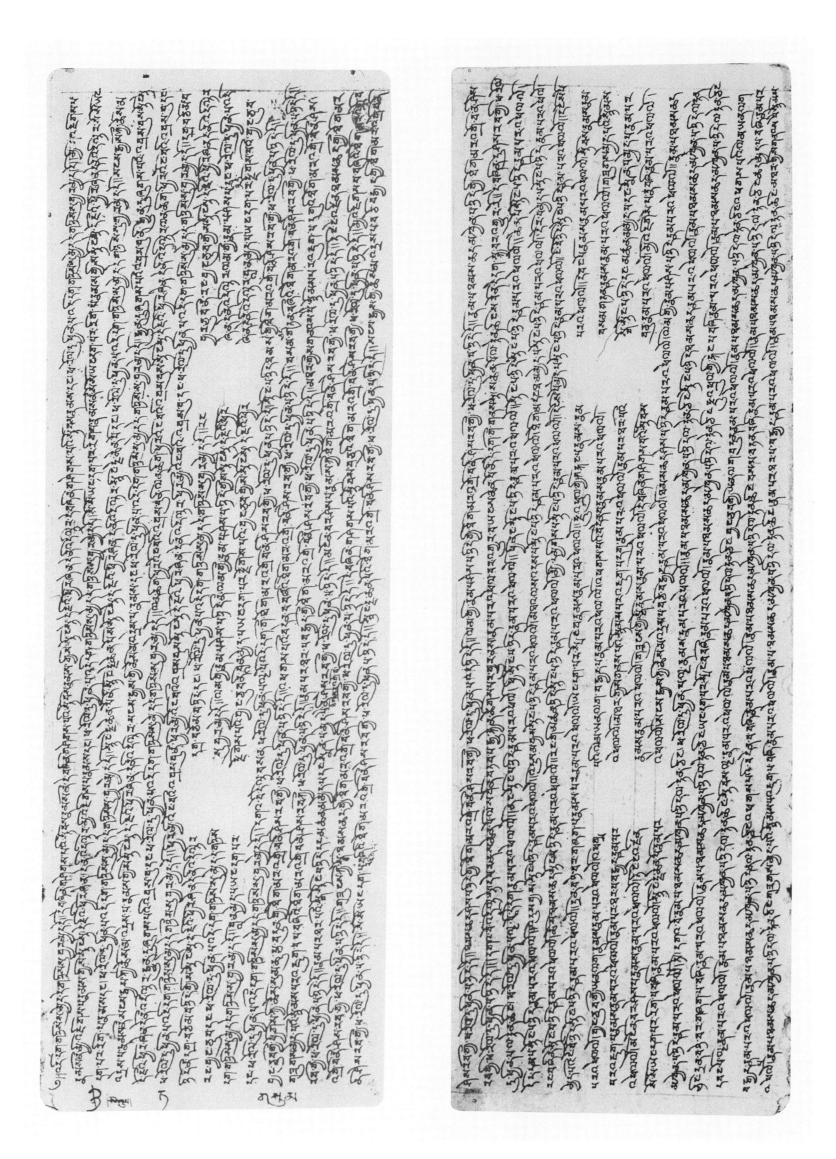

法 Pel.tib.1307　　1.ཤེས་རབ་ཀྱི་ཕ་རོལ་ཏུ་ཕྱིན་པ་སྟོང་ཕྲག་བརྒྱ་པ་དུམ་བུ་གཉིས་པའི་བམ་པོ་བཞི་བཅུ་ཞེ་དགུ་པ།

1.十萬頌般若波羅蜜多經第二函第四十九卷　　　(90—3)

228

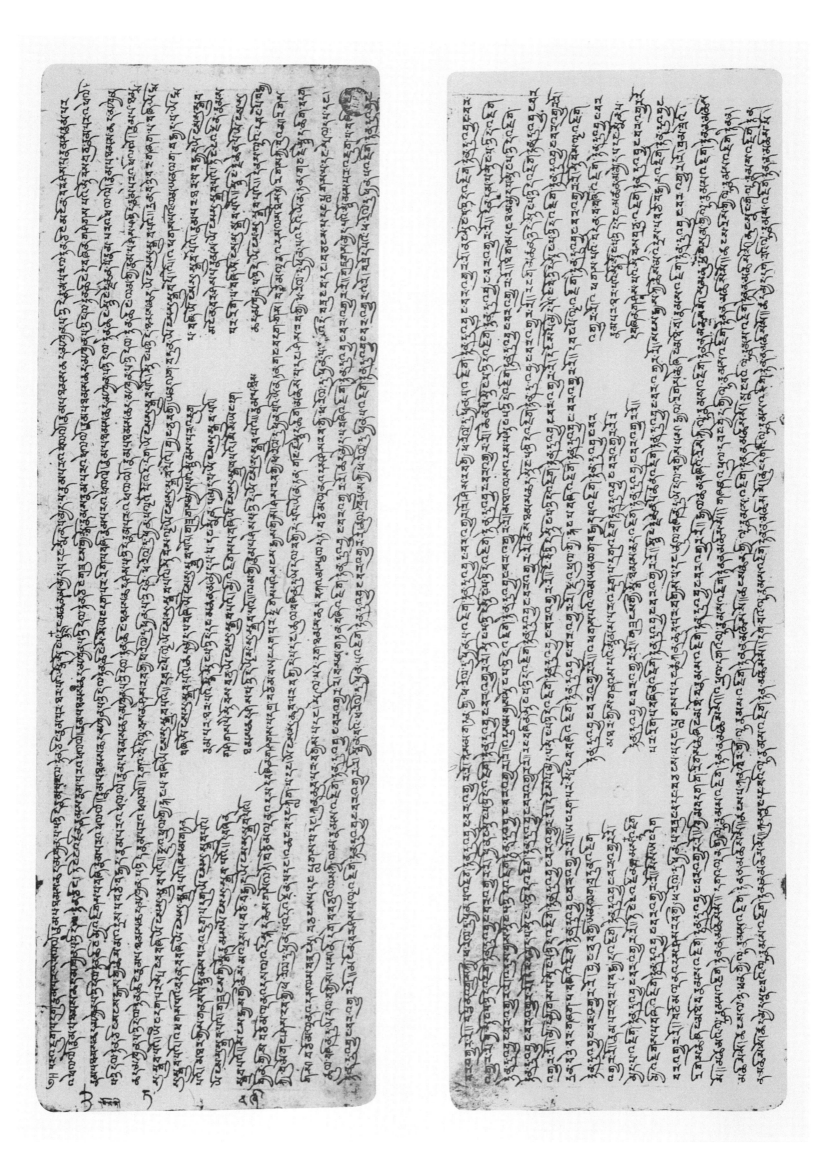

法 Pel.tib.1307　1.ཤེས་རབ་ཀྱི་ཕ་རོལ་ཏུ་ཕྱིན་པ་སྟོང་ཕྲག་བརྒྱ་པ་དུམ་བུ་གཉིས་པ་བམ་པོ་བཞི་བཅུ་རྩ་ཞེ་དགུ་བ།

1.十萬頌般若波羅蜜多經第二函第四十九卷　　(90—4)

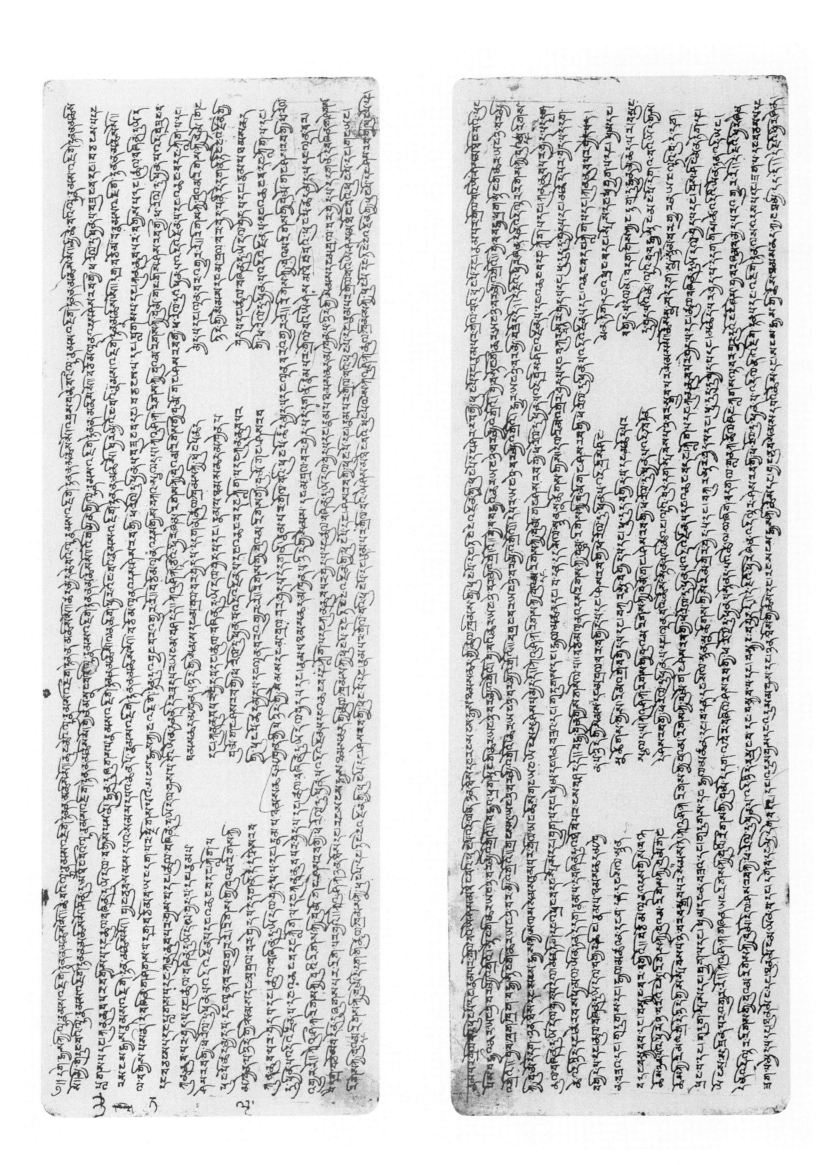

法 Pel.tib.1307　　1.ཤེས་རབ་ཀྱི་ཕ་རོལ་ཏུ་ཕྱིན་པ་སྟོང་ཕྲག་བརྒྱ་པ་དུམ་བུ་གཉིས་པའི་བམ་པོ་བཞི་བཅུའ་ཞེ་དགུ་པ།

1.十萬頌般若波羅蜜多經第二函第四十九卷　　(90—5)

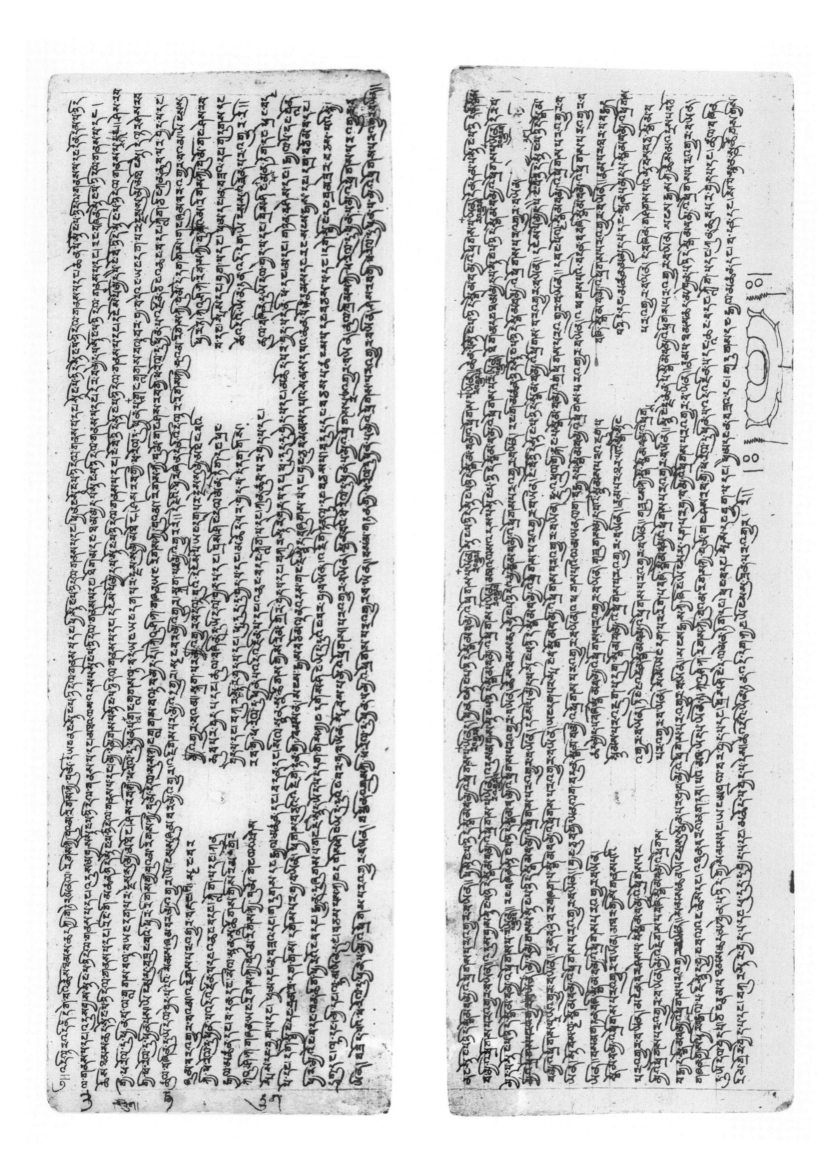

法 Pel.tib.1307　　1.ཤེས་རབ་ཀྱི་ཕ་རོལ་དུ་ཕྱིན་པ་སྟོང་ཕྲག་བརྒྱ་པ་དུམ་བུ་གཉིས་པ་བམ་པོ་བཞི་བཅུའ་ཞེ་དགུ་པ

1.十萬頌般若波羅蜜多經第二函第四十九卷　　(90—6)

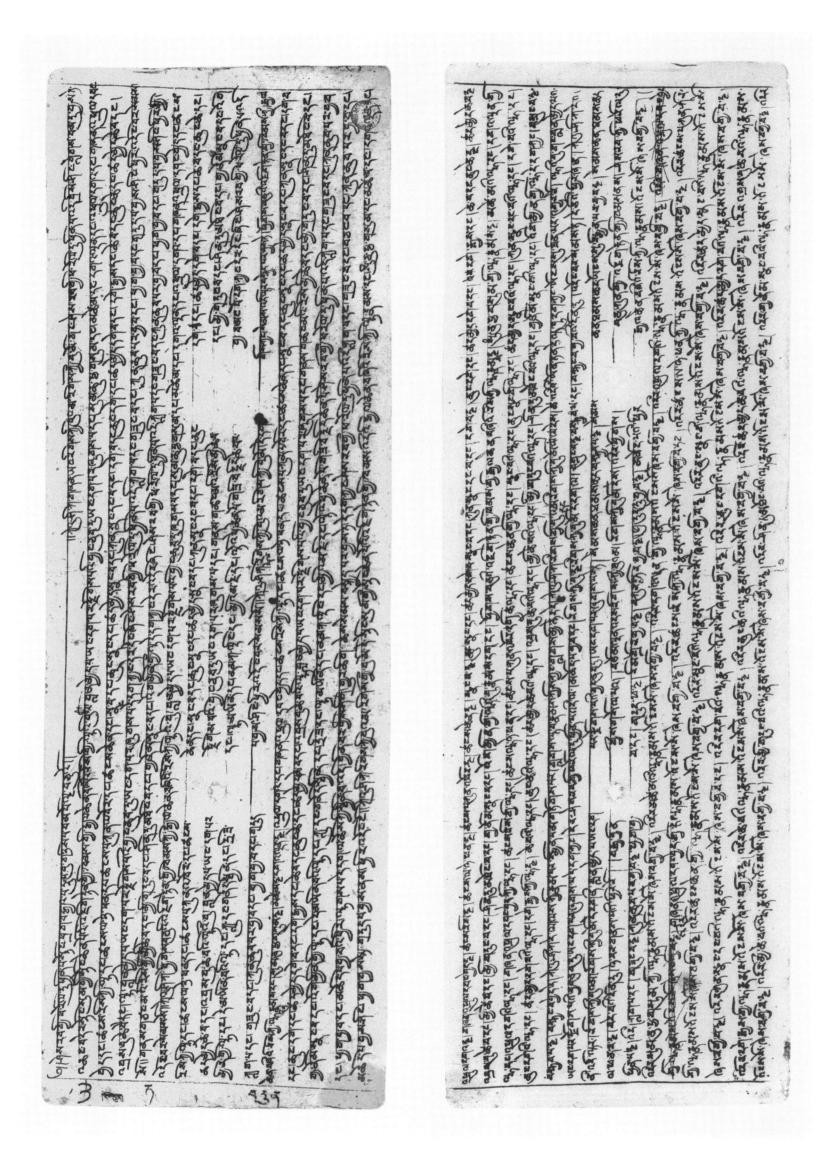

法 Pel.tib.1307　2.ཤེས་རབ་ཀྱི་ཕ་རོལ་དུ་ཕྱིན་པ་སྟོང་ཕྲག་བརྒྱ་པ་དུམ་བུ་གཉིས་པའ་བམ་པོ་ལྔ་བཅུ་པའོ།།

2.十萬頌般若波羅蜜多經第二函第五十卷　　(90—7)

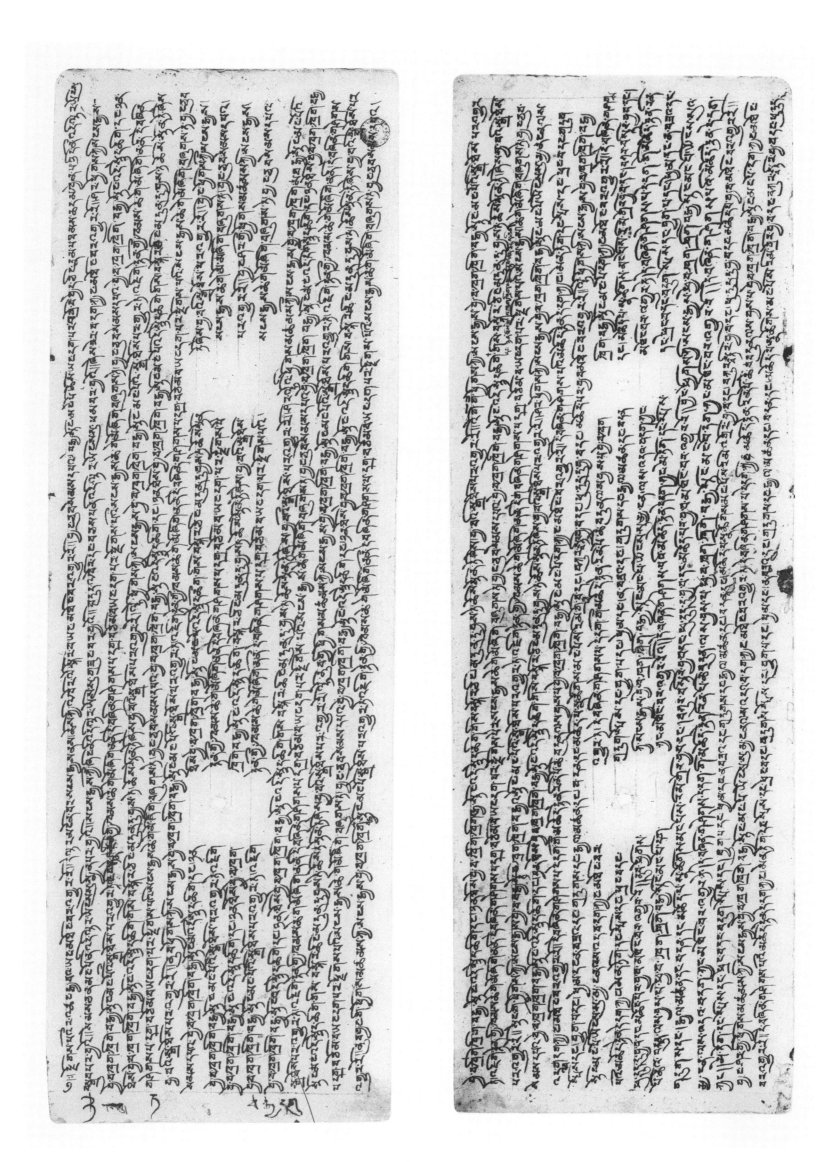

法 Pel.tib.1307　　2.ཤེས་རབ་ཀྱི་ཕ་རོལ་ཏུ་ཕྱིན་པ་སྟོང་ཕྲག་བརྒྱ་པ་དུམ་བུ་གཉིས་པའ་བམ་པོ་ལྔ་བཅུ་པའོ།།

2.十萬頌般若波羅蜜多經第二函第五十卷　　(90—8)

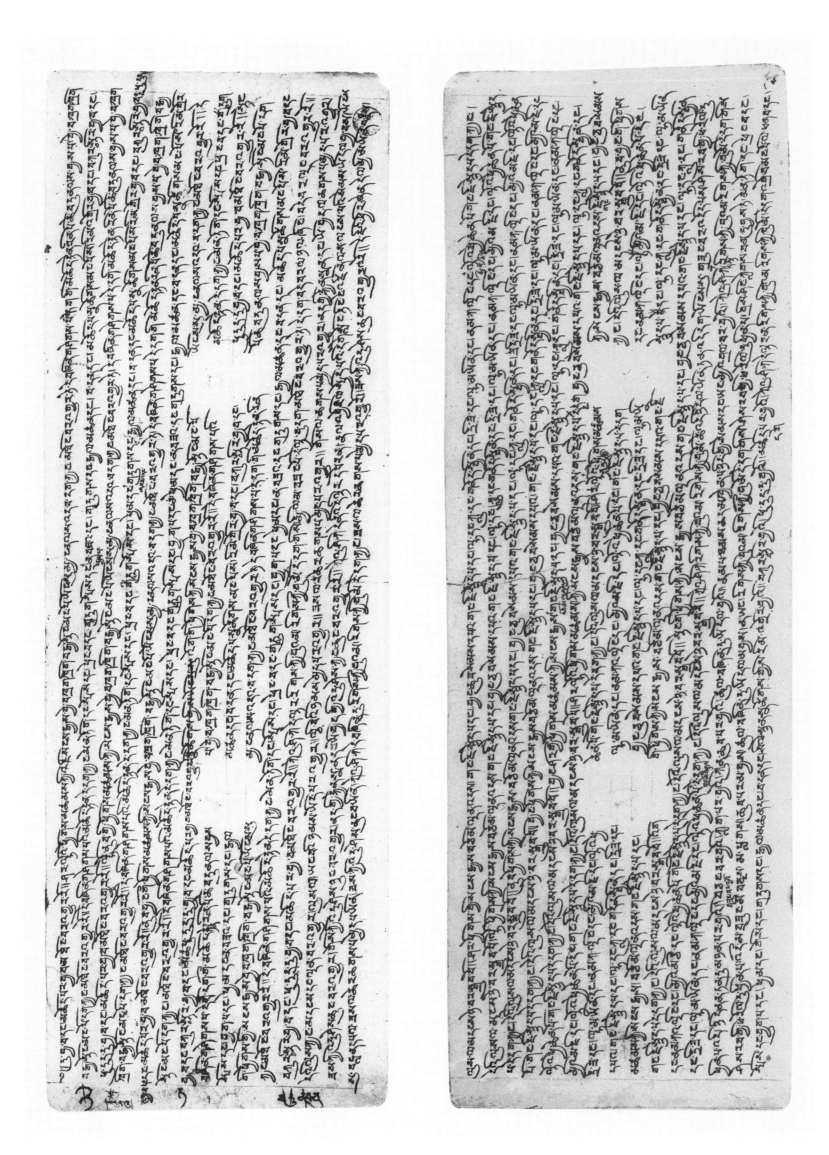

法 Pel.tib.1307　2.ཤེས་རབ་ཀྱི་ཕ་རོལ་དུ་ཕྱིན་པ་སྟོང་ཕྲག་བརྒྱ་པ་དུམ་བུ་གཉིས་པའི་བམ་པོ་ལྔ་བཅུ་པའོ།།

2.十萬頌般若波羅蜜多經第二函第五十卷　　(90—9)

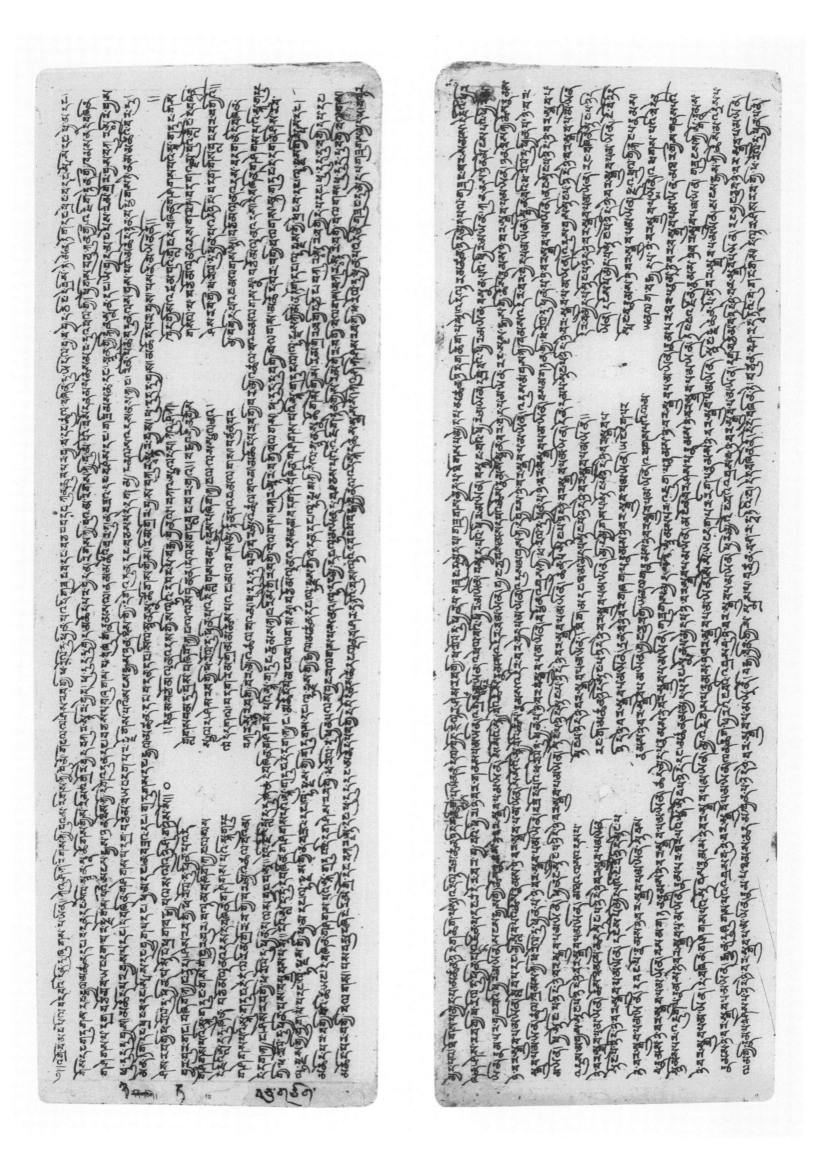

法 Pel.tib.1307　2.ཤེས་རབ་ཀྱི་ཕ་རོལ་ཏུ་ཕྱིན་པ་སྟོང་ཕྲག་བརྒྱ་པ་དུམ་བུ་གཉིས་པའ་བམ་པོ་ལྔ་བཅུ་པའོ།།

2.十萬頌般若波羅蜜多經第二函第五十卷　　(90—10)

235

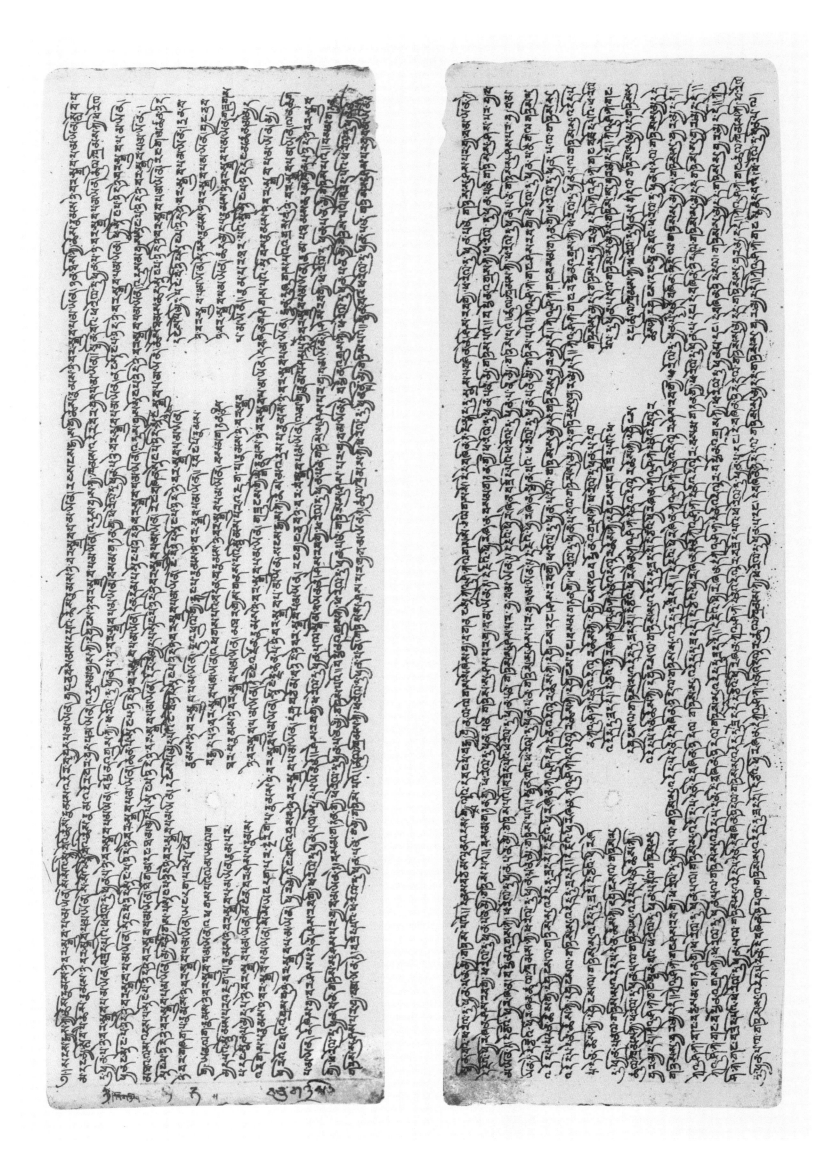

法 Pel.tib.1307　　2.ཤེས་རབ་ཀྱི་ཕ་རོལ་ཏུ་ཕྱིན་པ་སྟོང་ཕྲག་བརྒྱ་པ་དུམ་བུ་གཉིས་པའ་བམ་པོ་ལྔ་བཅུའོ།།

2.十萬頌般若波羅蜜多經第二函第五十卷　　(90—11)

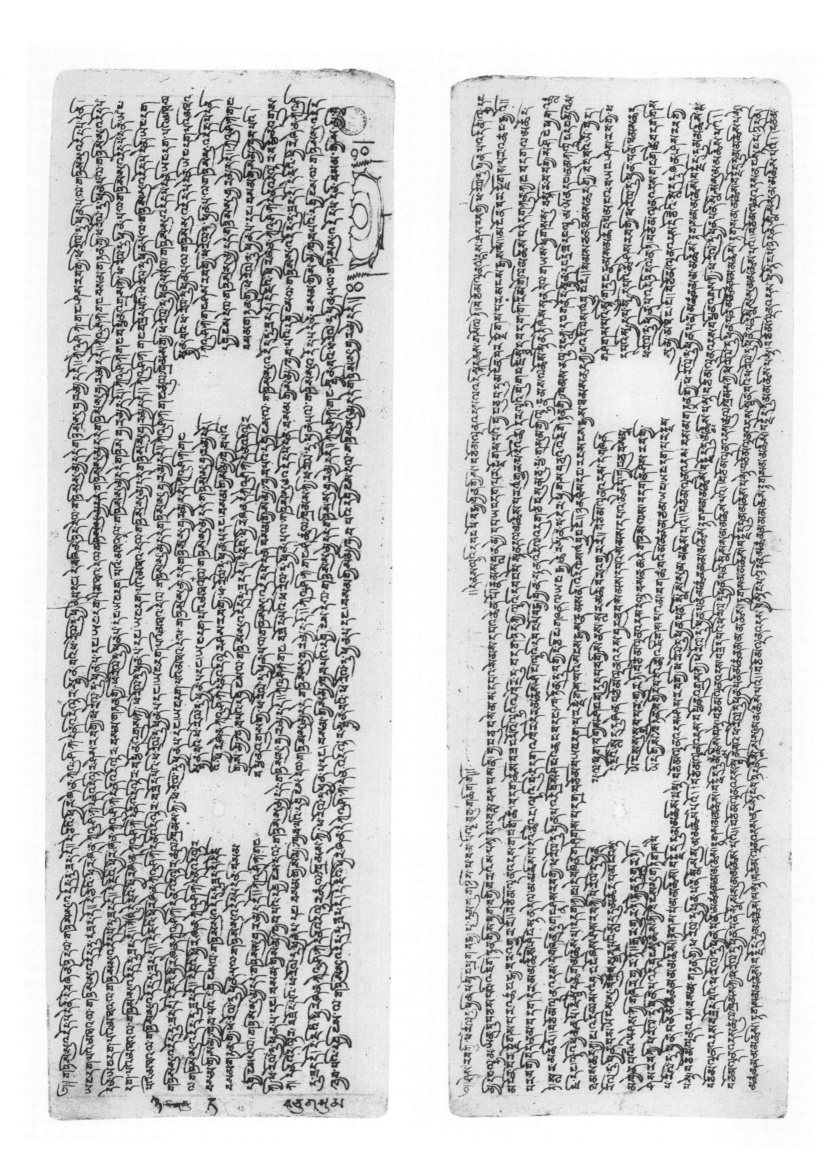

法 Pel.tib.1307　2.ཤེས་རབ་ཀྱི་ཕ་རོལ་ཏུ་ཕྱིན་པ་སྟོང་ཕྲག་བརྒྱ་པ་དུམ་བུ་གཉིས་པའ་བམ་པོ་ལྔ་བཅུ་འོ།།

2.十萬頌般若波羅蜜多經第二函第五十卷　　(90—12)

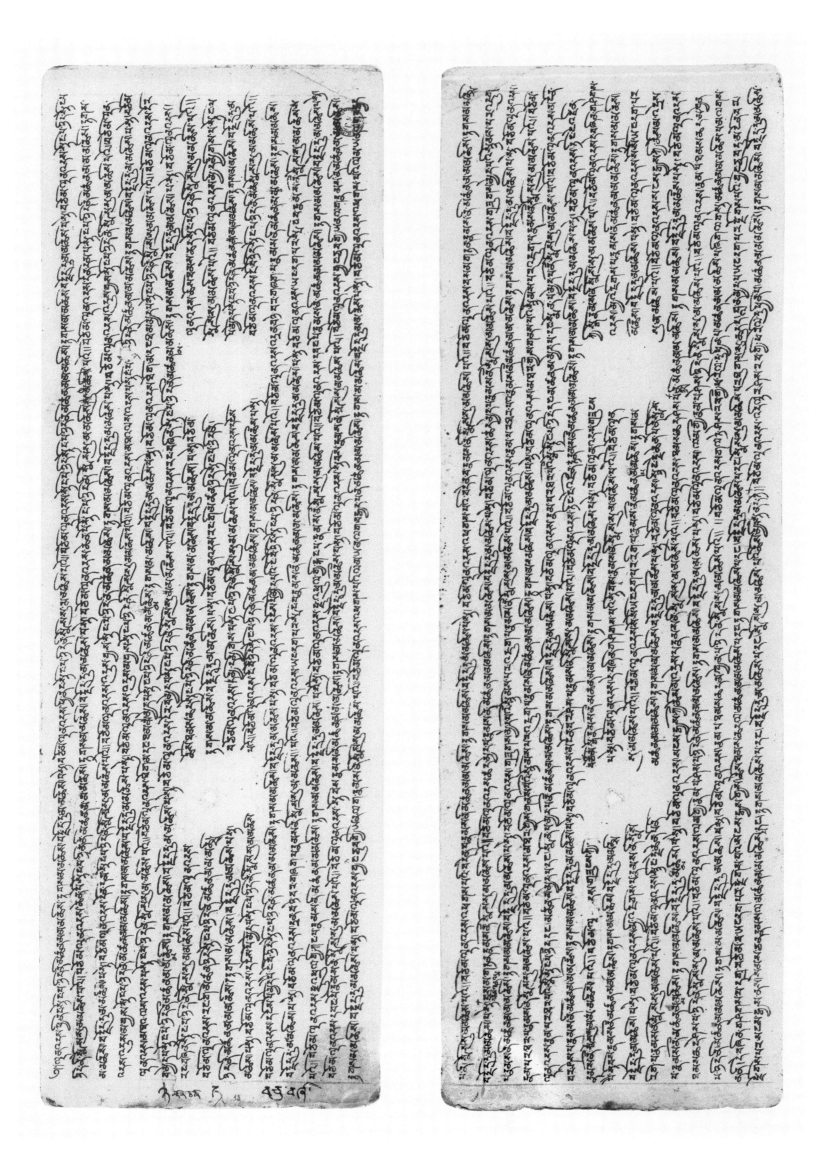

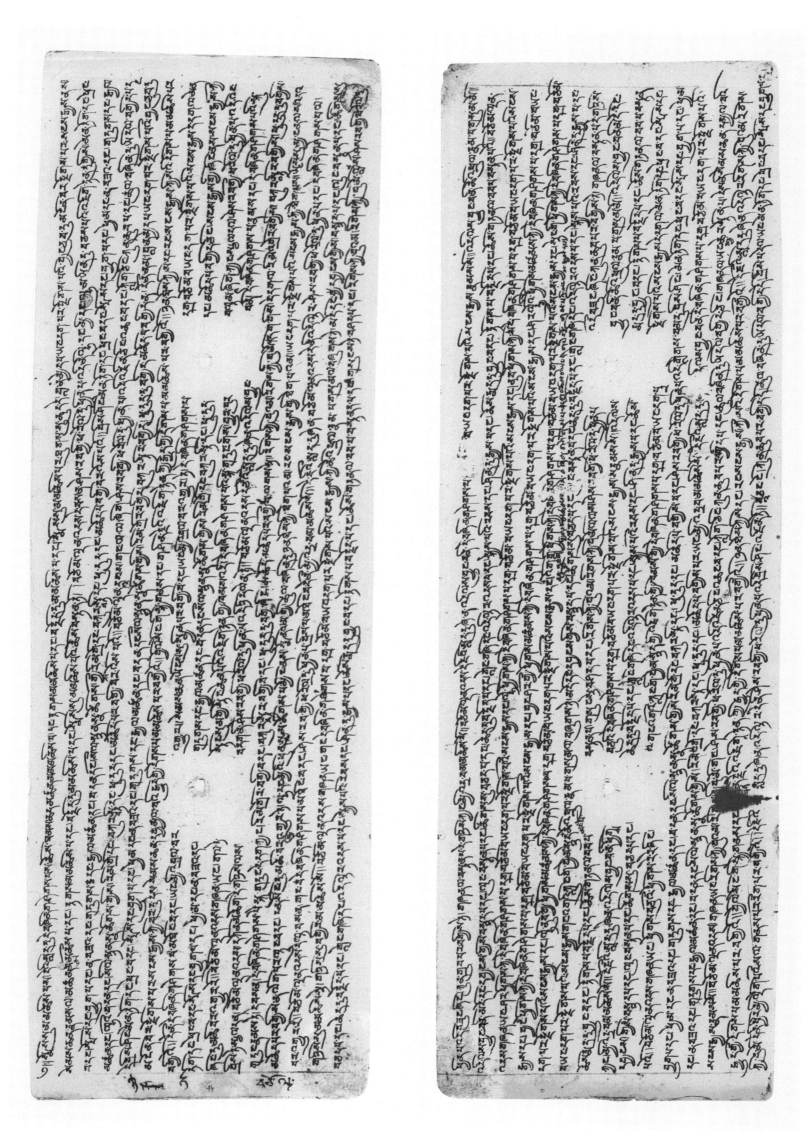

法 Pel.tib.1307　　3.ཤེས་རབ་ཀྱི་ཕ་རོལ་ཏུ་ཕྱིན་པ་སྟོང་ཕྲག་བརྒྱ་པ་དུམ་བུ་གཉིས་པའི་བམ་པོ་ལྔ་བཅུ་གཅིག་གོ།།།

3.十萬頌般若波羅蜜多經第二函第五十一卷　　(90—14)

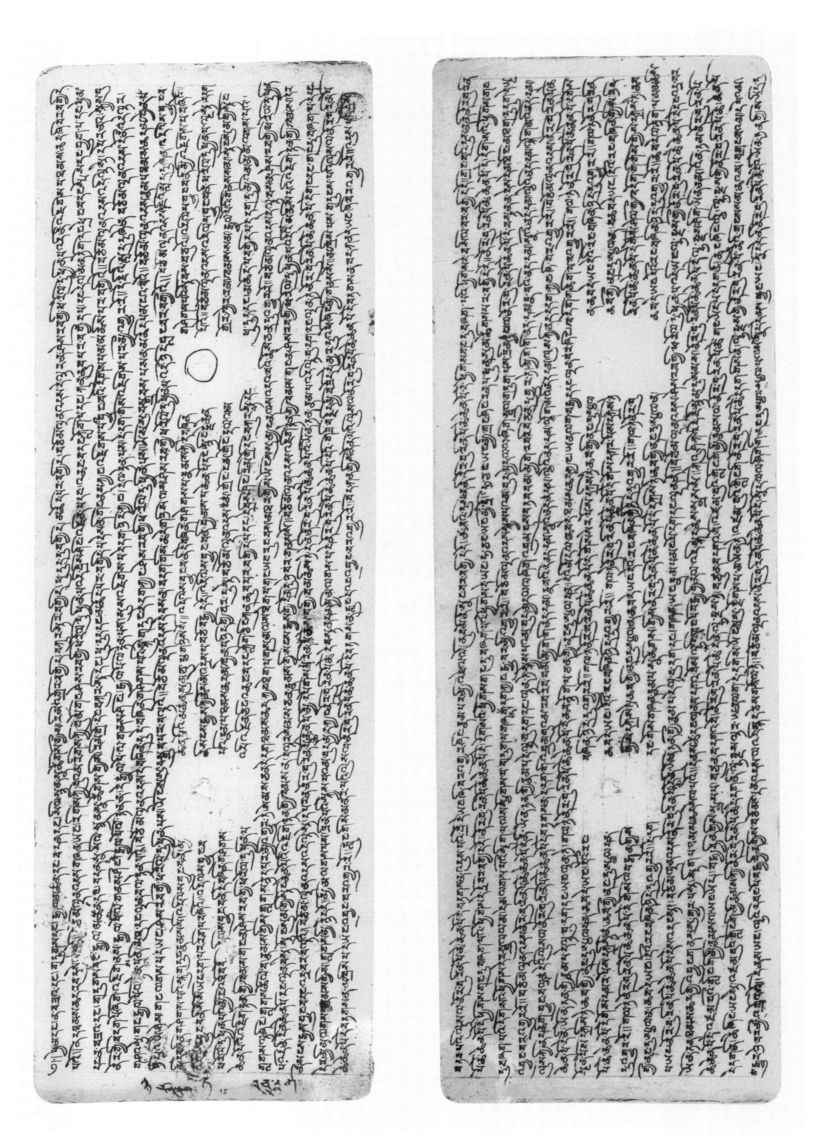

法 Pel.tib.1307　　3.ཤེས་རབ་ཀྱི་ཕ་རོལ་ཏུ་ཕྱིན་པ་སྟོང་ཕྲག་བརྒྱ་པ་དུམ་བུ་གཉིས་པའ་བམ་པོ་ལྔ་གཅིག་གོ།།།

3.十萬頌般若波羅蜜多經第二函第五十一卷　　(90—15)

240

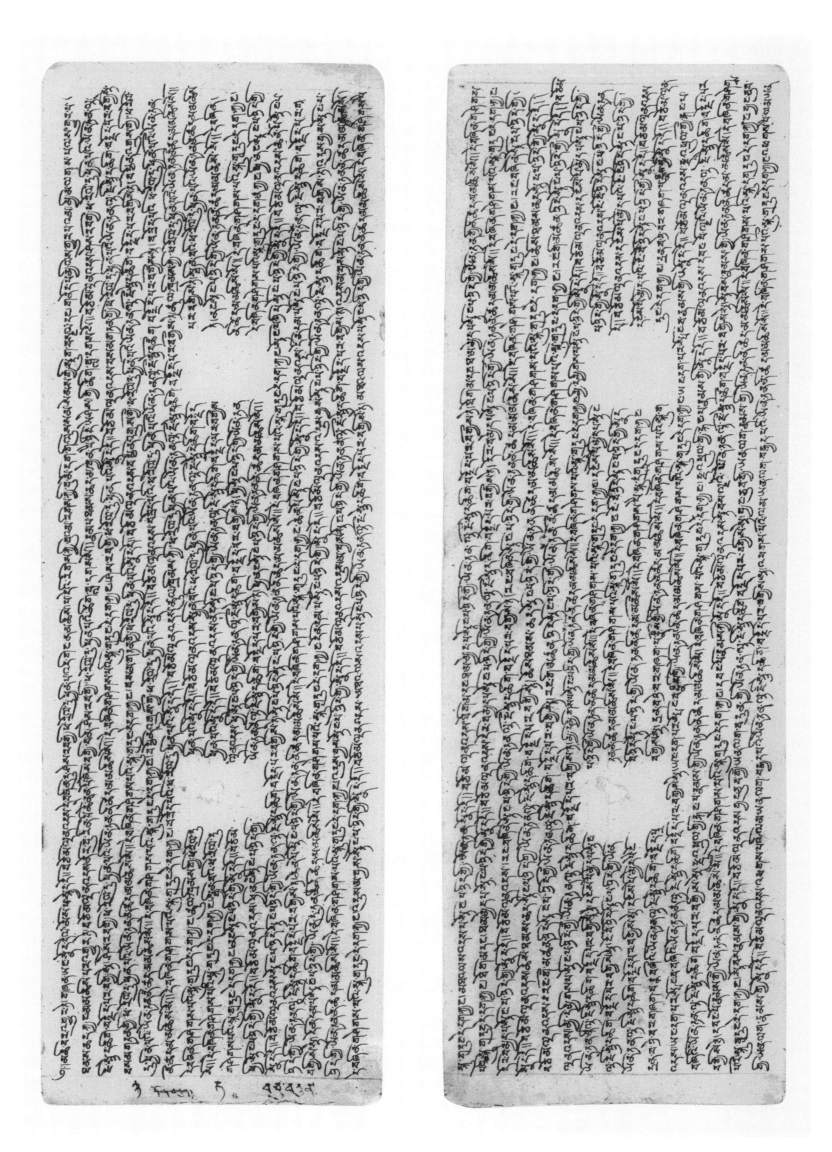

法 Pel.tib.1307　　3.ཤེས་རབ་ཀྱི་ཕ་རོལ་ཏུ་ཕྱིན་པ་སྟོང་ཕྲག་བརྒྱ་པ་དུམ་བུ་གཉིས་པའི་བམ་པོ་ལྔ་བཅུ་གཅིག་གོ །།

3.十萬頌般若波羅蜜多經第二函第五十一卷　　(90—16)

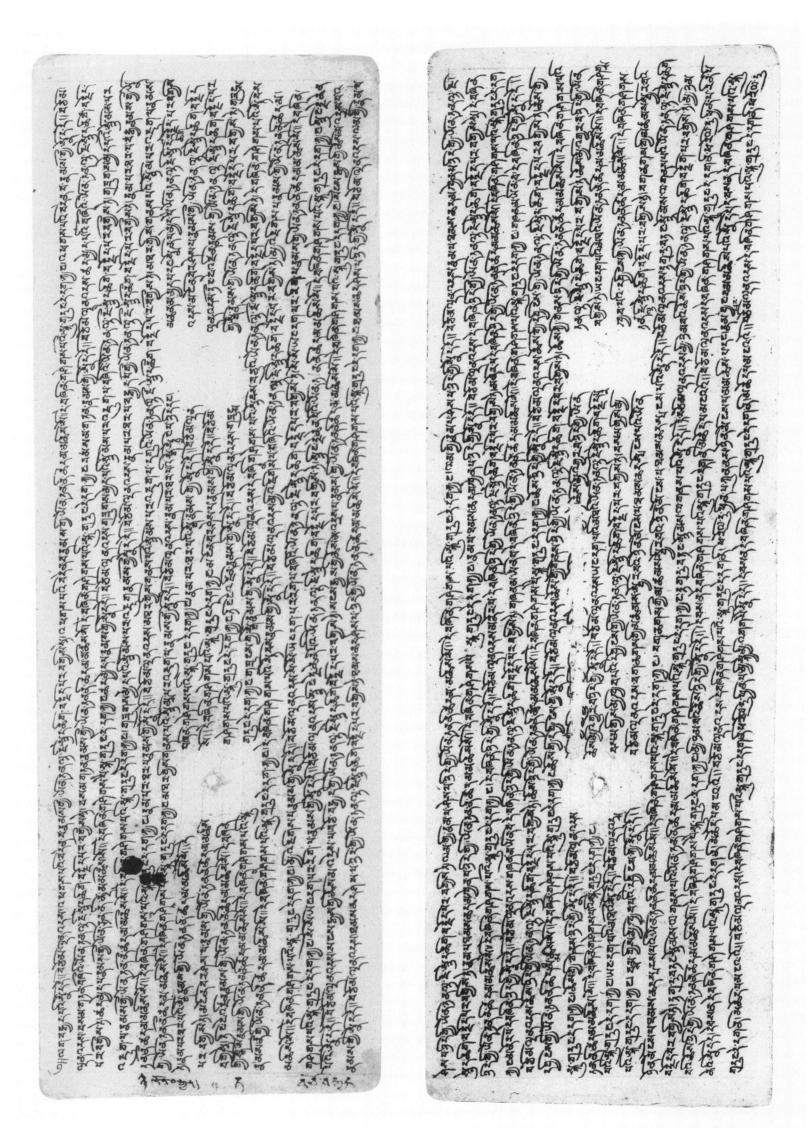

法 Pel.tib.1307　　3.ཤེས་རབ་ཀྱི་ཕ་རོལ་ཏུ་ཕྱིན་པ་སྟོང་ཕྲག་བརྒྱ་པ་དུམ་བུ་གཉིས་པའི་བམ་པོ་ལྔ་བཅུ་གཅིག་གོ །།།
　　　　　　　　3.十萬頌般若波羅蜜多經第二函第五十一卷　　　（90—17）

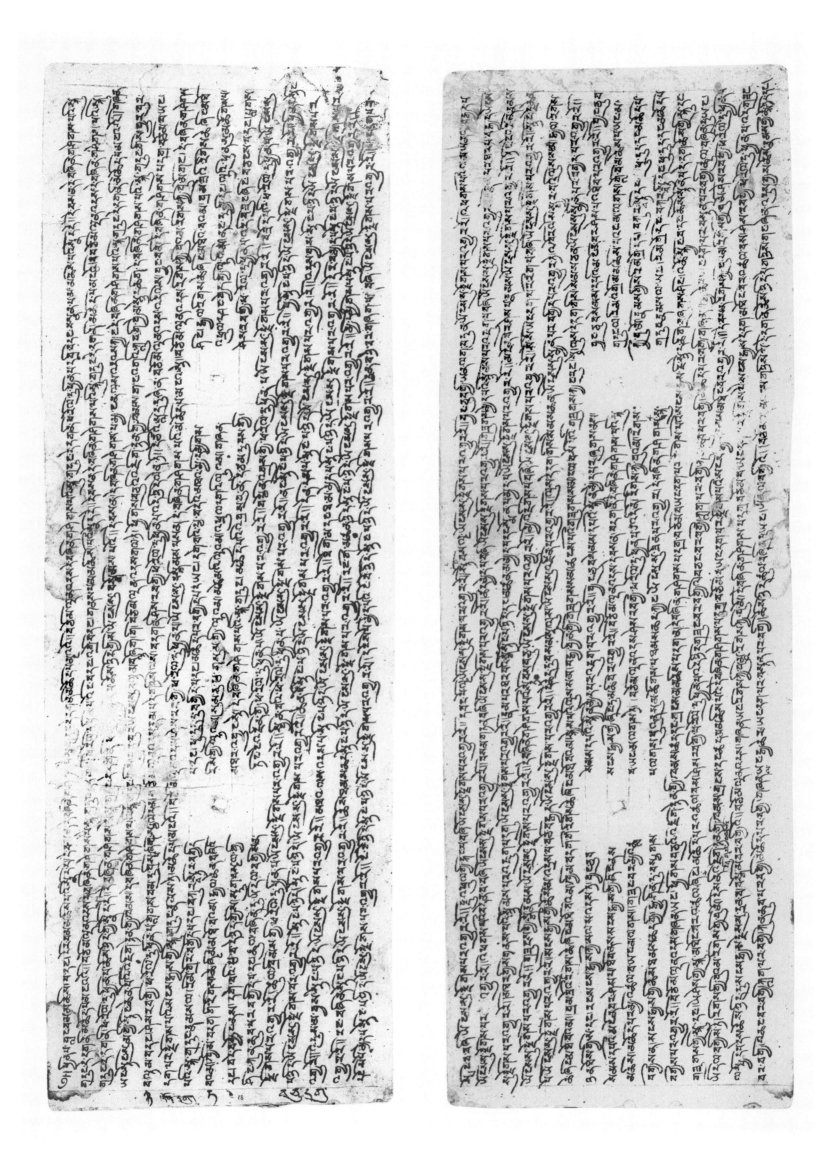

法 Pel.tib.1307　　3.ཤེས་རབ་ཀྱི་ཕ་རོལ་ཏུ་ཕྱིན་པ་སྟོང་ཕྲག་བརྒྱ་པ་དུམ་བུ་གཉིས་པའི་བམ་པོ་ལྔ་གཅིག་གོ།།།

3.十萬頌般若波羅蜜多經第二函第五十一卷　　(90—18)

法 Pel.tib.1307　3.ཤེས་རབ་ཀྱི་ཕ་རོལ་དུ་ཕྱིན་པ་སྟོང་ཕྲག་བརྒྱ་པ་དུམ་བུ་གཉིས་པའ་བམ་པོ་ལྔ་གཅིག་གོ།།
3.十萬頌般若波羅蜜多經第二函第五十一卷　　(90—19)

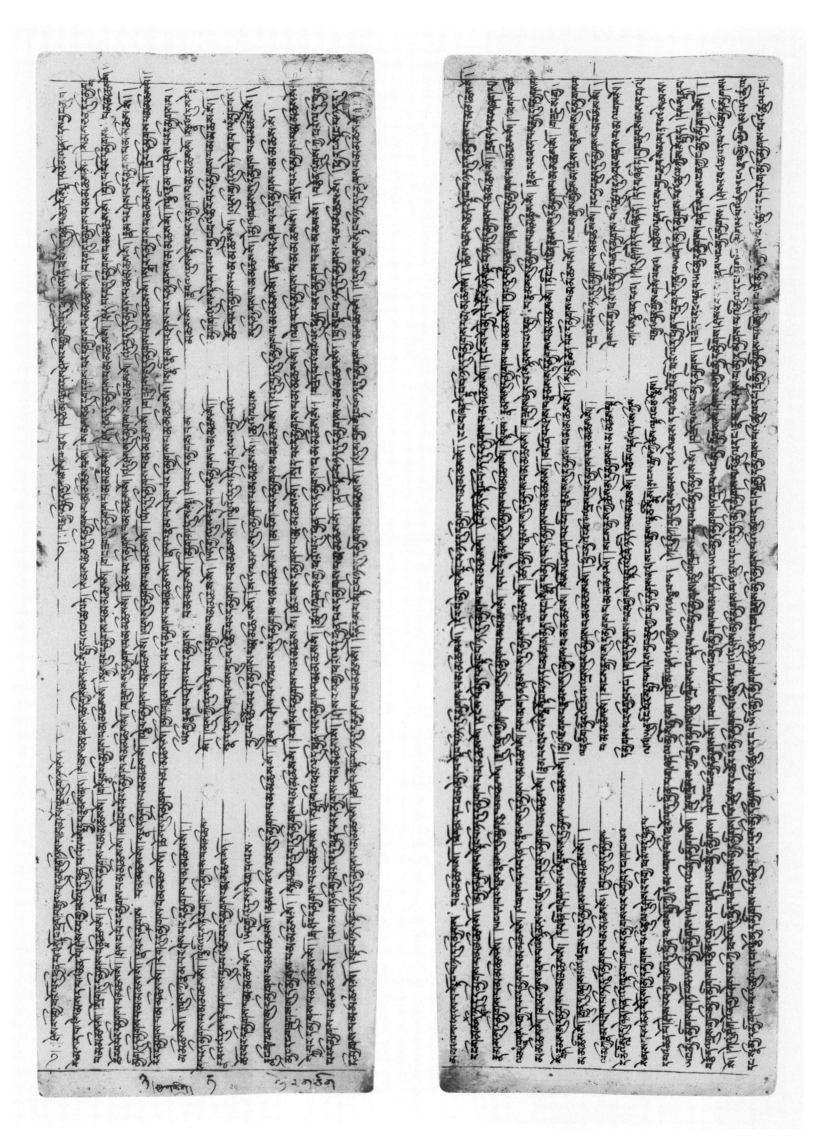

法 Pel.tib.1307　　4.ཤེས་རབ་ཀྱི་ཕ་རོལ་ཏུ་ཕྱིན་པ་སྟོང་ཕྲག་བརྒྱ་པ་དུམ་བུ་གཉིས་པའ་བམ་པོ་ལྔ་བཅུ་གཉིས་སོ།།

4.十萬頌般若波羅蜜多經第二函第五十二卷　　(90—20)

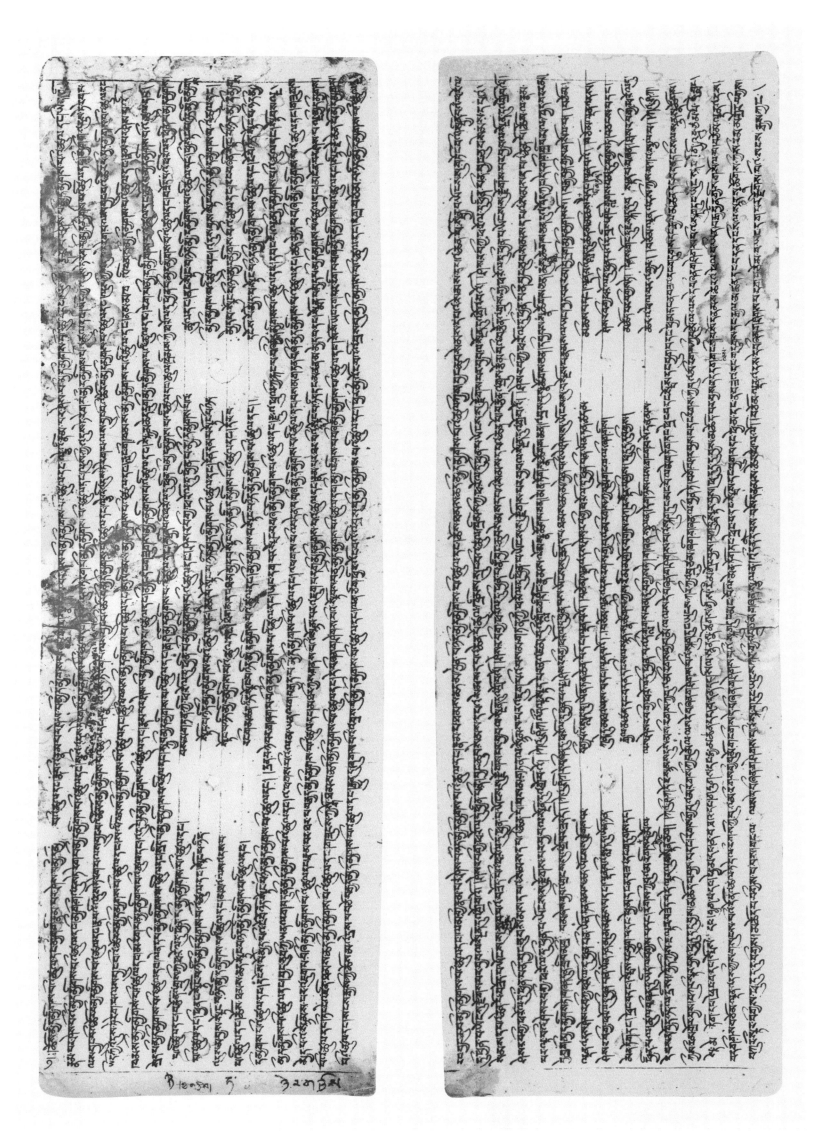

法 Pel.tib.1307　4.ཤེས་རབ་ཀྱི་ཕ་རོལ་ཏུ་ཕྱིན་པ་སྟོང་ཕྲག་བརྒྱ་པ་དུམ་བུ་གཉིས་པའི་བམ་པོ་ལྔ་བཅུ་གཉིས་སོ།།

4.十萬頌般若波羅蜜多經第二函第五十二卷　　(90—21)

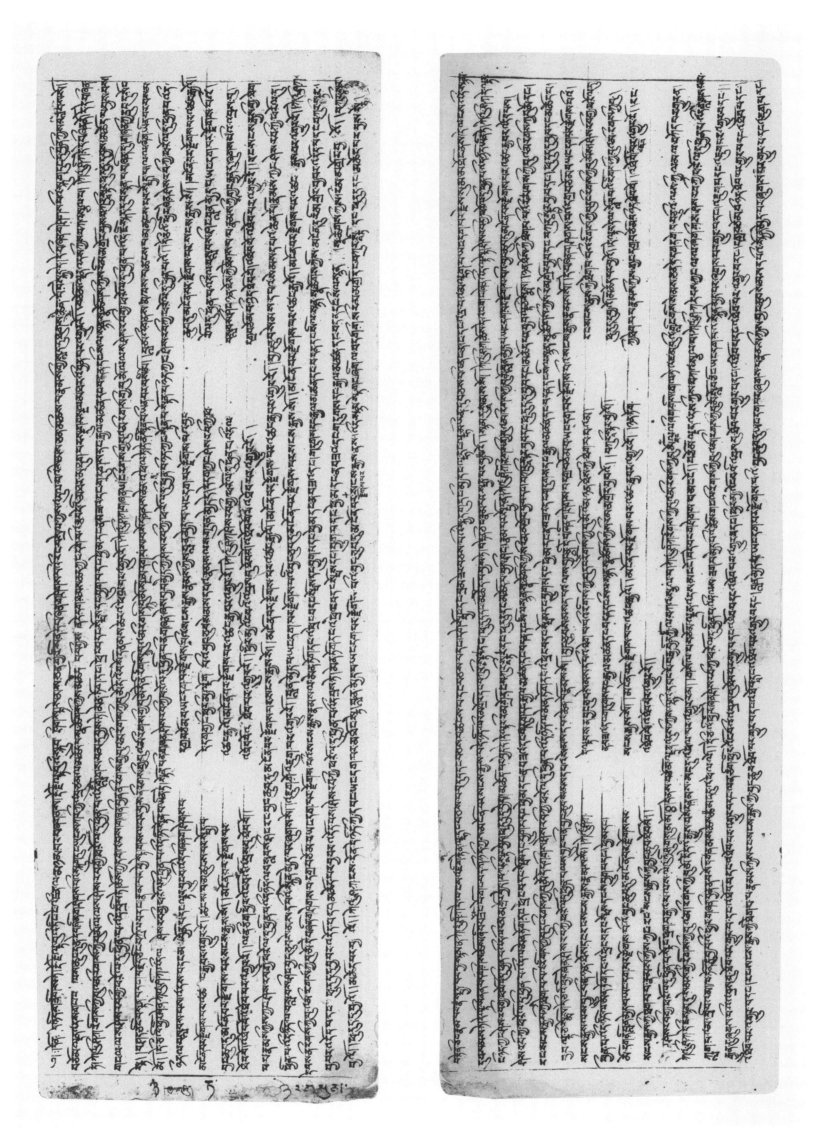

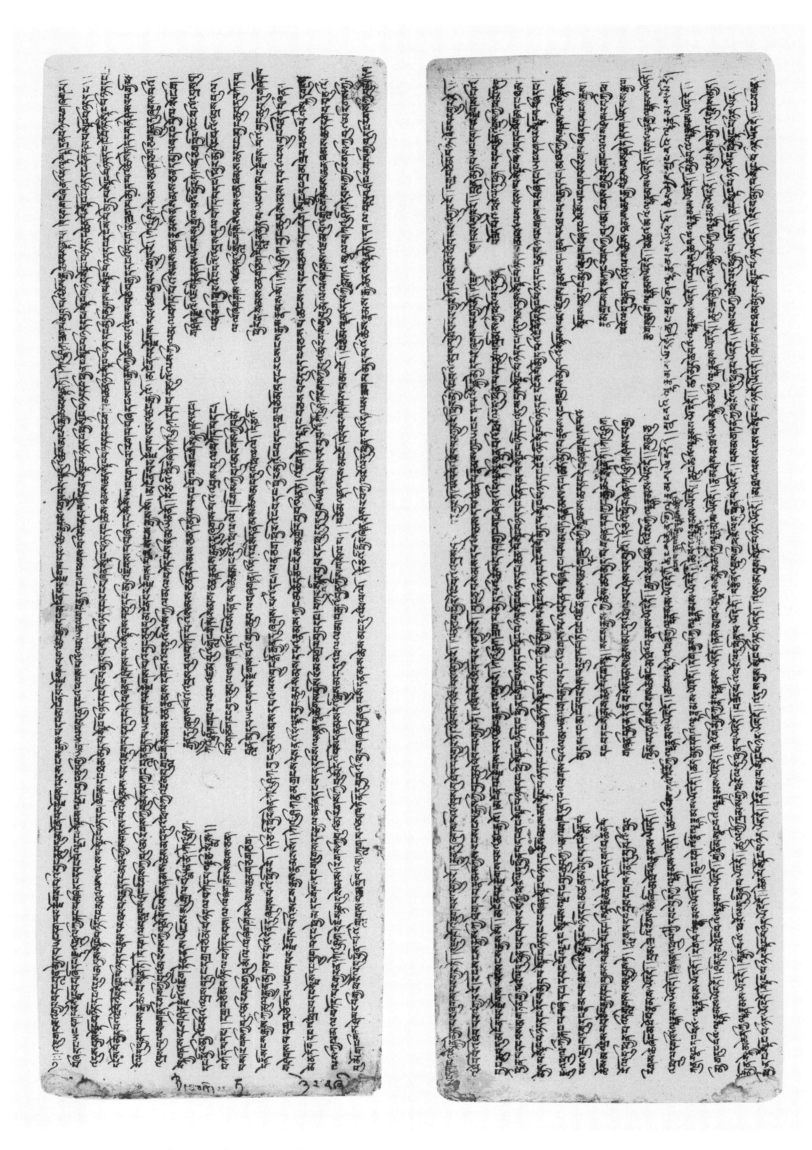

法 Pel.tib.1307　　4.ཤེས་རབ་ཀྱི་ཕ་རོལ་ཏུ་ཕྱིན་པ་སྟོང་ཕྲག་བརྒྱ་པ་དུམ་བུ་གཉིས་པའི་བམ་པོ་ལྔ་བཅུ་གཉིས་སོ།།

4.十萬頌般若波羅蜜多經第二函第五十二卷　　（90—23）

248

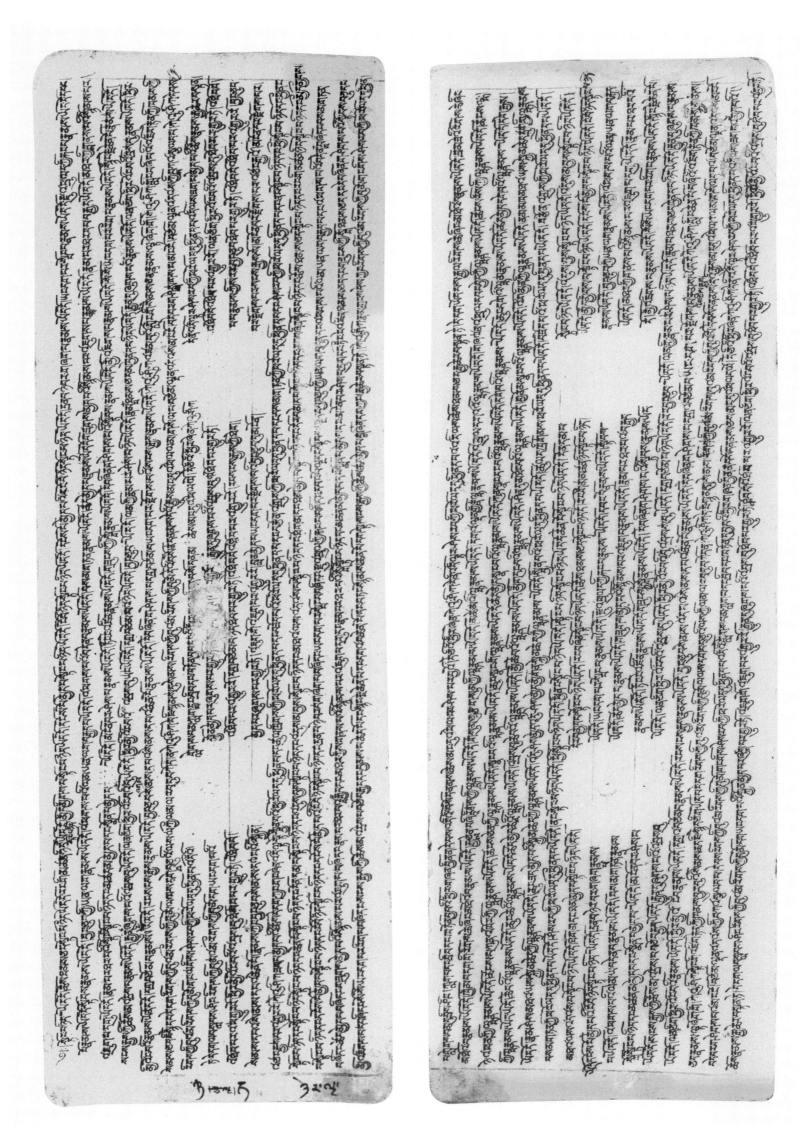

法 Pel.tib.1307　　5.ཤེས་རབ་ཀྱི་ཕ་རོལ་ཏུ་ཕྱིན་པ་སྟོང་ཕྲག་བརྒྱ་པ་དུམ་བུ་གཉིས་པ་བམ་པོ་ལྔ་བཅུ་གསུམ་པ། ཁ。

5.十萬頌般若波羅蜜多經第二函第五十三卷　　(90—24)

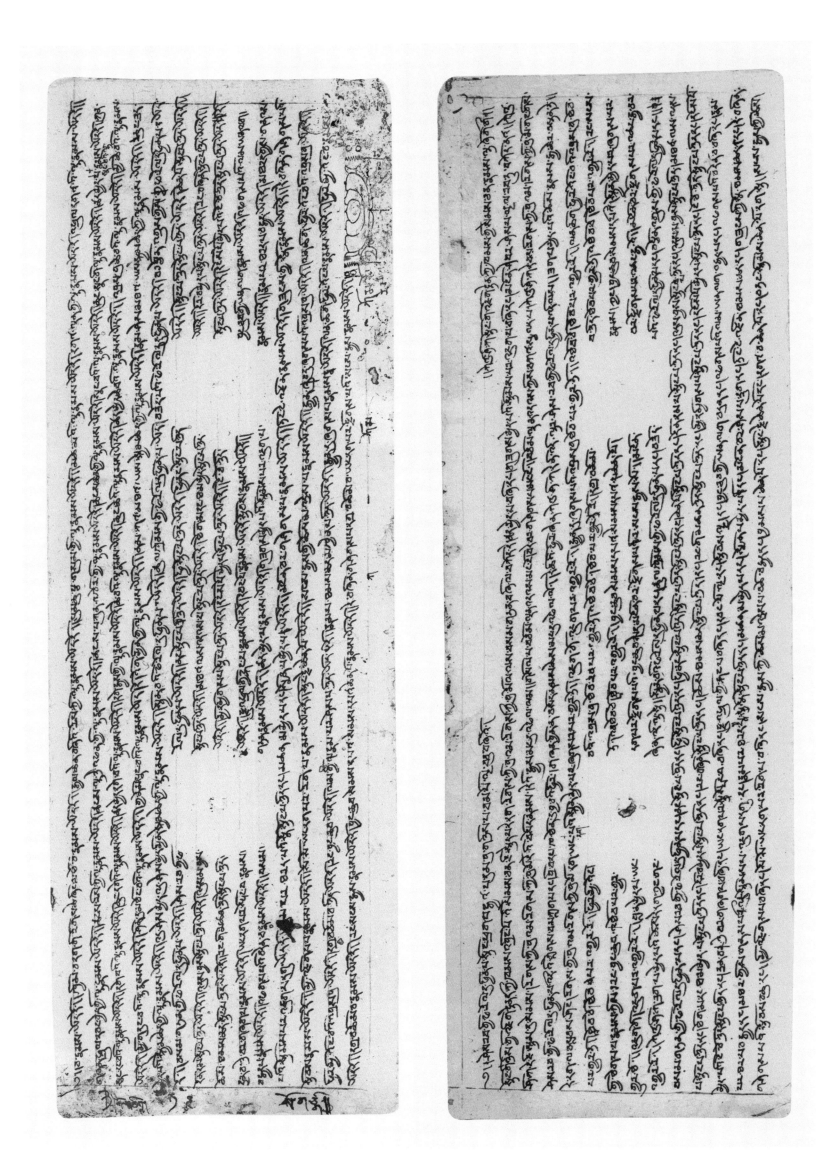

法 Pel.tib.1307　5.ཤེས་རབ་ཀྱི་ཕ་རོལ་ཏུ་ཕྱིན་པ་སྟོང་ཕྲག་བརྒྱ་པ་དུམ་བུ་གཉིས་པའ་བམ་པོ་ལྔ་བཅུ་གསུམ་པ།
　　　　5.十萬頌般若波羅蜜多經第二函第五十三卷　　（90—25）

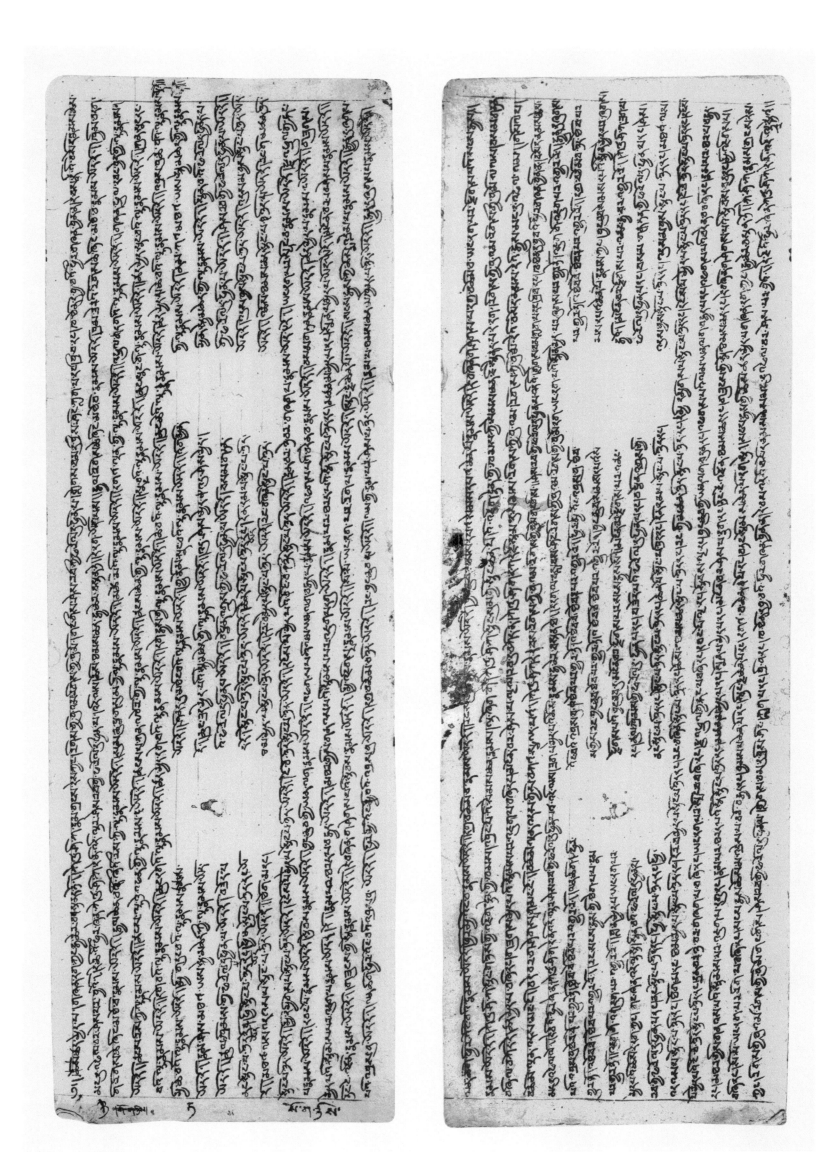

法 Pel.tib.1307　6.ནེས་རབ་ཀྱི་ཕ་རོལ་དུ་ཕྱིན་པ་སྟོང་ཕྲག་བརྒྱ་པ་དུམ་བུ་གཉིས་པ་བམ་པོ་ལྔ་བཅུ་བཞི་པའོ།།

6.十萬頌般若波羅蜜多經第二函第五十四卷　　(90—26)

251

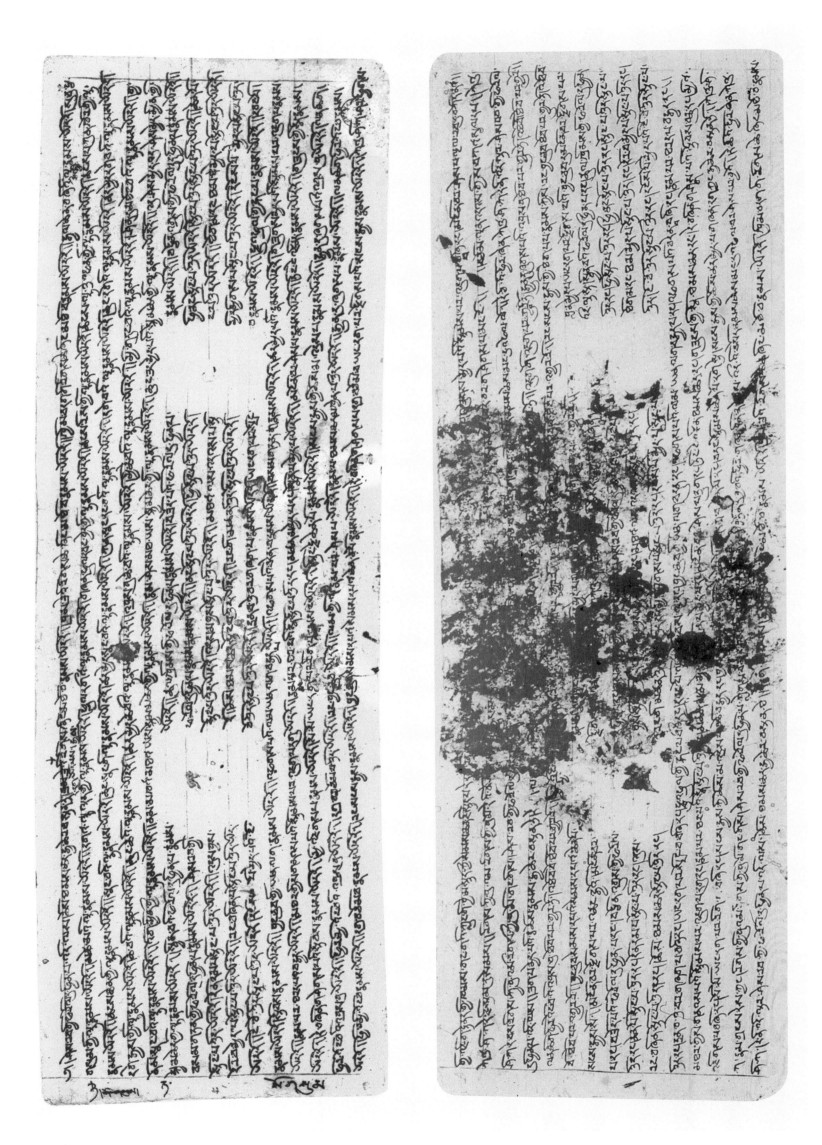

法 Pel.tib.1307　　6.ཤེས་རབ་ཀྱི་ཕ་རོལ་དུ་ཕྱིན་པ་སྟོང་ཕྲག་བརྒྱ་པ་དུམ་བུ་གཉིས་པ་བམ་པོ་ལྔ་བཅུ་བཞི་པའོ།།

6.十萬頌般若波羅蜜多經第二函第五十四卷　　(90—27)

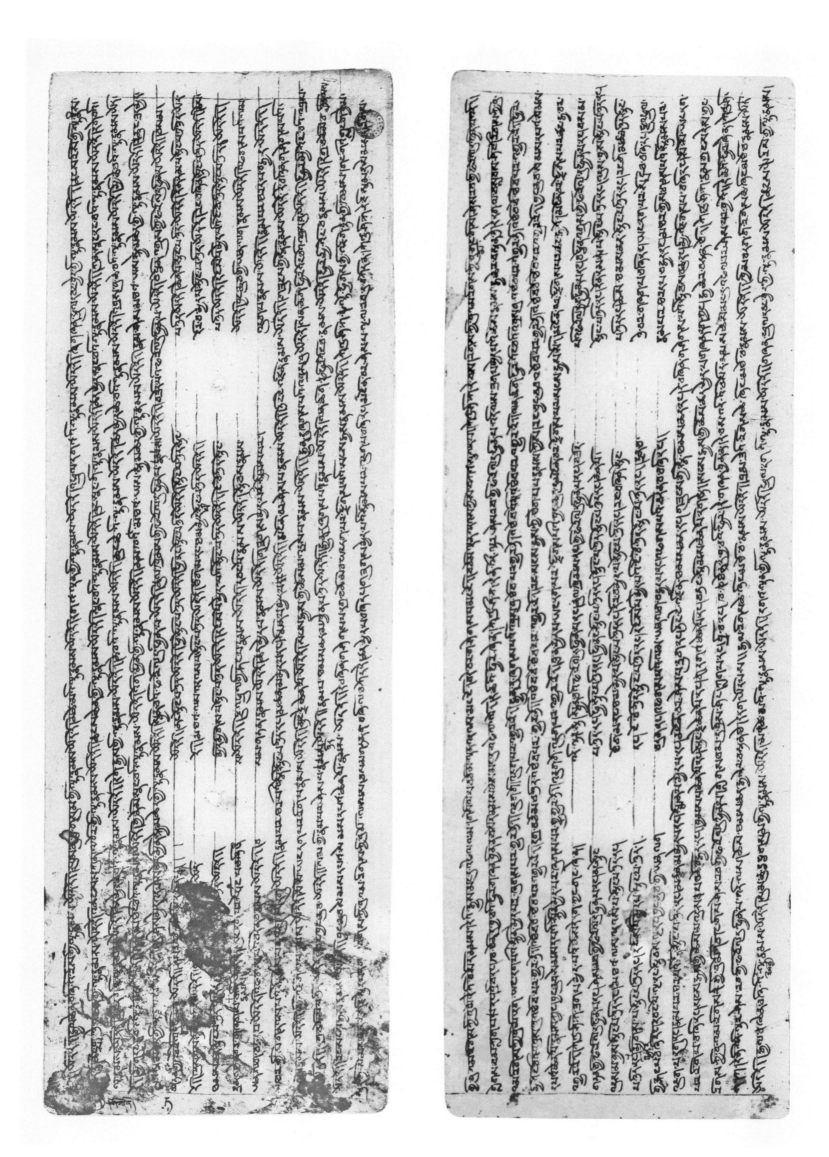

法 Pel.tib.1307　　6.ཤེས་རབ་ཀྱི་ཕ་རོལ་དུ་ཕྱིན་པ་སྟོང་ཕྲག་བརྒྱ་པ་དུམ་བུ་གཉིས་པ་བམ་པོ་ལྔ་བཅུ་བཞི་པོ།།

6.十萬頌般若波羅蜜多經第二函第五十四卷　　（90—28）

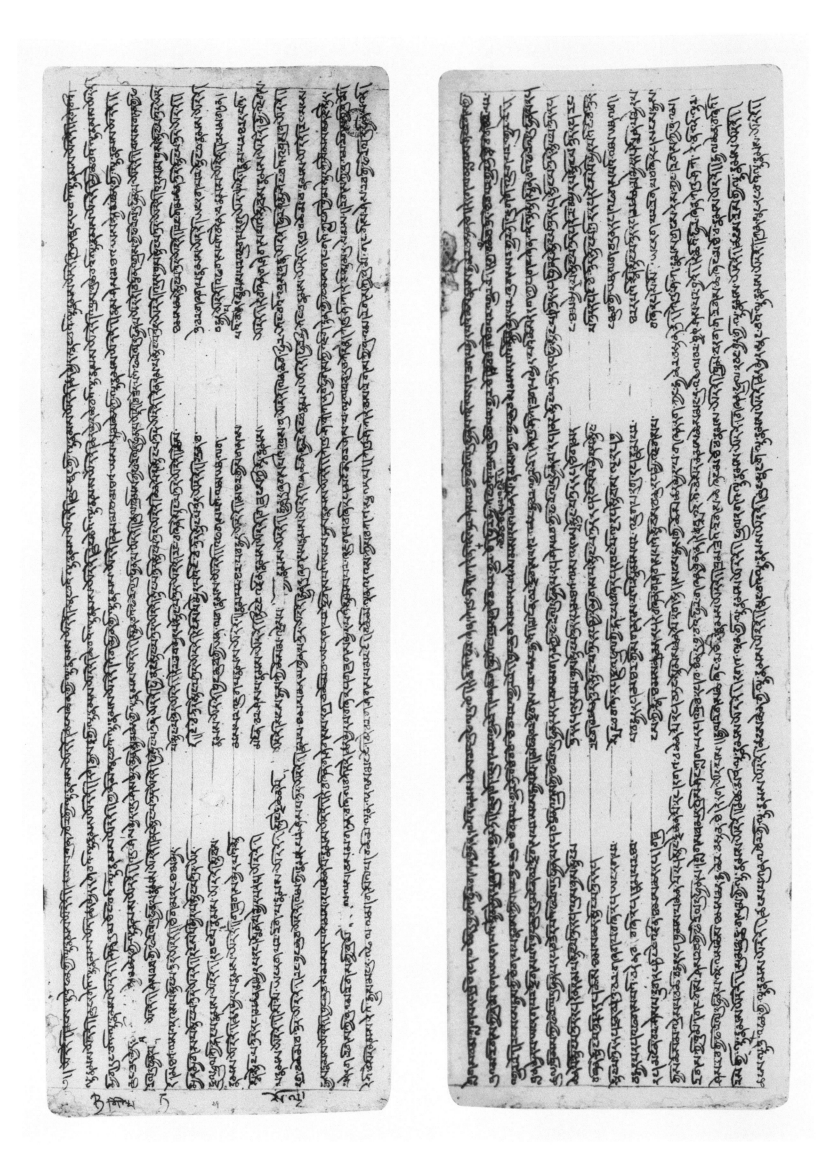

法 Pel.tib.1307　6.ཤེས་རབ་ཀྱི་ཕ་རོལ་ཏུ་ཕྱིན་པ་སྟོང་ཕྲག་བརྒྱ་པ་དུམ་བུ་གཉིས་པ་བམ་པོ་ལྔ་བཅུ་བཞི་པ༎

6.十萬頌般若波羅蜜多經第二函第五十四卷　　(90—29)

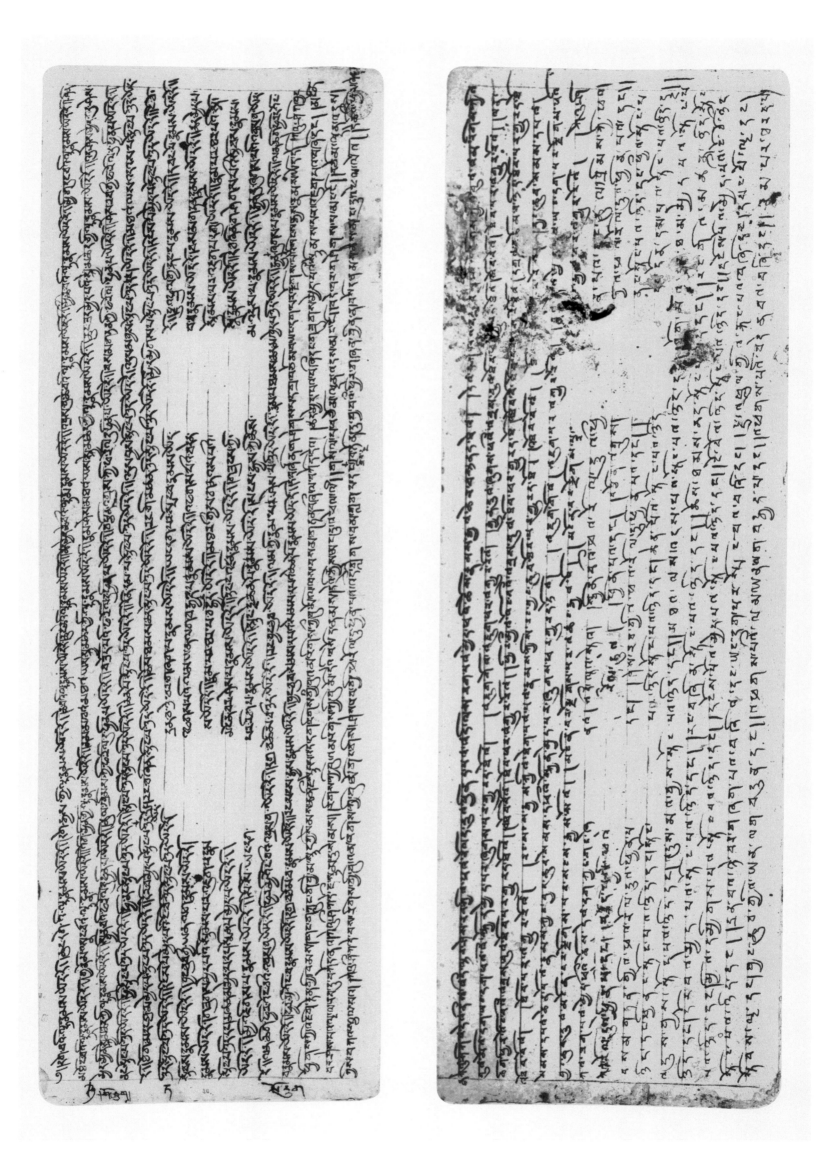

法 Pel.tib.1307　6.ཤེས་རབ་ཀྱི་ཕ་རོལ་ཏུ་ཕྱིན་པ་སྟོང་ཕྲག་བརྒྱ་པ་དུམ་བུ་གཉིས་པ་བམ་པོ་ལྔ་བཅུ་བཞི་པོ།།

6.十萬頌般若波羅蜜多經第二函第五十四卷　　(90—30)

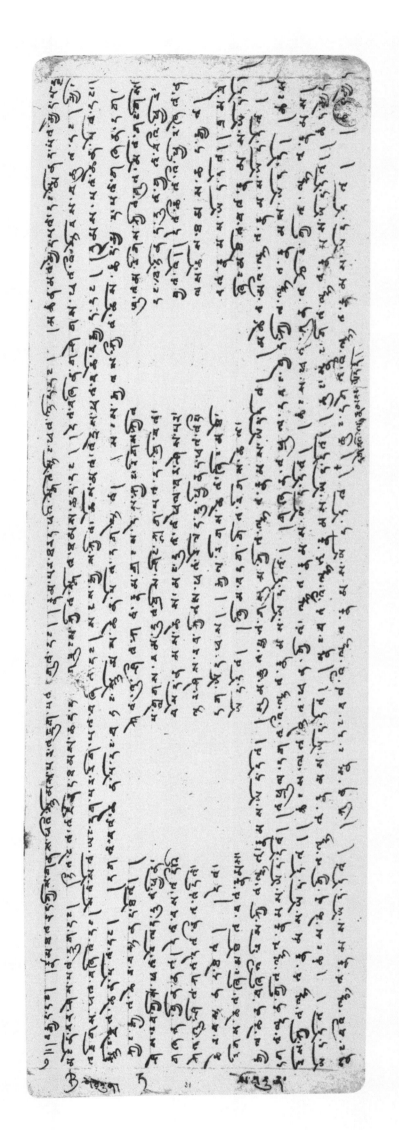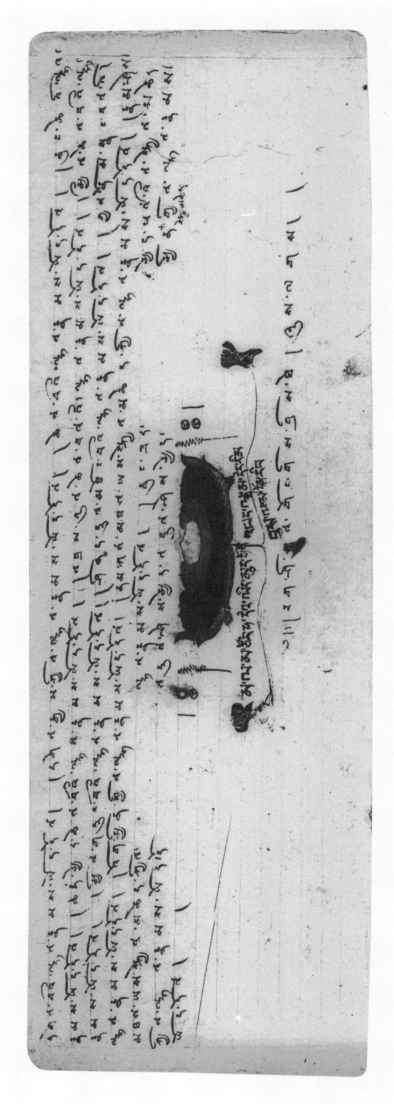

法 Pel.tib.1307　6.ཤེས་རབ་ཀྱི་ཕ་རོལ་ཏུ་ཕྱིན་པ་སྟོང་ཕྲག་བརྒྱ་པ་དུམ་བུ་གཉིས་པ་བམ་པོ་ལྔ་བཅུ་བཞི་པ།།

6.十萬頌般若波羅蜜多經第二函第五十四卷　　(90—31)

256

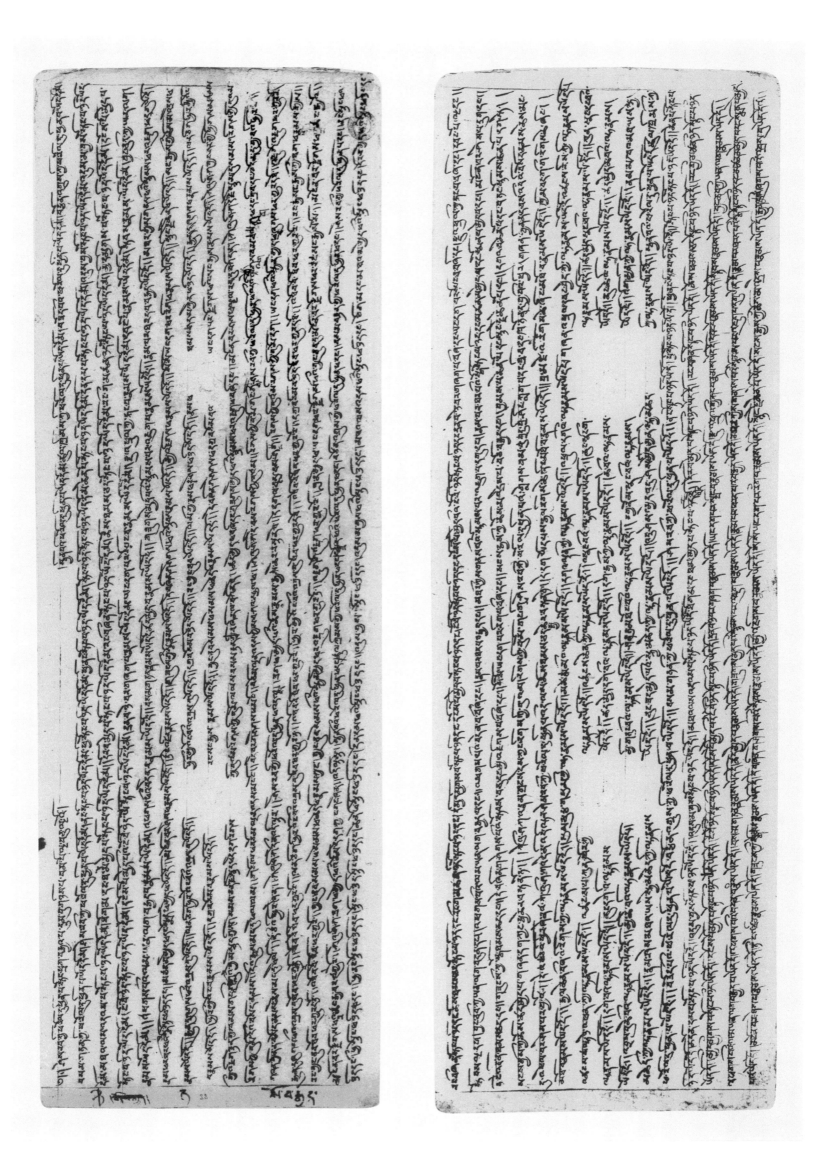

法 Pel.tib.1307　　7.ཤེས་རབ་ཀྱི་ཕ་རོལ་ཏུ་ཕྱིན་པ་སྟོང་ཕྲག་བརྒྱ་པ་དུམ་བུ་གཉིས་པ་བམ་པོ་ལྔ་བཅུ་རྩ་ལྔ་པའོ།།

7.十萬頌般若波羅蜜多經第二函第五十五卷　　(90—32)

257

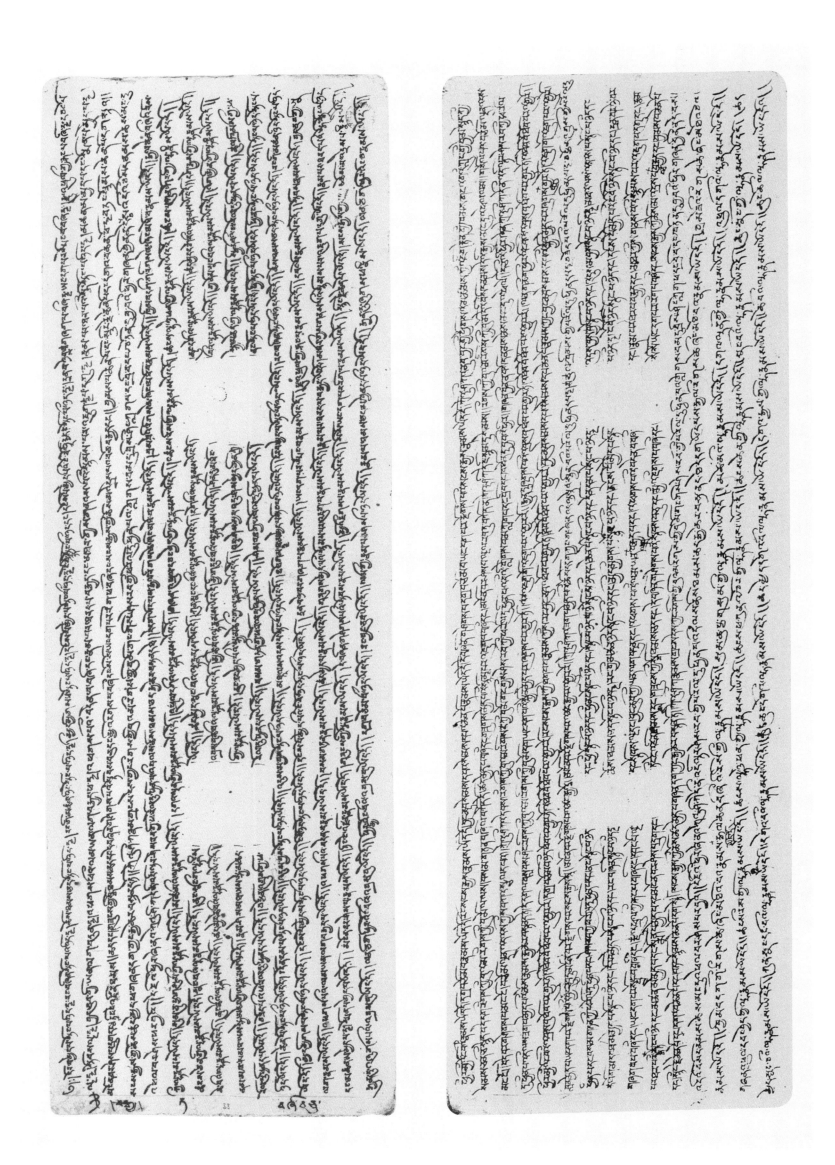

法 Pel.tib.1307　　7.ཤེས་རབ་ཀྱི་ཕ་རོལ་ཏུ་ཕྱིན་པ་སྟོང་ཕྲག་བརྒྱ་པ་དུམ་བུ་གཉིས་པ་བམ་པོ་ལྔ་བཅུ་ང་ལྔའོ།།
　　　7.十萬頌般若波羅蜜多經第二函第五十五卷　　　(90—33)

258

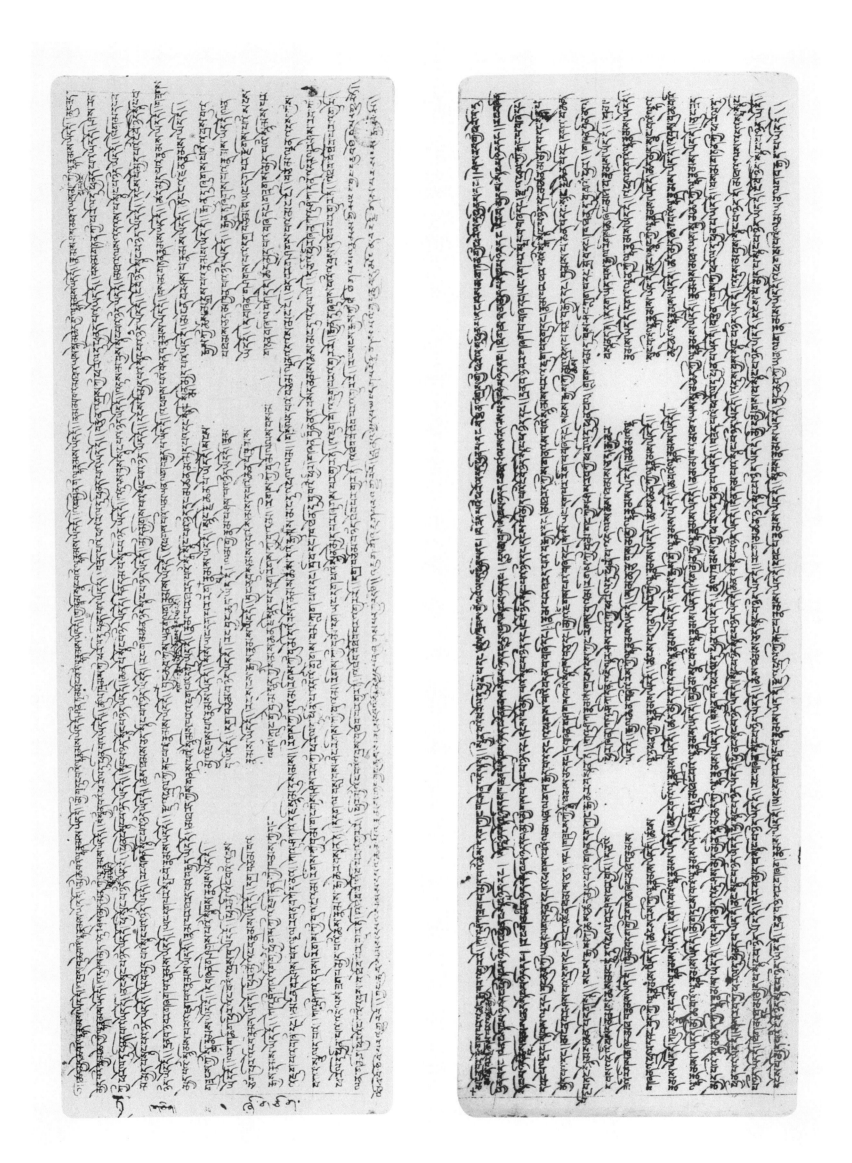

法 Pel.tib.1307　7.ཤེས་རབ་ཀྱི་ཕ་རོལ་ཏུ་ཕྱིན་པ་སྟོང་ཕྲག་བརྒྱ་པ་དུམ་བུ་གཉིས་པ་བམ་པོ་ལྔ་བཅུ་རྩ་ལྔའོ།།

7.十萬頌般若波羅蜜多經第二函第五十五卷　　(90—34)

259

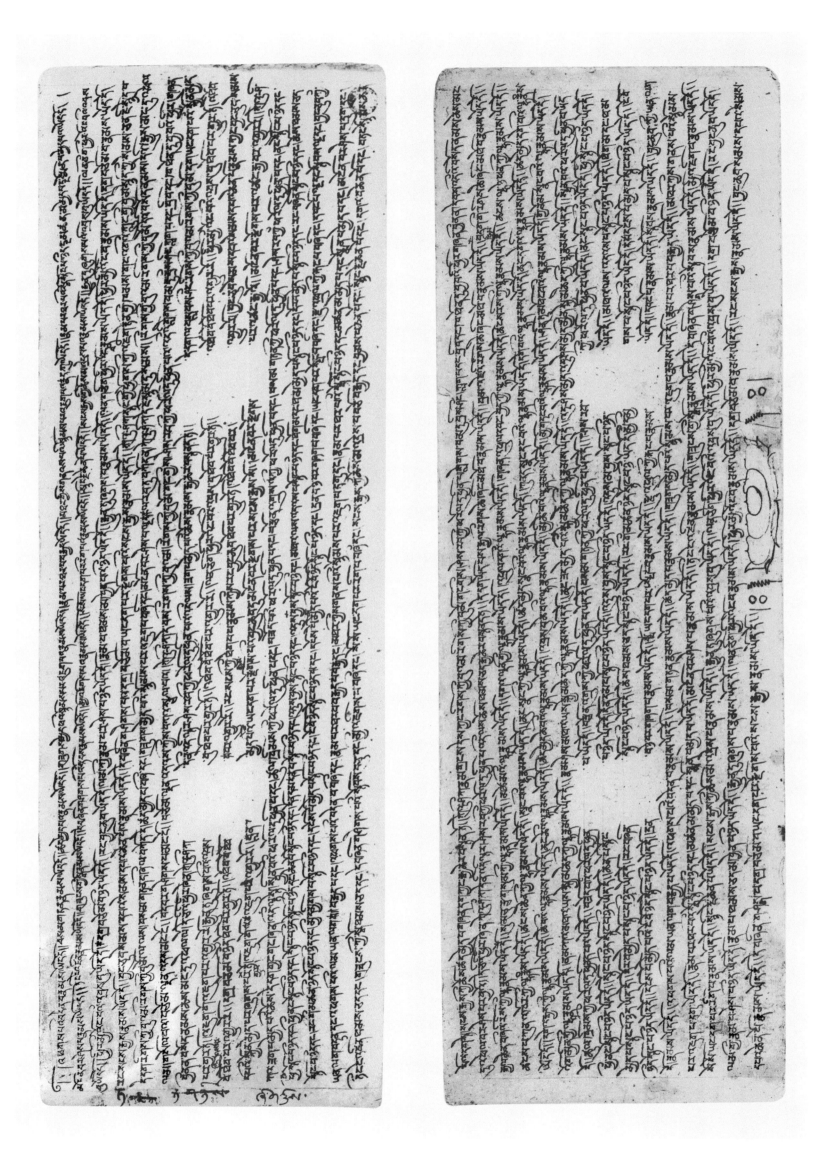

法 Pel.tib.1307　　7.ཤེས་རབ་ཀྱི་ཕ་རོལ་དུ་ཕྱིན་པ་སྟོང་ཕྲག་བརྒྱ་པ་དུམ་བུ་གཉིས་པ་བམ་པོ་ལྔ་བཅུ་ལྔ་པའོ།།

7.十萬頌般若波羅蜜多經第二函第五十五卷　　(90—35)

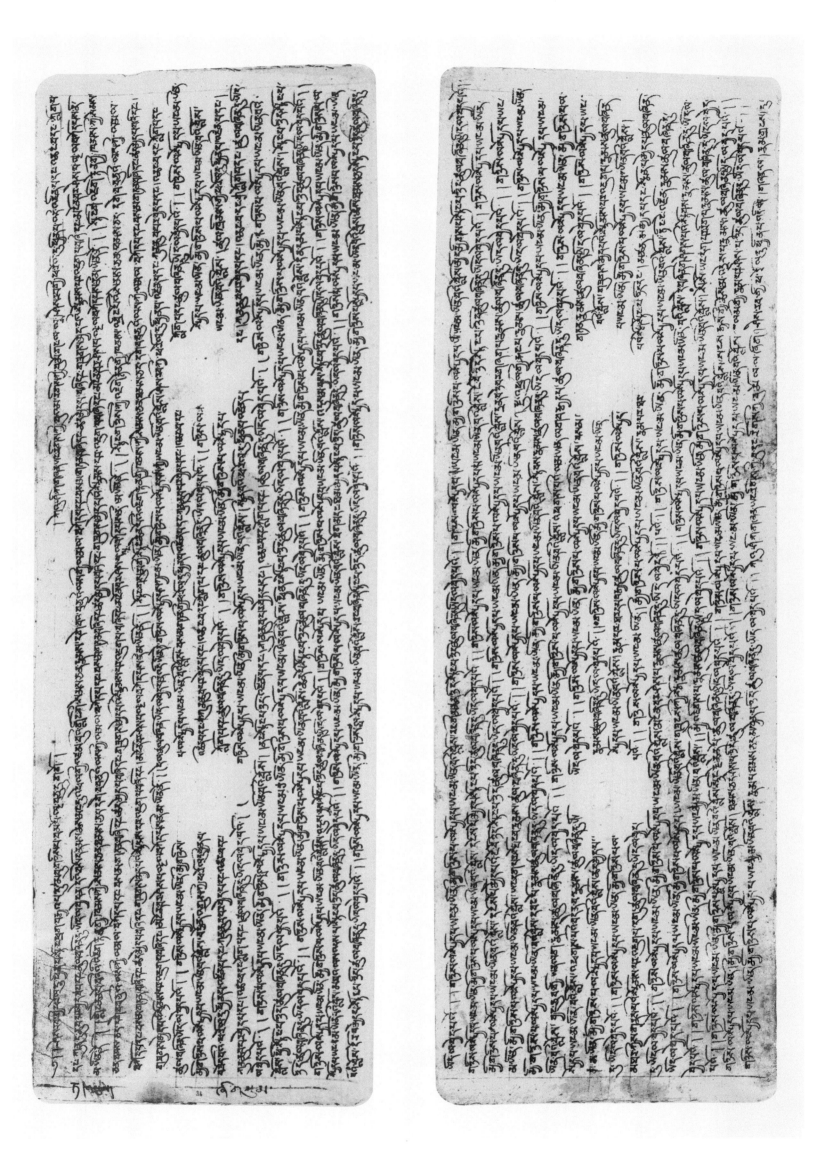

法 Pel.tib.1307　　8.ཤེས་རབ་ཀྱི་ཕ་རོལ་ཏུ་ཕྱིན་པ་སྟོང་ཕྲག་བརྒྱ་པ་དུམ་བུ་གཉིས་པ་བམ་པོ་ལྔ་བཅུ་རྩ་དྲུག་གོ །

8.十萬頌般若波羅蜜多經第二函第五十六卷　　(90—36)

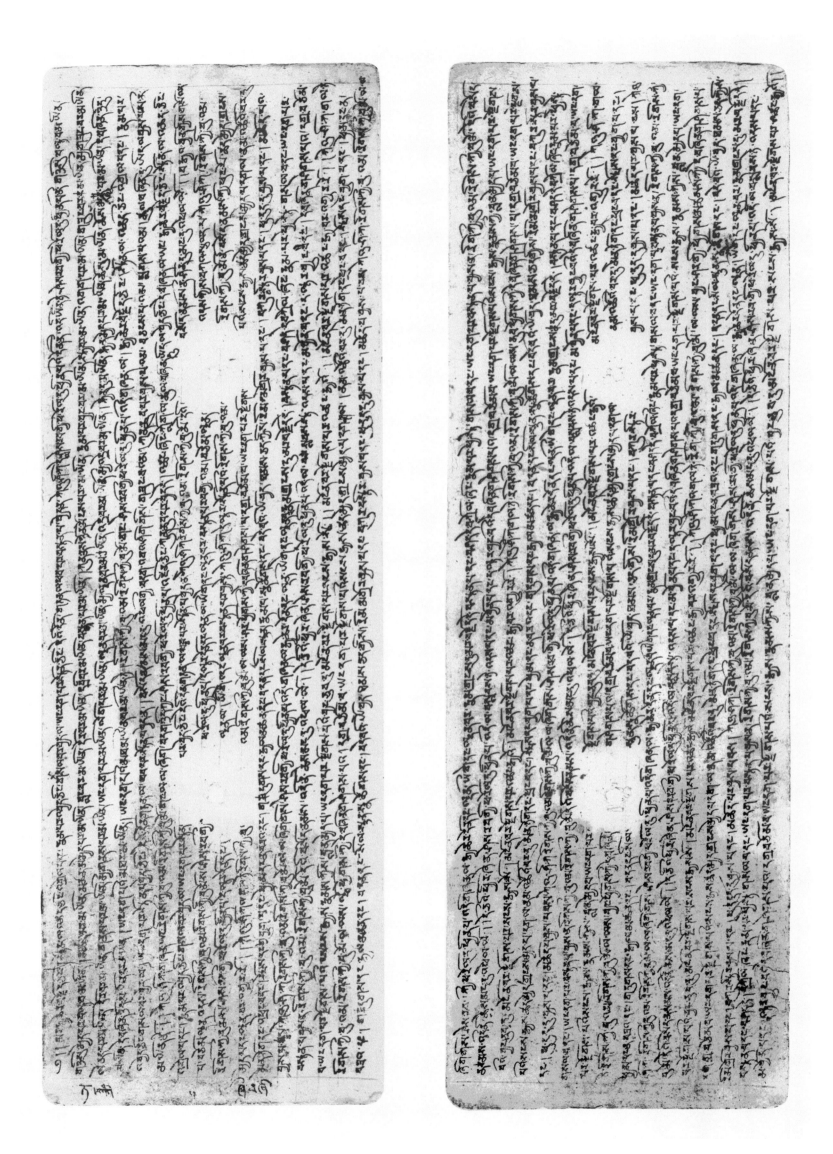

ཤེས་རབ་ཀྱི་ཕ་རོལ་ཏུ་ཕྱིན་པ་སྟོང་ཕྲག་བརྒྱ་པ་དུམ་བུ་གཉིས་པ་བམ་པོ་ལྔ་བཅུ་དྲུག་གོ །

8.十萬頌般若波羅蜜多經第二函第五十六卷　　(90—37)

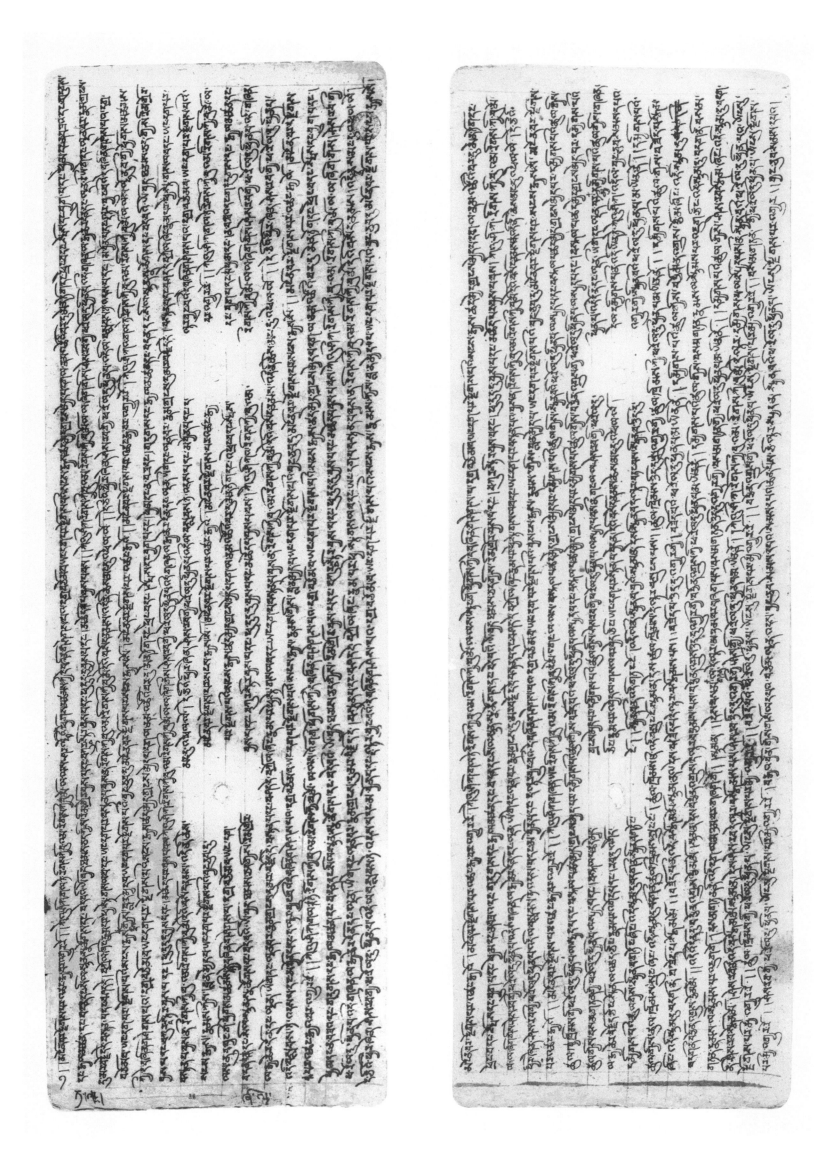

法 Pel.tib.1307　　8.ཤེས་རབ་ཀྱི་ཕ་རོལ་ཏུ་ཕྱིན་པ་སྟོང་ཕྲག་བརྒྱ་པ་དུམ་བུ་གཉིས་པ་བམ་པོ་ལྔ་བཅུ་རྩ་དྲུག་གོ །

8.十萬頌般若波羅蜜多經第二函第五十六卷　　(90—38)

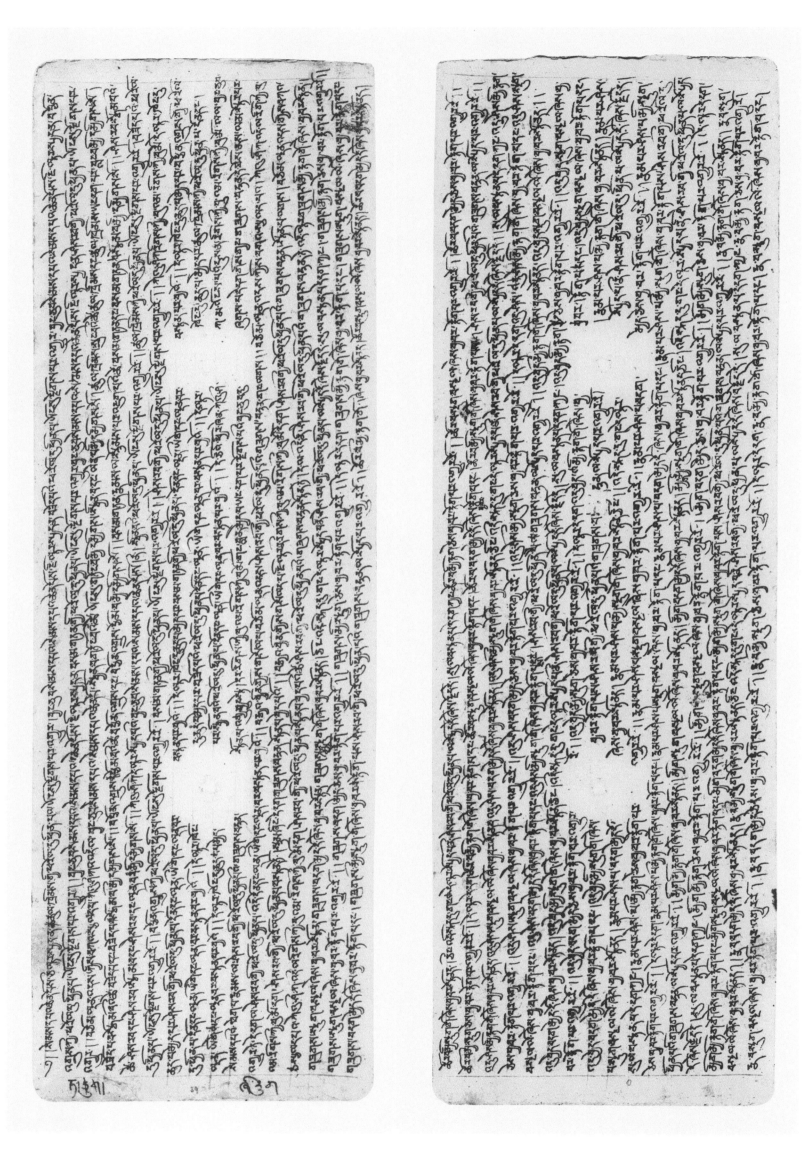

法 Pel.tib.1307　　8.ཤེས་རབ་ཀྱི་ཕ་རོལ་ཏུ་ཕྱིན་པ་སྟོང་ཕྲག་བརྒྱ་པ་དུམ་བུ་གཉིས་པ་བམ་པོ་ལྔ་བཅུ་རྩ་དྲུག་གོ །

8.十萬頌般若波羅蜜多經第二函第五十六卷　　(90—39)

264

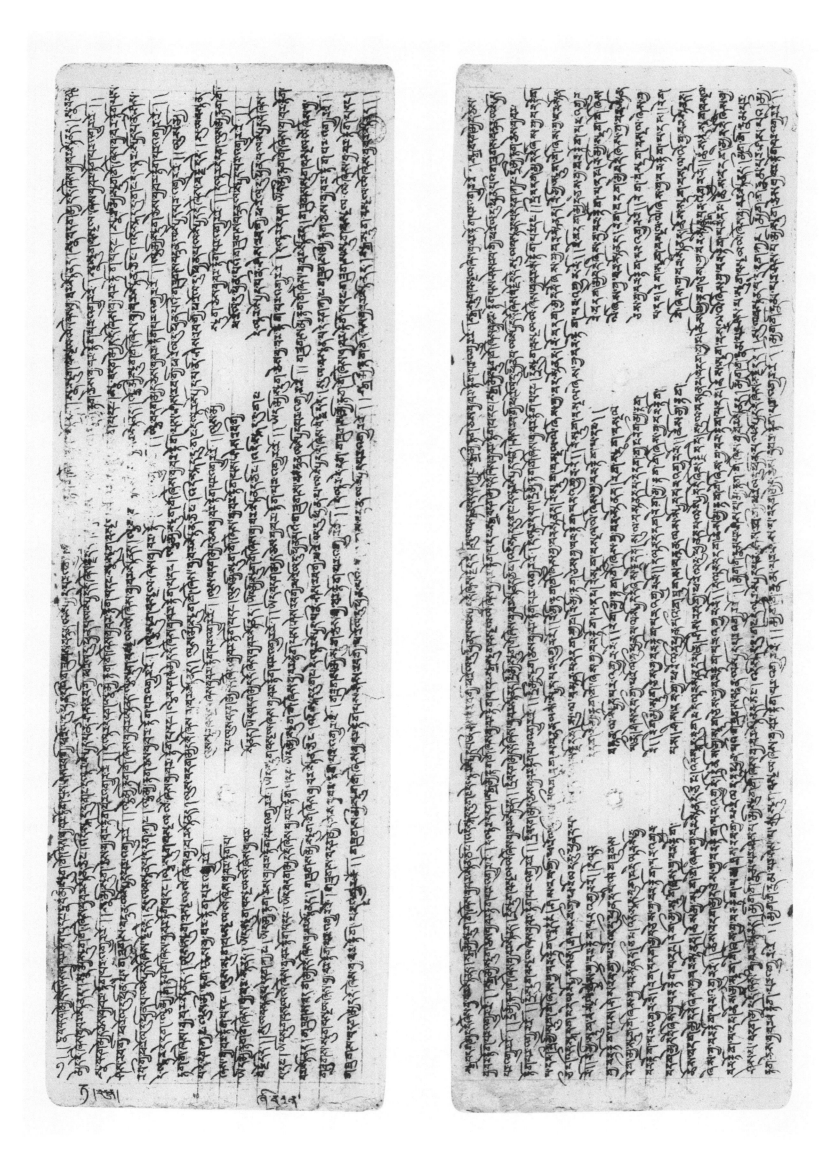

法 Pel.tib.1307   8.ཤེས་རབ་ཀྱི་ཕ་རོལ་ཏུ་ཕྱིན་པ་སྟོང་ཕྲག་བརྒྱ་པ་དུམ་བུ་གཉིས་པ་བམ་པོ་ལྔ་བཅུ་རྩ་གོ།

8.十萬頌般若波羅蜜多經第二函第五十六卷   (90—40)

265

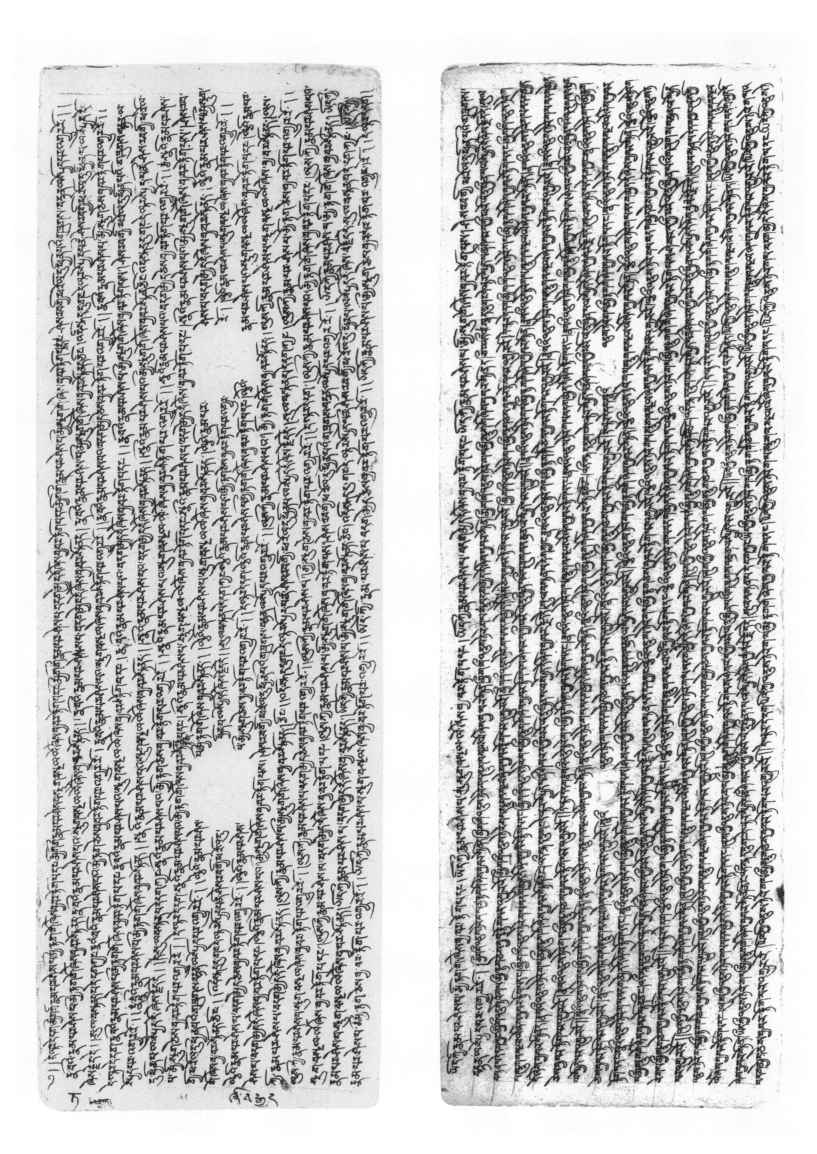

法 Pel.tib.1307　　8.ཤེས་རབ་ཀྱི་ཕ་རོལ་ཏུ་ཕྱིན་པ་སྟོང་ཕྲག་བརྒྱ་པ་དུམ་བུ་གཉིས་པ་བམ་པོ་ལྔ་བཅུ་དྲུག་གོ།

8.十萬頌般若波羅蜜多經第二函第五十六卷　　(90—41)

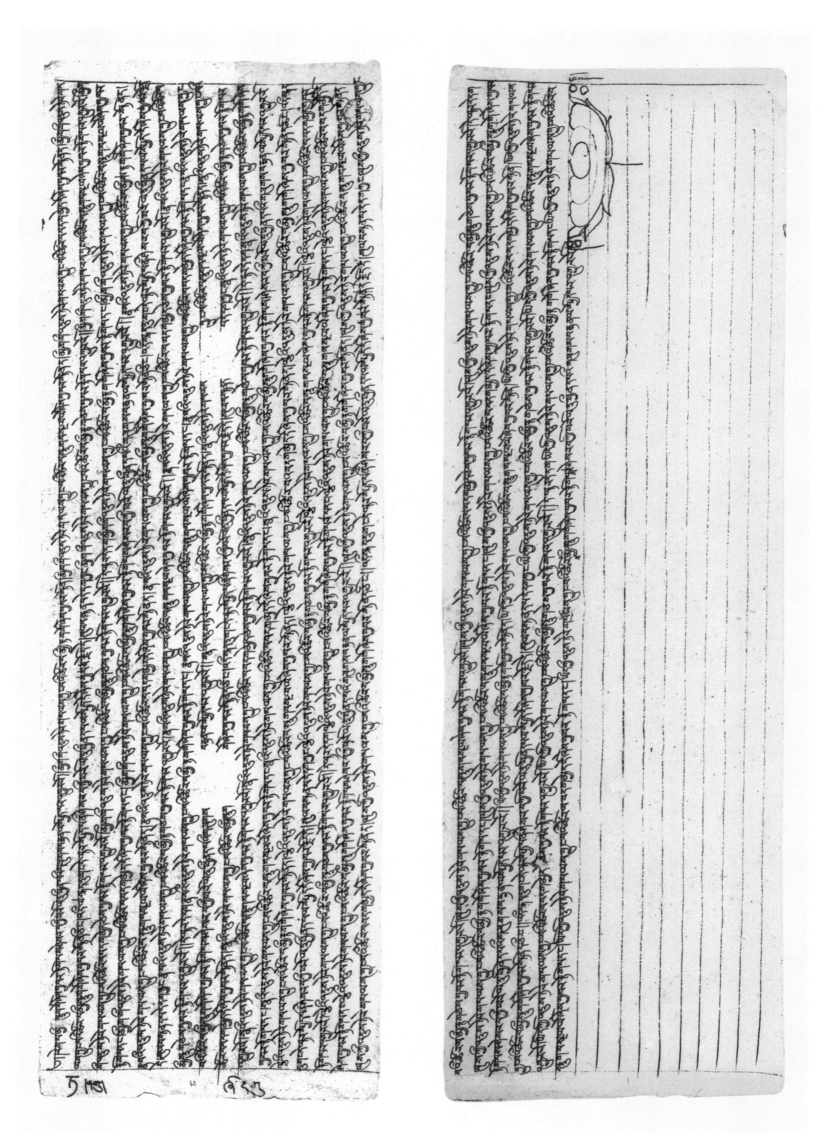

法 Pel.tib.1307　　8.ཤེས་རབ་ཀྱི་ཕ་རོལ་ཏུ་ཕྱིན་པ་སྟོང་ཕྲག་བརྒྱ་པ་དུམ་བུ་གཉིས་པ་བམ་པོ་ལྔ་བཅུ་རྩ་དྲུག་གོ།

8.十萬頌般若波羅蜜多經第二函第五十六卷　　(90—42)

法 Pel.tib.1307　9.ཤེས་རབ་ཀྱི་ཕ་རོལ་ཏུ་ཕྱིན་པ་སྟོང་ཕྲག་བརྒྱ་པ་དུམ་བུ་གཉིས་པ་བམ་པོ་ལྔ་བཅུ་བདུན་ནོ།།

9.十萬頌般若波羅蜜多經第二函第五十七卷　　(90—43)

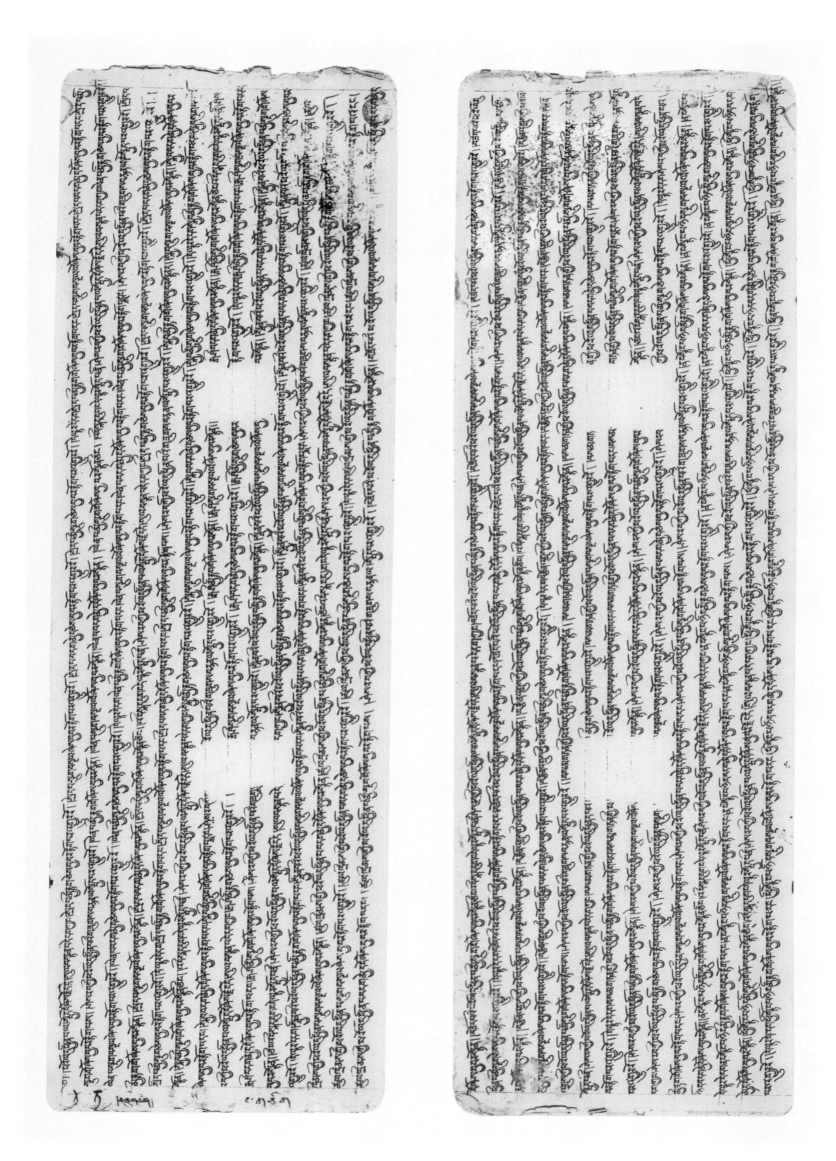

法 Pel.tib.1307　　9.ཤེས་རབ་ཀྱི་ཕ་རོལ་ཏུ་ཕྱིན་པ་སྟོང་ཕྲག་བརྒྱ་པ་དུམ་བུ་གཉིས་པ་བམ་པོ་ལྔ་བཅུ་བདུན་ནོ།།

9.十萬頌般若波羅蜜多經第二函第五十七卷　　(90—44)

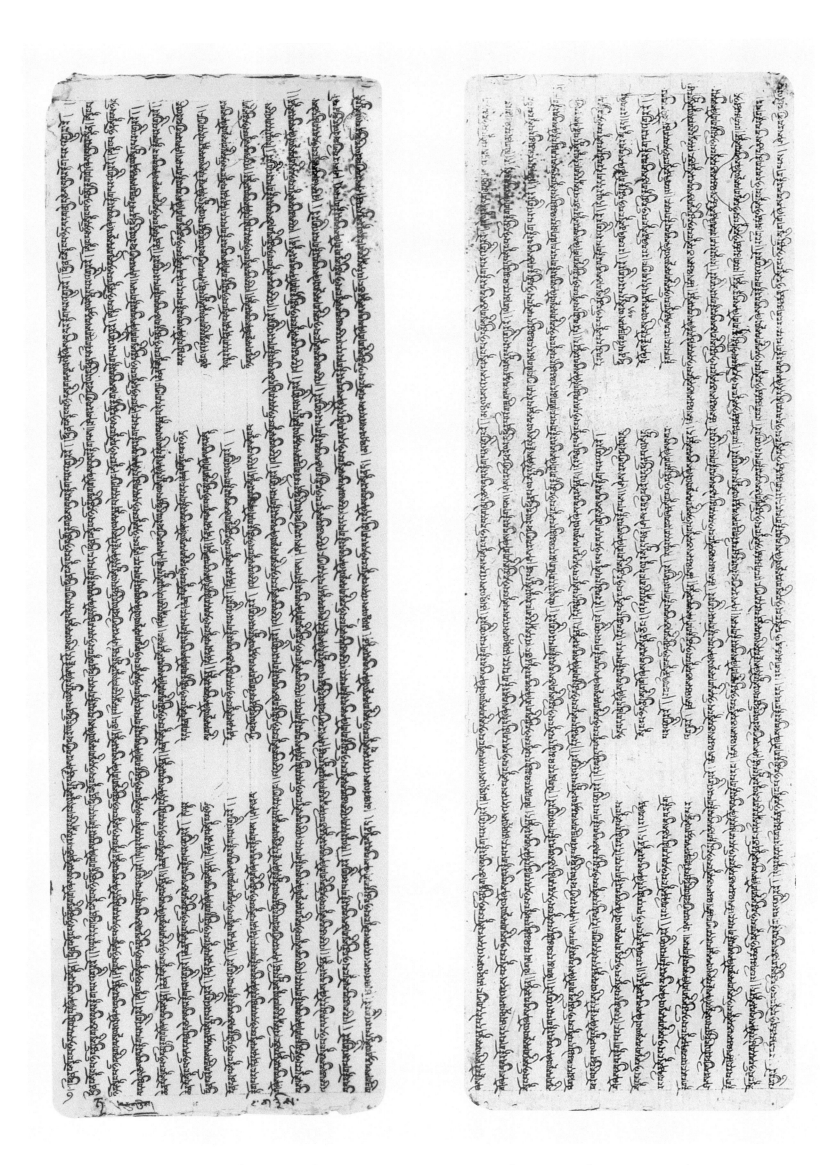

法 Pel.tib.1307　　9.ཤེས་རབ་ཀྱི་ཕ་རོལ་ཏུ་ཕྱིན་པ་སྟོང་ཕྲག་བརྒྱ་པ་དུམ་བུ་གཉིས་པ་བམ་པོ་ལྔ་བཅུ་བདུན་ནོ།།

9.十萬頌般若波羅蜜多經第二函第五十七卷　　(90—45)

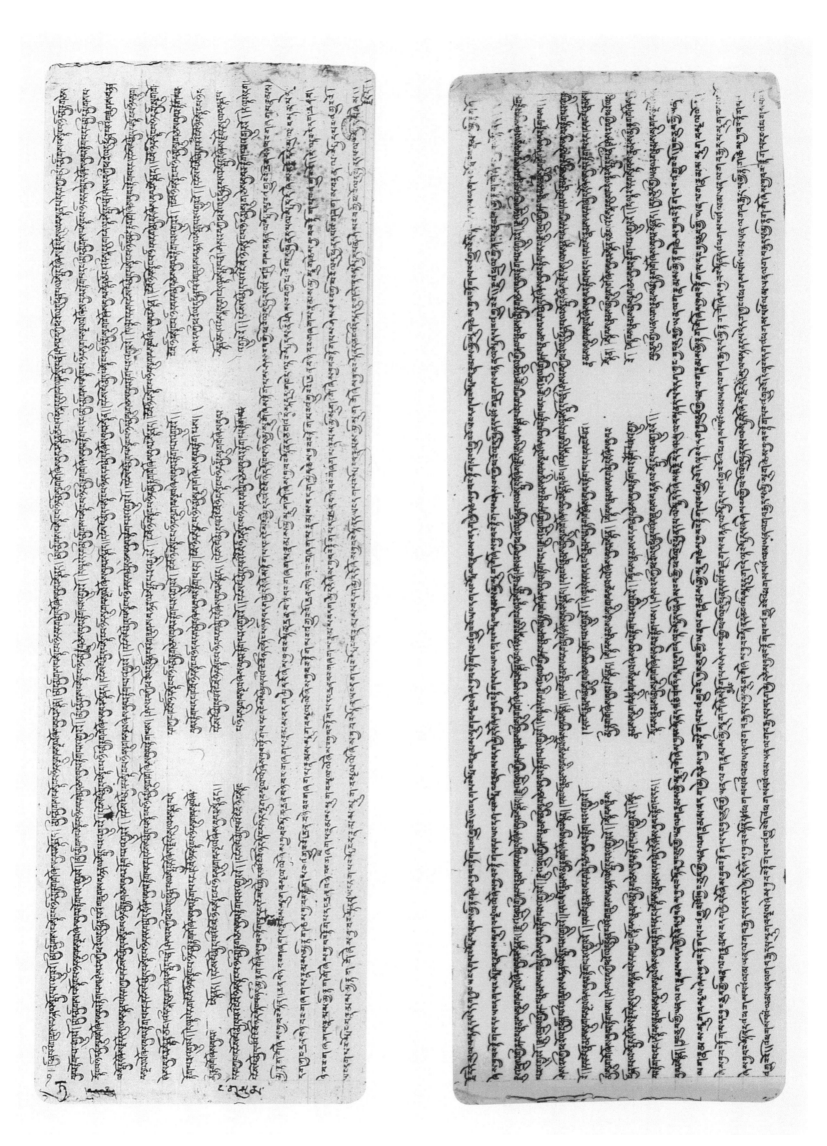

法 Pel.tib.1307　9.ཤེས་རབ་ཀྱི་ཕ་རོལ་ཏུ་ཕྱིན་པ་སྟོང་ཕྲག་བརྒྱ་པ་དུམ་བུ་གཉིས་པ་བམ་པོ་ལྔ་བཅུ་བདུན་ནོ།།

9.十萬頌般若波羅蜜多經第二函第五十七卷　　(90—46)

271

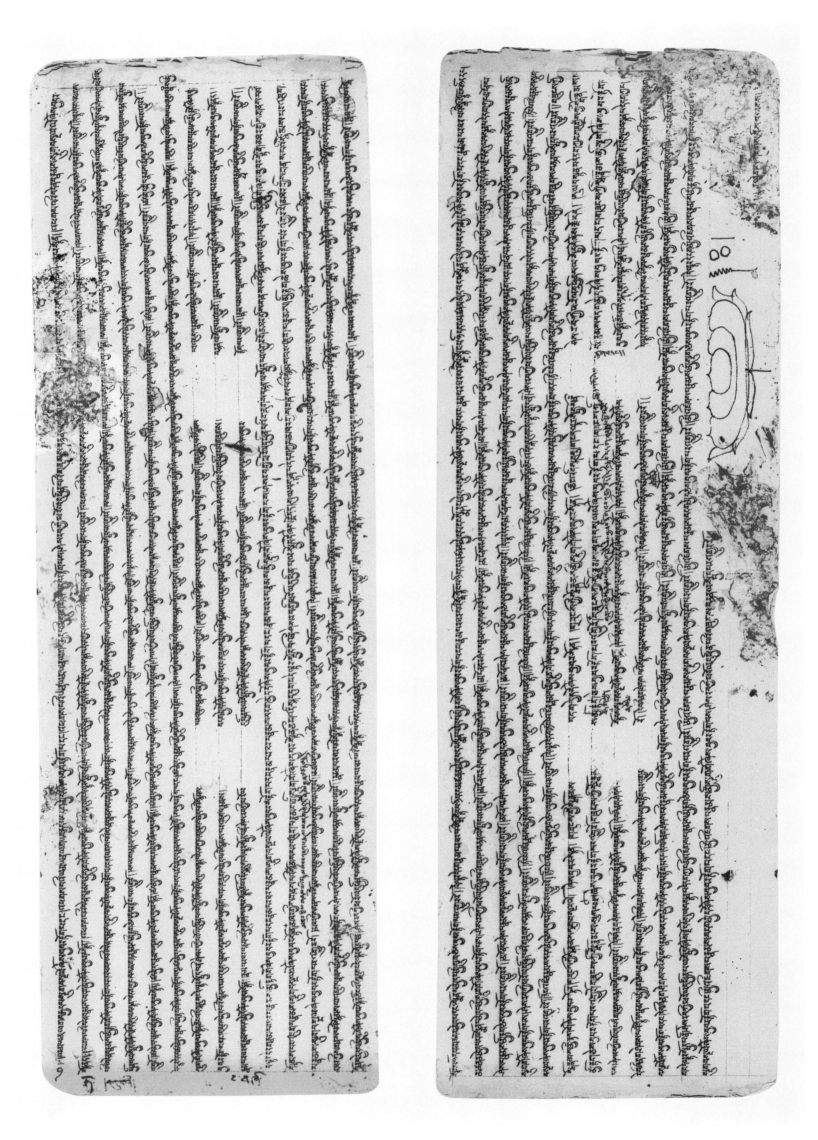

法 Pel.tib.1307　9.ཤེས་རབ་ཀྱི་ཕ་རོལ་ཏུ་ཕྱིན་པ་སྟོང་ཕྲག་བརྒྱ་པ་དུམ་བུ་གཉིས་པ་བམ་པོ་ལྔ་བཅུ་བདུན་ནོ༎

9.十萬頌般若波羅蜜多經第二函第五十七卷　(90—47)

272

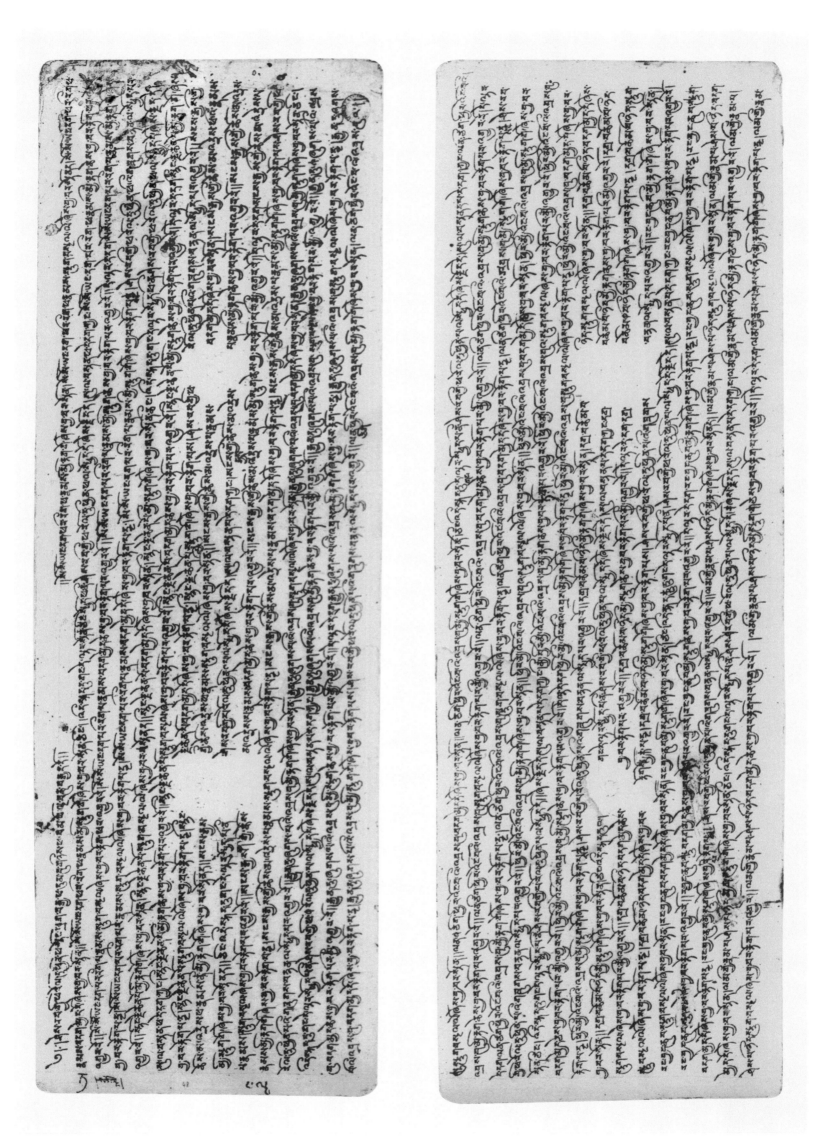

法 Pel.tib.1307　　10.ཤེས་རབ་ཀྱི་ཕ་རོལ་ཏུ་ཕྱིན་པ་སྟོང་ཕྲག་བརྒྱ་པ་དུམ་བུ་གཉིས་པ་བམ་པོ་ལྔ་བཅུ་བརྒྱད་དོ།།

10.十萬頌般若波羅蜜多經第二函第五十八卷　　　(90—48)

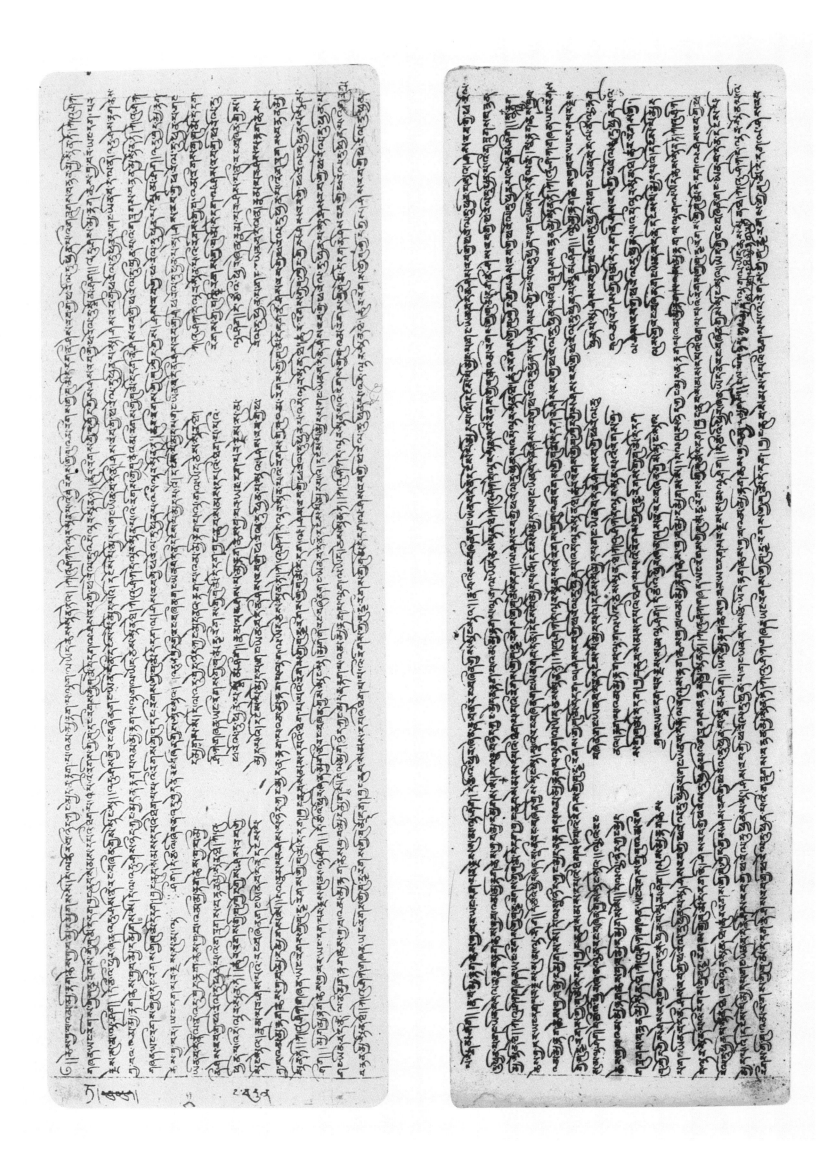

法 Pel.tib.1307   10.ཤེས་རབ་ཀྱི་ཕ་རོལ་ཏུ་ཕྱིན་པ་སྟོང་ཕྲག་བརྒྱ་པ་དུམ་བུ་གཉིས་པ་བམ་པོ་ལྔ་བཅུ་བརྒྱད་དོ།།

10.十萬頌般若波羅蜜多經第二函第五十八卷   (90—49)

274

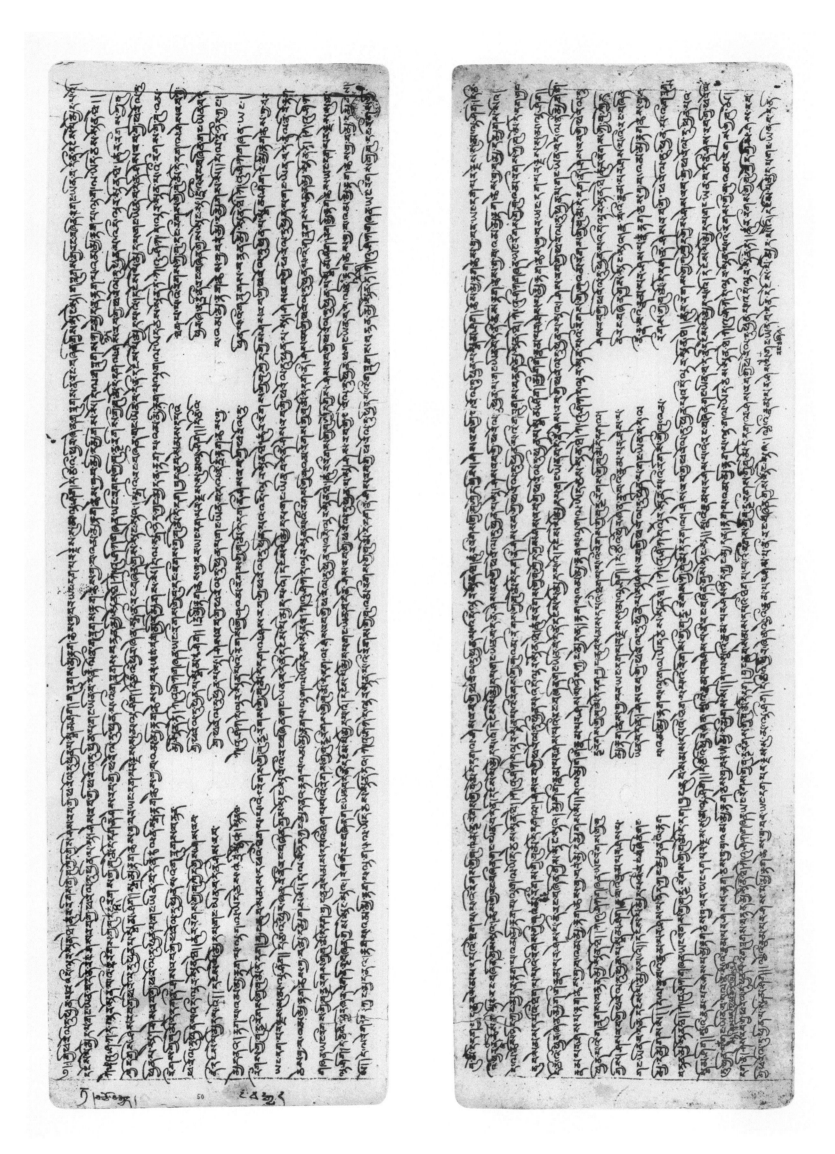

法 Pel.tib.1307　10.ཤེས་རབ་ཀྱི་ཕ་རོལ་ཏུ་ཕྱིན་པ་སྟོང་ཕྲག་བརྒྱ་པ་དུམ་བུ་གཉིས་པ་བམ་པོ་ལྔ་བཅུ་བརྒྱད་དོ།།

10.十萬頌般若波羅蜜多經第二函第五十八卷　　(90—50)

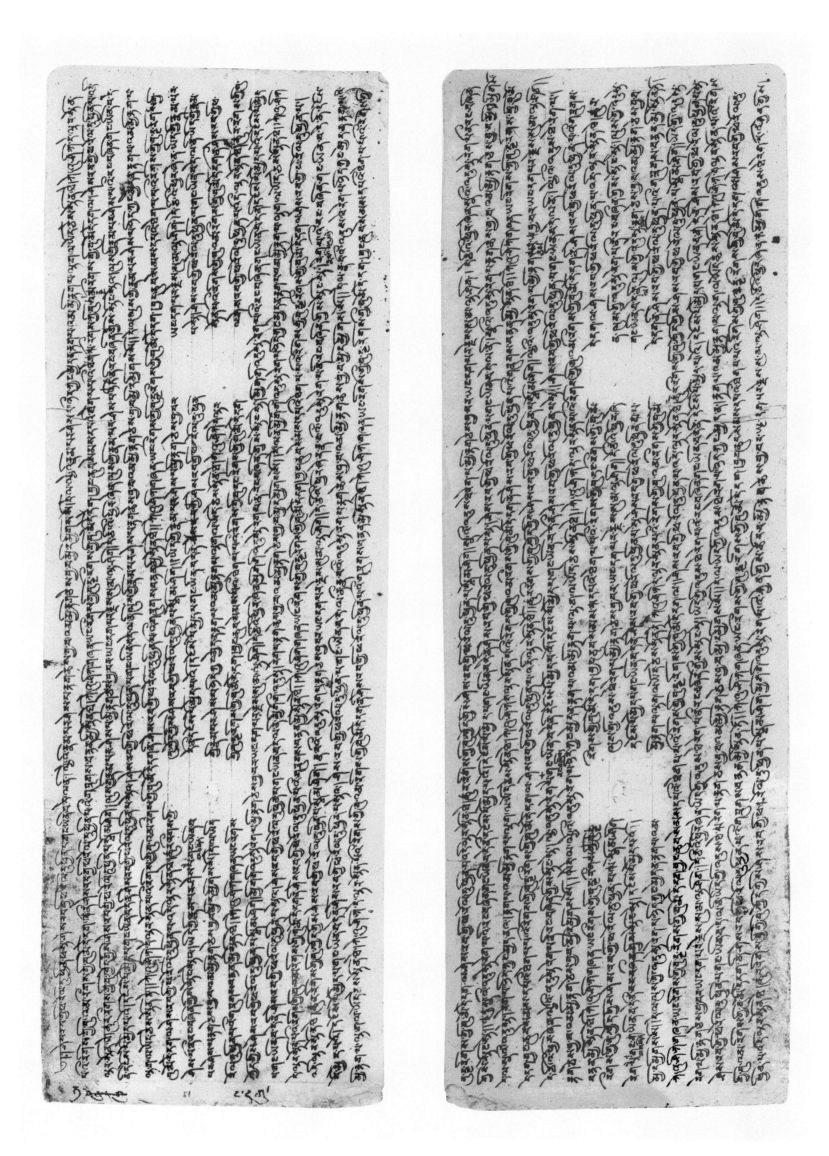

法 Pel.tib.1307

10.ཤེས་རབ་ཀྱི་ཕ་རོལ་ཏུ་ཕྱིན་པ་སྟོང་ཕྲག་བརྒྱ་པ་དུམ་བུ་གཉིས་པ་བམ་པོ་ལྔ་བཅུ་བརྒྱད་དོ།།

10.十萬頌般若波羅蜜多經第二函第五十八卷　　（90—51）

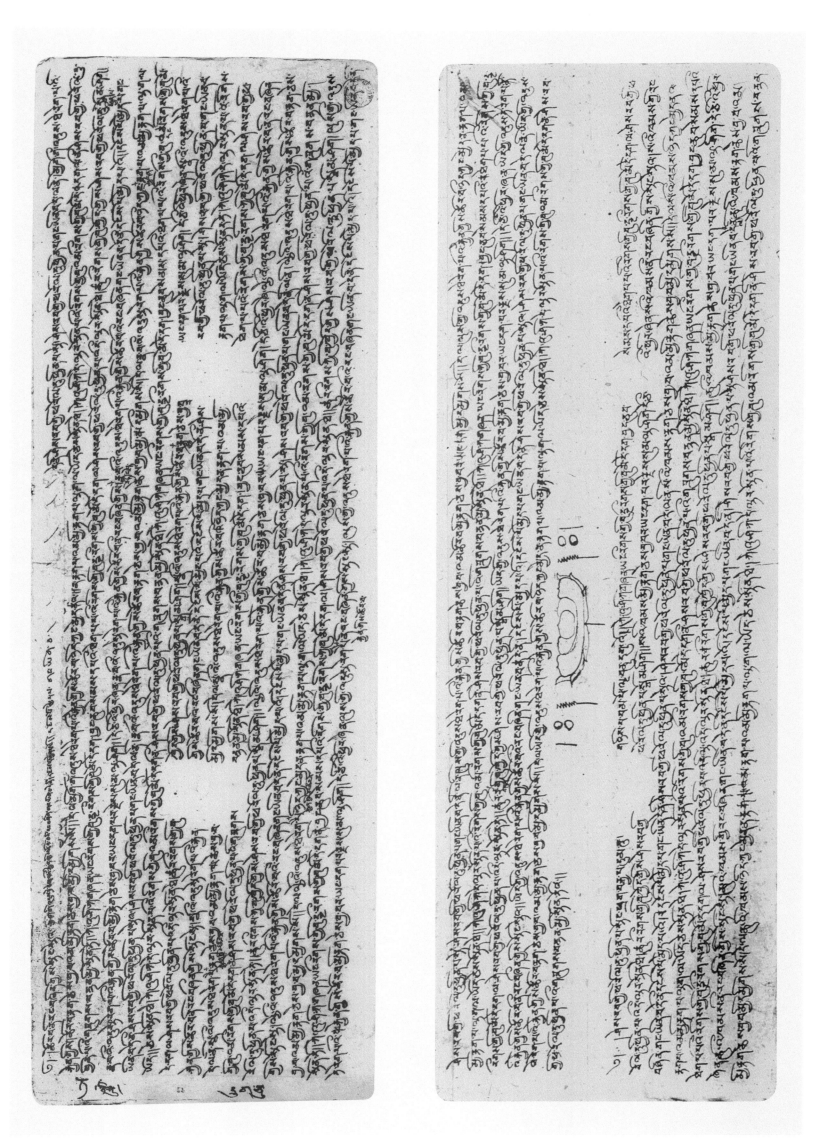

法 Pel.tib.1307　　10.ཤེས་རབ་ཀྱི་ཕ་རོལ་ཏུ་ཕྱིན་པ་སྟོང་ཕྲག་བརྒྱ་པ་དུམ་བུ་གཉིས་པ་བམ་པོ་ལྔ་བཅུ་བརྒྱད་དོ།།

10.十萬頌般若波羅蜜多經第二函第五十八卷　　(90—52)

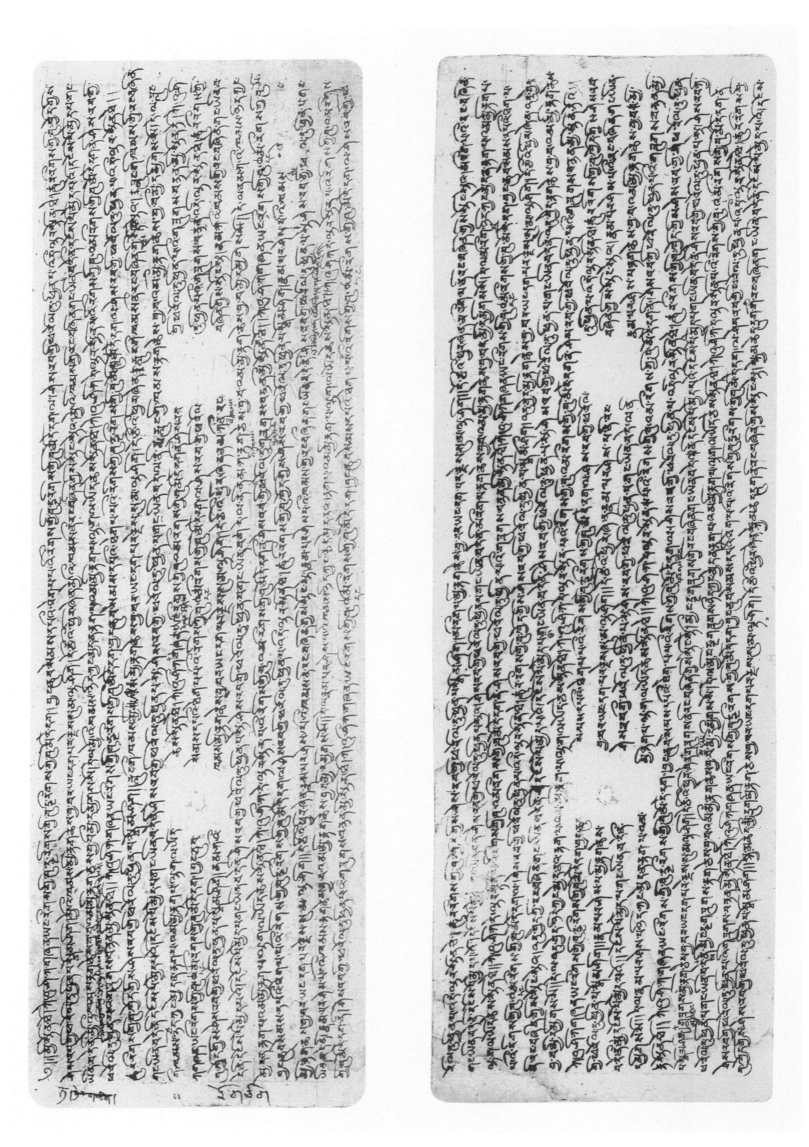

法 Pel.tib.1307　　11.ཤེས་རབ་ཀྱི་ཕ་རོལ་ཏུ་ཕྱིན་པ་སྟོང་ཕྲག་བརྒྱ་པ་དུམ་བུ་གཉིས་པ་བམ་པོ་ལྔ་བཅུ་དགུ་པའོ།།

11.十萬頌般若波羅蜜多經第二函第五十九卷　　(90—53)

278

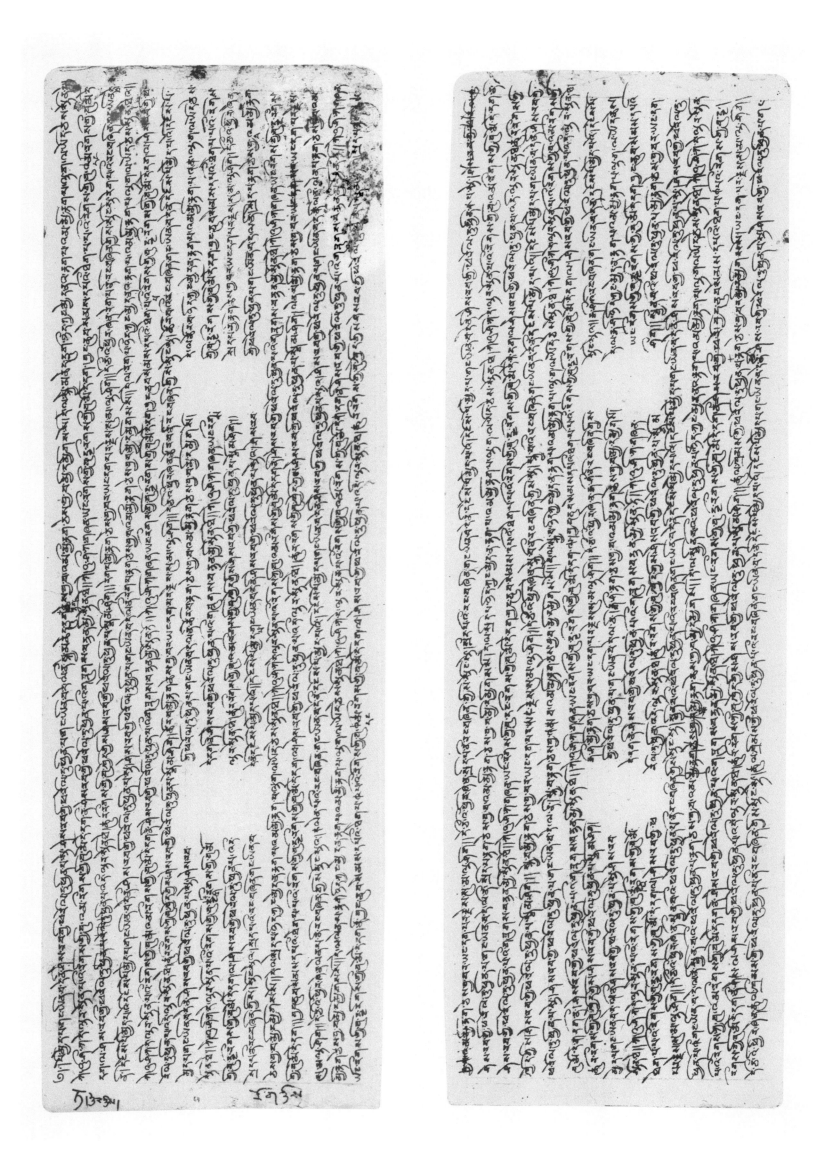

法 Pel.tib.1307　11.ཤེས་རབ་ཀྱི་ཕ་རོལ་ཏུ་ཕྱིན་པ་སྟོང་ཕྲག་བརྒྱ་པ་དུམ་བུ་གཉིས་པ་བམ་པོ་ལྔ་བཅུ་དགུའོ།།

11.十萬頌般若波羅蜜多經第二函第五十九卷　　(90—54)

279

法 Pel.tib.1307　　11.ཤེས་རབ་ཀྱི་ཕ་རོལ་ཏུ་ཕྱིན་པ་སྟོང་ཕྲག་བརྒྱ་པ་དུམ་བུ་གཉིས་པ་བམ་པོ་ལྔ་བཅུ་རྩ་དགུའོ།

11.十萬頌般若波羅蜜多經第二函第五十九卷　　(90—55)

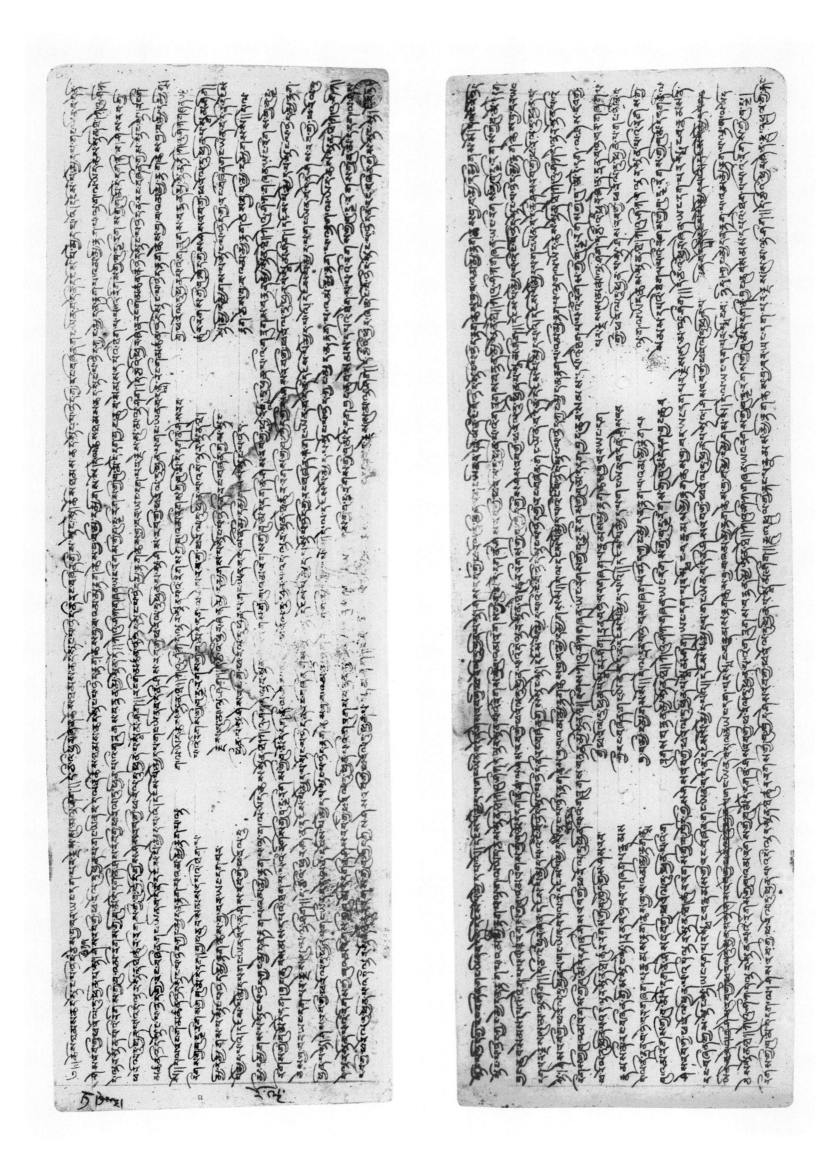

法 Pel.tib.1307　11.ཤེས་རབ་ཀྱི་ཕ་རོལ་ཏུ་ཕྱིན་པ་སྟོང་ཕྲག་བརྒྱ་པ་དུམ་བུ་གཉིས་པ་བམ་པོ་ལྔ་བཅུ་དགུ་འོ།།

11.十萬頌般若波羅蜜多經第二函第五十九卷　　(90—56)

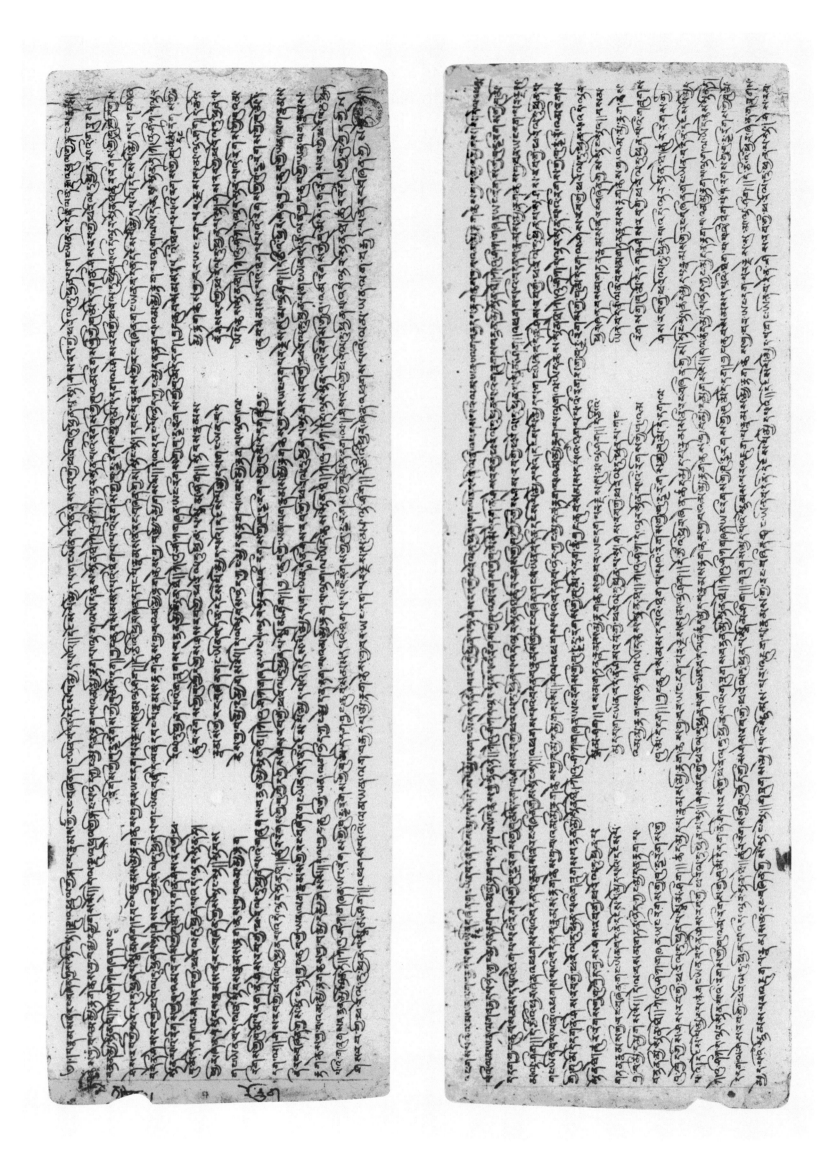

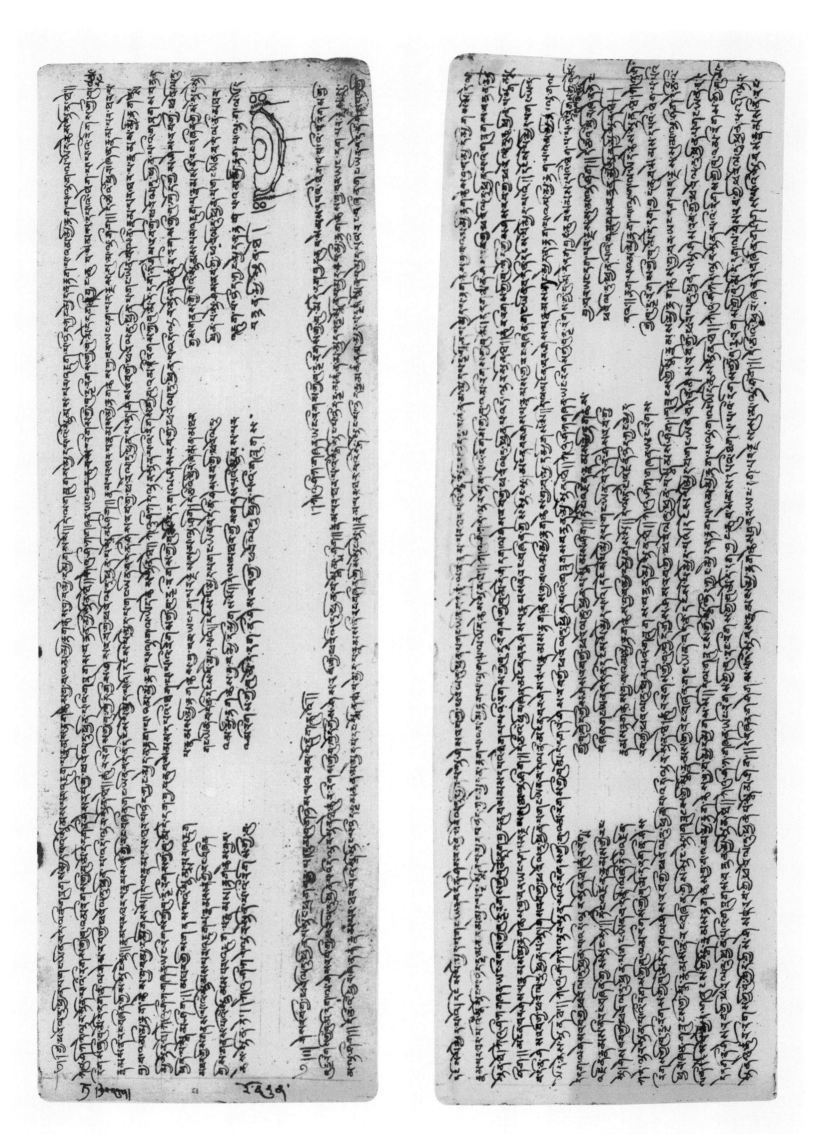

法 Pel.tib.1307　12.ཤེས་རབ་ཀྱི་ཕ་རོལ་ཏུ་ཕྱིན་པ་སྟོང་ཕྲག་བརྒྱ་པ་དུམ་བུ་གཉིས་པ་བམ་པོ་དྲུག་ཅུ་པའོ།།

12.十萬頌般若波羅蜜多經第二函第六十卷　　(90—58)

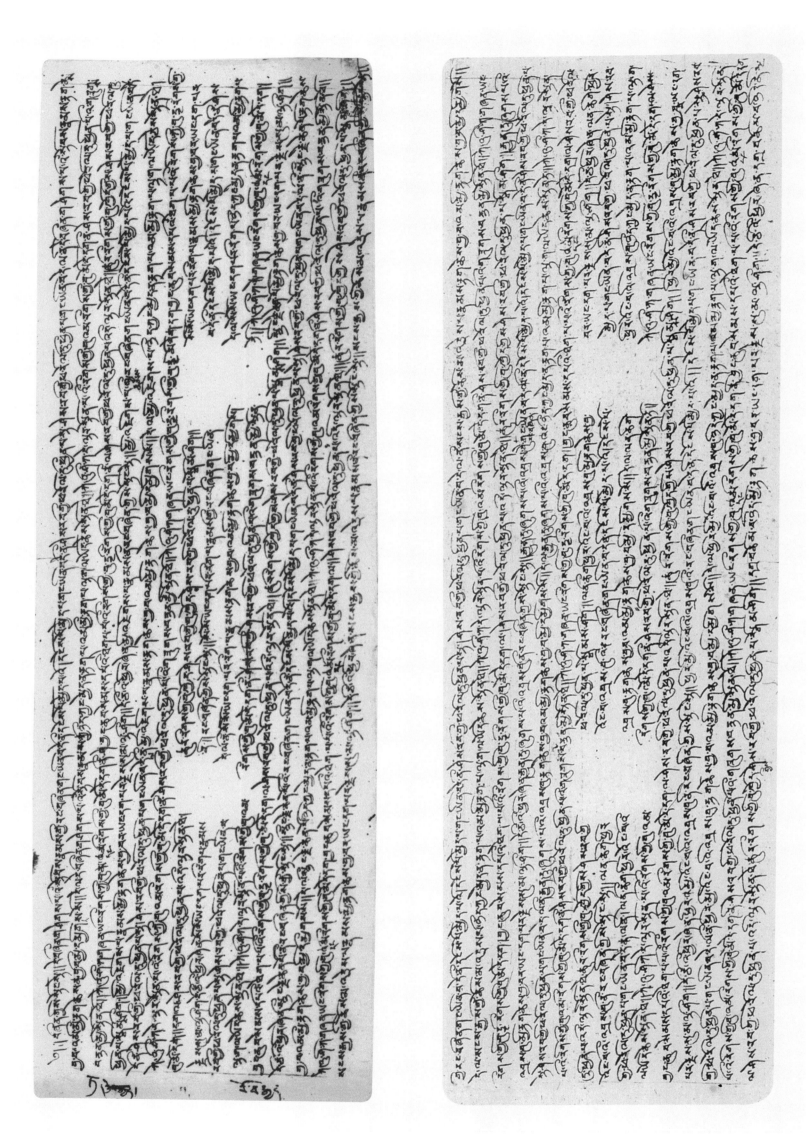

法 Pel.tib.1307　12.ཤེས་རབ་ཀྱི་ཕ་རོལ་ཏུ་ཕྱིན་པ་སྟོང་ཕྲག་བརྒྱ་པ་དུམ་བུ་གཉིས་པ་བམ་པོ་དྲུག་ཅུ་པའོ།།

12.十萬頌般若波羅蜜多經第二函第六十卷　　(90—59)

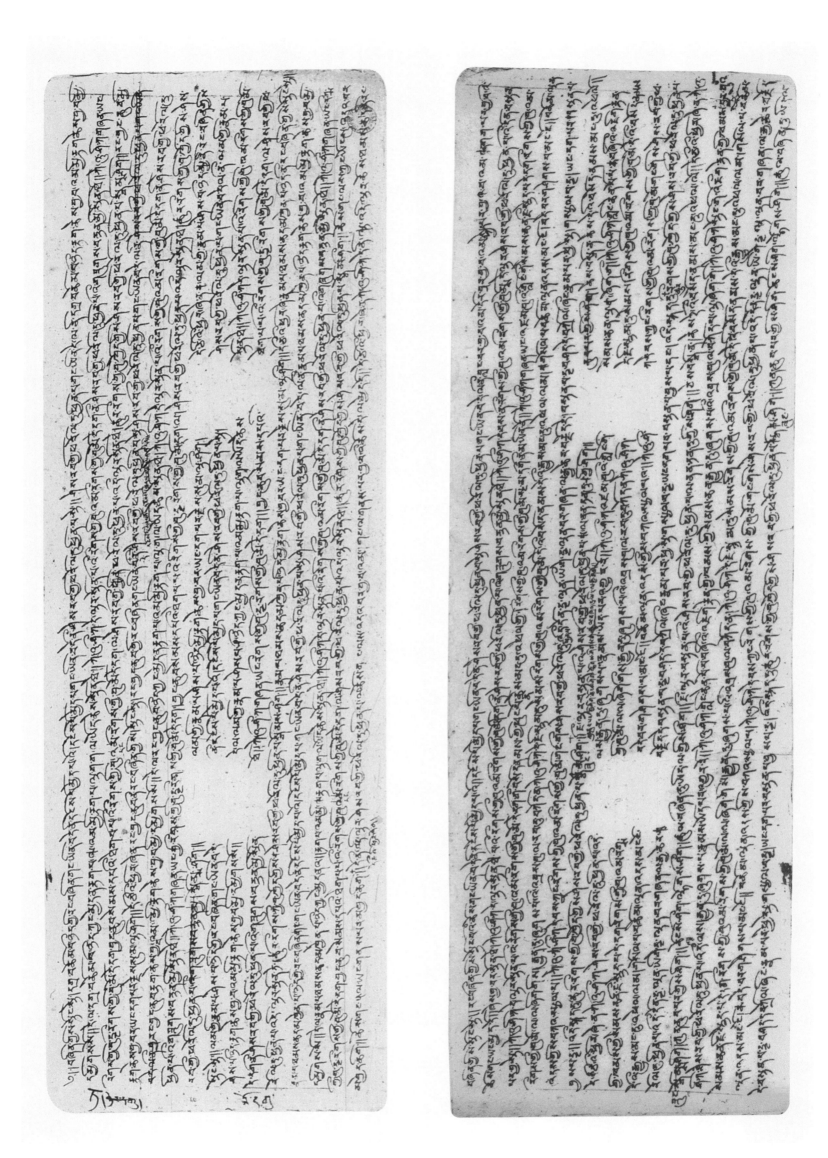

法 Pel.tib.1307　　12.ཤེས་རབ་ཀྱི་ཕ་རོལ་ཏུ་ཕྱིན་པ་སྟོང་ཕྲག་བརྒྱ་པ་དུམ་བུ་གཉིས་པ་བམ་པོ་དྲུག་ཅུ་པའོ།
　　　　　　　　　12.十萬頌般若波羅蜜多經第二函第六十卷　　　(90—60)

285

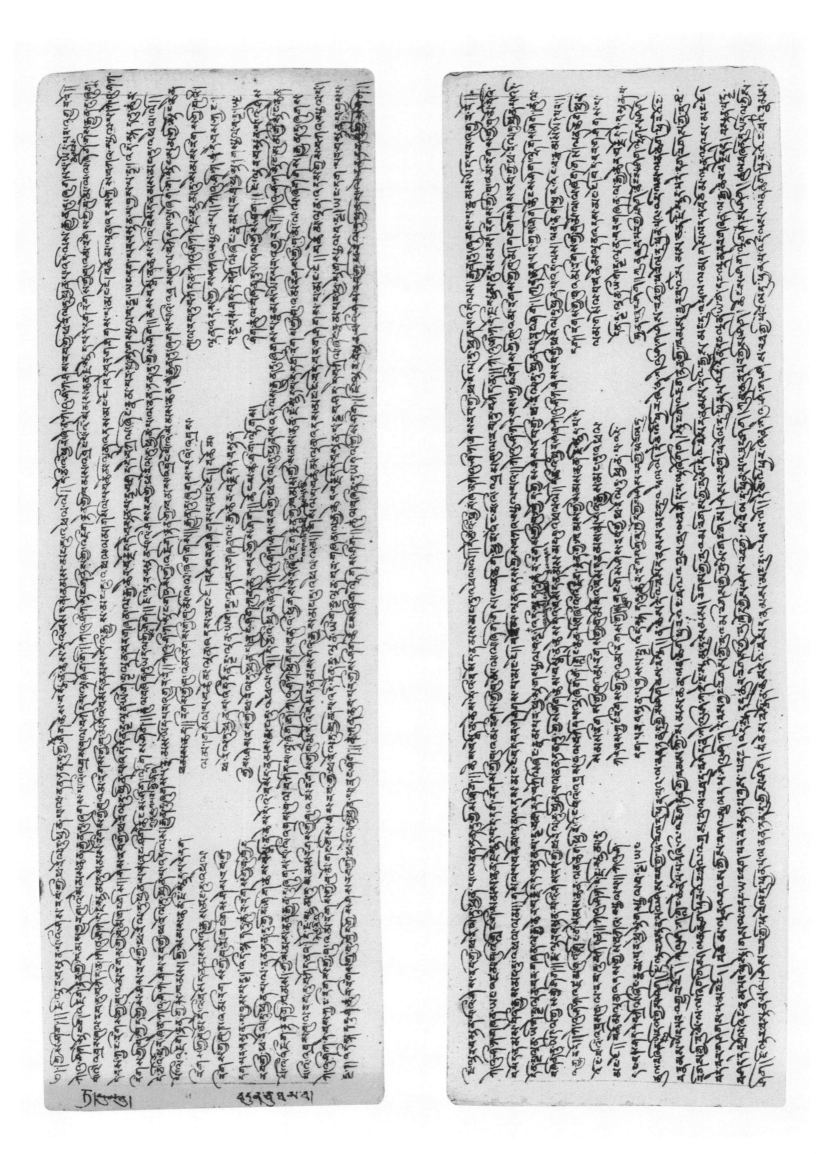

法 Pel.tib.1307　12.ཤེས་རབ་ཀྱི་ཕ་རོལ་ཏུ་ཕྱིན་པ་སྟོང་ཕྲག་བརྒྱ་པ་དུམ་བུ་གཉིས་པ་བམ་པོ་དྲུག་ཅུ་པའོ།།

12.十萬頌般若波羅蜜多經第二函第六十卷　　(90—61)

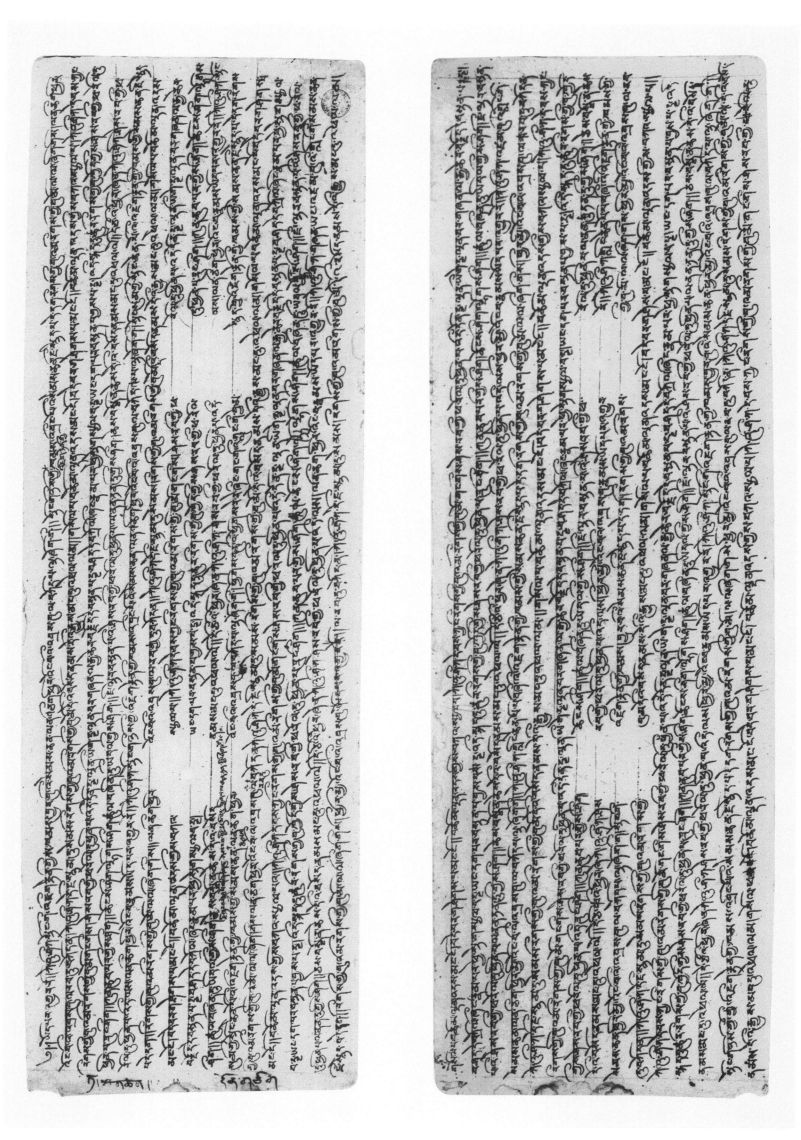

法 Pel.tib.1307   12.ཤེས་རབ་ཀྱི་ཕ་རོལ་ཏུ་ཕྱིན་པ་སྟོང་ཕྲག་བརྒྱ་པ་དུམ་བུ་གཉིས་པ་བམ་པོ་དྲུག་ཅུ་པའོ།།

12.十萬頌般若波羅蜜多經第二函第六十卷   (90—62)

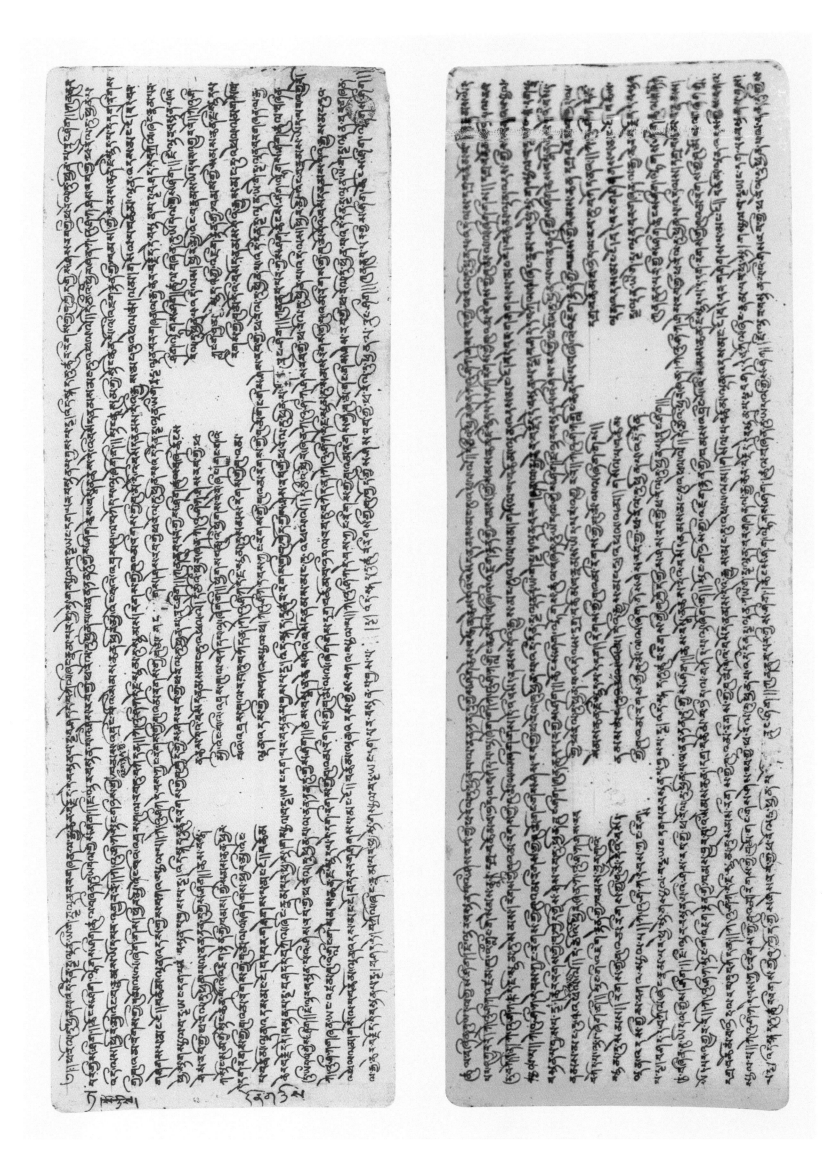

法 Pel.tib.1307　12.ཤེས་རབ་ཀྱི་ཕ་རོལ་ཏུ་ཕྱིན་པ་སྟོང་ཕྲག་བརྒྱ་པ་དུམ་བུ་གཉིས་པ་བམ་པོ་དྲུག་ཅུ་པའོ།།

12.十萬頌般若波羅蜜多經第二函第六十卷　　（90—63）

288

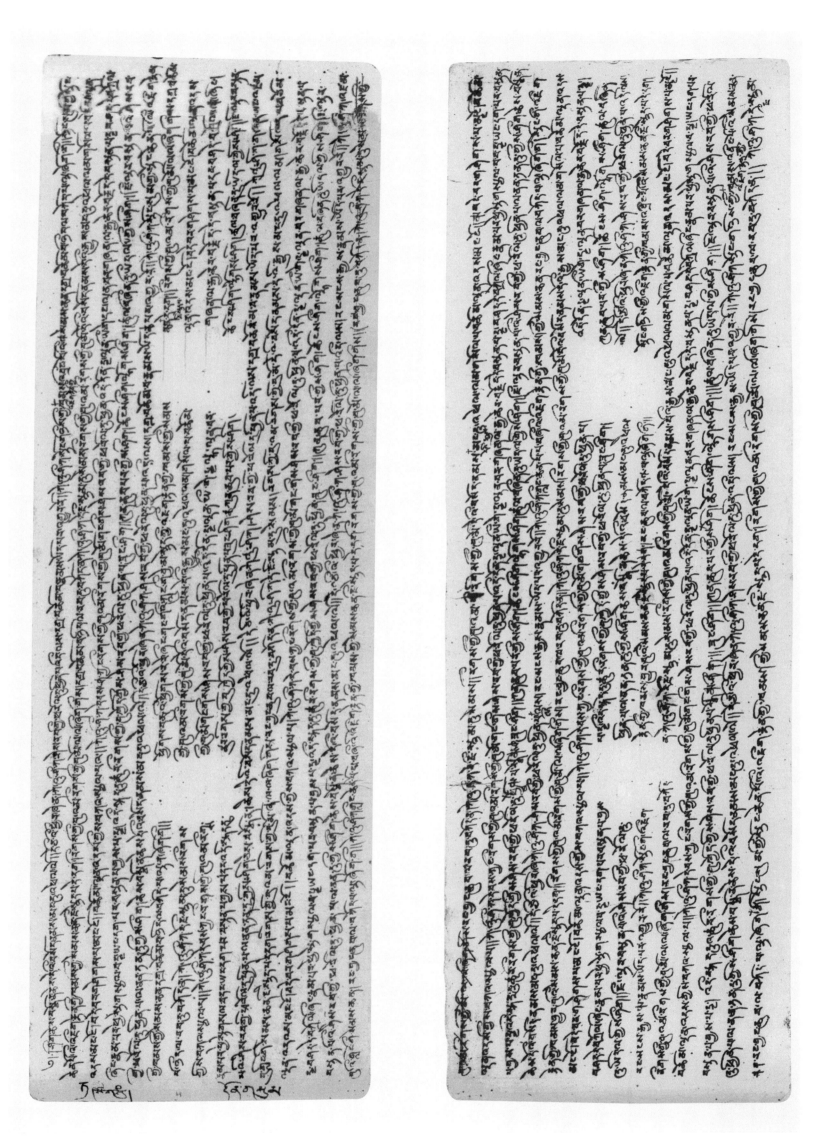

法 Pel.tib.1307　　　12.ཤེས་རབ་ཀྱི་ཕ་རོལ་དུ་ཕྱིན་པ་སྟོང་ཕྲག་བརྒྱ་པ་དུམ་བུ་གཉིས་པ་བམ་པོ་དྲུག་ཅུ་པའོ།།

12.十萬頌般若波羅蜜多經第二函第六十卷　　　(90—64)

法 Pel.tib.1307　　13.ཕྱིས་བྱུང་།　14.རྒྱབ་ཤོག

13.寫經題記　14.封底　　(90—65)

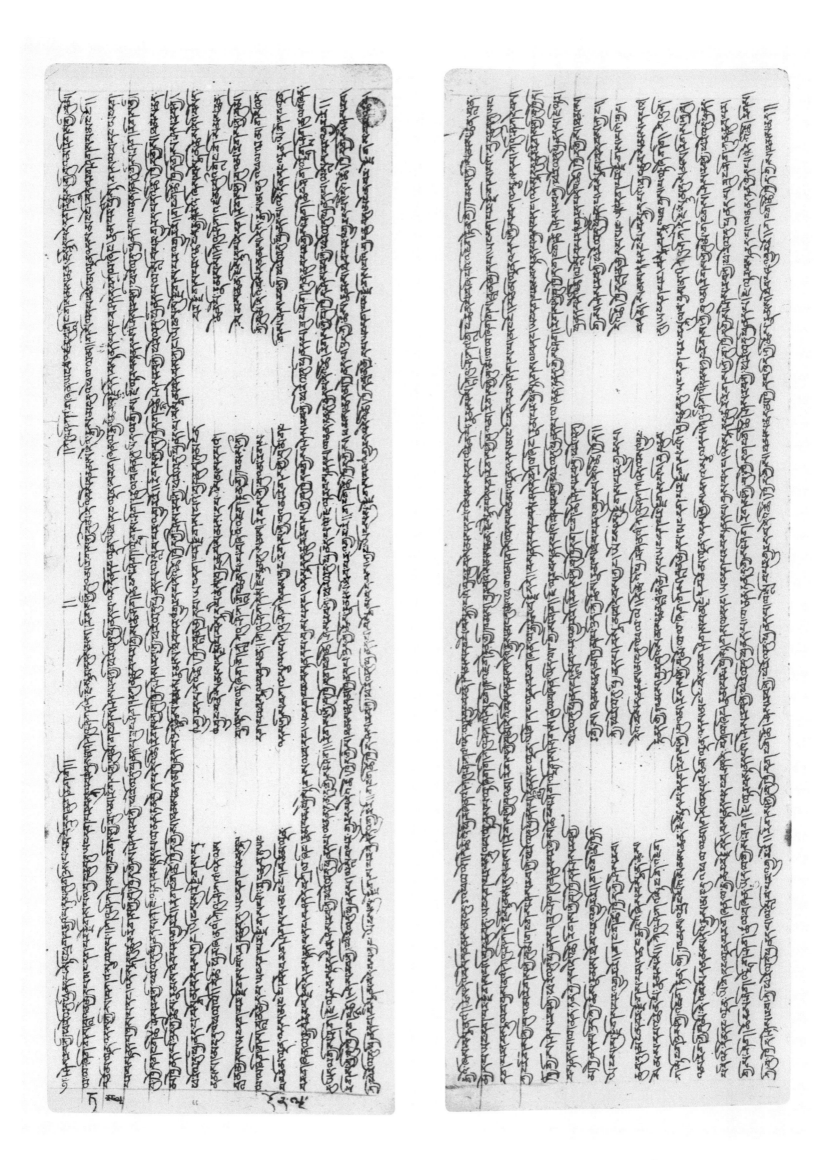

法 Pel.tib.1307　　15.ཤེས་རབ་ཀྱི་ཕ་རོལ་ཏུ་ཕྱིན་པ་སྟོང་ཕྲག་བརྒྱ་པ་དུམ་བུ་གཉིས་པ་བམ་པོ་དྲུག་ཅུ་རྩ་གཅིག་གོ།

15.十萬頌般若波羅蜜多經第二函第六十一卷　　　(90—66)

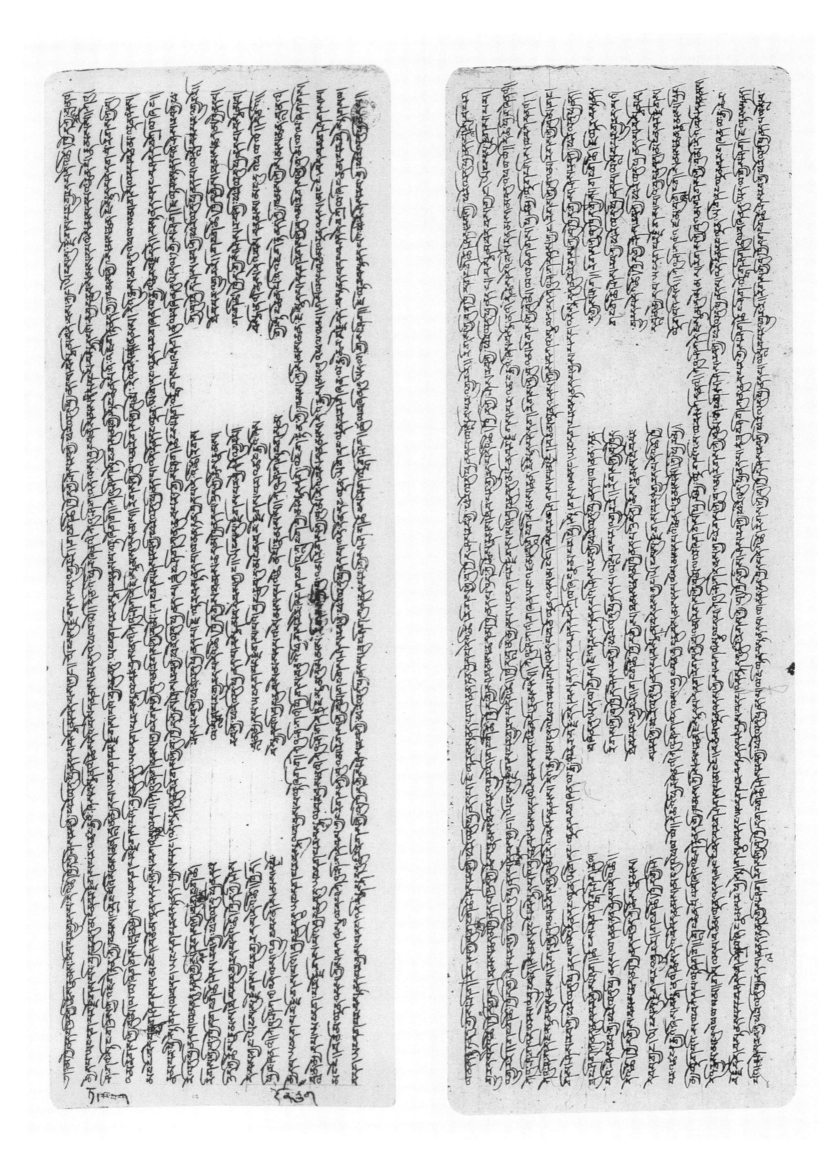

法 Pel.tib.1307　15.ཤེས་རབ་ཀྱི་ཕ་རོལ་ཏུ་ཕྱིན་པ་སྟོང་ཕྲག་བརྒྱ་པ་དུམ་བུ་གཉིས་པ་བམ་པོ་དྲུག་ཅུ་གཅིག་གོ །།

15.十萬頌般若波羅蜜多經第二函第六十一卷　　(90—67)

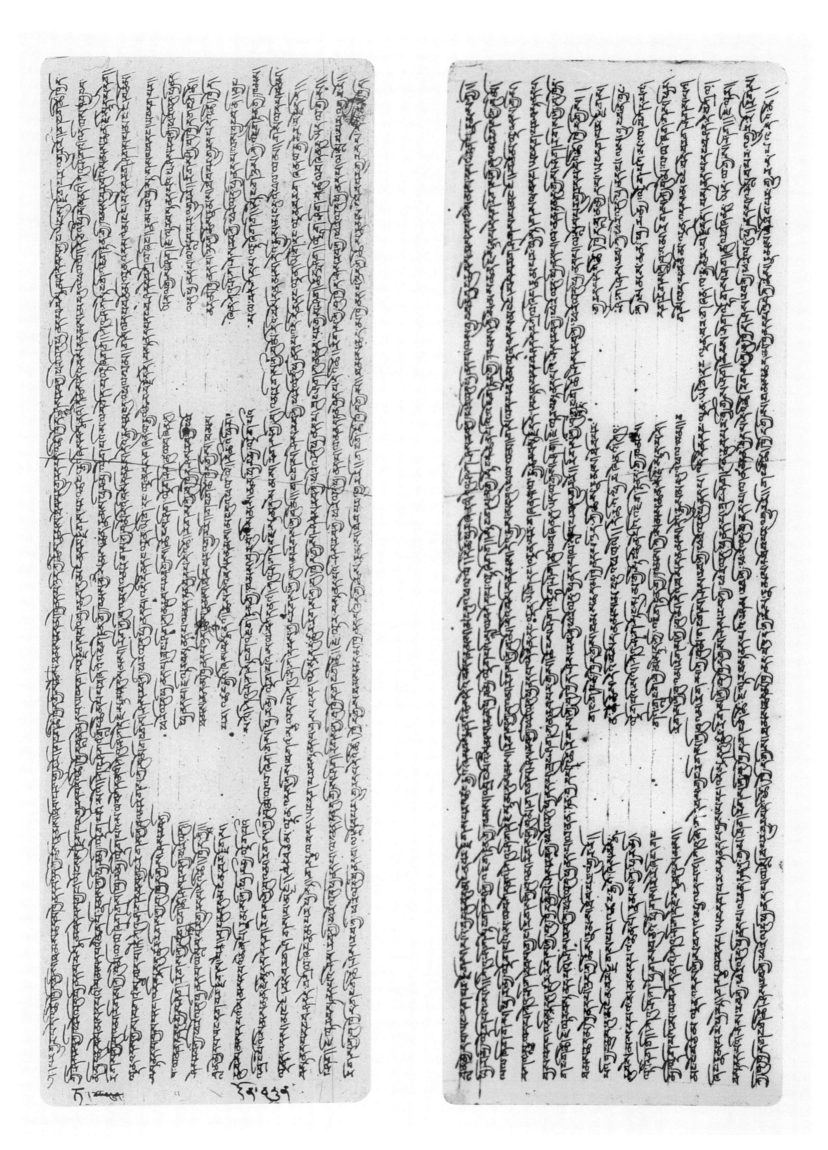

法 Pel.tib.1307　　15.ཤེས་རབ་ཀྱི་ཕ་རོལ་ཏུ་ཕྱིན་པ་སྟོང་ཕྲག་བརྒྱ་པ་དུམ་བུ་གཉིས་པ་བམ་པོ་དྲུག་ཅུ་རྩ་གཅིག་གོ།།

15.十萬頌般若波羅蜜多經第二函第六十一卷　　(90—68)

293

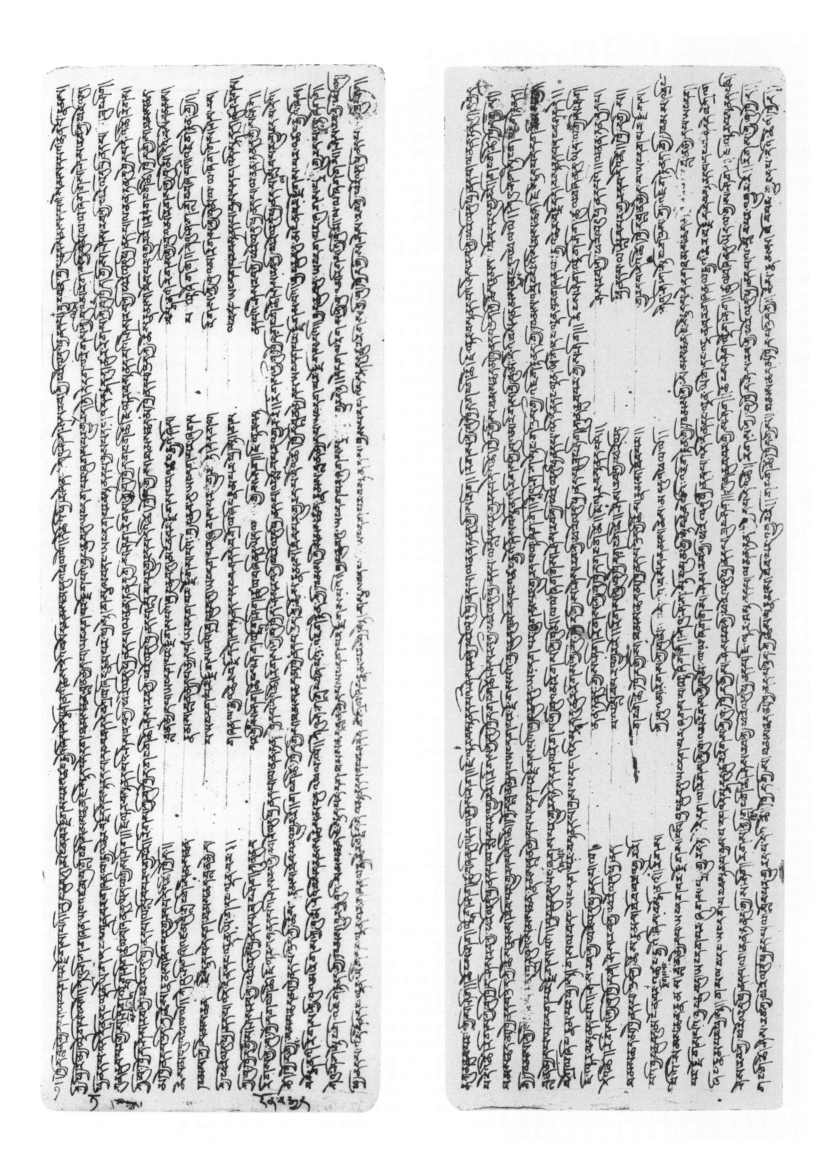

法 Pel.tib.1307　　15.ཤེས་རབ་ཀྱི་ཕ་རོལ་ཏུ་ཕྱིན་པ་སྟོང་ཕྲག་བརྒྱ་པ་དུམ་བུ་གཉིས་པ་བམ་པོ་དྲུག་ཅུ་གཅིག་གོ།།

15.十萬頌般若波羅蜜多經第二函第六十一卷　　(90—69)

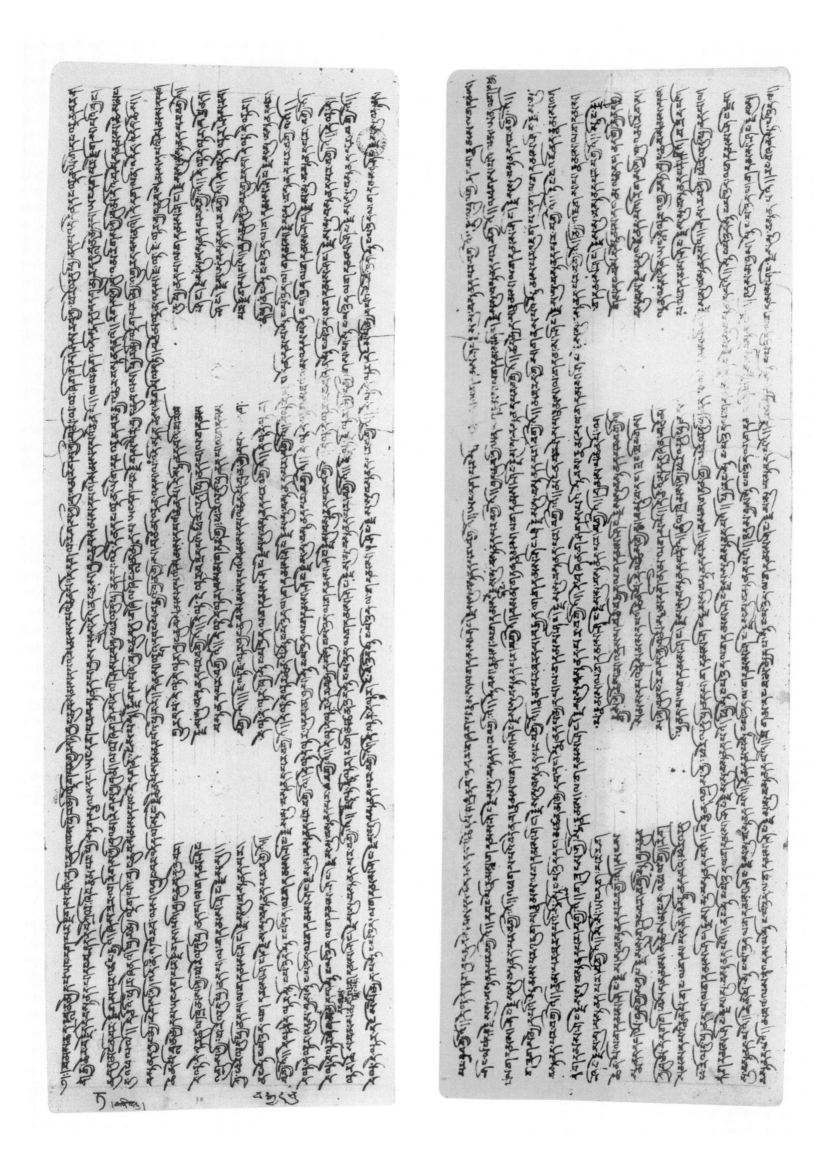

法 Pel.tib.1307　15.ཤེས་རབ་ཀྱི་ཕ་རོལ་ཏུ་ཕྱིན་པ་སྟོང་ཕྲག་བརྒྱ་པ་དུམ་བུ་གཉིས་པ་བམ་པོ་དྲུག་ཅུ་རྩ་གཅིག་གོ །

15.十萬頌般若波羅蜜多經第二函第六十一卷　　(90—70)

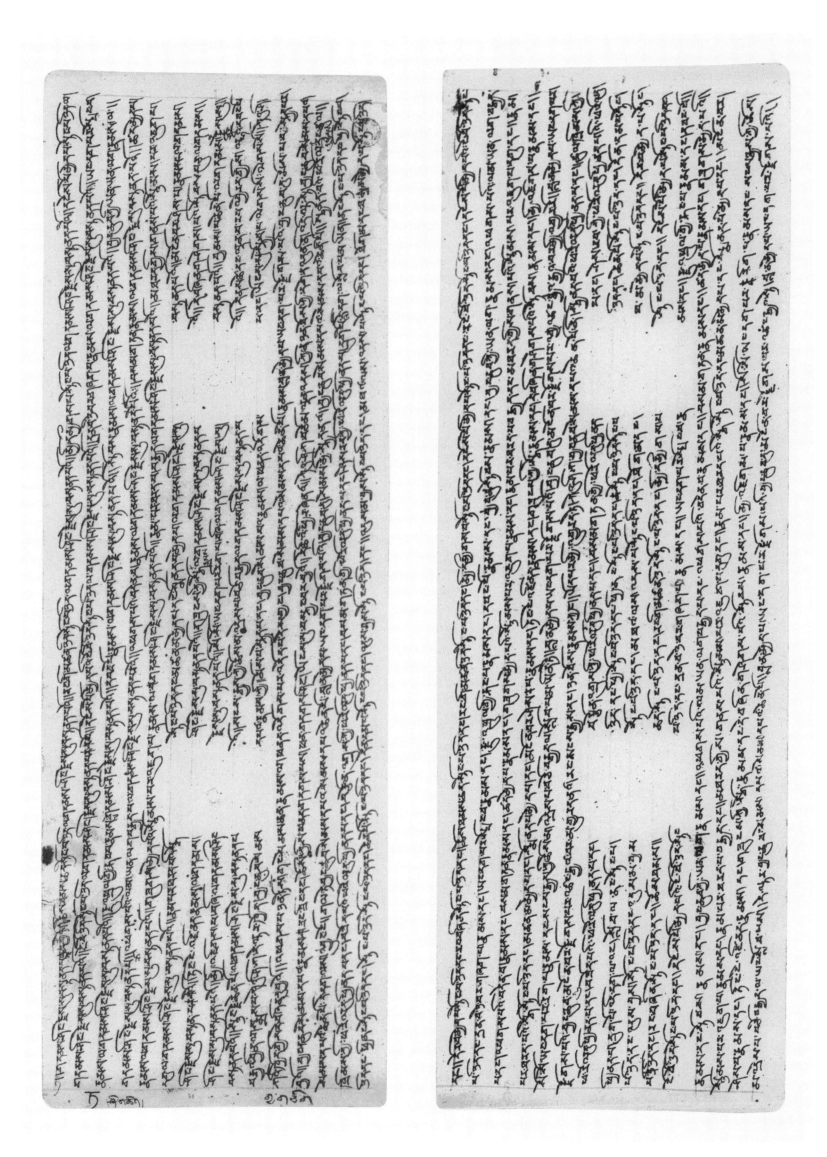

法 Pel.tib.1307　15.ཤེས་རབ་ཀྱི་ཕ་རོལ་ཏུ་ཕྱིན་པ་སྟོང་ཕྲག་བརྒྱ་པ་དུམ་བུ་གཉིས་པ་བཞལ་པོ་དུག་ཅུ་རྩ་གཅིག་གོ།།

15.十萬頌般若波羅蜜多經第二函第六十一卷　　(90—71)

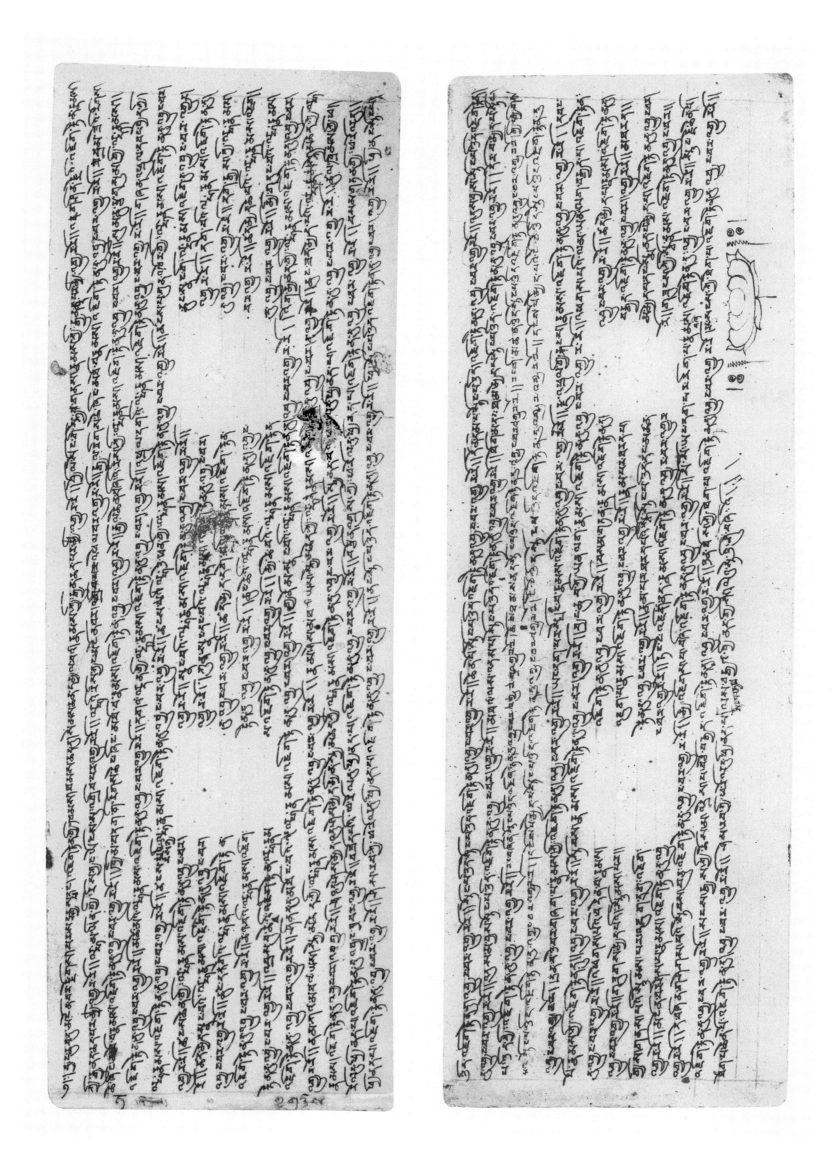

法 Pel.tib.1307　　15.ཤེས་རབ་ཀྱི་ཕ་རོལ་དུ་ཕྱིན་པ་སྟོང་ཕྲག་བརྒྱ་པ་དུམ་བུ་གཉིས་པ་བམ་པོ་དྲུག་ཅུ་རྩ་གཅིག་གོ།།

15.十萬頌般若波羅蜜多經第二函第六十一卷　　(90—72)

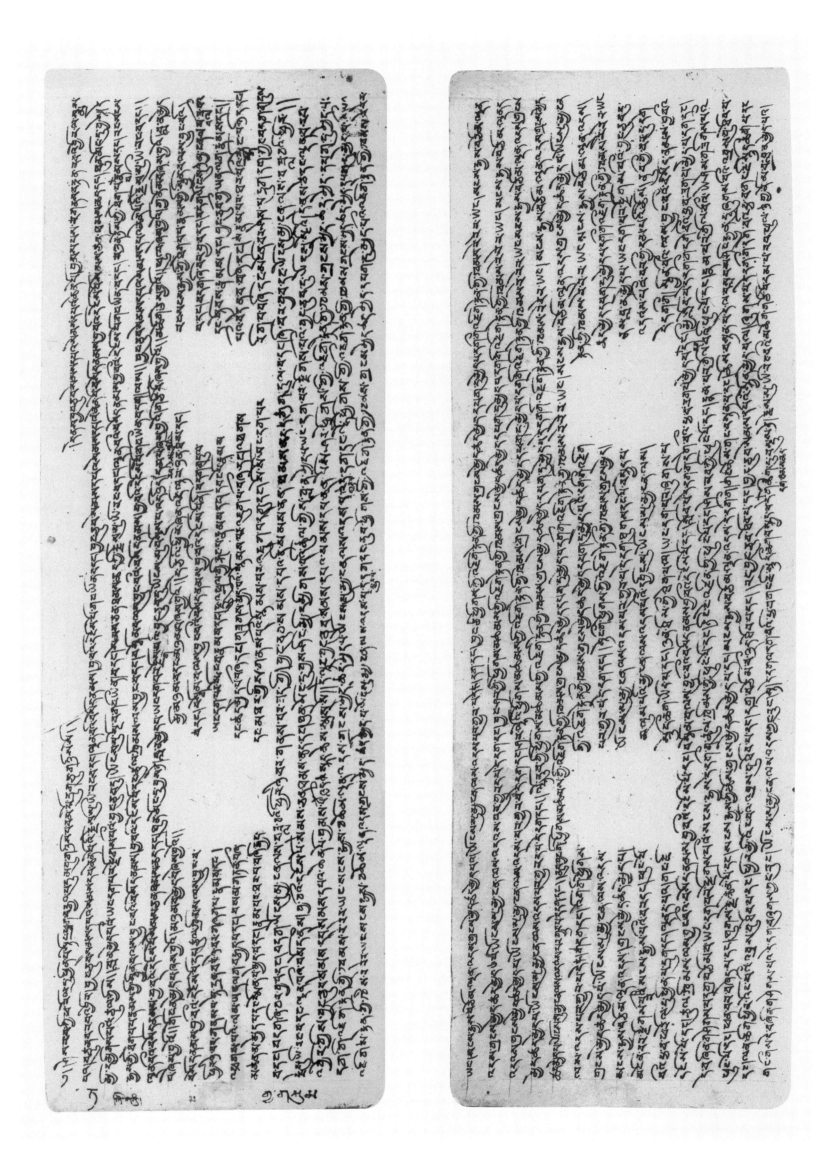

法 Pel.tib.1307　　16.ཤེས་རབ་ཀྱི་ཕ་རོལ་ཏུ་ཕྱིན་པ་སྟོང་ཕྲག་བརྒྱ་པའ་དུམ་བུ་གཉིས་པ་བམ་པོ་དྲུག་ཅུ་གཉིས་སོ།།

16.十萬頌般若波羅蜜多經第二函第六十二卷　　(90—73)

298

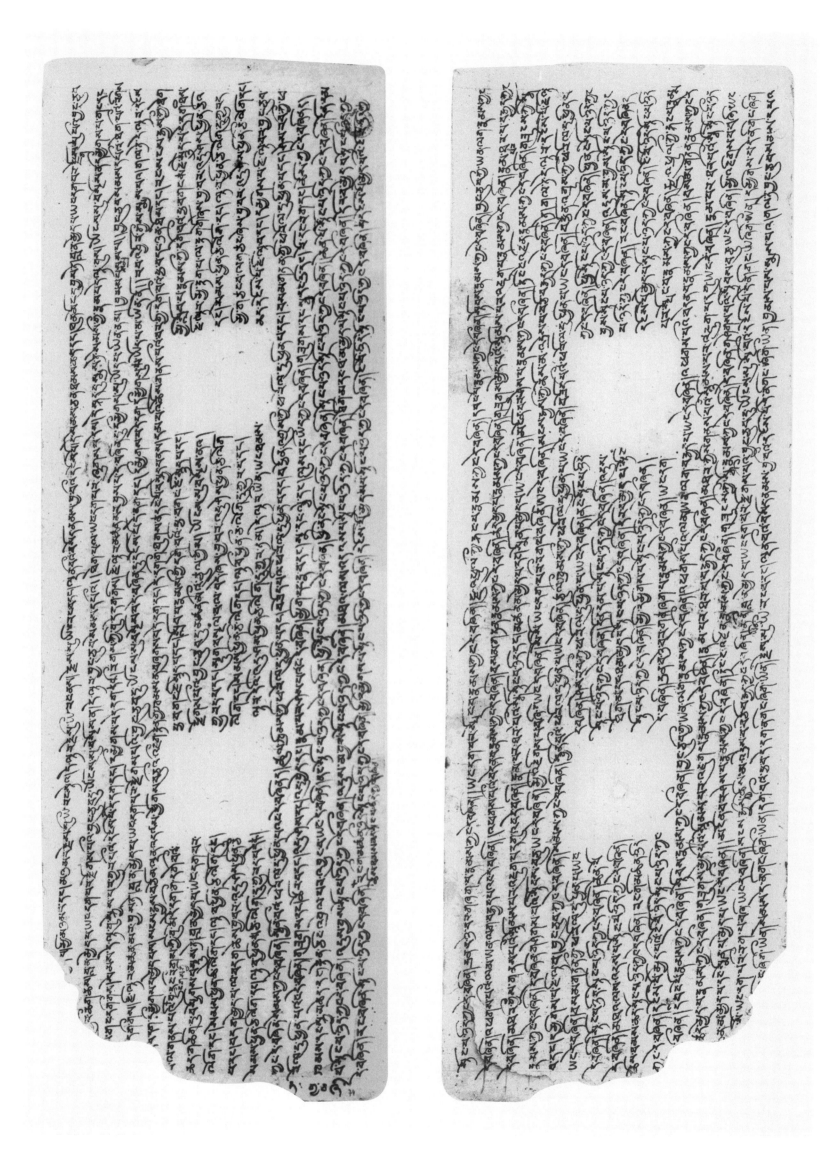

法 Pel.tib.1307　16.ཤེས་རབ་ཀྱི་ཕ་རོལ་ཏུ་ཕྱིན་པ་སྟོང་ཕྲག་བརྒྱ་པའི་དུམ་བུ་གཉིས་པ་བམ་པོ་དྲུག་ཅུ་གཉིས་སོ།།

16.十萬頌般若波羅蜜多經第二函第六十二卷　　(90—74)

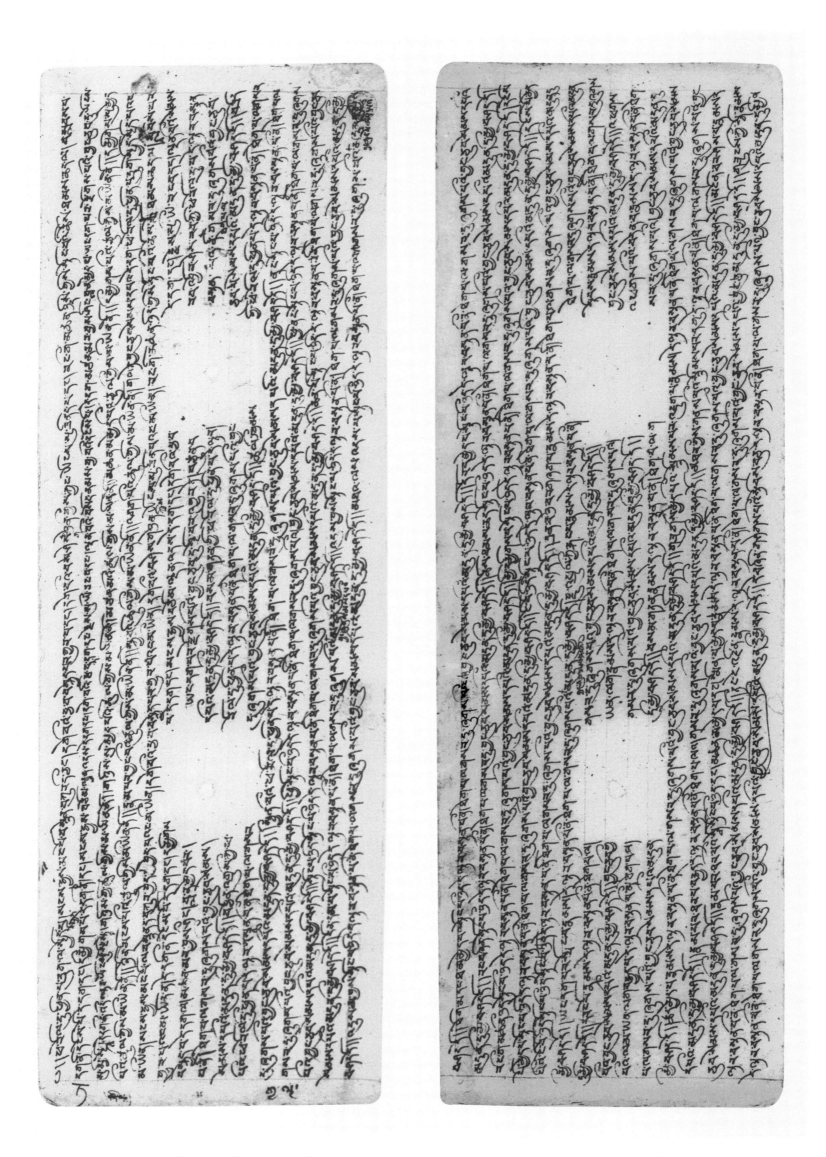

法 Pel.tib.1307　16.ཤེས་རབ་ཀྱི་ཕ་རོལ་ཏུ་ཕྱིན་པ་སྟོང་ཕྲག་བརྒྱ་པ་དུམ་བུ་གཉིས་པ་བམ་པོ་དྲུག་ཅུ་གཉིས་སོ།།

16.十萬頌般若波羅蜜多經第二函第六十二卷　　(90—75)

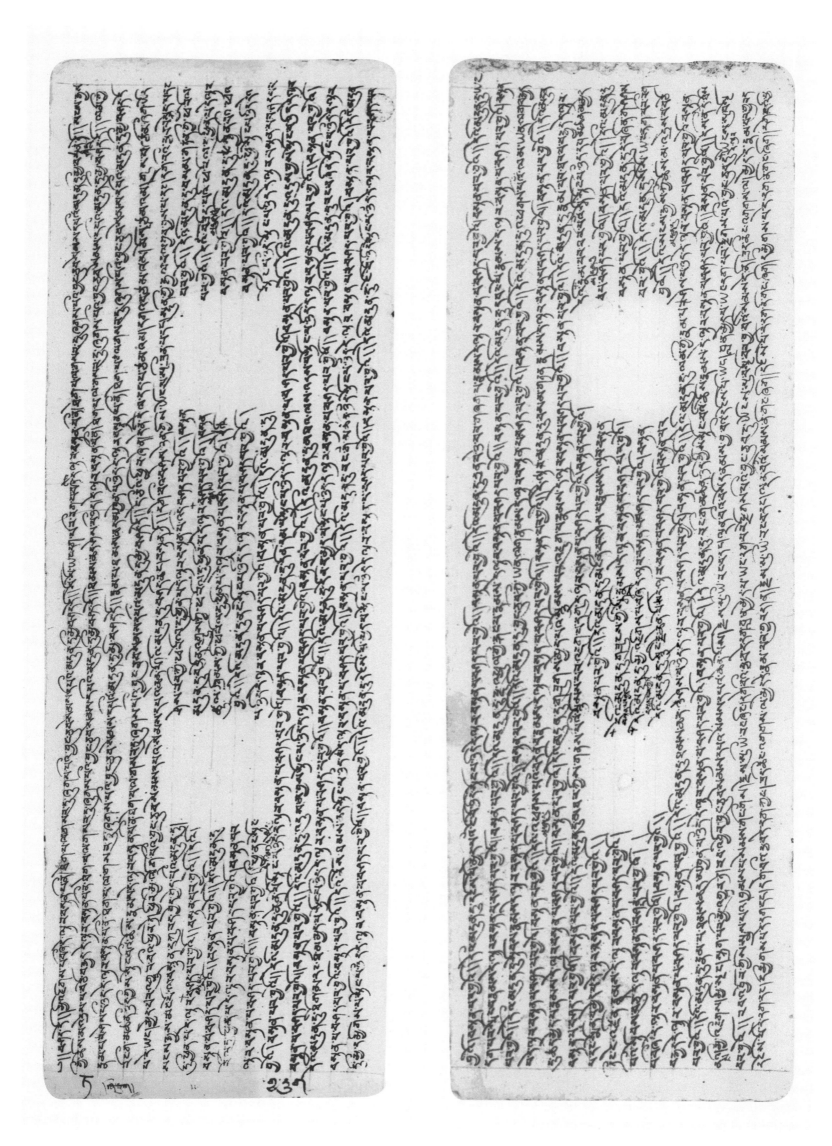

法 Pel.tib.1307　16.ཤེས་རབ་ཀྱི་ཕ་རོལ་ཏུ་ཕྱིན་པ་སྟོང་ཕྲག་བརྒྱ་པའ་དུམ་བུ་གཉིས་པ་བཞི་པོ་དུག་ཅུ་གཉིས་སོ།།

16.十萬頌般若波羅蜜多經第二函第六十二卷　(90—76)

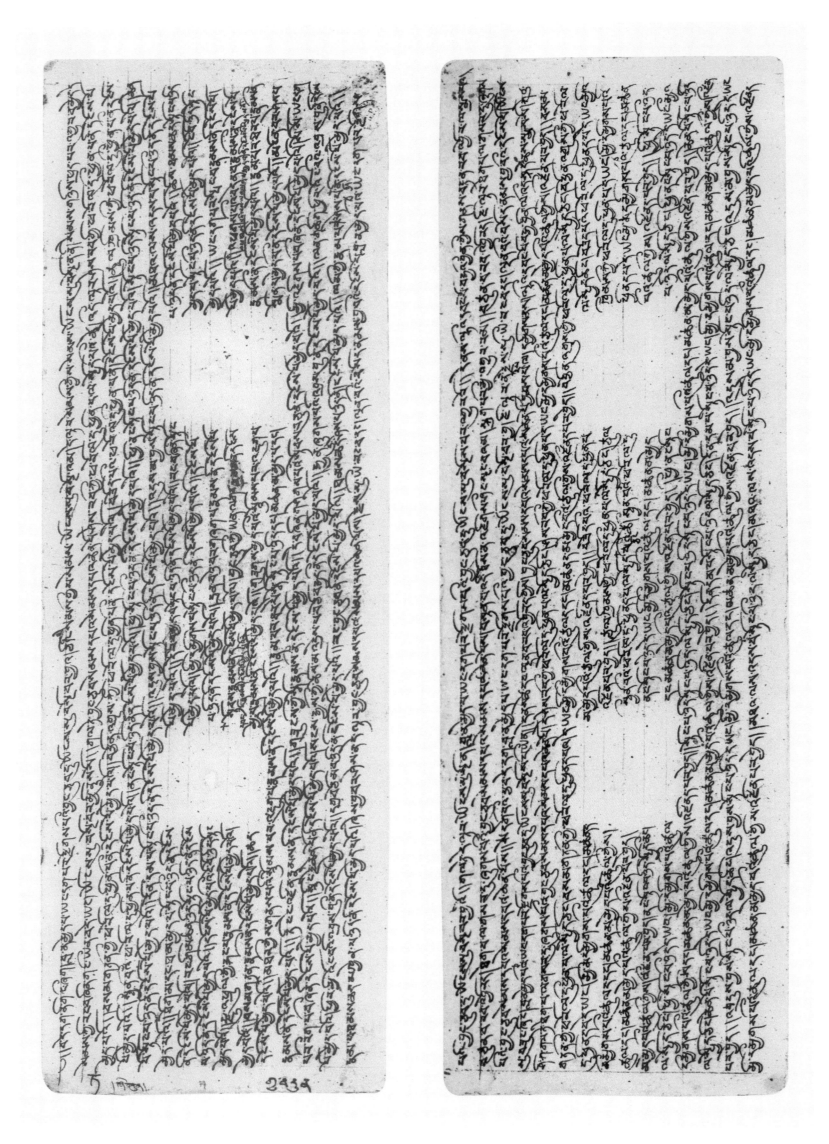

法 Pel.tib.1307　16.ཤེས་རབ་ཀྱི་ཕ་རོལ་ཏུ་ཕྱིན་པ་སྟོང་ཕྲག་བརྒྱ་པའ་དུམ་བུ་གཉིས་པ་བམ་པོ་དྲུག་ཅུ་གཉིས་སོ།།

16.十萬頌般若波羅蜜多經第二函第六十二卷　　(90—77)

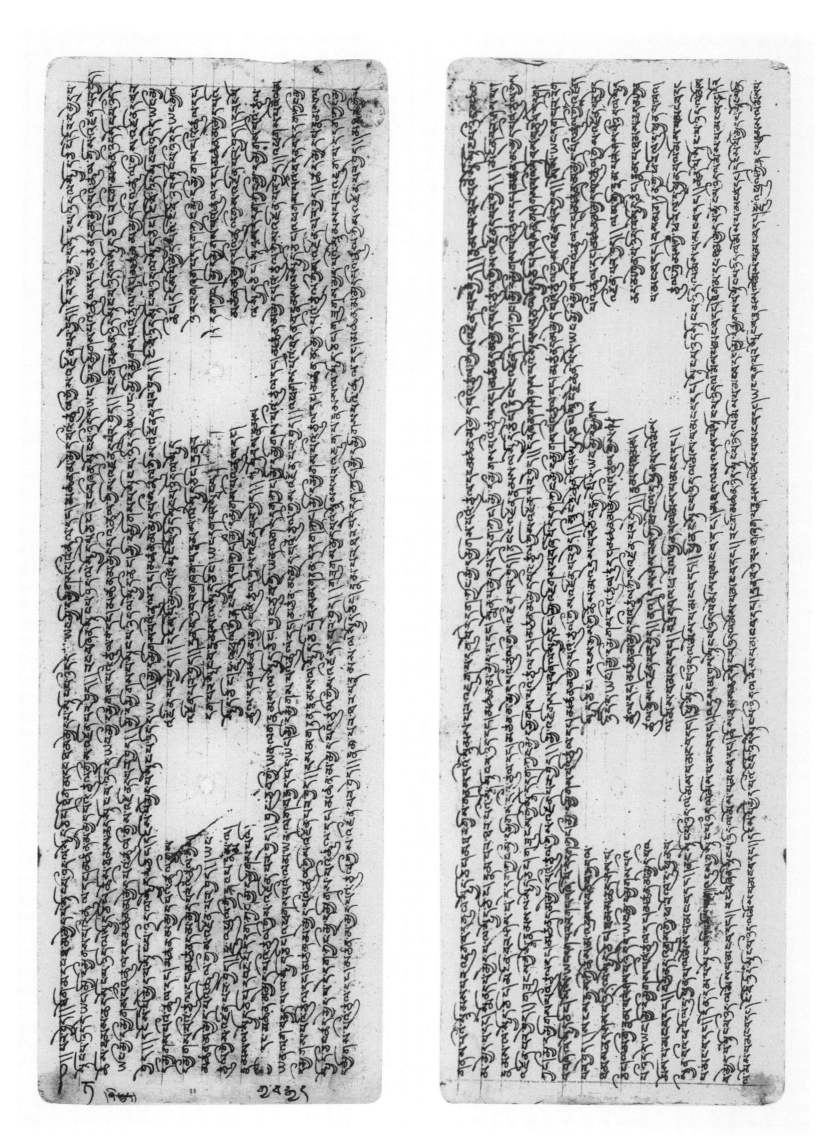

法 Pel.tib.1307　　16.ཤེས་རབ་ཀྱི་ཕ་རོལ་ཏུ་ཕྱིན་པ་སྟོང་ཕྲག་བརྒྱ་པའི་དུམ་བུ་གཉིས་པ་བམ་པོ་དྲུག་ཅུ་གཉིས་སོ།།

16.十萬頌般若波羅蜜多經第二函第六十二卷　　（90—78）

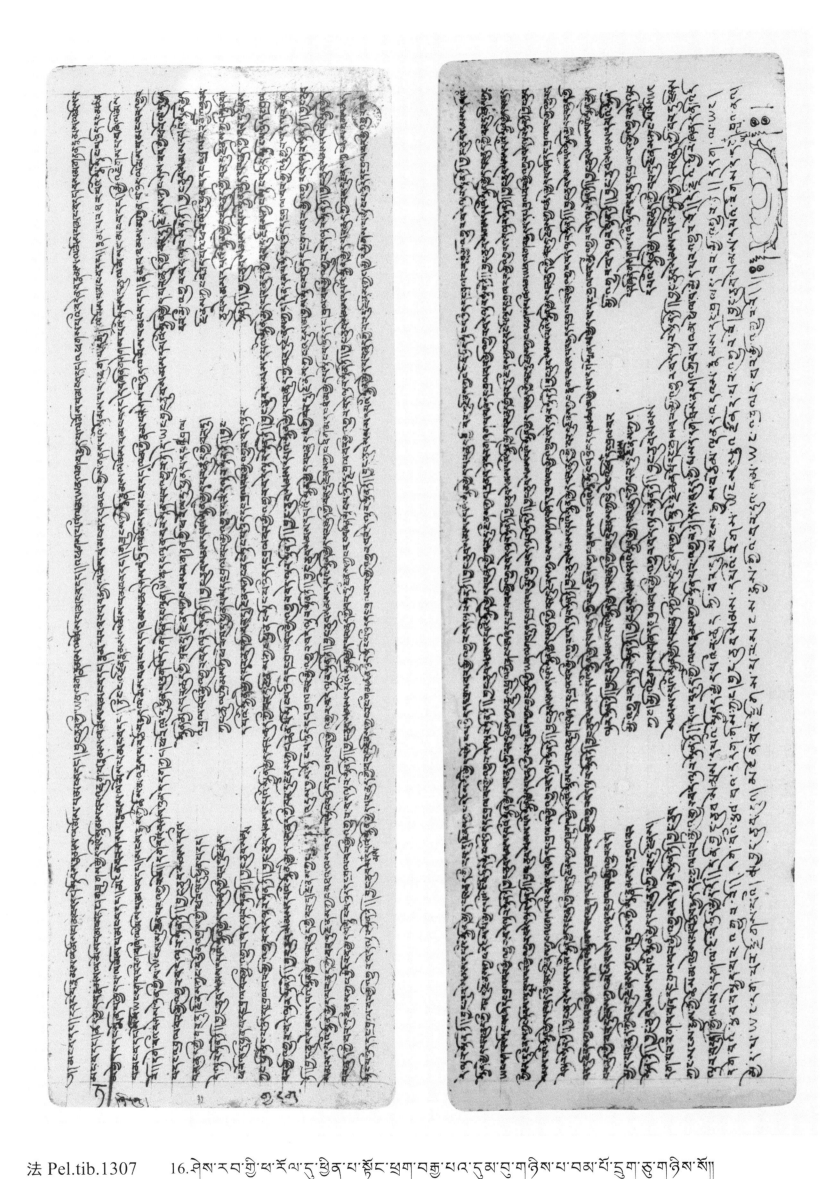

法 Pel.tib.1307　16.ཤེས་རབ་ཀྱི་ཕ་རོལ་དུ་ཕྱིན་པ་སྟོང་ཕྲག་བརྒྱ་པའ་དུམ་བུ་གཉིས་པ་བམ་པོ་དྲུག་ཅུ་གཉིས་སོ།།

16.十萬頌般若波羅蜜多經第二函第六十二卷　　(90—79)

304

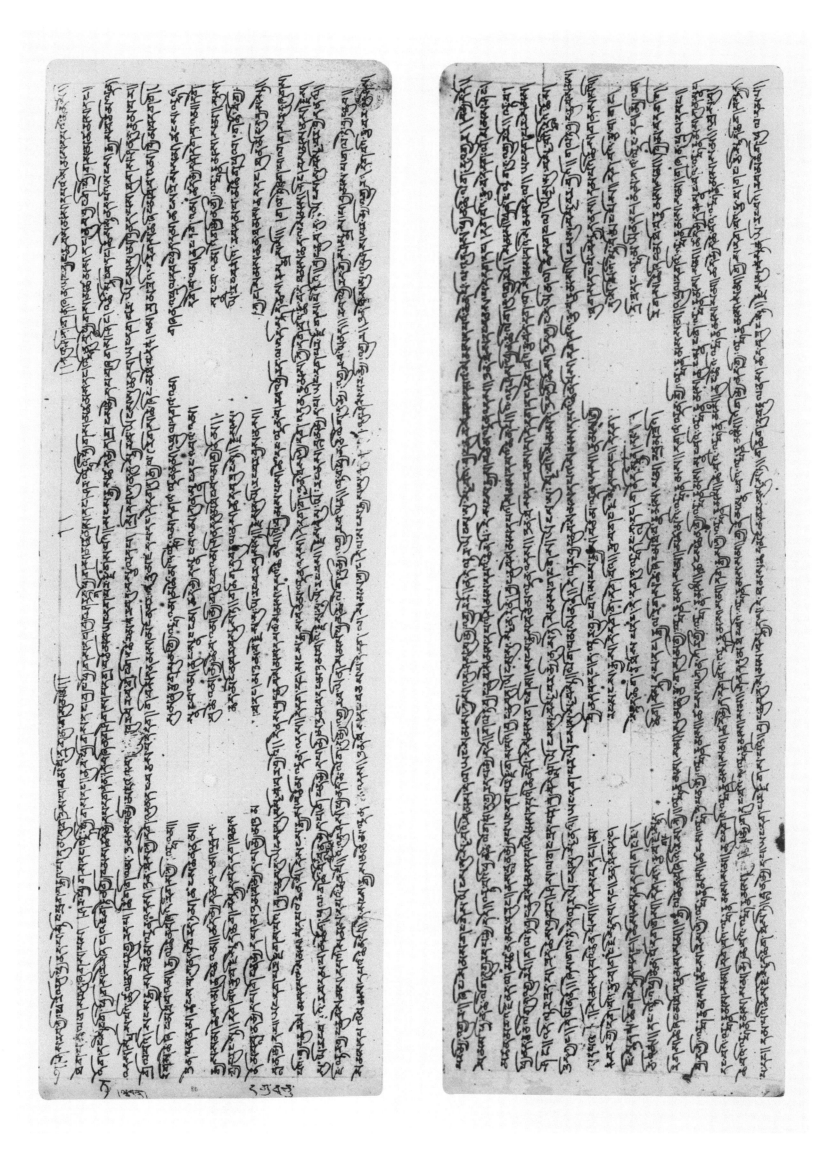

法 Pel.tib.1307　17.ཤེས་རབ་ཀྱི་ཕ་རོལ་ཏུ་ཕྱིན་པ་སྟོང་ཕྲག་བརྒྱ་པའི་མདོ་། གཉིས་པ་བམ་པོ་དྲུག་ཅུ་གསུམ་མོ།།

17.十萬頌般若波羅蜜多經第二函第六十三卷　　(90—80)

305

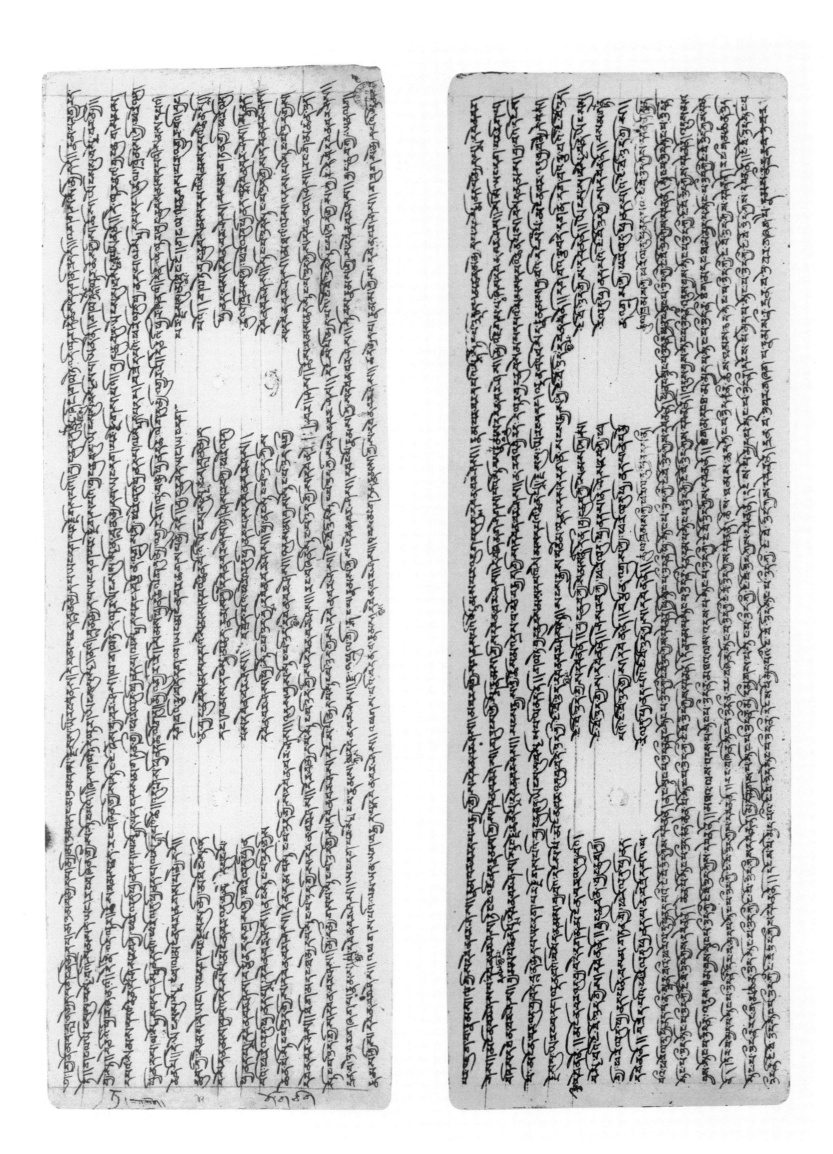

法 Pel.tib.1307　17.ཤེས་རབ་ཀྱི་ཕ་རོལ་ཏུ་ཕྱིན་པ་སྟོང་ཕྲག་བརྒྱ་པའི་དུམ་བུ་གཉིས་པ་བམ་པོ་དྲུག་ཅུ་གསུམ་མོ།།

17.十萬頌般若波羅蜜多經第二函第六十三卷　　(90—81)

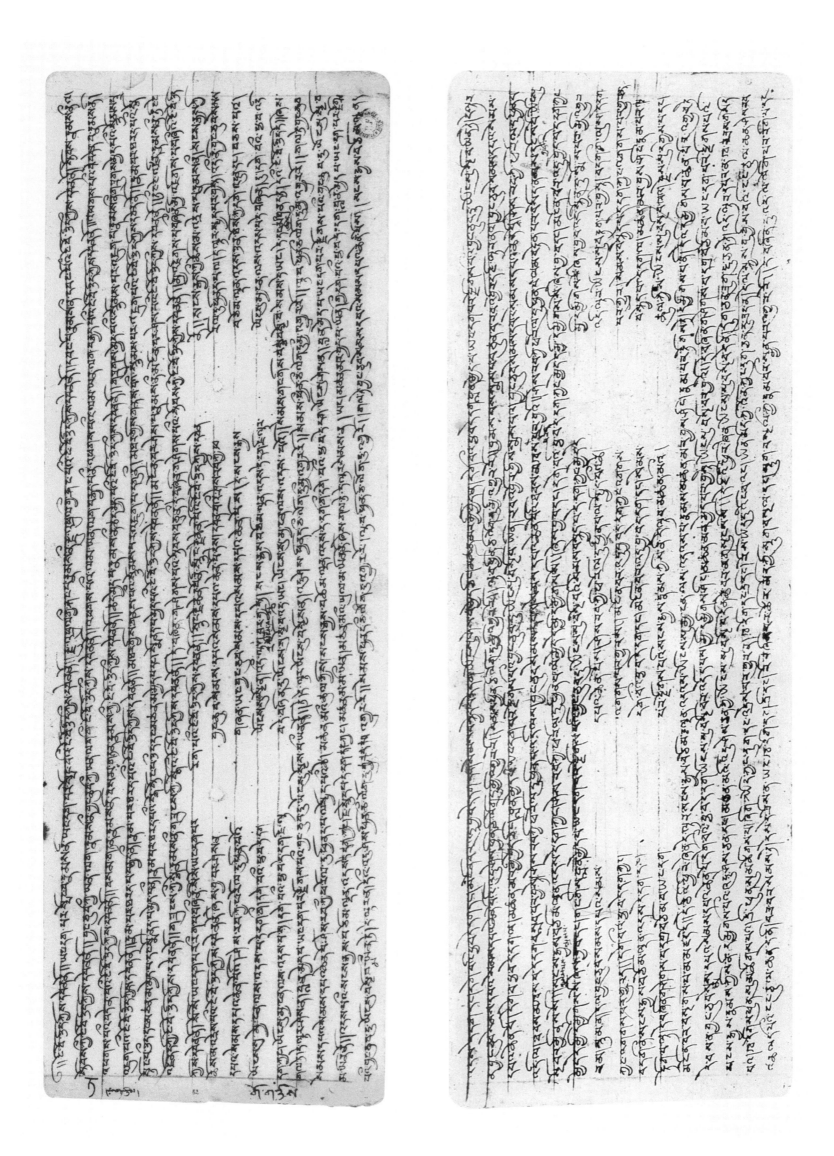

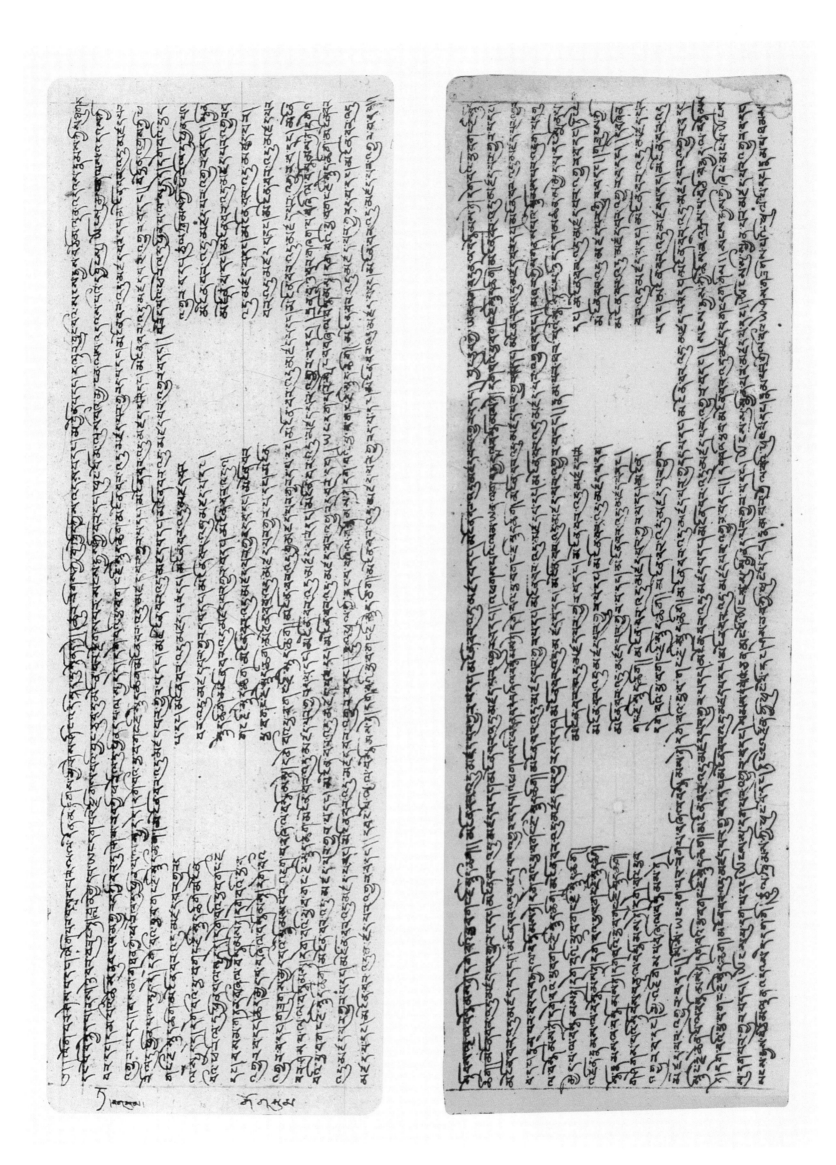

法 Pel.tib.1307　17. ཤེས་རབ་ཀྱི་ཕ་རོལ་ཏུ་ཕྱིན་པ་སྟོང་ཕྲག་བརྒྱ་པའ་དུམ་བུ་གཉིས་པ་བམ་པོ་དྲུག་ཅུ་གསུམ་མོ།།

17.十萬頌般若波羅蜜多經第二函第六十三卷　　(90—83)

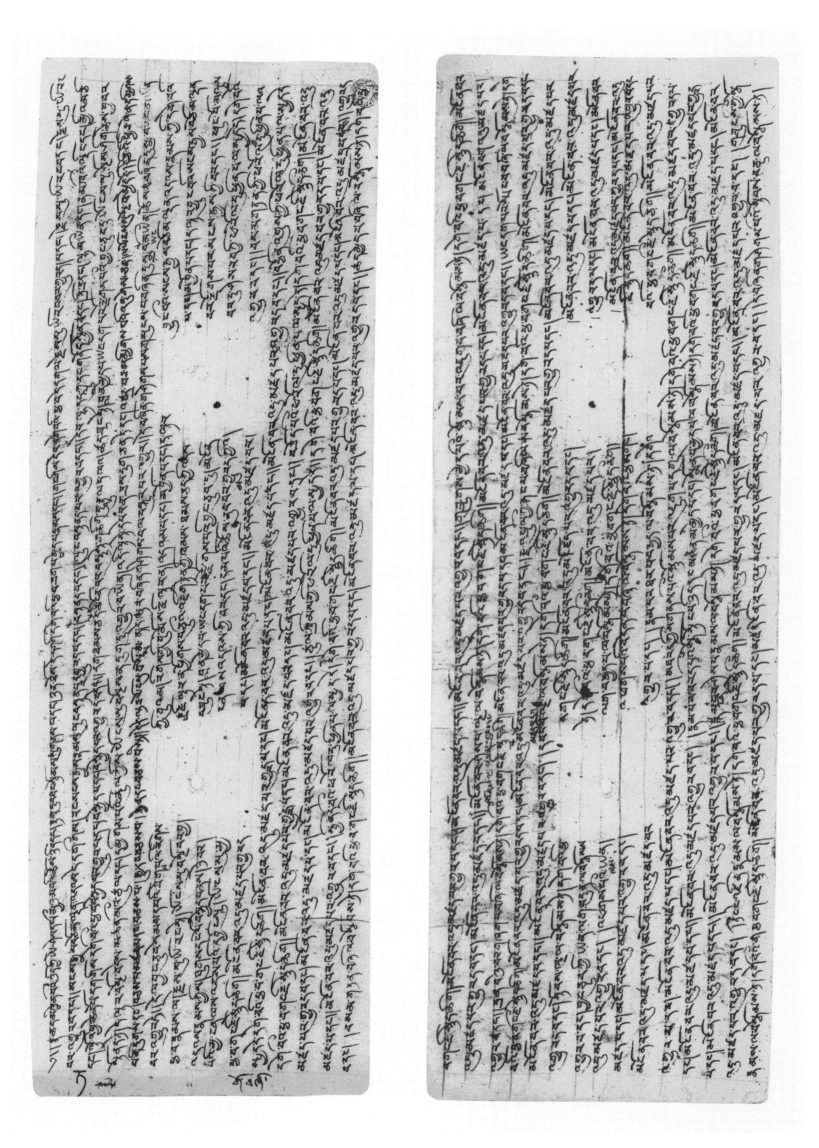

法 Pel.tib.1307　　17.ཤེས་རབ་ཀྱི་ཕ་རོལ་ཏུ་ཕྱིན་པ་སྟོང་ཕྲག་བརྒྱ་པའ་དུམ་བུ་གཉིས་པ་བམ་པོ་དྲུག་ཅུ་གསུམ་མོ།།

17.十萬頌般若波羅蜜多經第二函第六十三卷　　(90—84)

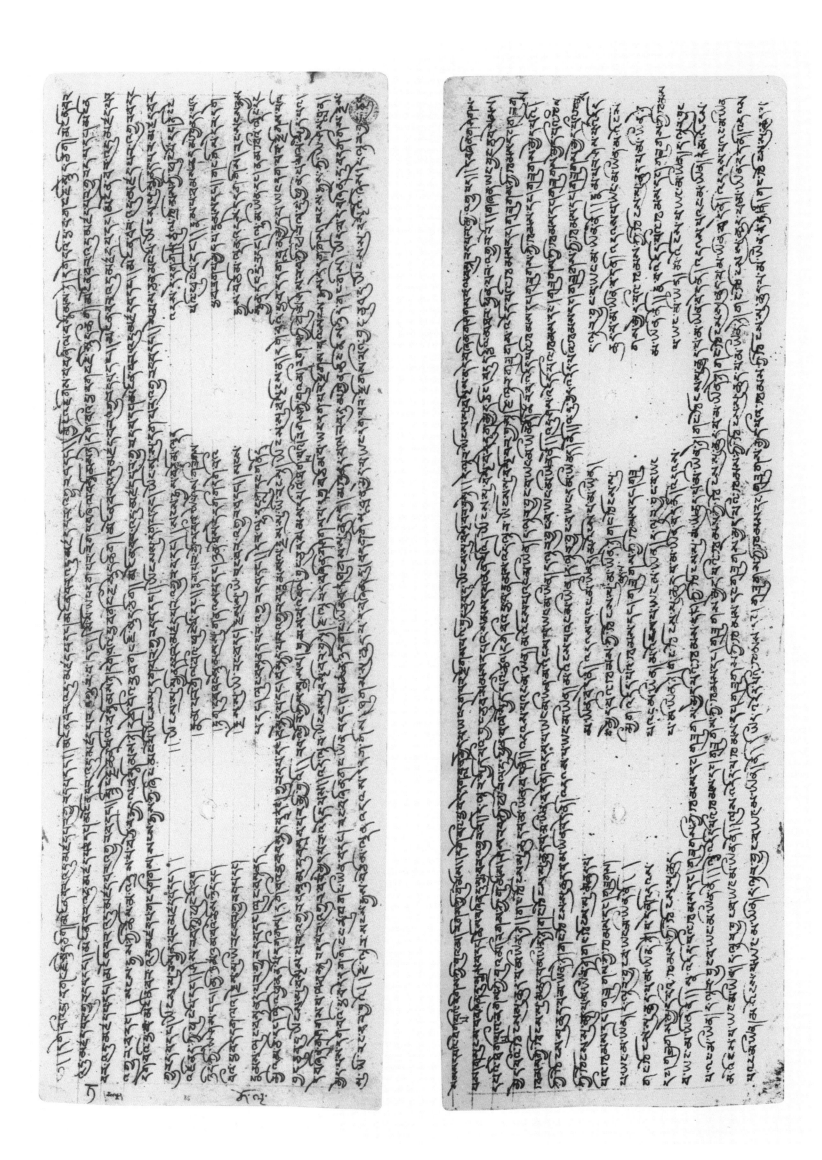

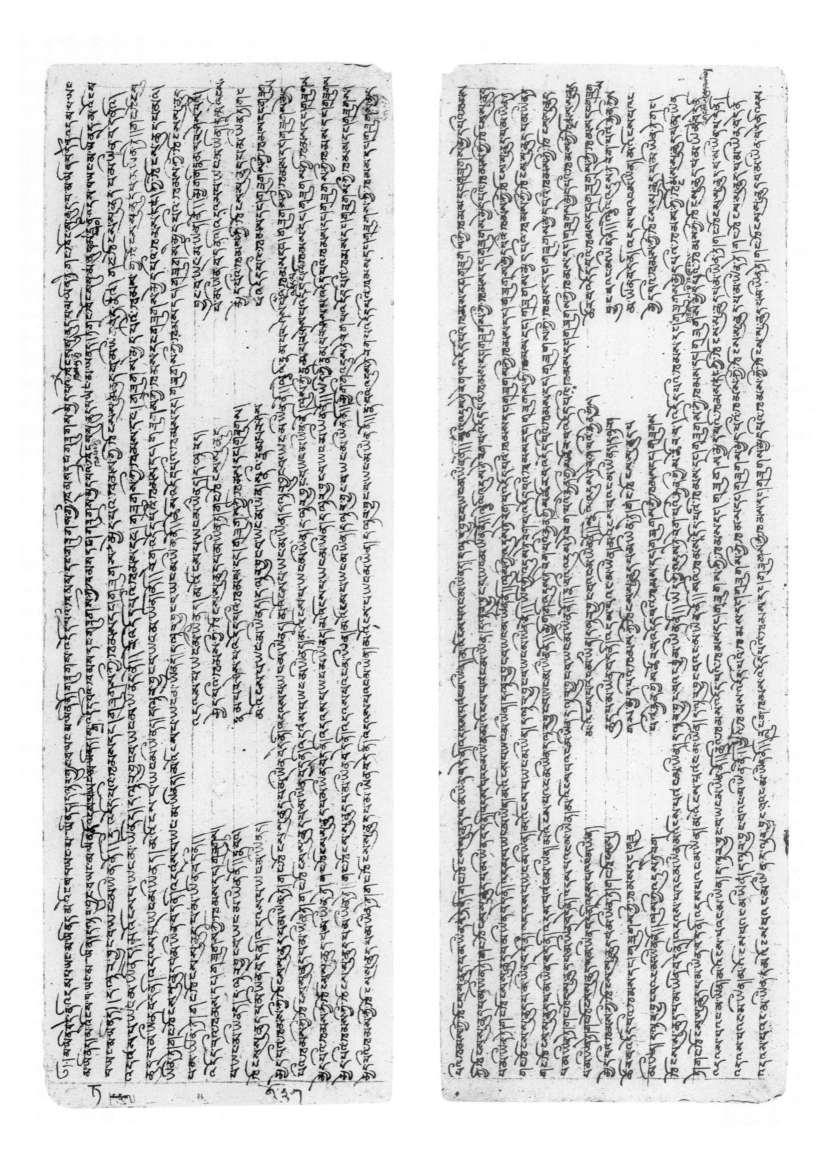

法 Pel.tib.1307　17.ཤེས་རབ་ཀྱི་ཕ་རོལ་ཏུ་ཕྱིན་པ་སྟོང་ཕྲག་བརྒྱ་པའ་དུམ་བུ་གཉིས་པ་བམ་པོ་དྲུག་ཅུ་གསུམ་མོ།།

17.十萬頌般若波羅蜜多經第二函第六十三卷　　(90—86)

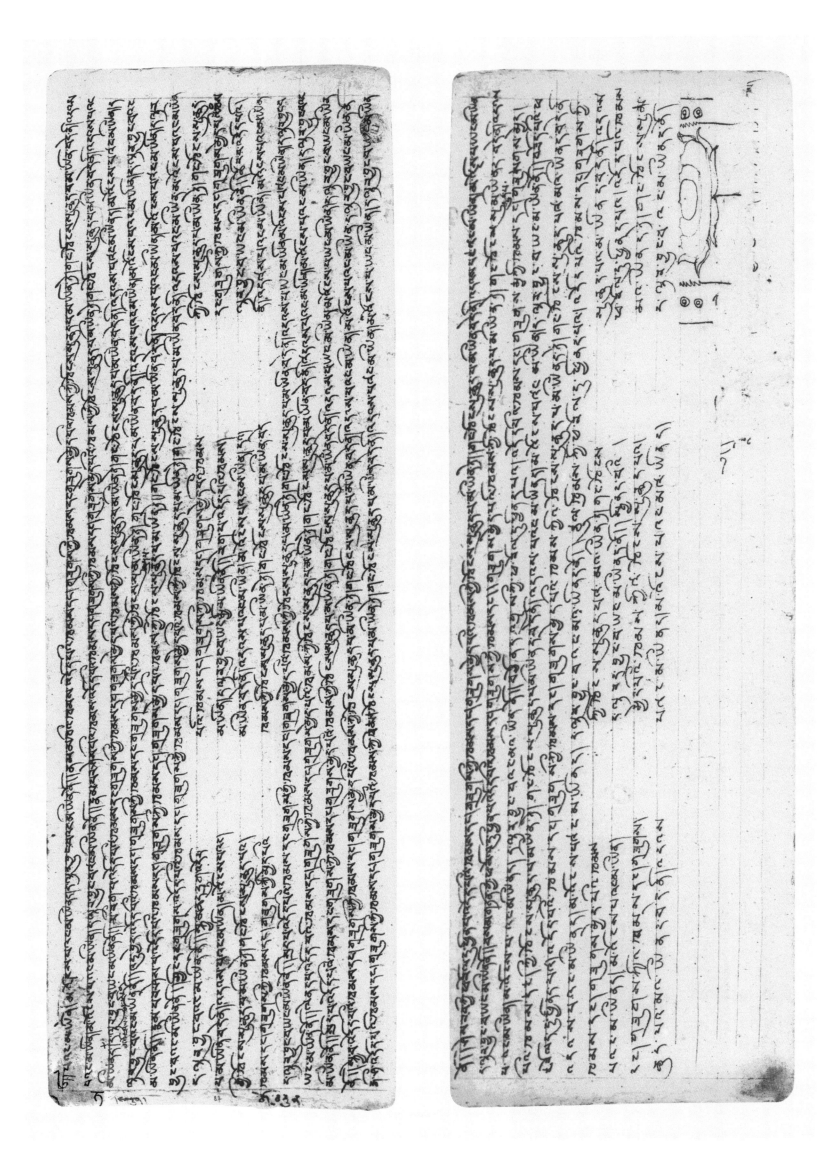

17.ཤེས་རབ་ཀྱི་ཕ་རོལ་ཏུ་ཕྱིན་པ་སྟོང་ཕྲག་བརྒྱ་པའི་དུམ་བུ་གཉིས་པ་བམ་པོ་དྲུག་ཅུ་གསུམ་མོ།།

17.十萬頌般若波羅蜜多經第二函第六十三卷　　(90—87)

法 Pel.tib.1307

18.ཤེས་རབ་ཀྱི་ཕ་རོལ་ཏུ་ཕྱིན་པ་སྟོང་ཕྲག་བརྒྱ་པའ་དུམ་བུ་གཉིས་པ་བམ་པོ་དྲུག་ཅུ་རྩ་བཞི་འོ།

18.十萬頌般若波羅蜜多經第二函第六十四卷　　(90—88)

18.ཤེས་རབ་ཀྱི་ཕ་རོལ་ཏུ་ཕྱིན་པ་སྟོང་ཕྲག་བརྒྱ་པའ་དུམ་བུ་གཉིས་པ་བམ་པོ་དྲུག་ཅུ་བཞིའོ།།

18.十萬頌般若波羅蜜多經第二函第六十四卷　　(90—89)

法 Pel.tib.1307　18.ཤེས་རབ་ཀྱི་ཕ་རོལ་ཏུ་ཕྱིན་པ་སྟོང་ཕྲག་བརྒྱ་པ་ལ་དུམ་བུ་གཉིས་པ་བམ་པོ་དྲུག་ཅུ་བཞི་པོ།།

18.十萬頌般若波羅蜜多經第二函第六十四卷　　(90—90)

ཕྲ་རན་སིའི་རྒྱལ་གཞིར་དཔེ་མཛོད་ཁང་དུ་ཉར་བའི་ཏུན་ཧོང་བོད་ཡིག་ཡིག་ཆགས། ⑬

སྒྲིག་སྟོར་མཁན།

ནུབ་བྱང་མི་རིགས་སློབ་གྲྭ་ཆེན་མོ།

ཧྲང་ཧེ་དཔེ་རྙིང་དཔེ་སྐྲུན་ཁང་།

ཕྲ་རན་སིའི་རྒྱལ་གཞིར་དཔེ་མཛོད་ཁང་བཅས་ཀྱིས་བསྒྲིགས།

པར་སྐྲུན་མཁན།

ཧྲང་ཧེ་དུས་རབས་པར་སྐྲུན་མ་ཀྲང་ཚད་ཡོད་ཀུང་སི།

ཧྲང་ཧེ་དཔེ་རྙིང་དཔེ་སྐྲུན་ཁང་།

ཧྲང་ཧེ་གྲོང་ཁྱེར་མིན་ཞིན་ཁུལ་ཧོ་ཅིན་ལམ་ཨང་རྟགས་༡༥༩པའི་ཐོག་ཁང Aཔའི་ཚིགས་ལྟ་པ།

སྒྲག་ཨང་། 201101   བརྙན་སྐྱེལ་སྒྲོག་འཕྲིན། (86−21) 64339287

www.guji.com.cn www.ewen.co guji1@guji.com.cn

དཔར་ཁང་།

ཧྲང་ཧེ་པི་ཁྲ་པར་ལས་ཚད་ཡོད་ཀུང་སི།

དེབ་ཚད། 787×1092 1/8 དཔར་ཤོག 40 བར་བཅུག 20

2012 ལོའི་ཟླ 10 བར་པར་གཞི་དང་པོ་བསྒྲིགས།   2023 ལོའི་ཟླ 2པར་པར་ཐེངས་གཉིས་པ་བཏབ།

དཔེ་རྟགས། ISBN 978-7-5325-6428-6/K.1575

TIBETAN DOCUMENTS FROM DUNHUANG IN THE BIBLIOTHÈQUE NATIONALE DE FRANCE ⑬

Participating Institutions
Bibliothèque nationale de France
Northwest University for Nationalities
Shanghai Chinese Classics Publishing House
Publisher
Shanghai Century Publishing Co., Ltd.
Shanghai Chinese Classics Publishing House

5/F, Block A, Lane 159, Haojing Road, Minhang District, Shanghai,China 201101 Fax(86-21) 64339287
www.guji.com.cn
guji1@guji.com.cn
www.ewen.co
Shanghai PICA Colour Separation & Printing Co., Ltd.

8 mo 787×1092mm
printed sheets 40   insets 20
First Edition: Oct. 2012   Third Printing: Feb. 2023
ISBN 978-7-5325-6428-6/K.1575

圖書在版編目（CIP）數據

法國國家圖書館藏敦煌藏文文獻.13/
西北民族大學，法國國家圖書館，上海古籍出版社編纂.
－上海：上海古籍出版社，2012.10（2023.2重印）
ISBN 978-7-5325-6428-6

Ⅰ.①法… Ⅱ.①西… ②法… ③上… Ⅲ.①敦煌學－文獻 Ⅳ.①K870.6

中國版本圖書館 CIP 數據核字（2012）第 059921 號

法國國家圖書館底片
版權所有 不准翻印
圖版版權© 法國國家圖書館
文本版權© 西北民族大學
上海古籍出版社

དཔར་ཁང་།

ཐུབ་བྷེ་ཀུན་ཁང་པར་ལས་ཚོད་ཡོད་ཀྱང་སེ།
པྲ་རན་སིའི་རྒྱལ་གཉེར་དཔེ་མཛོད་ཁང་གི་སྒྱིན་ཐོག
པར་དབང་མ་ཐོབ་པར་བསྐྱར་དཔར་བྱེད་མི་ཆོག
ཞུབ་བྱང་མི་རིགས་སློབ་གྲྭ་ཆེན་མོ།
ཐུབ་བྷེ་དཔེ་རྙིང་དཔེ་སྐྲུན་ཁང་།
པྲ་རན་སིའི་རྒྱལ་གཉེར་དཔེ་མཛོད་ཁང་བཅས་ཀྱིས་བསྒྲིགས།

Plates Copyright
©Bibliothèque nationale de France
Texts Copyright
©Northwest University for Nationalities
Shanghai Chinese Classics Publishing House
All rights reserved.
No part of the contents of this book may be reproduced without the written permission of the publishers

法國國家圖書館藏敦煌藏文文獻⑬
編 纂
西北民族大學 上海古籍出版社 法國國家圖書館
出 版
上海世紀出版股份有限公司
上海古籍出版社
上海市閔行區號景路 159 弄 1－5 號 A 座 5F
郵編201101 傳真（86－21）64339287
網址： www.guji.com.cn
電子郵件： guji1@guji.com.cn
易文網： www.ewen.co
印 刷
上海麗佳製版印刷有限公司

開本：787×1092 1/8 印張：40 插頁：20
版次：2012 年 10 月第 1 版 印次：2023 年 2 月第 3 次印刷
ISBN 978-7-5325-6428-6/K.1575
定價：2200.00 元

མངའ་རིས་གུ་གེའི་རྒྱལ་རབས་དུས་ཀྱི་དགོན་སྡེ།

阿里古格王朝寺廟群

ཏུན་ཧོང་མོ་ཀོ་ཁའུ་ཡི་ཉུབ་ཁུལ་བྲག་ཕུག

敦煌莫高窟北區石窟

རྒྱས་པ་འབུམ་སྐྱིང་དུ་བཞུགས་པའི་ཐང་རྒྱལ་རབས་དུས་ཀྱི་རྒྱལ་བ་བྱམས་པ།
永靖炳靈寺唐代彌勒大佛